Marianne Leuzinger-Bohleber ·
Ralf Zwiebel (Hrsg.)

Psychoanalyse heute

Marianne Leuzinger-Bohleber ·
Ralf Zwiebel (Hrsg.)

Psychoanalyse heute

Klinische und kulturtheoretische Perspektiven

Westdeutscher Verlag

Der Westdeutsche Verlag ist ein Unternehmen der Bertelsmann Fachinformation.

Umschlaggestaltung: Horst Dieter Bürkle, Darmstadt

ISBN-13: 978-3-531-12888-7 e-ISBN-13: 978-3-322-87290-6
DOI: 10.1007/978-3-322-87290-6

Inhaltsverzeichnis

Vorwort

Das Verhältnis zwischen Psychoanalytikern, die ausschließlich in der klinischen Praxis arbeiten, und jenen, die außerdem noch eine Hochschultätigkeit ausüben, ist oft ein spannungsreiches: während die einen die Möglichkeit haben, sich durch die Arbeit mit vielen Analysanden eine breite klinische Erfahrung zu erwerben, ist diese Basis psychoanalytischen Verstehens für die anderen meist weit eingeschränkter. Andererseits fehlen den Praktikern oft Zeit, Muße und eine erleichternde Infrastruktur, um ihre klinischen Erkenntnisse nochmals intensiv zu reflektieren und zu publizieren, während es zu den Aufgaben und Pflichten der Professoren[1] gehört, sich der spezifisch psychoanalytischen Forschung und ihrer Kommunikation zu widmen. Dies weckt zuweilen bei Mitgliedern beider Gruppen Bedauern, Entwertungen oder sogar Neid auf die Entfaltungsmöglichkeiten der anderen, was sich u.E. für die wissenschaftliche Weiterentwicklung der Psychoanalyse eher erschwerend auswirken kann.

Vor diesem Hintergrund betrachten wir es als ein Privileg, daß wir uns in Kassel um eine produktivere Gestaltung dieses Spannungsbogens bemühen. Ein Ausdruck davon ist auch dieses vorliegende Buch. Unsere niedergelassenen Kolleginnen und Kollegen des Alexander Mitscherlich-Instituts in Kassel waren voll Engagement und Neugierde bereit, Aspekte ihrer klinisch-praktischen Arbeit und deren wissenschaftliche Reflexion im Rahmen von regelmäßigen Ringvorlesungen an unserer Universität vorzustellen, um mit uns und der universitären und außeruniversitären Öffentlichkeit darüber ins Gespräch zu kommen. Wir freuen uns sehr darüber und danken allen für diese Offenheit und das gemeinsame Interesse am wissenschaftlichen Austausch. Auch finden wir es nicht selbstverständlich, daß alle Professoren, die an unserer Universität tätig sind, bereit waren, die Ringvorlesung[2] gemeinsam zu tragen. Wir danken vor allem unseren Kollegen am Fachbereich 04 (Sozialwesen) für diese Kooperationsbereitschaft.

Ebenfalls als Privileg empfinden wir es immer wieder, gerade an einer Reformuniversität wie der Universität Gesamthochschule Kassel tätig zu sein. Es gibt nur wenige Universitäten, die trotz aller besonderen Schwierigkeiten unseres Faches die Psychoanalyse als einen festen und substantiellen Bestandteil ihrer Bildungsinstitution betrachten. Unsere Kolleginnen und Kollegen am Fachbereich Erziehungswissenschaft/Humanwissenschaften haben in ihrem Strukturplan dokumentiert, daß sie die Psychoanalyse auch in Zukunft als unverzichtbaren Bestandteil der Lehrer- und Magisterstudiengänge betrachten. Außerdem haben sie uns trotz der knapper werdenden Ressourcen unterstützt, ein *Institut für Psychoanalyse des Fachbereichs 01* zu gründen, das die forschenden und lehrenden Aktivitäten der an der Universität tätigen Psychoanalytiker in einem eigenen Forschungsschwerpunkt bündeln und den interdiszi-

---

[1] Obschon eine der HerausgeberInnen eine Frau ist, verwenden wir im Dienste einer besseren Lesbarkeit in den folgenden Texten i.d.R. die verallgemeinernde männliche Form, da uns die bisherigen, textgestalterischen Alternativen leider noch wenig überzeugen.

[2] Aus verschiedenen Gründen können nicht alle Beiträge der Ringvorlesung in diesem Band abgedruckt werden. Dafür haben wir einige Arbeiten noch zusätzlich aufgenommen.

plinären Austausch in und außerhalb der Universität erleichtern soll. Dieser Forschungsschwerpunkt steht in Zusammenhang mit dem Thema dieses Buches, denn er lautet: "*Psychoanalyse im Spannungsfeld zwischen klinischer Praxis und kulturkritischer Reflexion unter besonderer Berücksichtigung von Entwicklungsprozessen im Lebenszyklus*". Wir danken unseren Kolleginnen und Kollegen, besonders den Dekanen Prof. Dr. Helmuth Rolfes, Prof. Dr. Ariane Garlichs, Prof. Dr. Herbert Zwergel und Prof. Dr. Wolf-Dietrich Schmied-Kowarzik für ihre kompetente und kontinuierliche Unterstützung. Auch der Präsident unserer Hochschule, Herr Prof. Dr. Hans Brinckmann, und der für die Entwicklungsplanung unseres Fachbereich zuständige Referent, Herr Wolfgang Gabler, haben uns von institutioneller Seite beraten und unterstützt, wofür wir ihnen danken.

Ob sich ein solches Institut mit Leben füllt, ist nicht nur von diesen Unterstützungen und unserem eigenen Engagement abhängig, sondern auch von einer Person, die bereit ist, ihr im Sinne einer "good-enough-mother" im Alltag Fürsorge und Aufmerksamkeit zu schenken. Frau Traudel Meyer-Stoll ist bereit, diese wichtige Aufgabe zu übernehmen. Wir danken ihr sehr herzlich dafür sowie für ihre kompetente, sorgfältige und engagierte Textgestaltung des Manuskriptes des vorliegenden Buches. Frau Inge Gerlach-Wiegand, TDS Melsungen, und Frau Margret Michel unterstützten sie bei dieser Aufgabe. Auch ihnen gilt unser Dank! Schließlich danken wir allen Studierenden, Kolleginnen und Kollegen und anderen Hörern unserer Ringvorlesung, daß sie uns mit kritischen und unbequemen Fragen herausfordern und immer wieder zu neuen Sichtweisen anregen.

Kassel, im Mai 1996

Marianne Leuzinger-Bohleber Ralf Zwiebel

Einleitung

Marianne Leuzinger-Bohleber

"Freud bashing": Eine Wiederkehr der Negation des Unbewußten?

Einmal mehr ist die Psychoanalyse, als Wissenschaft des Unbewußten, Gegenstand öffentlicher Auseinandersetzungen. Uns beschäftigt z.Zt. die These, daß der Angriff auf diese Wissenschaft des Unbewußten keineswegs zufällig sei, sondern in Zusammenhang mit einem Wiederaufleben konservativer und gegenaufklärerischer Tendenzen in den letzten Jahren stehe, vor allem in Deutschland und anderen europäischen Ländern, aber auch in den Vereinigten Staaten.

Jonathan Lear[1], ein Philosophieprofessor in Chicago, hat in einer vielbeachteten Arbeit "The shrink is in" im Dezember 1995 einige Motive beleuchtet, die er für die Mode des "Freud bashing" (der Freud-Schelte) in den USA verantwortlich macht. Als erstes Motiv nennt er die beachtlichen Fortschritte der Psychopharmaka, z.B. die Entwicklung des Medikaments Prozac, die - zusammen mit neuen Erkenntnissen der Hirnforschung - die Sehnsucht schüren, daß in absehbarer Zeit auf alle Formen sprechender Psychotherapie zugunsten von medikamentösen Behandlungen verzichtet werden kann. Zweitens beschreibt er, daß - ähnlich wie z.Zt. hier in Deutschland - die amerikanischen Versicherungsgesellschaften daran interessiert sind, Kosten einzusparen und daher die medikamentöse Behandlung von psychischen Symptomen als die billigere präferieren. Schließlich sieht er in der Inflation und der Überschätzung der Möglichkeiten einer psychoanalytischen Behandlung in den 50er und 60er Jahren einen dritten Grund für die momentane Entwertung der Psychoanalyse. In diesem Zusammenhang erwähnt er die Wunden, die sich die American Psychoanalytic Association im Laufe der Geschichte selbst zufügte. So setzte sich z.B. in den 20er Jahren die von Freud nicht geteilte - Auffassung durch, die psychoanalytische Ausbildung sei auf Mediziner zu beschränken, was der Psychoanalyse zwar während Jahrzehnten einen angesehenen Platz in der amerikanischen Gesundheitsversorgung verschaffte, aber vielen begabten Wissenschaftlern anderer Disziplinen den Zugang zur psychoanalytischen Ausbildung verwehrte. Dies ist nach Lear ein Grund, warum das kulturkritische Potential in der amerikanischen Psychoanalyse teilweise in Vergessenheit geriet. In der aktuellen Kontroverse um die Psychoanalyse werde daher der institutionalisierten Psychoanalyse u.a. die Rechnung für diese politischen Entscheidungsprozesse präsentiert, was m.E. neben allen Risiken auch eine Chance für eine Rückbesinnung der Psychoanalyse auf ihre kritische kulturtheoretische und philosophische Tradition sein könnte.

---

[1] Im Juni-Heft der Zeitschrift Psyche wird seine Arbeit auf deutsch publiziert und die darin geschilderte Kontroverse um die Psychoanalyse in den USA dargestellt.

Obschon Lear daher einen Teil der Kritiken als durchaus berechtigt betrachtet, sieht er in der revisionistischen Freud-Kritik als ganzer einen Ausdruck eines Zeitgeists, der eine ernstzunehmende Bedrohung für die demokratisch-aufklärerische Tradition in unseren westlichen Kulturen ganz allgemein darstellt. Weil mir einige seiner Überlegungen auch für die Analyse aktueller und sich abzeichnender gesellschaftlicher Phänomene hier in Europa von Interesse scheinen, möchte ich kurz seiner Argumentation folgen und sie mit eigenen Beobachtungen in Beziehung setzen.

Lear geht von der Frage aus, warum zwei so entgegengesetzte Kritiker wie Jeffery Masson und Frederick Crews Freud heute dazu benutzen können, sich im wissenschaftlichen und öffentlichen Diskurs zu profilieren. Während Masson Freud vorwirft, er sei durch seine Verwerfung der Verführungstheorie mitverantwortlich für die Tabuisierung des realen sexuellen Mißbrauchs von Kindern, trägt Freud - nach Crews - genau für die gegenteilige Problematik die Schuld, nämlich, daß in der sogenannten "recovered-memory-therapy" Patienten ein realer sexueller Mißbrauch suggeriert werde, was bis zu gerichtlichen Verfolgungen von Vätern und Müttern durch ihre Kinder in den USA mit den damit verbundenen familiären Katastrophen führte. Beiden Autoren weist Lear eine tendenziöse und falsche Lektüre von Freuds Texten nach, die irrationale Motive für diese systematische Verfälschung Freudscher Positionen vermuten läßt. Er zeigt auf, daß Freud nie die Traumatisierung eines realen sexuellen Mißbrauchs unterschätzte, aber auch bei diesem Thema für eine Differenzierung zwischen Realität und Phantasie plädierte. Zudem ist nach Lear die Psychoanalyse die erste Therapieform, die versuchte, mit der Suggestion des Therapeuten sorgfältig und kontrollierend umzugehen. "Die Psychoanalyse unterscheidet sich von anderen Formen der sprechenden Psychotherapie durch ihre radikale Bemühung, Behandlungstechniken zu entwickeln, die genuin die Suggestion vermeiden.

Dies ist von entscheidender Bedeutung, da die Psychoanalyse dadurch die erste Therapieform wurde, die die Freiheit des Patienten anstelle einer bestimmten Vorstellung des menschlichen Glücks zu ihrem Therapieziel erhob. Andere Formen der Therapie haben spezifische Erfolge im Auge - die Zunahme des Selbstwertgefühls, die Überwindung von Depressionen - und geben, implizit oder explizit, Ratschläge, wie diese Ziele zu erreichen sind. Die Psychoanalyse ist die einzige Therapieform, die es den Analysanden selbst überläßt, zu welchem spezifischen Ziel für sie die Behandlung führen wird. In der Tat, sie überläßt es dem Patienten, ob er überhaupt spezifische Ziele erreichen will." (S. 2, Übersetzung M. L.-B.).

Damit ist ein Charakteristikum der Psychoanalyse benannt, das auch mit spezifischen methodologischen und wissenschaftstheoretischen Fragestellungen verknüpft ist (vgl. unten). So läuft z.B. Grünbaums Kritik insofern ins Leere, als er der Psychoanalyse ein ihr fremdes Wissenschaftsverständnis überstülpen will bzw. ihr Unwissenschaftlichkeit vorwirft, weil sie nicht seine eingeengten (positivistischen) Wissenschaftskriterien erfüllt. Obschon die Psychoanalyse in ihren metapsychologischen Konzeptualisierungen einige kausaldeterministische Hypothesen enthält, sind diese nicht auf die gleiche Weise empirisch zu überprüfen wie manche naturwissenschaftlichen Hypothesen: Die Psychoanalyse kann so wenig wie andere sozialwissenschaftlichen Disziplinen darauf verzichten, eine *interpretierende Wissenschaft* zu sein. Würde sie sich dem Wissenschaftsverständnis der Physik ganz unterwerfen, bedeutete dies einen Verzicht auf ein Kernstück ihrer Methode, nämlich die Interpretation verborgener Motive menschlichen Verhaltens.[2] Daher bemühte sich die Psychoanalyse immer schon um ein Wissenschaftsverständnis, das ihrem Forschungsgegenstand, dem Unbewußten und seiner Interpretation, möglichst angemessen ist. Z.B. wurden Kriterien für die Wahrheit psychoanalytischer Deutungen, wie etwa deren narrative und externale Kohärenz, mit jenen der Geschichtswissenschaften oder der Jurisprudenz verglichen, übrigens Kriterien, die keinesfalls weniger präzise oder anspruchsvoll sein müssen als jene der Physik. Ein positivistisches Wissenschaftsverständnis, das u. a. auf dem Popperschen Falsifikationskriterium beruht, ist aber der Psychoanalyse als einer interpretierenden Wissenschaft nicht angemessen (vgl. dazu u.a. Körner, 1985, Strenger, 1991, Mertens, 1994, 1995, Leuzinger-Bohleber, 1995, Kaiser, 1996, Stuhr, 1996).

Ein weiteres Verdienst der Psychoanalyse sieht Lear darin, daß sie einen sorgfältigen, professionellen Umgang mit den Gefahren entwickelte, die mit diesem Wissenschaftsverständnis und anderen Klippen (z.B. der Suggestion, den eigenen blinden Flecken etc.). in der klinischen Praxis verbunden sind: "... ich bin der Überzeugung, daß, falls die Psychoanalyse lege artis durchgeführt wird, es keine andere Form der klinischen Intervention in der Psychologie, der Psychiatrie oder der Allgemeinen Medizin gibt, die dem individuellen Klienten oder Patienten mit größerem Respekt begegnet als sie. Die adäquate Haltung des Psychoanalytikers ist geprägt von Bescheidenheit angesichts der unendlichen Komplexität eines anderen menschlichen Wesens. Weil Menschen selbstinterpretierende Geschöpfe (selfinterpreting animals) sind, muß der Analytiker außerdem ständig bereit sein, die eigenen Interpretationen der Analysanden zu berücksichtigen." (S. 3, Übersetzung, M.L.-B.). Allerdings ergibt sich bei den psychoanalytischen Interpretationsprozessen, verglichen mit anderen interpretierenden Wissenschaften, noch eine spezifische Schwierigkeit: Geht man von der Annahme *unbewußter*, d.h. tabuisierter psychischer Konflikte und Impulse aus, impliziert dies, daß das Individuum spezifische Strategien entwickelt hat, die Bedeutung dieses Unbewußten von seinen rationalen Erklärungen, seinen bewußten Interpretationen, fernzuhalten. Es wird daher der Bewußtwerdung dieser unbewußten Phänomene einen spezifischen Widerstand entgegenhalten und sich vorerst einmal gegen durchaus richtige, "fremde" Interpretationen des Unbewußten durch den Analytiker sperren. Gerade die Zunahme des Widerstands ist für den Analytiker oft ein Hinweis für die "Wahrheit" seiner Deutung unbewußter Konflikte. Wie aber ist dieser "normal-neurotische" Widerstand des Analysanden gegen die Aufhellung des Unbewußten durch eine *richtige* Deu-

[2] Lear illustriert die damit verbundene Problematik anhand eines kleinen Beispiels: Sehen wir eine Freundin von ihrem Stuhl aufstehen und auf den Kühlschrank zugehen, nehmen wir an, daß sie hungrig ist und sich etwas zu essen holt. Wir können diese Hypothese über ihre Motive zwar dadurch "testen", daß wir die Freundin direkt nach ihren Absichten befragen. Dennoch können wir nicht völlig ausschließen, daß sie uns nicht die Wahrheit sagt. So ist es zwar relativ unwahrscheinlich, aber logisch immerhin denkbar, daß sie den Kühlschrank dazu benutzen will, mit einer außerirdischen Macht zu kommunizieren, die sie animieren will, die Erde vor einer Katastrophe zu retten: I.a.W.: Wir können unsere Hypothese über ihre Motive nicht absolut sicher "testen", sondern nur mit anderen, ebenfalls plausiblen Interpretationsannahmen zusätzlich abstützen.

tung von einem "gesunden" und notwendigen Widerstand gegen eine *falsche* Deutung zu unterscheiden? Lear illustriert an einem Beispiel - der Interpretation der unbewußten Motive eines Analysanden, zu spät in die analytische Sitzung zu kommen - , welch' professioneller Umgang mit dieser diffizilen Suche nach "Wahrheit" im sensiblen, störungsanfälligen, "demokratischen" Dialog mit dem Analysanden in der psychoanalytischen Community entwickelt wurde. Die Behandlungskunst im Umgang mit Widerstand, Abwehr und Übertragung zeichnet geradezu die heutige psychoanalytische Professionalität aus. Warum, fragt sich Lear daher, wird in der heutigen gesellschaftlichen Situation dieser professionelle Umgang mit dem Unbewußten zum Gegenstand heftiger Attacken und erfährt nicht eine, wenn auch vielleicht beschränkte, aber dennoch selbstverständliche Akzeptanz wie andere medizinische oder psychologische Spezialisierungen? "Was steht eigentlich auf dem Spiel bei all diesen Attacken? Wäre es nur die Attacke auf eine historische Figur, Freud, oder auf eine professionelle Gruppe, die Psychoanalytiker, dann wäre der Tumult schon lange vorbei. Schließlich spielt die Psychoanalyse heutzutage nur eine untergeordnete Rolle im Gesundheitswesen; Freud wird immer weniger häufig gelehrt und studiert. Es kann natürlich durchaus eine gewisse Befriedigung daraus resultieren, wenn man vorgibt, mutig allein eine mächtige Autorität anzugreifen, während man im Grunde genommen einer ganzen Gruppe (gang-up) angehört. Aber sogar dieser Reiz geht nach einer Weile verloren. Das wirkliche Ziel des Angriffs, um das es geht, und wofür Freud nur einen Vorwand liefert, ist die Idee, daß die Menschen durch unbewußte Motivationen bestimmt werden. *Die Schlacht wird um Freud geschlagen, aber der Krieg geht um das Bild der menschlichen Seele in unserer Kultur*. Sollen wir die Menschen als komplexe psychologische Organismen sehen, die über eine Tiefe verfügen, in der verschiedene Ebenen von Bedeutungen generiert werden, die unterhalb der Oberfläche des eigenen Verstehens liegen? Oder nehmen wir an, daß wir uns selbst transparent und verständlich sind? "(S. 4) (kursiv und Übersetzung, M.L.-B.).

Lear sieht daher im aktuellen Angriff auf die Psychoanalyse eine verdeckte Kriegserklärung an eine der zentralen Errungenschaften der westlichen Kultur und ihrer Auffassung des menschlichen Seelenlebens und seiner unbewußten Determinanten. Zwar könnten pharmakologische und neuro-psychiatrische Forschungsergebnisse zweifelsohne dazu beitragen, menschliches Leiden zu reduzieren. Aber es sei ein Phantom, daß sie sich dazu eignen, die Probleme zu lösen, die mit dem menschlichen Leben verbunden seien. "Deshalb ist es ein Fehler anzunehmen, die Psychoanalyse und Prozac seien zwei Mittel, die zum gleichen Ziel führen. Der Schwerpunkt der Psychoanalyse liegt darauf, uns zu helfen, ein klareres, aber flexibleres und kreativeres Gefühl zu entwickeln für das, was die Ziele unserer Handlungen sein könnten. "Wie soll man leben?" ist für Sokrates die fundamentale Frage der menschlichen Existenz und die Bemühung um eine Antwort auf diese Frage ist das, was das menschliche Leben lebenswert macht. Und es waren Plato und Shakespeare, Nietzsche und - später - Freud, die das Ganze dadurch verkomplizierten, daß sie darauf insistierten, daß es eine tiefe Strömung von Bedeutungen gibt, oft sogar von sich überkreuzenden Strömungen, die durch die menschliche Seele fließen, und die höchstens flüchtig, für einen kurzen Augenblick, im Dunklen zu erkennen sind. Dies macht, wenn überhaupt irgend etwas, die westliche Tradition aus:

Nicht eine spezifische Sammlung von Grundwerten, sondern die Überzeugung, daß die menschliche Seele zu tief ist, als daß man eine einfache Antwort auf die Frage nach dem Sinn des Lebens erhalten kann." (S. 4, Übersetzung M.L.-B.). Die Psychoanalyse sei die Wissenschaft, die verborgene Sinnstiftungen und Zusammenhänge des menschlichen Lebens zu entdecken versuche, und stelle die bisher erfolgreichste Bemühung dar, obskure, versteckte Bedeutungen menschlichen Verhaltens intelligent zu erklären. Darüber hinaus habe die Psychoanalyse die Kreativität und Originalität jedes Individuums, auch der individuellen Neurose, entdeckt und daher einen genuinen Beitrag zu einer Wertschätzung des Einzelnen in der westlichen Demokratie geleistet. Kreativität sei nun nicht mehr ein exklusives Privileg einiger weniger, göttlich inspirierter Künstler, sondern eine Fähigkeit, die jedes Individuum in sich trage, in seiner Fähigkeit, in den Träumen metaphorische Bilder und Visionen zu erschaffen oder in neurotischen Symptomen einmalige und daher immer kreativ-originelle Kompromißbildungen zu erfinden. Diese Wertschätzung der Individualität und Idiosynkrasie des Einzelnen sei für das westliche Demokratieverständnis von großer Bedeutung. Sie setze sich ab von einem atomistischen Verständnis des Einzelnen in den modernen Massengesellschaften und verkörpere auch dadurch eine zentrale Errungenschaft der westlichen Kultur.[3]

Freud steht mit seiner Intention, unbewußte Motive zu erklären und diese dadurch dem bewußten, autonomen Handeln des Individuums zugänglich zu machen, in der Tradition der Aufklärung. Allerdings verfällt er nicht der Gefahr, wie manche Vertreter des Behaviorismus und des Kognitivismus, rationales Handeln zu idealisieren. Ebenso fern liegt es ihm, das Unbewußte, einer romantischen Tradition folgend, zu mystifizieren und zu idealisieren. "In diesem Kontext erscheint uns Freud als eine viel schillerndere Figur als normalerweise. In einer Hinsicht ist er der Advokat des Unbewußten; in einer

[3] Lear zeichnet eindrucksvoll nach, daß diese - wie er sie nennt - humane und tragische Auffassung des Individuums als eines idiosynkratischen, verantwortungsvollen Selbst auf einer Tradition beruht, die ihre erste Blüte in der Demokratie in der Athener Polis des fünften Jahrhunderts hatte. Sie ging mit einer Blüte der Literatur, der griechischen Tragödie, einher, was für Lear keine zufällige Koinzidenz darstellt. Die griechische Tragödie ermöglichte den Bürgern, sich während der Theateraufführung aus ihrer tagtäglichen Verantwortung zurückzuziehen, für sich selbst und die Gesellschaft rationale Entscheidungen zu treffen. Dies bot ihnen - im eng begrenzten Rahmen des Theaters - die Chance, sich partiell von der eigenen Verantwortung zu entlasten und sich damit eine zeitlich begrenzte, psychische Erholung zu gönnen. Gleichzeitig konfrontierte sie die Tragödie emotional mit der Erkenntnis, daß der Einzelne immer wieder gezwungen wird, rationale Entscheidungen zu treffen, obschon die Welt, in der er lebt, nicht durchgehend rational ist, und zuweilen die Rationalität auf das Übelste verletzt wird oder gerade die Rationalität irrationale Folgen nach sich zieht. Diese These illustriert Lear anhand des Ödipusdramas von Sophokles. Er postuliert, daß Ödipus' Verbrechen, seinen Vater zu töten und seine Mutter zu heiraten, nicht das Motiv, sondern die Folge eines Irrtums war. Ödipus versuchte, seinem Schicksal zu entgehen, indem er - rationalen Überlegungen folgend - seine vermeintlichen Eltern verließ und in der Fremde dem Schicksalsspruch des Orakels entkommen wollte - eine auf Rationalität beruhende Lebensentscheidung, die aber gerade die Voraussetzung zur irrationalen Handlung und dadurch zur Erfüllung der Prophezeihung darstellte. Daher bestehe Ödipus' Fehler vor allem darin, daß er nur rationalen Überlegungen folgte und mögliche unbewußte, versteckte Bedeutungen des Orakels leugnete bzw. verleugnete und daher nicht in Betracht ziehen konnte. Nach Lear ist es daher ein wesentliches Verdienst der Psychoanalyse, in unserer westlichen Tradition die unbewußte Dimension menschlichen Handelns (wieder)entdeckt und betont zu haben.

anderen ist er selbst erfüllt mit dem Optimismus der Aufklärung, daß die Probleme, die das Unbewußte hervorbringt, gelöst werden können; und wieder in einer anderen ist er wachsam im Hinblick auf die dunklen Seiten der menschlichen Seele und pessimistisch bezüglich der Möglichkeiten, menschliches Leiden zu lindern....

Wenn wir uns für einen Moment auf seinen Optimismus konzentrieren, sehen wir eine Vision, wie die menschliche Irrationalität ernst genommen und in ein demokratisches Ideal integriert werden könnte. Wenn die Quelle der Irrationalität eher in der inneren als in der äußeren Realität des Menschen liegt, eröffnet dies eine Möglichkeit des verantwortungsvollen Umgangs damit. Die Psychoanalyse ist in ihrer grundlegenden Intention ein Versuch, einen solch' verantwortungsvollen Umgang mit dem Unbewußten zu erarbeiten. Freuds Verdienst liegt, so denke ich, in der Erkenntnis, daß die Menschen über mehr Bedeutungen verfügen als sie selbst wissen, daß diese Bedeutungen schmerzlich und irritierend sein können, daß aber der Mensch nicht dazu verdammt ist, seinem Schicksal passiv zu begegnen. Freud leitete einen Prozeß im Umgang mit unbewußten Bedeutungen ein, und es ist wichtig, nicht bei ihm stehen zu bleiben wie bei einem rigiden Symptom, indem man ihn entweder idealisiert oder entwertet." (S. 5/6) Das Freudsche Anliegen, Unbewußtes zu entschlüsseln, wurde in der psychoanalytischen Community weitergeführt. Durch jahrzehntelange psychoanalytische Forschungen wurde das Verständnis unbewußter Prozesse seit Freuds Zeiten stark erweitert. Daher sieht Lear *in der aktuellen persönlichen Attacke auf Freud ein Symptom einer erneuten Negation des Unbewußten.* Die Freud-Revisionisten tragen zu dieser Negation bei, indem sie paradoxerweise in ihrer Kritik Freud nicht sterben lassen können, indem sie ihn, seine Person und sein revolutionäres, aber selbstverständlich teilweise zeitbedingtes Werk so sehr ins Zentrum ihrer Aufmerksamkeit rücken, daß sie die Weiterentwicklung der Psychoanalyse als heutige, lebendige Wissenschaft des Unbewußten nicht zur Kenntnis nehmen müssen. "Just as democracy requires the recognition that the king is dead, both as an individual and as an institution, so the democratic recognition that each person is the maker of unconscious, symbolic meaning requires the acceptance of Freud's death. What matters, as Freud himself well understood, is what we are able to do with the meaning we make." (S. 6).

Wie schon erwähnt, fühlte ich mich durch die Überlegungen von Lear angesprochen, weil mir auch in Europa in den letzten Jahren die erneute Gefahr zu bestehen scheint, daß wir im Bereich der Psychotherapie hinter Freudsche Positionen zurückfallen. Diese Entwicklungen sind möglicherweise in Zusammenhang mit den vielfältigen gesellschaftlichen Krisen zu sehen, aus denen sich auch für soziologische, politologische und ökonomische Experten z.Zt. kaum Auswege abzeichnen. Es sind Krisen, die selbstverständlich auch die Gegenwart und die Zukunft der Professionen im Gesundheitssektor wesentlich determinieren. Im Rahmen dieser Einleitung kann ich auf diese gesellschaftlichen Determinanten nicht weiter eingehen, doch möchte ich sie wenigstens kurz erwähnen. Dubiel, Bude u.a. haben am 7.5.1996 in einem interdisziplinären Kolloquium am Institut für Sozialforschung in Frankfurt folgende Stichworte zur Charakterisierung aktueller Krisen genannt:

- Die Erosion der internationalen Ordnungen seit 1989 und die damit verbundenen Ethnisierungen und "Fragmentierung" bisheriger Völkergemeinschaften;

- die industrielle Zerstörung der Lebensgrundlagen (Umweltzerstörung, atomare, biologische und chemische Verwüstungen etc.);

- Zusammenbruch des bürokratischen Sozialstaates als soziales Folgeproblem der kapitalistischen Bewegungen;

- soziale und sozialmoralische Desintegration als Kehrseite der Individualisierungsprozesse (Zusammenbruch der Sinnsysteme, vgl. "Wertezerfall" etc.);

- Krise der liberalen, etablierten Demokratien (Legitimationskrisen, sinkende Akzeptanz der politischen Führungsschichten und Parteien, Wählerverhalten etc.);

- Einfluß des Medien- und Informationszeitalters auf die Politik;

- Krise der Wissenschaft (Verlust ihrer Akzeptanz bei der Lösung gesellschaftlicher Probleme).

Von diesen gesellschaftlichen Krisen sind wir selbstverständlich als Individuen und als Berufsgruppe so wenig ausgeschlossen wie unsere Patienten. Doch in welchem Zusammenhang stehen diese Krisen möglicherweise mit Entwicklungen im Bereich der Psychotherapie, auf die das "Freud-bashing" als *ein* Indikator komplexerer, versteckter Phänomene hinweist? Dazu nur einige fragmentarische Vermutungen:

Horkheimer und Adorno (1944) haben u.a. in ihrem Werk "Dialektik der Aufklärung" hellsichtig beschrieben, welche Gefahren gesellschaftliche Krisen und die damit verbundenen Verunsicherungen für die einzelnen Menschen, aber auch für gesellschaftliche Entwicklungen, mit sich bringen. Um nur einen Punkt herauszugreifen: In kollektiven Verunsicherungssituationen ist häufig eine Polarisierung zwischen einer Flucht in "Objektivität", Sachlichkeit und "Wissenschaftsgläubigkeit" auf der einen Seite und einer Flucht in neue Irrationalitäten auf der anderen Seite zu beobachten. In den letzten Jahren scheinen mir ähnliche Phänomene im Bereich der Psychotherapie beobachtbar: Auf der einen Seite nahm eine unkritische Wissenschaftsgläubigkeit zu, eine Sehnsucht nach wissenschaftlich-eindeutiger "Objektivität", nach harten, unzweifelhaften Zahlen, die mir aber, nach Devereux (1967), eher der Angstabwehr des Forschers vor seinem Gegenstand als der wissenschaftlichen Erkenntnis zu dienen scheinen (vgl. unten). Parallel dazu gelangt die Irrationalität auf dem Psychomarkt zu einer neuen Blüte - die Sehnsucht nach Esoterik und Mystik, neuen Sekten und Glaubenspropheten ist unübersehbar geworden. So könnte eine problematische Entwicklung zu der polarisierten Situation führen, daß einerseits ein objektivierter, technizistischer und pseudowissenschaftlicher psychotherapeutischer Approach den Markt dominieren wird (der mir verbunden scheint mit einem dehumanisierenden Umgang mit dem Leiden des Individuums auch an den Schattenseiten unserer Kultur) und andererseits im Namen der Psychotherapie einer blinden Mystik und Irrationalität Tür und Tor geöffnet wird. Dabei ginge für mich eine zentrale Errungenschaft der bisherigen Psychoanalyse als Kulturleistung sowohl im individuellen als auch im kollektiven Bereich wieder weitgehend verloren.

In diesen beiden Extremen scheint mir ein Zerrbild der Dialektik zwischen Vernunft und unbewußter Irrationalität enthalten, die Freud in seiner Metapsychologie entworfen hat. Für mich ist es eine seiner größten Leistungen, daß er mit seinem Verständnis psychischer Prozesse zwei der wichtigsten Traditionen der europäischen Geistesgeschichte, die der Aufklärung und der Romantik, in einen dialektischen Zusammenhang gebracht hat. Er widerstand damit sowohl der Idealisierung der Vernunft als auch der Romantisierung der Irrationalität des Unbewußten. Das Bild des Reiters auf dem Pferd, das Freud metaphorisch beizog, um die psychische Situation der Menschen zu charakterisieren, symbolisiert die Fragilität der menschlichen Kontrolle und Steuerungsmöglichkeit über die Macht der Triebe und Impulse und warnt davor, die Macht der Vernunft zu überschätzen und sich zu sehr als "Herr im eigenen Hause" zu fühlen. Auch bezogen auf gesellschaftliche Prozesse war Freud ähnlich skeptisch und warnte vor einer Überschätzung der Ratio auf der einen Seite und einer Mystifizierung der Irrationalität und Magie auf der anderen Seite, eine Haltung, die ihm angesichts des Zivilisationsbruchs im Nationalsozialismus recht zu geben schien. So schreibt er z.B. 1927 in "Die Zukunft einer Illusion": "Während die Menschheit in der Beherrschung der Natur ständige Fortschritte gemacht hat und noch größere erwarten darf, ist ein ähnlicher Fortschritt in der Regelung der menschlichen Angelegenheiten nicht sicher festzustellen, und wahrscheinlich zu jeder Zeit, wie auch jetzt wieder, haben sich viele Menschen gefragt, ob denn dieses Stück des Kulturerwerbs überhaupt der Verteidigung wert ist." (GW XIV, S. 317). Freud, als Kulturpessimist, gibt damit zu bedenken, daß Kulturleistungen und der Triebsphäre mühsam abgerungene Humanität ständig von neuem bedroht sind und einer dauernden Anstrengung im Individuellen und Kollektiven bedürfen, um nicht wieder verlorenzugehen. In diesem Sinne wirkt Lears These durchaus plausibel, daß in den aktuellen Angriffen auf Freud sich auch eine versteckte Bedrohung der Kulturerrungenschaften westlicher Demokratien abzeichnen könnte.

Offenbar bedarf es einer gemeinsamen Anstrengung aller progressiven gesellschaftlichen Kräfte, diese humanen Errungenschaften der westlichen Kultur in den heutigen Krisen zu erhalten und weiterzuentwickeln. Die Psychoanalyse - als Wissenschaft des Unbewußten - kann dabei ihren spezifischen Beitrag insofern leisten, als sie in den hundert Jahren ihrer Geschichte durch klinische und extraklinische Forschung ein breites Wissen zum dunklen Kontinent, dem Tabuisierten im Individuum und in der Kultur, gesammelt hat. Ihrer intensiven, jahrelangen Arbeit mit einzelnen Menschen - der Junktim-Forschung - verdankt sie ein reiches Wissen zu den verborgenen - unbewußten - Determinanten von Psychoneurosen, Psychosomatosen, Borderline- und narzißtischen Persönlichkeitsstörungen und Psychosen, aber auch zur Entwicklungspsychologie und zu kulturtheoretischen Fragestellungen. Viele der ursprünglich pychoanalytischen Forschungsergebnisse sind inzwischen zum Allgemeingut unserer Kultur geworden, um nur einige Beispiele zu nennen: Die Folgen von traumatischen Trennungen im frühen Kindesalter (vgl.

inzwischen etablierter Umgang mit Kindern im Krankenhaus, z.B. im rooming-in etc.), das Wissen um entwicklungsspezifische Konflikte (vgl. z.B. "Trotzphase", Pubertätskrise etc.) oder um die Bedeutung früher Bindungs- und Objektbeziehungserfahrungen[4]. Darüber hinaus hat die Psychoanalyse - vor allem in den letzten Jahrzehnten - eine spezifische Expertenkultur im Umgang mit dem Unbewußten in der analytischen Behandlungssituation, im Übertragungs- und Gegenübertragungsgeschehen entwickelt, ein Wissen, das sie, gerade weil sie immer noch die aufwendigste und langwierigste Behandlungsmethode ist, auch anderen psychotherapeutischen Schulen zur Verfügung stellen könnte. Es wird ihre Aufgabe sein, weiterhin viele Anstrengungen zu unternehmen, um das Unbewußte im Individuum und in der Kultur zu erforschen und sich gegen das Vergessen und Verdrängen von individuell und sozial Tabuisiertem zu sperren.

Psychoanalyse und Öffentlichkeit: Ein vernachlässigtes Thema

Die Ringvorlesung, von der wir in diesem Band berichten, ist ein Versuch, gemeinsam mit anderen dieser erneuten Negation des Unbewußten etwas entgegenzuhalten und zum öffentlichen Diskurs damit verbundener Fragen einen Beitrag zu leisten. Dabei leitete uns u.a. der selbstkritische Gedanke, daß sich die Psychoanalyse wahrscheinlich vorwerfen muß, daß sie sich zu wenig darum bemüht hat, ihre Forschungsergebnisse und ihre in der intensiven klinischen Arbeit mit einzelnen Menschen gewonnenen Erkenntnisse an die wissenschaftliche und nichtwissenschaftliche Öffentlichkeit zu bringen und sie in aktuellen Kontroversen offensiv zu vertreten. Der Rückzug in die innerpsychoanalytische Diskussion im Elfenbeinturm der psychoanalytischen Fachgesellschaften mag für viele von uns immer wieder zu verführend sein. Vielleicht erscheint außerdem vielen Psychoanalytikern der Dialog mit Kolleginnen und Kollegen nicht nur befriedigender und lohnenswerter, sondern auch einfacher und weniger konflikthaft als das öffentliche Gespräch mit Nichtpsychoanalytikern. Wie oben angedeutet, haben wir in der psychoanalytischen Behandlungstechnik Möglichkeiten im Umgang mit Widerstand und Abwehr unbewußter Konflikte und Impulse in der analytischen Situation entwickelt, doch fehlt uns wahrscheinlich weitgehend eine analoge Kunst im Umgang mit Widerstands- und Abwehrphänomenen im öffentlichen Diskurs. Es ist sogar zu vermuten, daß die psychoanalytische Praxis, die so sehr darauf angewiesen ist, daß Analytiker und Analysand einen festen, kontinuierlichen Schutz ihrer intimen Zusammenarbeit, das sogenannte "Setting", wahren, die Gefahr in sich birgt, bei uns Analytikern eine spezifische "déformation professionelle" zu fördern, die uns Auftreten und Auseinandersetzungen im öffentlichen Raum eher erschweren. "Viele Psychoanalytiker sind auffällige Analphabeten im Umgang mit Öffentlichkeit und Medien", sagte mir einmal die Ausländerbeauftragte der Bundesregierung, Dr. Beate Winkler, im Zusammenhang mit einer Wissenschaftspressekonferenz zum Thema "Psychoanalyse auf der Couch" am 21.9.95.

---

[4]So wird z.B. das alte Eriksonsche Konzept des "Urvertrauens" durch die aktuelle Bindungsforschung erneut empirisch bestätigt (vgl. u.a. Dornes, 1996).

Erst in den letzten Jahren wird daher in der psychoanalytischen Community der Problematik "*Psychoanalyse und Öffentlichkeit*" vermehrt Aufmerksamkeit zuteil. Z.B. war es die Betroffenheit über das Wiederaufleben von Ausländerfeindlichkeit, Antisemitismus und Fremdenhaß in Deutschland nach der deutsch-deutschen Vereinigung, die Journalisten und Psychoanalytiker dazu bewegte, eine interdisziplinäre Arbeitsgruppe ins Leben zu rufen mit dem Ziel, psychoanalytische Erkenntnisse zur Psychodynamik solcher Phänomene beim Einzelnen und in Gruppen für die öffentliche Aufklärung nutzbar zu machen. Die Verständigung zwischen den beiden Berufsgruppen erwies sich anfänglich als schwierig und konfliktreich. Die Beteiligten mußten sich erst eine Basis der Kommunikation erarbeiten, bis der Dialog fruchtbar und in dem Sinne interessant werden konnte, als auch eine Verständigung über unbewußte Mechanismen bei der Produktion und der Rezeption von Berichten zu affektiv belastenden Themen in den Medien möglich wurde (Bohleber, 1995, größere Publikation darüber in Vorbereitung).

Psychoanalytische Forschung zwischen der Skylla der Überanpassung und der Charybdis der Verweigerung

Neben dem oben erwähnten Zeitgeist mag es teilweise auch der Vernachlässigung der Öffentlichkeitsarbeit zuzuschreiben sein, daß in den letzten Jahren eine bereits in den 50er Jahren geführte Kontroverse um die "Wissenschaftlichkeit der Psychoanalyse" in den Medien einen derart großen Raum gewinnen konnte. Alter Wein wurde in neue Schläuche gegossen und als "neueste wissenschaftliche Erkenntnisse" angepriesen.[5] Erst mit der Zeit formierten sich

---

[5] So standen z.B. viele psychoanalytisch orientierte Psychotherapieforscher zunächst einmal fast ungläubig vor dem Phänomen, daß Klaus Grawe in Diskussionen zu seinem Buch mit dem medienwirksamen Titel " Psychotherapie im Wandel. Von der Konfession zur Profession" ohne nennenswerten öffentlichen Widerspruch zunächst behaupten konnte, die Psychoanalyse habe bis auf wenige Ausnahmen bisher kaum Forschung betrieben, sei folglich als "Konfession" zu bezeichnen. Befremdend ist für viele nach wie vor, daß trotz der gravierenden und inzwischen in Fachzeitschriften dargelegten wissenschaftlichen Mängel der Studie ihr in der Öffentlichkeit ein derartiges Gewicht gegeben wird, daß in der Schweiz befürchtet wird, daß anstehende politische Entscheidungen darauf abgestützt werden (vgl. u.a. Fäh-Barwinski, 1996, Fischer, 1996). Um nur ein Beispiel hier herauszugreifen: Die Aussage, verhaltenstherapeutische Interventionen seien psychoanalytischen statistisch hoch signifikant überlegen, beruht auf einer Metaanalyse von 19 Originalarbeiten (kontrollierten Studien). In diesen Originalarbeiten ist aber keine einzige Studie enthalten, die Psychoanalysen untersucht, sondern nur "psychodynamisch orientierte" Therapien, die beim genauen Hinsehen ein Sammelsurium verschiedenster therapeutischer (meist eklektischer) Orientierungen darstellen (oft von Collegestudenten durchgeführt) und keinesfalls als "psychoanalytisch" charakterisiert werden können. Psychoanalytische Verfahren, d.h. von voll ausgebildeten Psychoanalytikern durchgeführte Therapien, wurden folglich in Grawes Studie gar nicht untersucht! Daher ist die o.e., politisch hoch wirksame Interpretation, die Verhaltenstherapie sei der Psychoanalyse weit überlegen, nicht nur schlichtweg falsch, sondern darüber hinaus eine Irreführung des Lesers. (Um dies noch prägnanter zu dokumentieren, wird z.Zt. eine wissenschaftliche Überprüfung der 19 Studien durch deutschsprachige Psychotherapieforscher durchgeführt, vgl. Tschuschke, 1996.)

Eine detaillierte Entgegnung der Studie von Grawe et al. ist auch zusammen mit Beiträgen von H. Kächele, W. Mertens, E. Kaiser im Sonderheft zur Psychoanalytischen Forschung unter dem Titel "Psychoanalytische Einzelfallstudien als Forschungsinstrument" im Mai 1995 erschienen. Eine weitere Sammlung aller bisherigen Kritiken der Grawe Studie mit einer eingehenden Reflexion

Widerspruch und Widerstand und verschafften in den Fachzeitschriften und in der Öffentlichkeit der gut zu belegenden Auffassung Gehör, daß es sich, wie oben diskutiert, bei dieser erneuten Attacke auf die "Wissenschaftlichkeit der Psychoanalyse" um eine versteckte Machtpolitik in Zeiten der enger werdenden Ressourcen im Gesundheitswesen und nicht um einen wissenschaftlichen Disput handelte. Es mußte erneut dargelegt werden, daß sich die Psychoanalyse seit ihrem Beginn - in der oben erwähnten Weise - um eine ihr adäquate Forschung bemüht hatte und darüber hinaus viele der relevantesten Psychotherapieforschungsprojekte von Psychoanalytikern initiiert und durchgeführt worden waren (vgl. unten). Dazu erschienen in kurzer Zeit verschiedene Publikationen zum Thema "*Psychoanalytische Forschung heute*" (um hier nur einige zu nennen: Mertens, 1994, Stuhr u. Deneke 1993, Henseler u. Wegner, 1993, Leuzinger-Bohleber, Schneider u. Pfeifer, 1993, Psyche-Heft, Mai 1995 und andere Beiträge zu dieser Thematik 1994 und 1996 in der Psyche und in anderen deutschen und internationalen psychoanalytischen Zeitschriften, Herold, 1995, Kaiser, 1995).

Anhand einer Skizze aus meinem eigenen Beitrag (Leuzinger-Bohleber, 1995)[6] zu dieser aktuellen Wissenschaftskontroverse möchte ich hier nochmals versuchen, wenigstens kurz einige der z.Zt. diskutierten Probleme psychoanalytischer Forschung anzudeuten. Viele stehen mit dem bereits oben erwähnten Spannungsfeld in Beziehung, das sich aus der spezifischen wissenschaftstheoretischen Position der Psychoanalyse, als "Wissenschaft zwischen den Wissenschaften"[7] (Lorenzer, Modell, Vogt, Lear u.a.), ergibt. U.a. fokussierte Carlo Strenger 1991 diese Fragen erneut in einem interessanten Buch "Between Hermeneutics and Science. An Essay on the Epistemology of Psycho-

---

damit verbundener wissenschaftstheoretischer, methodologischer und inhaltlicher Fragen ist in Vorbereitung (Fäh-Barwinski, Fischer u.a., erscheint voraussichtlich Ende 1996).

[6]Eine Zusammenfassung davon ist in modifizierter Form im Tagungsband der DPV ebenfalls 1995 erschienen.

[7]Modell (1984) charakterisiert die Psychoanalyse als "eine Wissenschaft zwischen den Wissenschaften", die zum einen, ähnlich wie die hermeneutischen Wissenschaften, die Empathie als Beobachtungsmethode verwende und den Menschen von innen sehe, aber zum anderen ihre Beobachtungen den organisierenden Prinzipien der Metapsychologie unterwerfe, die den Menschen von außen sehe. Dieser rasche Wechsel von der Ich-Du-Beziehung (der empathischen Identifikation) zur Ich-Es-Beziehung (der naturwissenschaftlichen Beobachtungsposition) sei ein Charakteristikum der Psychoanalyse, die aus diesem Grunde in keine der vorhandenen wissenschaftstheoretischen Positionen passe (vgl. dazu auch Lorenzer, 1985).

Eine ernsthafte empirische Forschung in der Psychoanalyse muß sich den spezifischen wissenschaftstheoretischen Fragen der Psychoanalyse stellen, da von ihrer Beantwortung nicht nur das konkrete Forschungsdesign, sondern auch die darin enthaltenen Wahrheitskriterien und das eigene Erkenntnisinteresse (vgl. Habermas, 1968) - unreflektiert oder reflektiert - determiniert werden. In dieser Dimension liegen auch die "wirklichen Gräben", die die Psychoanalyse von der Verhaltenstherapie auch in ihren modernistischen Formen trennt. Strenger (1991) legt eine sorgfältige Analyse zu den Unterschieden zwischen verschiedenen psychotherapeutischen Ansätzen, vor allem den behavioristischen und psychoanalytischen, aus einer philosophischen, erkenntnistheoretischen und wissenschaftstheoretischen Perspektive vor. Er zeichnet nochmals nach, wie die akademische Psychologie, geprägt durch eine *behavioristische Tradition, ein hochspezifisches Kriterium von "Wahrheit", das Empirieparadigma*, erstmals von David Hume formuliert, *als alleiniges Kriterium stilisiert* (vgl. dazu auch Habermas, 1968, Leithäuser u. Bender, 1985, Körner, 1985 u.a.). Dieses scheinbar "objektive empirische Wahrheitskriterium" verschleiert u.a., wie oben erwähnt, die unterschiedlichen weltanschaulichen, philosophischen und ethischen Basisannahmen, die unterschiedlichen Therapieformen zugrundeliegen.

analysis". Andere Diskussionen entfachen sich an Fragen im Zusammenhang mit der "Junktim-Forschung" der Psychoanalyse und der heutigen Einschätzung dieser genuin psychoanalytischen Forschungsstrategie. Dieser Begriff geht bekanntlich auf eine berühmt gewordene Äußerung von Freud (1927) im "Nachwort zur Frage der Laienanalyse" zurück.

"In der Psychoanalyse bestand von Anfang an ein *Junktim zwischen Heilen und Forschen*, die Erkenntnis brachte den Erfolg, man konnte nicht behandeln, ohne etwas Neues zu erfahren, man gewann keine Aufklärung, ohne ihre wohltätige Wirkung zu erleben. Unser analytisches Verfahren ist das einzige, bei dem dies kostbare Zusammentreffen gewahrt bleibt. Nur wenn wir analytische Seelsorge betreiben, vertiefen wir unsere eben aufdämmernde Einsicht in das menschliche Seelenleben. Diese Aussicht auf wissenschaftlichen Gewinn war der vornehmste, erfreulichste Zug der analytischen Arbeit" (S. 386, Hervorhebung M.L.-B.).

Wie wir in den Beiträgen in diesem Band einmal mehr illustrieren möchten, ist inzwischen unbestritten, daß diese klinische "Junktim-Forschung" zu einem reichen Wissen bezüglich der unbewußten Psychodynamik psychogener Störungen und ihrer Behandlung sowie der sie determinierenden individuellen und kulturellen Faktoren beigetragen hat. Doch führten die damit verbundenen Schwierigkeiten, die Gefahr der Suggestion, der selektiven Auswahl von Daten, die mangelhafte Überprüfbarkeit der Beobachtungen und Interpretationen durch Außenstehende u.a.m. zu wiederkehrenden Angriffen auf diese genuin psychoanalytische Forschungsstrategie sowohl durch Psychoanalytiker selbst (vgl. dazu u.a. Robinson, 1993, Thomä und Kächele, 1985, Meyer, 1993) als auch durch Vertreter anderer Psychotherapieschulen. Die Kritik von außen diente oft der Verschleierung der oben erwähnten erkenntnis- und wissenschaftstheoretischen Unterschiede zwischen eigenen Auffassungen von "wissenschaftlicher Wahrheit" und jenen, die der Psychoanalyse und ihrer Junktimforschung zugrunde liegen (vgl. oben). Doch auch innerhalb der psychoanalytischen Community waren die Kontroversen um den wissenschaftlichen Status der Psychoanalyse oft durch Ideologeme statt durch kritische Argumente geprägt. Zuweilen fiel dabei auf, wie sehr rigide Überich- und Ichidealforderungen eine konfliktfreudige, kreative und innovative Atmosphäre in diesen Diskussionen erschwerten: Man mußte sich loyal entweder zu den Hermeneutikern oder den Nomothetikern bekennen, was sich oft als hinderlich erwies, im gemeinsamen Dialog neue Perspektiven für die psychoanalytische Forschung zu entwickeln (vgl. dazu u.a. Leuzinger-Bohleber, 1995). Daher wirkte eine neuere Arbeit von Ulrich Moser (1991) ausgesprochen entlastend auf mich, in der er versuchte, diesen Diskurs auf eine weniger "ideologische" Ebene zu heben, indem er zwei neutrale, aus der Welt der Informatik stammende Termini verwandte, um *zwei sich unterscheidende*, aber *gleichwertige* Forschungsstrategien in der psychoanalytischen Forschung zu definieren: Die eben skizzierte "Junktim-Forschung", die psychoanalytische Feld-oder Aktionsforschung (vgl. u.a. Stuhr, 1995) charakterisierte er als *On-Line-Forschung* und stellte ihr die *Off-Line-Forschung* gegenüber, die sich der nachträglichen Untersuchung von Materialien aus Psychoanalysen oder psychoanalytisch orientierten Psychotherapien (Tonbändern, Videoaufzeichnungen, Tagebüchern etc.) mit Hilfe eines breit gestreuten methodischen Arsenals widmet. In der folgenden Graphik sind beide Forschungsstrategien dargestellt, denn zu

Forschung gehört erstens eine selbstkritische Vorstellung, wie sich unsere Theorien als Abbild unserer Forschungserkenntnisse[8] bilden (linke Seite der Graphik, vgl. unten).

Wege der Instantiierung[9]

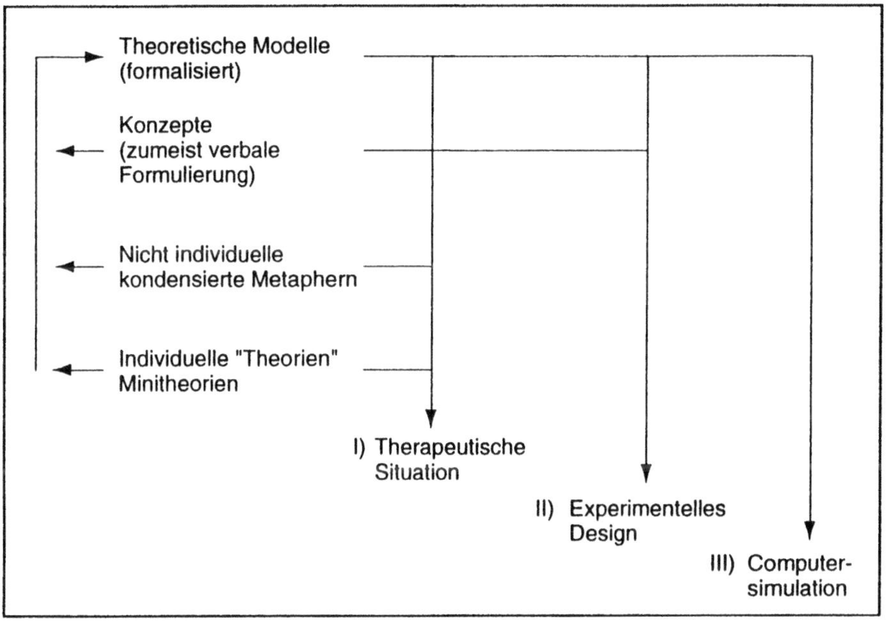

Zweitens zeichnet sich Forschung auch durch den Versuch einer Generalisierung von Beobachtungen am Einzelfall aus, wobei der Einzelfall in der psycho-

[8]Canestri (1995) vergleicht diese Theorien mit Phantasien, die nur z.T. bewußt sind und immer einen privaten und einen offiziellen Anteil haben.

[9]Mit den Pfeilen auf der linken Seite wird die Generierung von Modellen illustriert (vgl. Text oben). Auf der rechten Seite wird dargestellt, welchen Einfluß diese Modelle auf die klinische und forschende Praxis des Psychoanalytikers haben. Moser spricht hier von "Instantiierung" und bezeichnet damit die Rückführung theoretischer Modelle bzw. Konzepte auf Praxissituationen (bzw. Experimente, Computersimulationen).

Mit Hilfe der Graphik beschreibt Moser auch die sukzessiven Generalisierungsprozesse, immer ausgehend von Vergleichen zwischen einzelnen klinischen Beobachtungen oder anderen Daten zum Einzelfall. Je höher das Abstraktionsniveau der Generalisierungen schließlich ausfällt, desto breiter wird der Anspruch darin enthaltener Aussagen, i.a.W. deren Übertragbarkeit, desto problematischer wird aber auch die stringente Rückführung bzw. Anwendung dieser abstrakten Aussagen auf neue, konkrete Einzelfälle. Für die therapeutische Situation ist entscheidend, daß sowohl kondensierte Metaphern als auch Konzepte und schließlich die noch abstrakteren Modelle in Beziehung gesetzt werden müssen zu neuen, konkreten klinischen Beobachtungen, um der Idiosynkrasie des einzelnen Analysanden bzw. einer spezifischen psychoanalytischen Situation adäquat zu entsprechen, was in der Graphik mit den verbundenen Strichen dargestellt wird. Moser spricht hier von einem *Prozeß der symbolisierten Individualisierung*.

analytischen Forschung m.E. aus den immer wieder diskutierten wissenschaftstheoretischen Gründen nie vernachlässigt werden kann. Übrigens liegen Generalisierungsschritte auch schon psychoanalytischen Deutungen zugrunde, da wir immer Auffälligkeiten in den analytischen Beobachtungen der Übertragung, Gegenübertragung eines bestimmten verbalen oder nonverbalen Verhaltens des Analysanden etc. mit anderen vergleichen und daraus unsere Interpretationshypothesen ableiten. Moser spricht von "Minitheorien", die wir diesen idiosynkratischen Deutungen in der analytischen Situation zugrunde legen. Solche "Minitheorien" werden, wie dies u.a. Leon Wurmser (1989) eindrücklich ausführt, oft in Metaphern zusammengefaßt, da sich gerade Metaphern gut zur Verbalisierung komplexer *unbewußter* Informationsgestalten eignen. Schließlich werden solche Metaphern zu Konzepten, wie Abwehr, Triebwunsch etc. zusammengefaßt und bilden auf einer noch höheren Abstraktionsstufe unsere Theorien.

Zu Wissenschaft gehört nun drittens, daß diese Theorien immer wieder an neuen klinischen Beobachtungen überprüft werden. Hier setzt die *klinische Forschung* ein, die den einzelnen Schritten unseres Erkenntnisprozesses ihre Sensibilität schenkt, denn alle unsere Alltags- und professionellen Theorien beeinflussen, bewußt oder unbewußt, reflektiert oder unreflektiert, unsere klinische Wahrnehmung: "Wir nehmen stets durch die 'Brille' unseres Gedächtnisses wahr, denn das, was wir wahrnehmen, ist durch frühere Wahrnehmungen entscheidend mitbestimmt" (Roth, 1991, S. 147). Werden uns unsere privaten und offiziellen Theorien wenigstens z.T. bewußt, können sie durch neue Beobachtungen in der analytischen Situation erneut überprüft und evtl. modifiziert und weiterentwickelt werden (in der Graphik mit den "Rücklaufpfeilen" unter I dargestellt). Die Sensibilität und kritische Selbstreflexion machen u.a. die Qualität dieser klinischen Forschung aus. In der psychoanalytischen Community wurde inzwischen, wie ich ausführlich diskutierte, eine breite Forschungskultur entwickelt, um die Qualität der klinischen Forschung in dem eben erwähnten Sinne abzusichern (Super- und Intervisionen, kritische, z.T. interdisziplinäre Auseinandersetzungen mit Fallnovellen und systematischen Fallberichten, konkurrierende Betrachtung von klinischem Fallmaterial durch verschiedene psychoanalytische Subtheorien etc. (vgl. Leuzinger-Bohleber, a.a.O., S.452ff)[10].

---

[10] Im Sinne Carlos Strengers (1991) geht es dabei u.a. auch um den Versuch, sich bei der Validierung psychoanalytischer Deutungen nicht auf rein hermeneutische Wahrheitskriterien, etwa im Sinne der narrativen Kohärenz, zurückzuziehen, sondern die narrative Kohärenz analytischer Hypothesen mit *externer Konsistenz und Kohärenz* zu verbinden. "Externe Kohärenz" umschreibt er folgenderweise:

a) Eine erste Forderung besteht darin, daß sich eine Theorie (unter der auch narrative Erklärungen subsumiert werden können) als *konsistent* mit allgemein akzeptierten Erklärungen ("generally accepted explanations", S. 189) erweisen muß. Als ein Beispiel aus der psychoanalytischen Wissenschaftsgeschichte führt Strenger (a.a.O., S. 189) den Einwand Kernbergs (1980) an: Das Konzept der paranoid-schizoiden Position von Melanie Klein als Konzept für die kognitiven Prozesse des Säuglings bis zum 3. Lebensmonat sei nicht mit den Untersuchungen von J. Piaget und anderen Entwicklungspsychologen vereinbar und müßte daher, mindestens was die lebensgeschichtliche Lokalisation dieser psychischen Mechanismen betreffe, modifiziert werden.

b) Eine zweite Forderung besteht darin, daß sich eine Theorie als *kohärent* mit dem allgemein akzeptierten Wissensstand erweisen muß, wobei die Kohärenz, verglichen mit jenem der Konsistenz, das strengere Kriterium darstellt. Als Illustration greift er auf das erwähnte Beispiel des

In der Psychotherapieforschungsliteratur galt bisher allerdings diese Art der klinischen Forschung nicht als "wissenschaftlich", sondern nur die Off-Line-Forschung, die für sich einen exklusiven Anspruch auf "Wissenschaftlichkeit" reklamierte, vor allem aus wissenschaftspolitischen Gründen. Moser relativiert diese Überzeugung: Für ihn können beide Forschungsstrategien Ausdruck eines wissenschaftlichen Bemühens darstellen, sich dem komplexen Forschungsgegenstand der Psychoanalyse, dem Unbewußten, anzunähern. On-Line- und Off-Line-Forschung stellen daher unterschiedliche, gleichwertige und sich potentiell ergänzende Forschungsstrategien dar. Beide weisen ihre Vorzüge, aber auch ihre Schwächen auf, die durch Forscherpersönlichkeiten mit einer skeptischen, selbstkritischen Forschungsidentifikation wahrgenommen und eingehend reflektiert, durch Persönlichkeiten, die eher auf der Suche nach letzten Sicherheiten und Glaubensüberzeugungen sind, eher negiert und überspielt werden. I.a.W.: Sowohl in der On-Line- als auch in der Off-Line-Forschung, sowohl in der nomothetischen als auch in der hermeneutisch ausgerichteten psychoanalytischen Forschung finden wir Forscher im aufklärerischen Sinne neben "Gläubigen". Der "Glaube" an narrative Sinnstrukturen ist nicht weiter von einer selbstkritischen Forschung entfernt als der "Glaube" an Zahlen.

Als *Off-Line-Forschung* (extraklinische Forschung) nennt Moser zwei Möglichkeiten, die Forschung in der *Experimentalsituation* (II in der Graphik) und die *Computersimulation* (III in der Graphik). Es liegt bereits eine Reihe beeindruckender, sorgfältiger *empirisch-psychoanalytischer Studien* vor (publiziert von englischsprachigen Autoren wie Kernberg, Wallerstein, Sampson u. Weiss, Horowitz, Howard et al., Luborsky, Gill u. Hoffmann, Fonagy etc. und solchen aus dem deutschen Sprachraum, vgl. dazu Leuzinger-Bohleber, 1995, S. 462ff und Literaturverzeichnis). Wie schon kurz erwähnt, wurden in der Society for Psychotherapy Research viele der relevanten Studien von Psychoanalytikern und nicht von Verhaltenstherapeuten durchgeführt (vgl. dazu u.a. Kächele, 1992). Allerdings sind die methodischen Probleme bei einer extraklinischen Annäherung an psychoanalytische Prozesse ausgesprochen schwierig und aufwendig. Sie erfordern eine große methodische Sorgfalt.

Die Möglichkeit, mit Hilfe der *Computersimulation* psychoanalytische Theorien wissenschaftlich, d.h. im Sinne der Off-Line-Forschung, zu untersuchen, möchte ich hier nur kurz erwähnen, obschon diese Möglichkeit bedauerlicherweise kaum bekannt geworden ist, da sie eine außerklinische Methode darstellt, die zu einer hohen Intersubjektivität, Objektivität und begrifflicher und logischer Präzision führt, ohne die Komplexität des psychoanalytischen Forschungsgegenstandes und die Einzelfalloptik zu

---

schizophrenen Wahns zurück. Die Interpretation des Exorzisten ist nicht kohärent mit unserem westlichen "accepted background knowledge". Beispiele aus der psychoanalytischen Geschichte, die illustrieren, daß Konzepte aus analogen Gründen in der wissenschaftlichen Community auf Ablehnung stoßen, ist die auf Larmarckschen Postulaten beruhende These des Vatermords in der Urhorde in Freuds Arbeit "Jenseits des Lustprinzips" (1920) und die biologische Begründung des Todestriebs bei Freud.

Beide Kriterien, die Konsistenz und die Kohärenz, werden in der Forderung nach "*externer Kohärenz*" zusammengefaßt. I.a.W. versucht Strenger auf diese Weise, die Psychoanalyse in einen kritischen interdisziplinären Dialog mit anderen Wissenschaften zurückzuführen.

vernachlässigen. Sie scheint daher für den interdisziplinären Dialog mit der nichtpsychoanalytischen Wissenschaftscommunity besonders geeignet. Ulrich Moser und seine Forschungsgruppe in Zürich gehörten zu den ersten Psychoanalytikern, die versucht haben, diesen interdisziplinären Dialog und die darin entwickelten Möglichkeiten zur Überprüfung psychoanalytischer Theorien beizuziehen. Sie haben z.B. schon in den 70er Jahren die psychoanalytische Abwehrlehre oder Traummechanismen detailliert untersucht und einen Beitrag dazu geleistet, daß psychoanalytische Theorien vermehrt auch im interdisziplinären Dialog mit anderen Wissenschaften transparent und daher z.B. bezüglich ihrer begrifflichen und logischen Präzision kritisierbar werden.

So entwickelte die psychoanalytische Community ein reiches Spektrum an Möglichkeiten, sich ihrem Forschungsgegenstand, dem Unbewußten, anzunähern, wobei dem Prinzip des Lernens am Einzelfall (case based learning) immer noch eine herausragende Rolle zukommt. Jedoch stellt sowohl der spezifische Forschungsgegenstand, der sich per definitionem der direkten Beobachtung entzieht, als auch der spezifische wissenschaftstheoretische Status die psychoanalytische Forschung immer wieder neu vor anspruchsvolle und komplexe Probleme. Auch wenn viele dieser Probleme noch ungelöst sind, scheint uns, daß sich die heutige Psychoanalyse nicht mehr ausschließlich mit der innerpsychoanalytisch-klinischen Forschung begnügen kann, sondern verpflichtet ist, ihre Erkenntnisse in der Scientific Community "öffentlich zu machen", d.h. sich dem interdisziplinären Dialog und der Kritik von außen immer wieder zu öffnen.

Psychoanalyse an der Universität: Versuch eines öffentlichen, interdisziplinären Dialogs. Zur Ringvorlesung: Psychoanalyse heute - Klinische und kulturtheoretische Perspektiven

Eine Möglichkeit, psychoanalytische Forschungsergebnisse dem kritischen interdisziplinären Dialog zu öffnen, bietet uns auch unsere Lehrtätigkeit an der Universität. Daher führten wir im Sommersemester 1995 an der Universität Gesamthochschule Kassel eine erste fachbereichsübergreifende Ringvorlesung "Psychoanalyse heute - Klinische und kulturtheoretische Perspektiven" durch. Wir wählten bewußt ein sehr breites Thema, da wir in diesem Rahmen vor allem einen Eindruck von dem Reichtum und der Vielfalt heutiger psychoanalytischer Forschung und Praxis vermitteln wollten. Wir hofften allerdings, daß für unsere Zuhörer (und Leser) trotz aller Verschiedenheiten der behandelten Fragestellung mindestens eine Gemeinsamkeit - als eine Art kleinster gemeinsamer Nenner - erkennbar werde: Die Aktualität unbewußter Phantasien und Konflikte in unserem individuellen und kollektiven Erleben. Ob sich unsere Hoffnung erfüllen ließ, wird der Leser zu entscheiden haben, doch konfrontiert uns die damit verbundene didaktische Frage auch mit grundsätzlichen Problemen der Vermittlung psychoanalytischen Denkens an Nichtpsychoanalytiker im Rahmen einer Hochschule. Ralf Zwiebel wird daher seine Schlußbemerkung vor allem dieser Frage widmen.

An unserer Ringvorlesung beteiligten sich die meisten an der Hochschule tätigen Psychoanalytiker und einige niedergelassene Kolleginnen und Kollegen des Alexander Mitscherlich-Instituts in Kassel. Sie berichteten von ihren aktuellen Forschungsinteressen und stellten damit verbundene offene Fragen zur Diskussion. Zum Ziel unserer Ringvorlesung gehörte zwar auch der Austausch unter uns Psychoanalytikern, aber vor allem war es unser Wunsch, einer breiteren Hochschulöffentlichkeit einen Einblick in Forschungsfragen der heutigen Psychoanalyse zu ermöglichen. Die Veranstaltung stieß innerhalb und außerhalb der Universität auf großes Interesse, so daß wir uns zu dieser Publikation ermuntert sahen.

Obwohl die folgenden Beiträge unterschiedliche Profile aufweisen und als eher historische, klinische, entwicklungspsychologische und kulturtheoretische Arbeiten charakterisiert und gruppiert werden könnten, verzichten wir auf eine solche Unterteilung, denn, wie wir oben diskutiert haben, widersprechen solche "Abtrennungen" einem Merkmal der psychoanalytischen Situation, die gerade durch die enge Verknüpfung von Klinik, Forschung und Kulturkritik charakterisiert werden kann. So spiegelt sich im Leiden der individuellen Analysanden immer auch ein Leiden an gesellschaftlichen Realitäten, die daher auch im klinisch orientierten Forschungsprozeß mitreflektiert werden müssen. Andererseits sind kulturtheoretische Erkenntnisse in unserer Disziplin nur in der intensiven klinischen Arbeit mit einzelnen Menschen zu gewinnen und nicht davon abzulösen[11]. Sogar der Umgang mit Literatur kann nur dann als *psychoanalytisch* charakterisiert werden, wenn er sich durch den, an klinischen Einzelschicksalen geschärften Blick für Unbewußtes in der Textgestaltung oder der Lektüreerfahrung eines Textes ausweist (vgl. dazu u.a. von Hoff und Leuzinger-Bohleber, 1996).

In den Beiträgen von R. Zwiebel, R. Plassmann und M. Mahler-Bungers liegt der Schwerpunkt eher auf der Reflexion der klinisch-psychoanalytischen Praxis, während M. Leuzinger-Bohleber, G. Schlesinger-Kipp und H. Radebold sich zu Spezifika von Psychoanalysen in verschiedenen Entwicklungsphasen (Adoleszenz, Lebensmitte, Alter) äußern.

G. Wittenbergers psycho-historischer Beitrag leitet zu jenen Arbeiten über, die eher kulturkritische Fragestellungen ins Zentrum ihrer Überlegungen stellen.

M. Erdheim befaßt sich - zeitkritisch - mit Canettis Auseinandersetzungen mit Freuds Arbeit zum Fall Schreber. H. Lahme-Gronostaj betrachtet das Verhältnis von Robert Musil zu der "Nachbarmacht Psychoanalyse" und wie sehr dieses durch den Zeitgeist anfangs dieses Jahrhunderts determiniert war. Die letzten vier Arbeiten dieses Bandes befassen sich mit aktuellen kulturkritischen Themen: W. Bohleber schreibt zur Psychoanalyse von Ethnozentrismus, Fremdenhaß und Antisemitismus, Ch. Schneider und C. Stillke zum transgenerationellen Fortwirken von Traumatisierungen während der Zeit des Nationalsozialismus und U. Prokop zur Rolle von weiblichen Adoleszenten in

[11] Allerdings zeigt es sich gerade bei kulturtheoretischen Forschungsergebnissen, wie wichtig der interdisziplinäre Dialog mit anderen Wissenschaftlern, vor allem Soziologen, Politologen, Historikern, Ökonomen und Erziehungswissenschaftlern ist, um sie aus dem Bereich der Individuellen herauszulösen und mit gesellschaftlichen Phänomenen kompetent in Beziehung zu setzen (vgl. dazu u.a. Bohleber, 1992, Reiche, 1995 etc.).

rechtsradikalen Gruppen. D. Ohlmeier befaßt sich mit den psychodynamischen Hintergründen neuer Zivilisationskrankheiten, wie Aids.

Angesichts des Umfangs dieses Bandes verzichten wir auf die ursprünglich geplante Zusammenfassung der Diskussionen in der Ringvorlesung. Wir sind jedoch überzeugt, daß die Beiträge für sich sprechen, und wünschen uns, daß sie Leserinnen und Leser zum kritischen Nachdenken bewegen.

Literatur

Bachrach, H.M./Galatzer-Levy, R./Skolnikoff, A./Waldrin, S. (1991): On the efficacy of psychoanalysis. J. Am. Psychoanal. A oc. 39, 871-916.

Benjamin, L.S. (1982): Use of structural analysis. In: J. Auchin & D. Kiesler (eds): Handbook of interpersonal psychotherapy. London (Pergamon).

Bohleber, W. (1992): Nationalismus, Fremdenhaß und Antisemitismus. Psychoanalytische Überlegungen. Psyche. 46, 689-709.

Bohleber, W. (1995): Psychoanalyse und Öffentlichkeit. Vortrag am Symposium: 100 Jahre Psychoanalyse. 7.12.95. Erscheint in Materialien aus dem Sigmund Freud Institut.

Bohleber, W./Kafka, J.S. (Hg.) (1992): Antisemitismus. Bielefeld (Aisthesis Verlag).

Canestri, J. (1994): Psychoanalytic Heuristics. Vortrag gehalten am DPV-Kongreß in Wiesbaden, 19.11.1994.

Dahl, H./Kächele, H./Thomä, H. (eds) (1988): Psychoanalytic Process Research Strategies. Berlin (Springer).

Dennett, D.C. (1994): Philosophie des menschlichen Bewußtseins. Hamburg (Hoffmann u. Campe).

Devereux, G. (1967): Angst und Methode in den Verhaltenswissenschaften. München (Carl Hanser Verlag).

Dornes, M. (1996): Die frühe Kindheit. Entwicklungspsychologie der ersten Lebensjahre. Habilitationsschrift am Fachbereich 01 der Universität Gesamthochschule Kassel. Erscheint beim Fischer Verlag, Frühling 1997.

Fäh-Barwinski, M./Fischer, G.: Entgegnungen zur Metaanalyse von Klaus Grawe: ein wissenschaftlicher Diskurs (vorläufiger Titel). Erscheint voraussichtlich Ende 1996.

Faller, H./Frommer, J. (Hg.) (1994): Qualitative Psychotherapieforschung. Grundlagen und Methoden. Heidelberg (Asanger).

Fischer, G. (1989): Dialektik der Veränderung in Psychoanalyse und Psychotherapie. Modell, Theorie und systematische Fallstudie. Heidelberg (Asanger).

Fischer, G. (1994): Psychoanalytische Psychotherapieforschung. Unveröffentlichter Vortrag am Kongreß der Deutschen Gesellschaft für Psychologie in Hamburg, 25.9.1994.

Fonagy, P./Target, M. (1994): Predictors of the efficacy of child psychoanalysis: a retrospective study of 768 patientes treated at the Anna Freud Center. Unveröffentlichter Vortrag am Kongreß der Deutschen Gesellschaft für Psychologie in Hamburg, 25.9.1994.

Freud, S. (1920): Jenseits des Lustprinzips. GW XIII, 1-69.

Freud, S. (1927): Nachwort zur Frage der Laienanalyse. GW XIV, 287-296.

Freud, S. (1927): Die Zukunft einer Illusion. GW XIV, 325-380.

Gay, P. (1987): Freud. Eine Biographie für unsere Zeit. Frankfurt/M. (Fischer) (1989).

Gill, M.M./Holzman, Ph.S. (eds) (1976): Psychology versus Metapsychology. Psychoanalytic Essays in Memory of George Klein. New York (Psychol. Issues, Mon).

Grawe, K./Donati, R./Bernauer, F. (1994): Psychotherapie im Wandel. Von der Konfession zur Profession. Göttingen (Hogrefe).

Habermas, J. (1968): Technik und "Wissenschaft" als Ideologie. Frankfurt/M. (Suhrkamp).

Hellhammer, D. (1992): Wie wissenschaftlich ist die Psychotherapieforschung? Psychologische Rundschau, 43, 168-170.

Henseler, H./Wegner, P. (Hg.) (1993): Psychoanalysen, die ihre Zeit brauchen. Zwölf klinische Darstellungen. Opladen. Westdeutscher Verlag.

Herold, R. (1995): Übertragung und Widerstand. Rekonstruktion und Evaluation einer Methode zur Untersuchung von Übertragungswiderständen in psychoanalytischen Therapien. Ulm: Ulmer Textbank.

Hoff von, D./Leuzinger-Bohleber, M.: Versuch einer Begegnung. Psychoanalytische und textanalytische Verständigungen zu Elfriede Jelineks Buch "Lust": Erscheint in der Zeitschrift Psyche, Ende 1996.

Hoffmann, S.O. (1992): Bewunderung, etwas Scham und verbliebene Zweifel. Anmerkungen zu Klaus Grawes "Psychotherapieforschung zu Beginn der neunziger Jahre" Psychologische Rundschau, 43, 163-167.

Hohage, R. (1986): Empirische Untersuchungen zur Theorie der emotionalen Einsicht. Habilitationsschrift an der Universität Ulm.

Horkheimer, M./Adorno, Th. (1944): Dialektik der Aufklärung. Erneut veröffentlicht beim Fischer Verlag, Frankfurt/M., 1995.

Horowitz, M.J. (1981): States of Mind: Analysis of Change in Psychotherapy. New York (Plenum).

Jüttemann, G. (Hg.) (1990): Komparative Kasuistik. Heidelberg (Asanger).

Kächele, H. (1992): Psychoanalytische Therapieforschung. Psyche, 3, 259-285.

Kaiser, E. (Hg.) (1996): Psychoanalytisches Wissen. Beiträge zur Forschungsmethodik. Opladen: Westdeutscher Verlag.

Kernberg, O. (1980): Internal and External Reality. New York (Aronson).

Klein, G. S. (1976): Psychoanalytic Theory: An Exploration of Essentials. New York (Int. Univ. Press).

Köhler, L. (1990): Neuere Ergebnisse der Kleinkindforschung. Ihre Bedeutung für die Psychoanalyse. Forum der Psychoanalyse, 6, 32-51.

Körner, J. (1985): Vom Erklären zum Verstehen in der Psychoanalyse. Göttingen (Vandenhoeck u. Ruprecht).

Körner, J. (1990): Die Bedeutung kasuistischer Darstellungen in der Psychoanalyse. In: Jüttemann, G. (Hg.): (vgl. oben), 93-104.

Kuhn, Th. (1957): Die Struktur wissenschaftlicher Revolutionen. Frankfurt/M. (Suhrkamp) (1967).

Lear, J. (1995): The shrink is in. A counterblast in the war on Freud. The New Republic, December, 1995.

Leithäuser, T./Bender, T. (1985): Vorwort zu M. Jahoda: Freud und das Dilemma der Psychologie. Frankfurt/M.: Fischer.

Leuzinger-Bohleber, M. (1987): Veränderung kognitiver Prozesse in Psychoanalysen. Bd 1: Eine hypothesengenerierende Einzelfallstudie. Berlin (Springer) (PSZ). Bd. 2: Bd 2: Fünf aggregierte Einzelfallstudien. Berlin (Springer) (PSZ) (1989).

Leuzinger-Bohleber, M. (1990): "Komparative Kasuistik" in der Psychoanalyse? In: Jüttemann, G. (Hg.) (1990): Komparative Kasuistik. Vgl. oben, 104-122.

Leuzinger-Bohleber, M. (1995): Die Einzelfallstudie als psychoanalytisches Forschungsinstrument. Psyche, 5, 49,434-481.

Leuzinger-Bohleber, M./Schneider, H./Pfeifer, R. (eds) (1992): "Two Butterflies on My Head..." Psychoanalysis in the Interdisziplinary Scientific Dialogue. New York (Springer).

Lorenzer, A. (1985): Spuren und Spurensuche bei Freud. fragmente, 17/18, 160-197.

Lorenzer, A. (1987): Zum Widerstandspotential der Psychoanalyse. fragmente, 19, 185-197.

Luborsky, L./Crits-Christoph, P./Mintz, J./Auerbach, A. (1988): Who Will Benefit From Psychotherapy. New York (Basic Books).

Luborsky, L./Diguer, L./Luborsky, E./Singer, B./Dickter, D./Schmidt, K.A. (1993): The efficacy of dynamic psychotherapies: Is it true that "Everyone Has Won and All Must Have Prizes"? In: Miller, N.E./Luborsky, L./Barber, J.P./Docherty, J.P. (eds) (1993): Psycho-

dynamic Treatment Research A Handbook For Clinical Practice. New York (Basic Books), 496-516.
Marcuse, H. (1965): Das Veralten der Psychoanalyse. In: Kultur und Gesellschaft, 2, Frankfurt/M. (Suhrkamp), 85-107.
Mertens, W. (1994): Psychoanalyse auf dem Prüfstand? Eine Erwiderung auf die Meta-Analyse von Klaus Grawe. Berlin: Quintessenz.
Mertens, W. (1995): Warum Psychoanalysen lange dauern. In: Psyche, 5, 49, 405-434.
Meyer, A.E. (1981): Psychoanalytische Prozeßforschung zwischen der Skylla der "Verkürzung" und der Charybdis der "systematischen akustischen Lücke". Zsch. Psychosom. Med. 27, 193-116.
Meyer, A.E. (1993): Nieder mit der Novelle als Psychoanalysedarstellung. Hoch lebe die Interaktionsgeschichte. In: U. Stuhr und F.W. Deneke (Hg.): Die Fallgeschichte. Beiträge zu ihrer Bedeutung als Forschungsinstrument. Heidelberg (Asanger).
Meyer, A.E. (1994): Über die Wirksamkeit psychoanalytischer Therapie bei psychosomatischen Störungen. Psychotherapeut, 39, 298-308.
Meyer, A.E./Richter, R./Grawe, K./Schulenberg, J.M./Graf v.d. Schulte, B. (1991): Forschungsgutachten zu Fragen eines Psychotherapeutengesetzes (im Auftrag des Bundesministeriums für Jugend, Familie, Frauen und Gesundheit), Hamburg-Eppendorf.
Modell, A.H. (1984): Gibt es die Metapsychologie noch? Psyche, 38, 214-235.
Morgenthaler, F. (1978): Technik. Zur Dialektik der psychoanalytischen Praxis. Frankfurt/M. (Syndikat).
Moser, U. (1989): Wozu eine Theorie in der Psychoanalyse? Zeitschrift für psychoanalytische Theorie und Praxis. 4, 2, 154-175.
Moser, U. (1991): Vom Umgang mit Labyrinthen. Praxis und Forschung in der Psychoanalyse - eine Bilanz. Psyche, 45, 315-335.
Moser, U./v. Zeppelin, I./Schneider, W. (1991): Cognitive-Affective Processes: New Ways of Psychoanalytic Modeling. Berlin (Springer).
Neudert, L. (1987): Das Leiden des Patienten und Aspekte seiner Bewältigung als Variable im psychotherapeutischen Prozeß. Eine Einzelfallstudie. Dissertation an der Univ. Ulm.
Pfeifer, R./Leuzinger-Bohleber, M. (1986): Applications of cognitive science methods to psychoanalysis: A case study and some theory. Int. Review of Psychoanal., 13, 221-240.
Pine, F. (1994): Multiple Models, Clinical Practice, and Psychoanalytic Theory: Response to Discussants. Psychoanalytic Inquiry, 14, 2, 212-235.
Reiche, R. (1995): Von innen nach außen? Sackgassen im Diskurs über Psychoanalyse und Gesellschaft. Psyche, 3, 49, 227-564.
Robinson, P. (1993): Freud and his critics. Berkeley (Univ. of California Press).
Rosenfield, I. (1988): The Intervention of Memory. A New View of the Brain. New York (Basic Books).
Roth, G. (1991): Neuronale Grundlagen des Lernens und des Gedächtnisses. In: Schmidt, S.J. (Hg.): Gedächtnis. Frankfurt/M.: Suhrkamp, 127-159.
Rüger, B. (1994): Kritische Anmerkungen zu den statistischen Methoden in Grawe, Donati und Bernauer: "Psychotherapie im Wandel. Von der Konfession zur Profession". Zsch. psychosom. Med. 40, Druckfahnen, S. 15.
Strenger, C. (1991): Between Hermeneutics and Science. An Essay on the Epistemology of Psychoanalysis. New York (Int. Univ. Press).
Strupp, H.H. (1993): The Vanderbilt Psychotherapy Studies: Synopsis. J. Consult Clin. Psychol. 61, 431-433.
Stuhr, U. (1991): Der Psychotherapie-Erfolg als Prozeß. Eine empirische Untersuchung von Therapie-Erfolgsgruppen und ihrer Umstrukturierungsprozesse über die Zeit. Habilitationsschrift an der Universität Hamburg. Daraus: Einleitung, I-VII.
Stuhr, U. (1996): Die Fallgeschichte als Forschungsmittel im psychoanalytischen Diskurs. Ein Beitrag zum Verstehen als Methode. In: E. Kaiser (Hg.) (1996): Psychoanalytisches Wissen. Beiträge zur Forschungsmethodik. Opladen: Westdeutscher Verlag. 188-205.

Stuhr, U./Deneke, F.W. (1993): Die Fallgeschichte. Beiträge zu ihrer Bedeutung als Forschungsinstrument. Heidelberg (Asanger).

Talley, P.F./Strupp, H.H./Butler, S.F. (eds) (1994): Psychotherapy Research and Practice. Bridging the Gap. New York: Basic Books.

Thomä, H./Kächele, H. (1985): Lehrbuch der psychoanalytischen Therapie. Bd. 1: Grundlagen, Berlin (Springer), Bd. 2 (1988): Praxis.

Thomä, H./Kächele, H./Schaumburg, C. (1973): Psychoanalytische Verlaufsforschung. Unveröffentlichter DFG-Bericht, Teil B.

Tschuschke, V./Kächele, H./Hölzer, M. (1994): Unterschiedlich effektive Formen der Psychotherapie. Psychotherapeut, 39, 281-297.

Tschuschke, V.: Umfrage zu den 19 von Grawe untersuchten Psychotherapiestudien. In: Durchführung an der Abteilung für Psychotherapie an der Universität Ulm (Leitung: Prof. Dr. H. Kächele).

Wallerstein, R.S. (1986): Forty-two Lives in Treatment - A Study of Psychoanalysis and Psychotherapy. New York (Guilford Press).

Weiss, J./Sampson, H./Mount Zion Psychotherapy Research Group (1986): The psychoanalytic process: theory, clinical observation and empirical research. New York (Guilford Press).

Wurmser, L. (1989): "Either-Or": Some Comments in Professor Grünbaum's Critique of Psychoanalysis: Psychoan. Inquiry, 9, 2, 220-249.

Zwiebel, R. (1994): Die Beziehung von "Anfänger-Geist und Experten-Geist" in der analytischen Situation. Vortrag auf dem DGPT-Kongreß am 17.9.1994 in Lindau.

Über einige Grundannahmen der Psychoanalyse

Ralf Zwiebel

Die folgenden Ausführungen wurden als Einleitung in die Ringvorlesung des Sommersemesters 1995 an der Universität Gesamthochschule Kassel vorgetragen. Darin wird der Versuch gemacht, die wichtigsten Grundannahmen der Psychoanalyse in knapper, aber allgemeinverständlicher Form darzustellen.

Beginnen möchte ich mit zwei kurzen Vorbemerkungen.

- Es ist nur begrenzt gerechtfertigt, von *der* Psychoanalyse zu sprechen. Die entscheidenden Entdeckungen S. Freuds, die zur Entwicklung der Psychoanalyse geführt haben, liegen ziemlich genau 100 Jahre zurück, und es gibt nur wenige Denk- und Handlungssysteme in diesem Jahrhundert, die derart einflußreich in den verschiedensten Bereichen gewirkt und sich ausgebreitet haben, auch wenn in regelmäßigen Abständen die Psychoanalyse immer wieder für tot erklärt wurde und wird. Psychoanalyse ist eine allgemeine psychologische Theorie, und sie ist eine klinische Behandlungsmethode; sie findet als solche Anwendung in den verschiedensten Bereichen der Geisteswissenschaften, der Medizin, Psychologie, Soziologie, Pädagogik, Beratung und Therapie. Aber auch die Institutionalisierung der Psychoanalyse hat viele verschiedene Wege genommen und zu einer Reihe von unterschiedlichen Gruppierungen oder sogar Abspaltungen geführt, die selbst den Namen *Psychoanalyse* gar nicht mehr führen, wie etwa die analytische Psychologie von C.G. Jung oder die Individualpsychologie A. Adlers. Sprechen wir also von *der* Psychoanalyse, ist eine weitere und spezifischere Bestimmung sinnvoll. In aller Regel spricht man heute von der Psychoanalyse als einer Theorie und Behandlungsmethode, die auf S. Freud zurückgeht, aber im Laufe ihrer 100jährigen Geschichte eine Fortentwicklung und Ausdifferenzierung erfahren hat, die zu einem vielfältigen Bild einer modernen Psychoanalyse geführt hat. Diese Weiterentwicklungen sind mit Namen bekannter Psychoanalytiker verbunden, die sehr eigenständige, originelle, aber teilweise auch umstrittene Positionen entwickelt haben: Ich denke vor allem an M. Klein, W.R. Bion, H. Kohut und J. Lacan. Im Rahmen dieser Vorlesung wird es nicht möglich sein, auf diese Entwicklungen im einzelnen einzugehen; vielmehr möchte ich den Versuch machen, einige der zentralen Grundannahmen, die die meisten Analytiker in ihrer Arbeit und in ihrem Denken teilen, darzustellen.
- Es erscheint ebenfalls erforderlich, wenigstens einige kurze Bemerkungen über den wissenschaftlichen Status der Psychoanalyse zu machen. Nicht selten wird von Kritikern dieser Status überhaupt gänzlich in Frage gestellt, dies insbesondere von Wissenschaftlern, die das Ideal der Wissenschaft an den Naturwissenschaften messen. Man übersieht dabei in der Regel, daß auch die Naturwissenschaften keine objektiven Wahrheiten erkennen können, sondern "... was (sie) bestenfalls tun können, ist ein Gebäude von Aussagen zu errichten, das hinsichtlich der empirischen Daten und seiner logischen Struktur

für eine bestimmte Zeitspanne ein Maximum an Konsistenz aufweist." (Roth, 1994)

Nach dieser Aussage käme es vor allem darauf an, die Natur der empirischen Daten, die in der Psychoanalyse natürlich nicht über physikalische Messungen gewonnen werden können, und ihre Gewinnung zu reflektieren und die daraus abgeleiteten Aussagen auf ihre logische Konsistenz zu überprüfen. Hierbei spielt vor allem die Bedeutung der objektiven Beobachterposition eine zentrale Rolle. Selbst in den Naturwissenschaften ist mittlerweile anerkannt, daß die Beobachtung selbst die Befunde der Beobachtung beeinflußt, daß es also den objektiven Beobachter an sich nicht geben kann. So könnte man sogar sagen: Weil die Psychoanalyse auch die Subjektivität des beobachtenden Analytikers untersucht und reflektiert, ist sie besonders geeignet, einige der intersubjektiv wesentlichen Probleme bei der Datengewinnung und Deutung von bio-psycho-sozialen Sachverhalten zu beschreiben. Die zentrale Haltung des Psychoanalytikers, die teilnehmende Beobachtung, beschreibt besonders klar die spezifische wissenschaftliche Position der Psychoanalyse, die als ihre zentrale Aufgabe die Erforschung der unbewußten Wirklichkeit des Menschen begreift. Identifizierende Einfühlung und distanzierende Beobachtung und das ständige Oszillieren zwischen diesen Polen ermöglichen einen Zugang zu dieser unbewußten Wirklichkeit und kennzeichnen auch den wissenschaftlichen Ansatz der Psychoanalyse, den man als eine eigenständige Position zwischen Natur- und Geisteswissenschaft beschreiben kann. Dies allerdings nur, wenn der empirische Status der Psychoanalyse - also die Anerkennung der Notwendigkeit, empirische Daten zu erheben und wissenschaftlich zu kommunizieren - wirklich ernstgenommen wird. Dies ist in der Tat nicht immer der Fall, und so gibt es auch Entwicklungen in der Psychoanalyse, die diesem wissenschaftlichen Anspruch nicht genügen. Daraus jedoch eine generelle Unwissenschaftlichkeit der Psychoanalyse abzuleiten, ist selbst wissenschaftlich kaum haltbar.

Was verstehen wir nun unter Grundannahmen? Wir wollen hier die zentralen gedanklich-begrifflichen Orientierungen verstehen, die vor allem dem praktizierenden Analytiker helfen, in einer konkreten klinischen Situation ein orientierendes Verständnis zu gewinnen. Diese Grundannahmen stellen so etwas dar wie die Strukturierungen in einer Landkarte, die die Orientierung in einem an sich unwegsamen, realen Gelände erleichtern können. Es ist dabei zu berücksichtigen, daß die Landkarte nicht mit der Landschaft an sich zu verwechseln ist. Dies stellt einen gewissen Schutz vor Dogmatisierung und Ideologiebildung dar. So gesehen sind die Grundannahmen keine *wahren* Aussagen über die objektive Realität, sondern konzeptuelle Begriffe, die eine Orientierungsfunktion haben können, die sie vor allem dann erfüllen, wenn man sie nicht mit der Realität als solcher verwechselt.

Das klassische Feld, von dem in der Psychoanalyse auszugehen ist, ist die *Analytische Situation*. Es handelt sich dabei um eine klinische Situation in dem Sinne, daß ein Mensch mit einem Problem, mit einer leidvollen Situation, die er selbst als Störung oder Krankheit erlebt, sich an einen Experten wendet, um Befreiung oder Linderung von diesem Leiden zu gewinnen. Dieser Punkt muß immer berücksichtigt werden, da die Psychoanalyse ihren Ursprung in dieser klinischen Situation hatte: Freud war als Arzt in seiner Praxis mit Patienten konfrontiert, für die die damalige Medizin keine wirksame Heilung kannte. So gehört zur analytischen Situation:

- ein Patient mit einem Leidensdruck und einer Motivation, sich diesem Leiden zu stellen und es zu überwinden oder zu lindern;
- ein Analytiker mit der Bereitschaft, sein ganzes Wissen und seine ganze Person für das Verständnis und die Heilung oder Linderung dieses Leidens einzusetzen;
- ein Rahmen, der die Begegnung von Analytiker und Analysand nach außen und nach innen hin regelt und sichert.

Zu dem Rahmen gehören wesentlich die polare Dynamik von Offenheit und Begrenzung, die sich darin ausdrückt, daß die Dauer der analytischen Behandlung zu Beginn in der Regel nicht begrenzt ist, die einzelne Stunde jedoch von vorgegebener Zeitdauer, der Patient mit der sogenannten Grundregel zwar die Freiheit hat, alle Gedanken, Gefühle, Wünsche und Phantasien verbal auszudrücken, bestimmte reale Befriedigungen, wie sie in einer persönlichen Beziehung möglich und üblich sind, aber ausgeschlossen sind. Dies gilt in gleichem Maße für den Analytiker: Seine Grundregel lautet, ebenfalls allen Gefühlen, Gedanken und Phantasien gegenüber offen zu bleiben, ohne aber Wünschen oder Impulsen, die sich daraus ergeben mögen, zu folgen und sie zu befriedigen. Seine Begrenzung besteht darin, daß er sein Erleben ganz in den Dienst des Verständnisses der Problematik seiner Patienten stellt. Allein daraus erwächst die charakteristische Spannung der analytischen Situation, einer Spannung zwischen Offenheit und Begrenzung, die der Analyse ihre charakteristische Färbung gibt, aber auch ihre spezielle Indikation, weil nicht jeder Mensch bereit oder auch in der Lage ist, diese besondere Spannung kreativ und wachstumsfördernd für sich zu nutzen. Als ein besonderes Charakteristikum, nicht zuletzt auch immer wieder verhöhnt und Anlaß zu vielen Witzen und Karikaturen, ist die räumliche Position der analytischen Situation, in der der Analysand sich auf die Couch legt und der Analytiker sich hinter den Analysanden, von ihm in der Regel nicht gesehen, setzt. Dieses für die Psychoanalyse spezifische Setting war ein revolutionärer Schritt in der Entwicklung der psychotherapeutischen Behandlung von psychisch leidenden Menschen. Auf die Begründungen für dieses sogenannte klassische Setting (die Aufhebung des konventionellen, sozialen Kontaktes, die Schaffung einer partiellen Versuchungs- und Versagenssituation, die Förderung des regressiven Phantasie- und Wunscherlebens des Patienten, die Möglichkeit, sich wirklich auf die eigene innere Welt zu konzentrieren) werde ich später noch einmal zurückkommen. An dieser Stelle sei nur vermerkt, welche große Dynamik in der Tat von diesem Arrangement ausgeht. Der Wechsel von der alltäglichen, konventionellen Vis-a-vis-Situation zum Sessel-Couch-Arrangement mobilisiert oft schlagartig die latenten Konfliktbereitschaften des Analysanden, die zuvor manchmal kaum erkennbar waren.

So ist also die wesentliche Aufgabe des Analysanden, sich auf diese analytische Situation einzulassen (also vor allem, sich um die Grundregel, die auch als freie Assoziation bezeichnet wird, zu bemühen) und die wesentliche Aufgabe des Analytikers, diese analytische Situation herzustellen, zu bewahren und am Ende auch aufzulösen, wobei er vor allem die Aufgabe der Sicherung des Rahmens und der Bemühung um seine Grundregel, die man auch als gleichschwebende Aufmerksamkeit bezeichnet, hat.

Eine etwas andere Beschreibung für die Haltung des Psychoanalytikers hatte ich schon erwähnt: Unter der teilnehmenden Beobachtung versteht man das Oszillieren zwischen den Funktionen der empathischen Identifizierung (also das Miterleben des Analytikers) und der distanzierenden Beobachtung (also seiner objektivierenden Beschreibung).

Lassen sich beide Partner der analytischen Situation generell auf diesen Prozeß ein, kann man typischerweise nach einiger Zeit einige charakteristische Phänomene beobachten, die für die klinische Psychoanalyse eine zentrale Rolle spielen. Auf seiten des durchschnittlichen Analysanden wird die Aufforderung zur freien Assoziation oft als eine Befreiung und Erleichterung aufgefaßt: Die Möglichkeit zu haben, frei und ungehindert über alles, vor allem die eigenen Sorgen, Ängste und Nöte, aber auch beschämende und ängstigende Phantasien und Gefühle zu sprechen und auf einen Zuhörer zu treffen, der zuhört, ohne zu bewerten, zu urteilen oder seine eigene Sicht der Dinge mitzuteilen, ist für viele Menschen gerade in unserer heutigen Zeit, in der ganz andere Ideale gefragt sind, eine manchmal erstmalige und einmalige, entlastende Erfahrung. Interessanterweise ist oft zu Beginn der Analyse zu beobachten, daß manchmal sogar schwerwiegende Symptome durch diese neue Erfahrung verschwinden. Bald stellen sich jedoch einige regelhafte und charakteristische Schwierigkeiten ein: Vor allem bemerkt der Analysand, daß er zunehmend Schwierigkeiten mit der analytischen Situation bekommt. Es fällt ihm nicht mehr so leicht, zu den Sitzungen zu kommen, ihm fällt plötzlich nichts mehr in den Sitzungen ein, er vergißt seine Träume, die noch vor kurzer Zeit nur so flossen, die Symptome kehren zurück und vieles andere. Es entwickelt sich etwas, was in der Psychoanalyse als Widerstand bezeichnet wird. Dies wird als ein unvermeidliches, notwendiges Phänomen betrachtet, und der Fortgang der analytischen Arbeit besteht im wesentlichen in einem Verstehen dieser Widerstände. Klinische Psychoanalyse ist von daher vor allem auch Widerstandsanalyse. Darin unterscheidet sich die Psychoanalyse als Therapiemethode nicht unwesentlich von den meisten anderen Psychotherapieformen, die nicht selten die Widerstände umgehen, manchmal sogar mit recht massiven Mitteln aufzulösen oder gar zu zerschlagen versuchen. Widerstand wird als Ausdruck der gesamten Persönlichkeit betrachtet, der daher fundamental respektiert werden muß, damit sich der Patient wirklich seinen grundlegenden Problemen gegenüber öffnen kann. Es gibt nun charakteristische Widerstandsformen, von denen ich hier nur die wichtigste nennen möchte: Es handelt sich um die sogenannte Übertragung, die als Quelle des Hauptwiderstandes zu bezeichnen ist. Unter der Übertragung versteht man Gefühle, Wünsche, Ängste und Phantasien, die sich auf die Person des Analytikers beziehen, die jedoch nur begrenzt in seiner realen Person begründet sind, sondern aus anderen früheren Quellen her zu verstehen sind. Als ein Beispiel für die Übertragung sei genannt, wenn der Patient nach einer Zeit guter Zusammenarbeit mit seinem Analytiker diesen plötzlich als feindselig, abweisend oder abwertend erlebt, obwohl sich im wirklichen Verhalten oder der inneren Einstellung des Analytikers seinem Analysanden gegenüber nichts geändert hat. Diese Übertragungen sind allerdings nicht spezifisch für die analytische Situation, sondern spielen auch eine wichtige Rolle in vielen Alltagssituationen, etwa bei der Frage von Sympathie und Antipathie.

Die analytische Situation stellt jedoch in ihrem Setting ein Feld her, in dem diese ubiquitären Übertragungsbereitschaften besonders gefördert werden und daher auch einem genauen Verständnis zugeführt werden können. Widerstand und Übertragung sind also die beiden klinischen Phänomene, die als zentrale Begriffe der klinischen Theorie der Psychoanalyse aufzufassen sind. In anderen Psychotherapieformen spielen diese beiden zentralen Phänomene natürlich auch eine Rolle, die verschiedenen Methoden und Techniken unterscheiden sich jedoch vor allem darin, wie der Therapeut mit diesen Ereignissen umgeht.

Die Phänomene von Widerstand und Übertragung werfen die Frage auf, wie diese zu verstehen sind, erscheinen sie doch zuerst dem gesunden Menschenverstand als eher unsinnig: Der Analysand sucht ja Linderung von seinem Leiden, und sich nach anfänglicher Begeisterung dem Behandlungsprozeß entgegenzustellen, scheint auf den ersten Blick als nicht sehr vernünftig. Nach psychoanalytischer Auffassung kommt es durch das Einlassen des Patienten auf die analytische Situation zu einer Wiederbelebung der inneren Konflikte des Analysanden, die auch als wesentlicher Grund für sein seelisches oder körperliches Leiden aufgefaßt werden. Der *innere Konflikt* oder auch der unbewußte, verinnerlichte Konflikt ist wohl die zentrale Grundannahme der Psychoanalyse, die ich hier nun etwas genauer besprechen möchte. Man kann die Psychoanalyse, auch im Vergleich mit anderen psychologischen Theorien und Behandlungsformen, als eine Konfliktpsychologie bezeichnen. Als erste, wichtige Unterscheidung sei die zwischen innerem und äußerem Konflikt genannt: Wenn zwei Personen unterschiedliche Wünsche oder Auffassungen in bezug auf eine Handlung oder Entscheidung haben, kann man von einem äußeren Konflikt sprechen. Dieser ist den beiden Personen in der Regel auch bewußt, und sie versuchen, mit unterschiedlichsten Mitteln diesen Konflikt zu lösen oder zu umgehen. Von einem inneren Konflikt spricht man dann, wenn in einer Person unterschiedliche, manchmal völlig unvereinbare Wünsche, Absichten, Gefühle vorhanden sind, die das Handeln und die Entscheidungen dieser Person behindern, wenn nicht sogar lähmen und unmöglich machen. Unbewußt nennen wir diesen Konflikt, weil nicht selten bestimmte oder alle Aspekte dieses inneren Konfliktes der betreffenden Person nicht bewußt sind. Nach einem Vorschlag von Menninger, den später der englische Psychoanalytiker Malan aufgegriffen hat, spricht man vom Konfliktdreieck (Malan, 1979) und charakterisiert damit die drei wesentlichen Elemente oder auch Pole, die diesen inneren, unbewußten Konflikt repräsentieren:

- Zum einen handelt es sich um den unterdrückten, verdrängten, abgespaltenen Wunsch bzw. ein nicht ausgedrücktes oder unterdrücktes Gefühl oder Bedürfnis (Wunschpol),
- zum anderen um eine Angst, die verschiedene Inhalte haben kann, etwa die Angst vor Vernichtung, die Angst vor Trennung, die Angst vor Liebesverlust, die Angst vor Strafe oder die Angst vor dem Gewissen (Angstpol)
- und schließlich um die Abwehr, unter der man in der Psychoanalyse die psychischen Funktionen oder Operationen versteht, die die Vermeidung schmerzlicher, ängstigender, Unlust-erzeugender Erfahrungen zum Ziel haben (Abwehrpol).

An einem konkreten Beispiel läßt sich knapp dieses Konfliktdreieck verdeutlichen: Man kann sich jemanden vorstellen, der seine Wünsche nach Nähe, nach Kontakt und Berührung unterdrückt oder abspaltet, weil diese Wünsche oder Bedürfnisse in ihm die Angst auslösen, zurückgewiesen, verlassen oder auch bestraft zu werden. Er wird daher diese Wünsche und Bedürfnisse beispielsweise durch eine große Distanzierung anderen Menschen gegenüber zu bewältigen versuchen, indem er z.B. Menschen meidet, Kontakten aus dem Wege geht, sich nach außen hin abkapselt, diese Wünsche vielleicht sogar innerlich abwertet, lächerlich macht u.v.a.m. Dabei ist nochmals zu betonen, daß wesentliche Aspekte dieses inneren Konfliktes (der unterdrückte Wunsch nach Nähe und Kontakt, die Angst vor Zurückweisung und die distanzierende Abwehr) der Person nicht bewußt sind, natürlich ganz zu schweigen von der Quelle oder Entstehung dieses Konfliktes. Ein anderes ganz alltägliches Beispiel wäre der Umgang mit Aggression und Wut: Jemand unterdrückt seine Wut und seinen Haß, weil er befürchtet, für den Ausdruck dieser Gefühle massiv bestraft zu werden. Um die Angst zu bewältigen, richtet er dann beispielsweise diese Wut auf sich selbst, indem er sich anklagt, sich Vorwürfe macht, sich schlecht macht oder aber die Wut projiziert und andere als aggressiv und wütend empfindet, während er sich selbst nur als Opfer erleben kann. Wiederum ist hier charakteristisch - vor allem wenn dieser innere Konflikt zu Symptomen führt -, daß wesentliche Aspekte dieses Konfliktes unbewußt sind.

Dieses Konfliktmodell der Psychoanalyse dient auch als Erklärungsmodell für die Entstehung von neurotischen und psychosomatischen Symptomen, aber auch von Persönlichkeits- und Charakterzügen. Wiederum als ein charakteristisches Beispiel möchte ich die Zwangssymptome bei der Zwangsneurose erwähnen, einer Erkrankung, die mit äußerst quälenden und einschränkenden Symptomen einhergehen kann, deren Entstehung und Struktur man aber relativ gut untersuchen und verstehen kann, wenn dies auch über die Veränderbarkeit oder Heilbarkeit noch nicht so viel aussagt. Bei einem Menschen mit einem Waschzwang (er muß sich zwanghaft manchmal viele Stunden am Tag immer wieder die Hände waschen) oder bei quälenden Zwangsgedanken (der Vorstellung, einer geliebten Person immer wieder ein Messer in den Bauch zu stoßen) läßt sich mit Hilfe des Konfliktdreiecks dieses Symptom folgendermaßen verstehen: Es handelt sich zum einen um einen unterdrückten, verdrängten antisozialen Impuls, der im Fall des Waschzwangs als Wunsch, jemanden oder sich selbst zu beschmutzen, im Fall der aggressiven Zwangsgedanken als verdrängter Impuls, jemandem körperlich zu schaden, zu quälen oder gar zu töten verstanden werden kann. Diese Impulse oder Wünsche lösen massive Bestrafungsängste oder auch Ängste vor dem eigenen, meist sehr strengen Gewissen aus und werden im Falle des Waschzwangs durch eine Handlung des Ungeschehenmachens, nämlich des ständigen Waschens als der symbolischen Beseitigung des Schmutzes oder im Fall des destruktiven Zwangsgedankens durch eine Affektisolierung (der Gedanke wird immer wiederholt, ohne aber daß der begleitende Affekt vorhanden ist) abgewehrt. Das Symptom, das der Patient als quälend, als ich-fremd, aber unbeeinflußbar erlebt, ist sozusagen ein Kompromiß zwischen dem Wunsch, der Angst und ihrer Abwehr. Viele sogenannte neurotische Symptome wie die hier erwähnten Zwangsimpulse oder Zwangsgedanken, Angstsymptome wie Platzangst, bestimmte Formen von Depressionen, sexuelle Störungen, psychosomatische

Symptome, aber auch Charakterhaltungen sind mit diesem Modell des Konfliktdreiecks jedenfalls zu einem größeren Teil angemessen zu verstehen. Im Sinne der eingangs erwähnten Frage an den wissenschaftlichen Status der Psychoanalyse läßt sich auch sagen, daß die klinischen, empirischen Befunde diese Grundthese vielfach validiert haben. Wir können heute relativ gute Korrelationen zwischen Konfliktdynamik und Psychopathologie herstellen, die sich dann bestätigen, wenn mit dem Lebendig-werden der abgewehrten Wünsche und Bedürfnisse die neurotische oder psychosomatische Symptomatik verschwindet.

Wie entstehen nun diese unbewußten, verinnerlichten Konflikte? Es spricht sehr viel dafür, daß die Quelle dieser inneren, unbewußten Konflikte in der Entwicklung des Kindes und Heranwachsenden, und zwar in seiner Auseinandersetzung mit der Umwelt, vor allem in seinem familiären Umfeld, zu suchen ist. Es ist kaum übertrieben zu sagen, daß die Psychoanalyse die Bedeutung der Kindheit für die Entwicklung, die Persönlichkeitsreifung, aber auch für Gesundheit und Krankheit, entdeckt hat, etwas, das heute wie ein Gemeinplatz erscheint, aber vor einhundert Jahren wirklich eine revolutionäre Entdeckung war. Der Begriff der Verinnerlichung versucht zu beschreiben, daß bestimmte reale Beziehungserfahrungen des Säuglings, des Kleinkindes und auch des älteren Kindes, die man zuerst als äußere, reale Beziehungen fassen kann, zur inneren Realität des Kindes werden und wesentlich die Identität, aber auch die Konflikte gestalten. Die Beziehungserfahrungen, die ein Kind mit der Mutter, dem Vater und den Geschwistern hat, werden zum Modell, wie das Kind sich selbst erlebt und gegenüber sich selbst und anderen verhält. Der unvermeidliche Konflikt, der zuerst ein äußerer, realer Konflikt ist - z.B. der Wunsch des kleinen Kindes, die frühe Einheit mit der Mutter zu erhalten oder später nach unbeschränkter Befriedigung seiner Wünsche und Bedürfnisse und der einschränkenden, regulierenden und kontrollierenden Funktion der Eltern - wird durch Identifikation und Verinnerlichung notwendig früher oder später zu einem inneren Konflikt: Die Ge- und Verbote der Eltern als moralischer Instanz werden dann zu den eigenen, verinnerlichten Geboten und Verboten, und das ältere Kind kann die Quelle dieser Ge- und Verbote oft gar nicht mehr erkennen. So gesehen sind Konflikte, äußere wie innere, notwendiger und unvermeidlicher Bestandteil menschlicher Entwicklung als Ausdruck der Vergesellschaftung, der Sozialisation des Menschen. Während bei den Tieren die wesentlichen sozialen Kontrollmechanismen instinktgebunden sind, ist der Mensch durch seine relative Offenheit und Plastizität auf diese Verinnerlichungsprozesse angewiesen, um als soziales Wesen lebensfähig zu werden. Zu berücksichtigen ist allerdings, daß diese frühen Erfahrungen, die für die Konfliktentwicklung von so entscheidender Bedeutung sind, dialektisch zu verstehen sind: Sie reflektieren nicht nur die sozialen Ereignisse, sondern ebenso die biologisch-konstitutionelle Realität des Kindes.

Die beiden großen klassischen Konfliktmuster, die die Psychoanalyse beschreibt und die jeder Mensch in seiner Entwicklung erlebt und bewältigen muß, ist der sogenannte Abhängigkeits-Autonomie-Konflikt und der ödipale Konflikt, den man als einen Konflikt ansehen kann, der sich aus der in unserer westlichen Kultur typischen triangulären Kind-Mutter-Vater-Beziehung der Kleinfamilie ergibt. Ich kann hier auf diese beiden zentralen Konfliktmuster nicht näher eingehen, möchte nur betonen, daß ihre Bedeutung und ihr Schicksal für die normale, aber auch gestörte Entwicklung des Menschen aus psychoanalytischer Sicht von großer Bedeutung ist. Im Abhängigkeits-Autonomiekonflikt ringt das Kind in Auseinandersetzung mit den primären Bezugspersonen um seine subjektive Identität. Dabei wird die Frage gestellt: Wer bin ich, wie bin ich von anderen abgegrenzt, kann ich alleine existieren, wie ist die Beziehung von Verbundenheit, Getrenntheit und Gegenseitigkeit zu anderen. Nach dem Modell unseres Konfliktdreiecks ist dieser zentrale präödipale Konflikt dann einigermaßen bewältigt, wenn in einer Beziehung Abhängigkeit, aber auch Autonomie als Gefühle, Wünsche und Bedürfnisse (also bezogen auf den *Wunschpol*) situationsangemessen erlebt und gelebt werden können; von einer problematischen Lösung muß man dann sprechen, wenn bestimmte Tendenzen im Sinne der Polarisierung auf Kosten anderer aufgegeben werden: Z.B. kann man bei vielen männlichen Entwicklungen eine forcierte Betonung der autonomen Tendenzen und Wünsche bei gleichzeitiger Unterdrückung und Abwehr der abhängigen Tendenzen beobachten.

Als ödipalen Konflikt versteht die Psychoanalyse die wesentliche und schwierige Aufgabe des Kindes, seine sexuelle Identität mit Hilfe komplexer und komplizierter Identifizierungen mit Vater und Mutter zu entwickeln und zu stabilisieren: Konflikthaft ist die Situation vor allem, weil das Kind unterschiedliche, oft sehr gegensätzliche und heftige Gefühle und Wünsche den Eltern gegenüber erlebt, die sich widersprechen und unvereinbar erscheinen. Als gelungene Bewältigung der ödipalen Situation kann man die Identifikation mit dem gleichgeschlechtlichen Elternteil betrachten, in der das Kind etwa folgende innere Formel ausdrückt: Ich möchte so wie mein Vater (wie meine Mutter) werden und später eine Frau (einen Mann) lieben, wie sie mein Vater (meine Mutter) liebt.

Daß diese unvermeidlichen, basalen, zur durchschnittlichen Entwicklung gehörenden Konfliktsituationen so oft zu unbewußten, verinnerlichten und damit auch potentiell symptomauslösenden Konflikten werden, hängt mit vielen Faktoren zusammen, die in der Psychoanalyse vor allem mit dem Begriff des Traumas zu fassen versucht werden. Eine traumatische Situation ist eine solche, in der Gefühle, Wünsche, Bedürfnisse, Phantasien nicht nur nicht ausgedrückt oder befriedigt werden können, sondern die Existenz solch grundlegender Wünsche bzw. ihre Existenzberechtigung nicht anerkannt und nicht gesehen werden. Daraus ergibt sich, daß die durchschnittliche Entwicklung die Ausbildung eines sogenannten *falschen Selbst* begünstigt, mit dem sich der Mensch an die sozialen Normen seiner Umgebung anzupassen versucht, allerdings um den Preis der Unterdrückung und Abspaltung seines *wahren Selbst*, das die elementaren Bedürfnisse, Impulse und Wünsche enthält. Hier spielen Kultur und Normen der Gesellschaft, die durch die Familie vermittelt werden, eine wesentliche Rolle. Jede Gesellschaft bringt auf diese Weise ihre je eigenen Konfliktmuster und Bewältigungsstrategien, aber auch typische traumatische Situationen hervor, damit aber auch ihre je eigenen Störungs- und Krankheitsmuster. Der durchschnittliche Mensch in unserer westlichen Kultur hat die beiden beschriebenen Grundkonflikte in aller Regel nur mehr oder weniger optimal bewältigt: Ein gewisses Maß an unbewußtem, verinnerlichtem Konflikt ist sozusagen die Regel.

Je nach den Umständen im späteren Leben, die natürlich nicht nur im Innern der Person zu suchen sind, können sich Situationen ergeben, die als Auslösung für die Aktivierung dieser inneren Konflikte anzusehen sind; man spricht auch gern von einer Versuchungs- und Versagenssituation. Nicht selten sind dies auch biologische Übergänge, wie die Pubertät, die Lebensmitte und das Alter, aber auch Krankheit, Heirat, Trennung oder Tod der Eltern. Das labile Gleichgewicht zwischen Wunsch, Angst und Abwehr wird durch diese spezifischen Lebensereignisse (z.B. durch Verstärkung der sexuellen Wünsche in der Pubertät oder durch Mobilisierung aggressiver Reaktionen infolge von starken Enttäuschungen, etwa bei Trennungen oder Verlusten) gestört und kann dann zu einer Mobilisierung bislang abgewehrter Wünsche und Bedürfnisse führen, was man in der Psychoanalyse auch als Wiederkehr des Verdrängen bezeichnet.

Gehen wir noch einmal kurz zu der beschriebenen analytischen Situation zurück: Diese ist in ihrem spezifischen Setting selbst eine Versuchungs- und Versagenssituation, weil sie aufgrund der beschriebenen Dynamik von Offenheit und Begrenzung die aus der Kindheit abgewehrten Wünsche und Bedürfnisse mobilisiert. Die bereits aktivierten inneren Konflikte des Analysanden, die sich in der Symptomatik oder am Leiden der Charakterentwicklung manifestieren, werden durch dieses spezifische Setting der analytischen Situation noch weiter mobilisiert: Der Analysand beginnt, die für sein Leiden wesentlichen Konflikte nun in der Beziehung zu dem Analytiker wiederzuerleben. Man könnte also auch sagen, die inneren Konflikte des Patienten, die in seinem realen Leben aktiviert worden sind, aber aus der Kindheitsentwicklung stammen, werden nun auf die Person des Analytikers übertragen: Der innere Konflikt des Patienten wird zum Übertragungskonflikt. Da die Aktivierung dieser Konflikte mit unlustvollen und schmerzlichen Gefühlen und angstauslösenden Wünschen verknüpft ist, versucht der Patient, mit seiner im Leben erworbenen Konfliktvermeidung oder Konfliktbewältigung, diese auch in der analytischen Situation zu etablieren. Dieses als Widerstand bezeichnete Phänomen entwickelt sich im Laufe des analytischen Prozesses immer mehr zum Übertragungswiderstand: Der Patient wehrt sich mit all seinen erworbenen Verhaltensmöglichkeiten gegen die Aktivierung des Übertragungskonfliktes. Ein konkretes Beispiel ist etwa ein Patient, der in der analytischen Situation zunehmend schweigsamer wird (als Ausdruck des Widerstandes), weil er zunehmend ärgerliche und ablehnende Gefühle seinem Analytiker gegenüber empfindet (negative Übertragung), die ihn aber gleichzeitig ängstigen, weil er dann entsprechend seiner früheren Erfahrungen Ablehnung oder Bestrafung befürchtet.

So können wir also insgesamt eine Hierarchie von Konfliktmustern unterscheiden, die aus den realen Kindheitskonflikten, den durch Verinnerlichung entstehenden inneren, unbewußten Konflikten, den im späteren Leben sich entwickelnden aktuellen Konflikten, die oft wie interpersonelle, äußere Konflikte aussehen, aber oft die Folge der Aktivierung innerer Konflikte sind, und den Übertragungskonflikten, wenn sich jemand in psychoanalytische Behandlung begibt, bestehen (Müller-Pozzi, 1991). Das Erleben und Verstehen der Übertragungskonflikte - d.h. also der verdrängten Wünsche und Gefühle, der damit verbundenen Ängste und der spezifischen Abwehr - in der aktuellen psychoanalytischen Situation schafft die Voraussetzung, daß der Analysand in Zukunft in weniger unterdrückender Art und Weise mit seinen Konflikten umgehen muß. Man könnte auch sagen: Der Patient kann mehr und mehr sein *falsches Selbst* relativieren und sein bislang unterdrücktes *wahres Selbst* leben und lebendig werden lassen. Dies ist das eigentlich therapeutische Potential der Psychoanalyse. Allerdings ist zu vermerken, daß sich der Patient oft lange Zeit gegen das volle Erleben und Verstehen seiner inneren Konflikte wehrt, zumal dies fast immer mit einer vorübergehenden Verschlimmerung seiner Symptome und Beschwerden verbunden ist. Dies wird nicht immer vom Analysanden selbst oder von Beobachtern von außen richtig verstanden, sondern der Analyse oder dem Analytiker angelastet. Der Widerstand und der Übertragungswiderstand des Analysanden ist im übrigen auch einer der Gründe für die oft lange Behandlungsdauer, die besonders in unserer heutigen Zeit auf immer weniger Verständnis stößt.

Zur spezifischen Dynamik der analytischen Situation ist noch ein Punkt hinzuzufügen: Auch der Analytiker ist natürlich nicht, wie Freud noch in seinen klassischen technischen Schriften postulierte und forderte, in seiner analytischen Arbeit ein von allen inneren Konflikten unabhängiger Mensch. Gerade mit schwierigen Patienten - also Patienten mit massiven Widerständen oder heftigen Übertragungskonflikten - kommt es regelmäßig vor, daß auch einige seiner eigenen inneren Konflikte wieder mobilisiert werden. Dies nennt man die Gegenübertragung des Analytikers, und die typische analytische Situation wird durch eine jeweils einmalige Übertragungs-Gegenübertragungsdynamik, die von der Persönlichkeit beider Partner der analytischen Beziehung geprägt wird, charakterisiert. Die Kunst des Analytikers besteht vor allem darin, diese eigenen Konflikte zu spüren und zu erleben, ihnen aber nicht nachzugeben und sie in seine Handlungen dem Patienten gegenüber hineinzutragen, sondern sie in den Dienst des Verständnisses der Problematik des Patienten und damit der Deutungsarbeit zu stellen.

In den bisherigen Ausführungen habe ich einige Male davon gesprochen, daß man den inneren oder verinnerlichten Konflikt als unbewußt bezeichnet, daß die Bestandteile des Konfliktes also in wesentlichen Teilen, wenn nicht sogar überhaupt, unbewußt sind. Es ist erforderlich, hier einige Bemerkungen über diese weitere zentrale Grundannahme der Psychoanalyse zu machen, nämlich die Bedeutung *unbewußter* seelischer Prozesse. In der Regel wird die Psychoanalyse auch als eine psychologische Theorie aufgefaßt, die vor allem die unbewußten Anteile des psychischen Lebens und Erlebens des Menschen erforscht. Bei der Betrachtung der Entstehung der psychoanalytischen Theorie wird oft auf Freuds Leistung hingewiesen, den Versuch gemacht zu haben, mit der Psychoanalyse eine Wissenschaft des Unbewußten oder der unbewußten Wirklichkeit des Menschen zu begründen. Allerdings ist einzuräumen, daß mit diesem Begriff auch heute noch eine Fülle verschiedener theoretischer Schwierigkeiten verbunden sind, auf die ich im einzelnen nicht eingehen kann. Ich möchte mich an das beschriebene Konfliktmodell halten und die Problematik der Beziehung zwischen Bewußtsein und Unbewußtem überwiegend an diesem Modell besprechen. Generell, aber auch im Konfliktzusammenhang, kann man sagen, daß das Bewußtsein - also Wahrnehmungen, Gefühle, Phantasien, Gedanken, Wünsche und Bedürfnisse - immer nur punktuell und momentan gegeben ist und sich permanent verändert: Das, woran man gerade nicht denkt, was man nicht erlebt, sich nicht vorstellt, nicht fühlt, ist in einem deskriptiven Sinn unbewußt. Freud nannte diesen Teil unbewußter Prozesse das Vorbewußte: Es handelt sich um psychische Inhalte, die relativ leicht dem Bewußtsein zugänglich sind, sobald sich die Aufmerksamkeit ihnen zuwendet. Diese Konzeption wird in der Regel wenig in Frage gestellt, ebenso die Annahme, daß es sehr viele innere, auch biologische Prozesse gibt, wie z.B. auch den Wahrnehmungsprozeß im Gehirn, die grundsätzlich unbewußt sind, die wir selbst also niemals wahrnehmen können. Überhaupt wird Bewußtsein von der modernen Neurobiologie als eine Art Eigensignal des Gehirns aufgefaßt, das an die Funktionalität bestimmter Hirnabschnitte zwingend gebunden ist (z.B. die Hirnrinde und den Hirnstamm) und das die Tätigkeit neuer neuronaler Verknüpfungen bei Problemlösungen anzeigt (siehe z.B. Roth, 1994). Auch daraus ist zu folgern, daß der überwiegende Anteil der biologisch-seelischen Aktivität des Menschen entweder für immer oder aber die meiste Zeit unbewußt ist und bleibt. Die Psychoanalyse postuliert nun aber, vor allem im Zusammenhang mit der entwickelten Konflikttheorie, eine Konzeption unbewußter Prozesse, die als das *dynamisch Unbewußte* bezeichnet wurde: Im psychoanalytischen Sinn versteht man darunter unbewußte und auch nicht ohne weiteres dem Bewußtsein zugängliche Vorgänge, wie z.B. die im Konfliktmodell beschriebenen Wünsche und Affekte, die für das Erleben und Leben des Menschen von entscheidender Bedeutung und Wirksamkeit sind. Wirksamkeit heißt hier, daß dieses dynamisch Unbewußte nicht nur für bestimmte neurotische Störungen, Charakterhaltungen und Symptome verantwortlich zu machen ist, sondern daß wesentliche Aspekte der Beziehungen, der Lebensentscheidungen, der Planungen, ja im Grunde das Lebensschicksal von diesem dynamisch Unbewußten entscheidend mitbestimmt wird. Dieses dynamisch Unbewußte ist direkt nicht erfahrbar, sondern nur über seine Abkömmlinge, etwa den Träumen, den Fehlhandlungen, den Phantasien, den Tagträumen, den Symptomen, aber auch den kreativen Leistungen des Menschen. In der Regel wird das dynamisch Unbewußte mit dem Verdrängten gleichgesetzt und damit eine Verdrängungsinstanz postuliert, die Freud auch als Zensur bezeichnete. Dann handelt es sich um seelische Inhalte, die einmal bewußt waren, aber aufgrund bestimmter Lebenserfahrungen verdrängt wurden.

Gehen wir noch einmal zu unserem Konfliktmodell zurück, so kann man sagen, daß der beschriebene Wunschpol als der verdrängte, unbewußte Anteil angesehen werden kann, und die Zensur vom Abwehrpol repräsentiert wird. Aufgrund der kindlichen, traumatischen Situation, in der der Ausdruck von Wünschen, Bedürfnissen und Affekten zuviel Angst auslöste, werden diese seelischen Inhalte verdrängt, ein Prozeß, der als die Entstehung des dynamisch Unbewußten beschrieben werden kann. Aus einer klinischen Perspektive hat diese Vorstellung nach wie vor eine wichtige, vor allem auch pragmatische Funktion: Für den klinisch arbeitenden Psychoanalytiker ist eine der leitenden Fragen immer die nach dem unbewußten Konflikt des Patienten, also die Frage nach dem dynamisch oder verdrängten Unbewußten. Dies ist vor allem deshalb von so großer klinischer Bedeutung, weil das Bewußtwerden des Verdrängten und seine Verarbeitung in der bewußten Persönlichkeit - Freud sagte: Wo Es war, soll Ich werden - eine Befreiung der Persönlichkeit vom neurotischen Elend bedeutet.

Freuds zentrale These dieses dynamisch Unbewußten betreffend lautete, daß sich die Funktionsweise dieses Unbewußten prinzipiell von bewußten Prozessen unterscheidet. Er prägte dafür die Begriffe Primär- und Sekundärprozeß. Danach wird das dynamisch Unbewußte dem Primärprozeß, das Vorbewußte und das Bewußtsein dem Sekundärprozeß zugeordnet. Zum Sekundärprozeß gehören die diskursive Logik, die mit der Sprache verknüpft ist, Kategorien von Raum, Zeit und Kausalität, weiterhin Realitätsprüfung, Urteilsvermögen, Aufschubfähigkeit und Impulskontrolle. Im Sekundärprozeß herrscht das Realitätsprinzip, im Gegensatz zum Primärprozeß, in dem das Lustprinzip vorherrscht. Im letzteren gibt es weder Raum, Zeit und Kausalität. Die in der Traumbildung und Traumdeutung beschriebenen Mechanismen der Symbolbildung, Verschiebung und Verdichtung sind für den Primärvorgang charakteristisch. So gesehen hat das dynamisch Unbewußte eine eigene Sprache, die sinnlich-konkret-bildhaft ist und sich sehr von der Sprache des Bewußtseins unterscheidet. Mit diesem dynamisch Unbewußten ist auch der Begriff der *psychischen Realität* verknüpft: Es handelt sich um die unbewußten Wünsche und Phantasien des Menschen, die für sein Handeln und Erleben oft eine größere Realität haben als die sogenannte faktische Realität. Gegenstand der psychoanalytischen Behandlung ist auch immer primär ein Verstehen dieser psychischen Realität des Analysanden und gerade nicht ein besseres Funktionieren in seiner sozialen Wirklichkeit.

Umfang und Inhalt dieses dynamisch Unbewußten ist allerdings eine kontroverse Frage innerhalb der gesamten Psychotherapie. In der Freudschen Psychoanalyse werden mit diesem dynamisch Unbewußten vor allem das Bild des Kellers, in dem die unannehmbaren, triebhaften, sexuellen und aggressiven Wünsche und Impulse des Menschen sich angesammelt haben, assoziiert. Orale Gier, anale Entwertung, inzestuöse Wünsche, ödipale Mordimpulse sind Inhalte, die im Laufe der kindlichen Entwicklung im Zusammentreffen mit sozialen Normen verdrängt werden müssen, damit das soziale Überleben des Kindes gesichert ist. In dieser Konzeption ist ein bestimmtes Menschenbild impliziert, das den Menschen als triebbestimmtes Wesen versteht, das nur durch Beschränkung und Verzicht zu einem sozialen Menschen werden kann, vielleicht sogar gezwungen oder zumindestens gezähmt werden muß, immer allerdings gefährdet, von seinem dynamisch Unbewußten, also mit anderen Worten mit seinem 'asozialen Keller-Unrat' wieder konfrontiert oder gar überschwemmt zu werden.

An dieser Stelle ist es notwendig, einige Bemerkungen zum *Triebbegriff* der Psychoanalyse zu machen, den man ebenfalls als eine Grundannahme der Psychoanalyse ansehen kann. Der Trieb ist ein spezifisch menschliches Phänomen, der im Gegensatz zum Instinkt betrachtet wird: Im Trieb sind körperliches Bedürfnis und körperlicher Wunsch und ihre Befriedigung nicht automatisch gekoppelt. Freud verstand den Trieb als Grenzphänomen zwischen Körperlichkeit und Erleben, und man kann auch sagen, daß mit dem Triebbegriff Freud den Versuch der Entwicklung einer biologisch fundierten Psychologie machte. Die moderne Psychoanalyse versteht die Triebtheorie als eine Theorie des Wunsches und des Affektes, die durch die frühe Abhängigkeit des Kindes und seine notwendige Interaktion, die in den ersten Jahren vor allem eine körperbezogene Interaktion ist, in je spezifischer Art und Weise gebildet werden. Zum Trieb in diesem Sinn gehört immer die körperliche Quelle, über die die Psychoanalyse nichts aussagen kann, und die Triebrepräsentanz, die aus einem Affektbeitrag und einer Objektvorstellung aufgebaut wird. Diese etwas mechanisch klingenden Worte beschreiben nichts anderes, als daß jeder Wunsch aus einem Gefühl und einem Objekt des Wunsches besteht: Ein oraler Wunsch etwa aus dem Hungergefühl und der Vorstellung einer befriedigenden Person oder eines Gegenstandes, der zur Befriedigung führen kann. Die psychoanalytische These einer Entwicklungspsychologie der Triebe - in dem bekannten Phasenmodell oral-anal-phallisch - mit der entsprechenden Entwicklung der Affekte und der Objektvorstellungen als auch die Konzeption einer dualistischen Triebtheorie, in der die libidinösen von den aggressiven Wünschen und Tendenzen unterschieden werden, ist klinisch gut belegt und für die Orientierung hilfreich, wenn auch wissenschaftlich umstritten. Entscheidend ist hier, daß mit der Triebtheorie die Psychoanalyse den Versuch macht, die Bedeutung der Körperlichkeit des Menschen für seine seelische Verfassung zu verstehen, ohne selbst jedoch die Körperlichkeit selbst zum Gegenstand der Untersuchung zu machen. Bezogen auf unser Konfliktmodell stellt der *Wunschpol* also auch den *Triebpol* dar, der - darüber hinaus auch oft unbewußt geworden - somit zum dynamisch Unbewußten gezählt wird. Dies gilt vor allem für die frühen, kindlichen sexuellen und aggressiven, beispielsweise die anal-sadistischen und destruktiven, aber auch die inzestuösen Impulse. Gerade hier findet die 'Keller-Version' des dynamisch Unbewußten im wesentlichen ihre Begründung

Die vorhin erwähnte auslösende Situation für den aktuellen Konflikt kann man - wie schon erwähnt - als *Wiederkehr des Verdrängten* betrachten: Durch die beschriebene Versuchungs- und Versagenssituation werden die lange unterdrückten sexuell-aggressiv bestimmten Wünsche und Impulse mobilisiert und lösen dann u.U. neurotische Symptome aus. Damit ist auch die Konzeption des Wiederholungszwanges verknüpft, die davon ausgeht, daß die basalen Wünsche und Bedürfnisse des Menschen, die im wesentlichen triebbestimmt sind, d.h. aus seiner Körperlichkeit resultieren, zwar verdrängt, aber nicht grundlegend aufgegeben werden können. Diese Version findet in der klinischen Psychoanalyse, aber auch in der Geschichte des Menschen viele unterstützende Hinweise: Die Bedeutung unterdrückter, verdrängter oder nicht verarbeiteter destruktiver Impulse beispielsweise für die Psychopathologie des Menschen kann man eigentlich gar nicht überschätzen. Der Ausbruch unvorstellbarer Mißhandlungen und Greueltaten, wie sie in den vielen vergangenen und aktuellen Kriegen, aber auch in der Brutalität des normalen Alltagslebens zu sehen ist, spricht hier eine deutliche Sprache. Die Umwandlung triebbestimmter Wünsche in kulturelle und der Gesellschaft förderliche Handlungen, was man allgemein als Sublimierung bezeichnet, ist ein fragiler Prozeß, der ständig von Regressionen im Sinne der Wiederkehr des Verdrängten gefährdet erscheint. Auf die kontroversen Aspekte, die mit der Konzipierung des dynamisch Unbewußten verknüpft sind, kann ich an dieser Stelle nicht weiter eingehen.

Ausgehend von der analytischen Situation mit ihren zentralen Phänomenen des Widerstandes und der Übertragung habe ich das Konfliktmodell, die Theorie unbewußter Prozesse und den Triebbegriff als wesentliche Grundannahmen der Psychoanalyse kurz besprochen. Es bleibt zum Schluß die Darstellung einer weiteren Grundannahme, die vor allem in den letzten Jahrzehnten in der Entwicklung der modernen Psychoanalyse eine wichtige Rolle gespielt hat. Es handelt sich um die Annahme der grundlegenden *Beziehungsdimension* menschlichen Erlebens und Verhaltens (Bauriedl, 1994). Sie klang bereits bei der Beschreibung der Übertragung, der Verinnerlichung konflikthafter Beziehungen in der Kindheit, aber auch beim Triebbegriff an. An dieser Stelle ist es mir aus räumlichen Gründen nur möglich, diesen Gesichtspunkt abschließend kurz zu streifen. Die Grundannahme besteht darin, daß die Beziehungserfahrungen der frühen Kindheit wesentlich für den Aufbau und die Struktur der inneren Wirklichkeit des Menschen werden. Diese innere Welt formt sich, indem die realen Beziehungen zwischen dem Kind und den Beziehungspersonen verinnerlicht werden und als Selbst- und Objektbilder mit den entsprechenden Gefühlsqualitäten repräsentiert werden. In vielen Studien ist die Entwicklung dieser inneren Welt von unreifen und undifferenzierten Formen bis hin zur Selbst- und Objektkonstanz beschrieben worden. Normalpsychologische Phänomene wie das Selbstgefühl, das Selbstwertgefühl, die Fähigkeit, allein zu sein, Angst- und Frustrationstoleranz, die Fähigkeit zur Trauer sind an die Strukturierung dieser inneren Welt geknüpft. Sehr viele psychopathologische Phänomene lassen sich auf eine Störung dieses Aufbaus von stabilen Selbst- und Objektstrukturen zurückführen.

Für die klinische Arbeit - also für das Verstehen psychopathologischer Phänomene inner- und außerhalb der analytischen Situation - hat sich mir persönlich das beziehungsanalytische Konzept der *Bezogenheit* als äußerst hilfreich erwiesen. Darunter kann man die bewußte und vor allem unbewußte Qualität der inneren Beziehung zwischen dem Selbst und dem Anderen, dem Objekt, verstehen, wie sie sich im Laufe der kindlichen und auch späteren Entwicklung als innere Wirklichkeit ausgestaltet. Dabei lassen sich zwei charakteristische Bezogenheitskonfigurationen unterscheiden, die im wesentlichen der schizoid-paranoiden und depressiven Position von M. Klein entsprechen: Die Konfiguration der Selbstbezogenheit und die Konfiguration der Objektbezogenheit. Bei der Selbstbezogenheit besteht innerpsychisch eine Verschmelzungsbeziehung, in der Subjekt und Objekt nicht eindeutig voneinander unterschieden sind, unsichere Selbst- und Objektgrenzen vorhanden sind und entsprechend frühe Konflikte dominieren. Mentzos beispielsweise hat hier den Verschmelzungs-Differenzierungs-Konflikt beschrieben (Mentzos, 1982). Diese innere Verschmelzungsbeziehung kann sich in interpersonellen Beziehungen aktualisieren und ist dann geprägt durch Manipulation, Mißbrauch, Übergriffe, Hörigkeit und ähnliche Manifestationen. Entscheidend ist, daß man sich selbst und andere nicht als eigenständig, mit einem eigenen und abgegrenzten Zentrum von berechtigten Wünschen und Bedürfnissen erfahren kann. Sehr wichtig in diesem Zusammenhang ist die Unterscheidung der Erlebnis- und Verhaltensebene, auf die Bauriedl aufmerksam gemacht hat: Die hier beschriebene Form der Selbstbezogenheit als Ausdruck einer Verchmelzungsbeziehung beschreibt die Erlebnisebene, die auf der Verhaltensebene beispielsweise durch distanziertes Verhalten ausgedrückt sein kann. Die Selbstbezogenheit kann als eine Abwehrposition betrachtet werden, da mit der Verschmelzungsbeziehung und der unsicheren Selbstgrenzen auch immer Störungen der Identität, des Selbstbewußtseins und der Fähigkeit zu Abgrenzung verbunden sind, die in anderen theoretischen Konzeptionen als strukturelle Störungen, z.B. als Ich-Schwäche oder Ich-Defekt, beschrieben werden. Wegen der strukturellen Schwierigkeiten finden sich sehr ausgeprägte unbewußte Vernichtungs- und Existenzängste, die mit einem Rückzug auf das eigene Selbst bewältigt werden sollen. Bei der Objekt-Bezogenheit ist diese innere Verschmelzungsbeziehung weitgehend durch eine innere Beziehung zwischen Selbst und Objekt, die auf Gegenseitigkeit basiert, weiterentwickelt worden: Das Selbst und der Andere werden als eigenständig und abgegrenzt erlebt, eigenständige Wünsche und Bedürfnisse bei sich und bei anderen grundsätzlich anerkannt und die Notwendigkeit des Kontaktes, vor allem mittels verbaler Kommunikation, akzeptiert. Mit der Entwicklung von Objektbezogenheit ist die Fähigkeit zu Spannungs- und Frustrationstoleranz verknüpft und vor allem auch die Entwicklung von Ambivalenz. Das Niveau der Objektbeziehungen, das in der Modalität der jeweiligen Form der Bezogenheit erkennbar ist, entwickelt sich in einem lebensgeschichtlichen Kontext und läßt Rückschlüsse auf real erlebte Beziehungserfahrungen zu, die bei Fixierungen der Selbstbezogenheit in der Regel traumatischer Natur sind. Bauriedl beschreibt beispielsweise, wie diese Form der Bezogenheit verinnerlicht wird, wenn das Kind in der Familie starke Ersatzfunktionen erfüllen mußte und dadurch notwendige innere Abgrenzungen und Differenzierungen des Kindes verhindert wurden. Der beschriebene Abhängigkeits-Autonomie-Konflikt scheint der Schlüsselkonflikt zu sein, dessen Bewältigung das Tor zur Welt der Objektbezogenheit mit ihren reiferen Konflikten eröffnet.

Die klinisch-psychoanalytische Forschung hat in den letzten Jahrzehnten mit der Untersuchung der sogenannten schweren Störungen oder der Frühstörungen sehr viele Beiträge zum Verständnis dieser Beziehungsstrukturen, vor allem der Konfiguration der Selbstbezogenheit, geliefert. Ein wesentliches Problem stellt dabei die Integration des klassischen Konfliktmodells, das an dem Krankheitsmodell der Neurose entwickelt wurde, mit diesen neueren Befunden dar. Eine Möglichkeit stellt dabei die Konzeption eines integrierten Objektbeziehungsmodells dar, das man in vereinfachter Form etwa folgendermaßen fassen könnte: Das zuvor beschriebene Konzept des unbewußten, verinnerlichten Konflikts läßt sich auch als Beziehungs-Konflikt-Modell beschreiben, das aus drei Beziehungsebenen besteht: Einer heimlich gewünschten Beziehung (Wunschpol), einer gefürchteten Beziehung (Angstpol) und einer manifesten, real gelebten Beziehung (Abwehrpol). Die innere Formel dazu könnte etwa lauten: Ich wage es nicht, mir bestimmte Wünsche oder Bedürfnisse dir gegenüber einzugestehen, weil ich dann ängstigende Reaktionen oder Folgen befürchte und mich daher in vermeidender oder verleugnender Art dir und meinen Gefühlen gegenüber verhalten muß. Die jeweilige Struktur des inneren, unbewußten Beziehungskonflikts trägt dann entscheidend auch zur Konfiguration der Bezogenheit bei: Lösen beispielsweise objektbezogene, autonome Tendenzen starke Verlassenheitsängste aus, kann die Konfiguration der Selbstbezogenheit als Abwehrposition erhalten bleiben, wenn auch um den Preis von schwachen Selbstgrenzen und labilem Selbstwertgefühl. Die klinische Vielfalt und die hochgradige Komplexität der analytischen Situation läßt sich orientierungsmäßig mit diesem Raster des Beziehungskonflikt-Modells und der Konfiguration der Bezogenheit annähernd fassen, ohne daß damit die Lebendigkeit der wirklichen, aktuellen Beziehung schematisch eingeengt wird.

Wenn ich abschließend noch einmal zur analytischen Situation, unserem Ausgangspunkt, zurückkomme, so läßt sich festhalten, daß dieses moderne, integrierte Objektbeziehungsmodell für die Praxis des Psychoanalytikers weitreichende Folgen hat. Vor allem wird zunehmend der Zwei-Personen-Aspekt der analytischen Beziehung betont, der also auch die Person des Analytikers mit seinen schon erwähnten Gegenübertragungen weit stärker als früher berücksichtigt. Die Analyse besteht dann weniger in einer Behandlung eines kranken Patienten durch einen gesunden Analytiker als vielmehr in der Entwicklung einer therapeutischen Beziehung, in der der eine Partner, der Analysand, seine pathogenen Beziehungsmuster mit Hilfe eines reagierenden und verstehenden Analytikers aktualisiert, die jedoch nicht nur wie im Alltag sich - dem Wiederholungszwang entsprechend - re-inszenieren, sondern diesmal durch das Verstehen und interpretierende Verhalten des Analytikers mit Hilfe einer neuen Beziehungserfahrung verändert werden. Im günstigen Fall entwickelt sich dann die innere Beziehungsstruktur durch die Veränderungen der wesentlichen Beziehungskonflikte von der Konfiguration der Selbstbezogenheit zur Konfiguration der Objektbezogenheit.

Literatur

Bauriedl, Th. (1994): Auch ohne Couch. Verlag Internationale Psychoanalyse, Klett-Cotta, Stuttgart.

Malan, D.H. (1979): Individual Psychotherapy and the Science of Psychodynamics. Butterworths, London.

Mentzos, S. (1982): Neurotische Konfliktverarbeitung. Fischer, Frankfurt/M.

Müller-Pozzi, H. (1991): Psychoanalytisches Denken. Huber-Verlag, Bern.

Roth, G. (1994): Das Gehirn und seine Wirklichkeit. Suhrkamp-Verlag, Frankfurt/M.

Analytische Körperpsychologie: Selbstbeschädigung, Organwelt, Biosemiose

Reinhard Plassmann

1. Einleitung

In der Hypochondrie, in der Anorexie und Bulimie, in der selbstzerstörenden Handlung und in den artifiziellen Krankheiten ist der Patient auf eine offenkundig krankhafte, ihn selbst belastende Weise mit seinem Körper beschäftigt. Einige dieser Krankheitsformen, namentlich Anorexie/Bulimie und artifizielle Krankheiten, scheinen sich in den letzten Jahren enorm vermehrt zu haben. Die daraus resultierenden therapeutischen Probleme sind aber nicht nur ein Kapazitätsproblem wegen der großen Anzahl solcher Patienten. Auch die körperpsychologischen Modellvorstellungen, mit denen wir versuchen, diese Störungen zu begreifen, erweisen sich oft als unzulänglich.

Bei der intensiven Beschäftigung mit artifiziellen Krankheiten konnte ich feststellen, daß eine Revision der theoretischen Konzepte immer und immer wieder erforderlich war. Die Herausforderung liegt darin, die Beziehung des Menschen zu seinem Körper neu zu überdenken. Hierzu halte ich einige Reflexionen für angebracht, wie die Medizin den menschlichen Körper begreift. Nach meinem Eindruck besteht zwischen der medizingeschichtlichen Entwicklung und der individuellen Entwicklung der Körpervorstellungen ein Verhältnis, das dem zwischen Phylogenese und Ontogenese entspricht. Der westliche Kulturkreis hat aus seiner Verwurzelung in der kleinasiatisch-mesopotamischen Medizin bis hin zur modernen Medizin verschiedene sich ablösende Krankheits- und Körpertheorien entwickelt. Dies wäre gleichsam der phylogenetische Aspekt. Bei jedem einzelnen Menschen wiederum gehört zur Persönlichkeitsentwicklung auch die Bildung eines psychisch repräsentierten Körperschemas von anfänglichen magischen Auffassungen bis hin zu einem realitätsgerechten Körperverständnis. Dies wäre der ontogenetische Aspekt. Das infantile Körperbild des einzelnen Menschen zeigt deutliche Ähnlichkeiten mit den medizingeschichtlich frühen Körper- und Krankheitstheorien.

Sowohl in der Entwicklung der wissenschaftlichen Medizin als auch in der jetzigen psychologischen Medizin hat es nicht nur ein ständiges quantitatives Wissenswachstum gegeben, sondern einige qualitative Wissenssprünge, die den Charakter geistiger Quantensprünge hatten und das medizinische Denken auf eine neue Ebene hoben.

Noch 400 v. Chr. hielt die griechische Medizin Krankheiten für gottgewollt. Erst Hippokrates verlegte die Ursache der Krankheitsentstehung vom Jenseits ins Diesseits, nämlich in den menschlichen Körper selbst. Er verhalf der Medizin in Gestalt seiner Humoralpathologie zu Vorstellungen, d.h. zu psychischen Repräsentanzen der Vorgänge im Körperinneren. Bei guter Mischung von Blut, gelber und schwarzer Galle und Schleim sei der Mensch gesund, bei schlechter Mischung krank. Im Körper wohne die Physis, d.h. die Selbstheilungskraft. Diese erzeuge Fieber, um Krankheitsstoffe als Eiter, Auswurf, Erbrechen auszuscheiden. Damit wurde, obwohl nicht so benannt, in einem genialen geistigen Schritt konzipiert, was ein Symptom ist. Die Krankheitserscheinungen, d.h. die Symptome, sind Ergebnis des Abwehrkampfes des Körpers. Diese Auffassung ist bis heute in der Organmedizin wie auch in der psychologischen Medizin Grundlage unseres Denkens geblieben.

Gleichwohl war bis ins zweite nachchristliche Jahrhundert das Körperinnere, von der hippokratischen Humoralpathologie abgesehen, ein weißer Fleck, von dem keinerlei Vorstellungen bestanden, bis Galenos von Pergamon Sektionen, allerdings an Tieren, vornahm. Damit wurde es möglich, sich Funktionsabläufe im Körperinneren vorzustellen, im Muskel- und Skelettsystem, im Ernährungsstoffwechsel und auch im Nervensystem. Die Leber wurde als Verdauungsdrüse erkannt und in einer wiederum genialen Leistung hat Galen Nervenstränge als Organe der Befehlsübermittlung begriffen. Damit war der Schritt von der rein morphologischen Anatomie, die nur Strukturen beschreibt, zur Physiologie getan, welche in Funktionsabläufen und Regelkreisen denkt.

Im 16. Jahrhundert hat Paracelsus diese Entwicklung auf einen Höhepunkt gebracht und zugleich den weiteren Weg gewiesen. Dabei ist weniger seine stark alchimistisch gefärbte Pharmakologie von Bedeutung als seine Grundüberzeugung, daß es nicht eine Krankheit gäbe, sondern viele Krankheiten von spezifischer Natur, die jeweils eine spezifische Therapie erfordern. Im Sinne von Paracelsus' Dogma, die Natur sei die beste Lehrmeisterin der ärztlichen Wissenschaft, löste sich in dieser Zeit die Medizin endgültig von der Religion, was auch darin seinen Ausdruck fand, daß Ärzte nicht mehr grundsätzlich Geistliche sein mußten.

In rascher Folge konnten dann die Kenntnisse der Naturwissenschaft in die Medizin aufgenommen werden. William Harvey (1578-1657) konnte den Blutkreislauf nur deshalb entdecken, weil er Wiegen, Rechnen und Messen in die Medizin einführte und rechnerisch bewies, daß es einen Blutkreislauf geben müsse, noch bevor er ihn entdeckt hatte.

Paracelsus hatte damit begonnen, die Krankheiten voneinander zu unterscheiden. Mitte des 17. Jahrhunderts hat Thomas von Sydenham (1624-1689) infolgedessen in die Nosologie das diagnostische Denken eingeführt. Eine Diagnosis ermöglicht die Differenzierung von Krankheiten, weil sie als voneinander verschieden gedacht werden können. Die Vorstellung von der Individualität der Krankheiten ist bis heute Fundament medizinischen Denkens geblieben.

Die Cellularpathologie von Rudolf Virchow, 1858 veröffentlicht, hat erneut das medizinische Denken auf ein anderes Niveau gehoben. Zellen und andere Mikroorganismen (Bakterien) entdecken und sich vorstellen können, heißt, den menschlichen Körper als etwas aus kleineren Einheiten Zusammengesetztes zu begreifen, und heißt auch, die Krankheitsursache aus dem Körper als Ganzes in diese kleinsten Einheiten, die Zellen, hineinzuverlegen. Seither wird Krankheit definiert als Funktionsstörung von Nervenzellen, Blutzellen, Leberzellen etc. Indem dieser einheitliche Bauplan des Lebendigen bei Mensch, Tier und Pflanze erkannt wurde, konnte sich die Medizin einmal mehr als Teil der Naturwissenschaften begreifen.

Die Existenz der modernen Transplantations- und Transfusionsmedizin schließlich zeigt ebenfalls ein Umdenken an. Erstmals in der Geschichte der Menschheit löst sich die Identifizierung des Menschen mit seinem Körper, indem ein Mensch mit einem fremden Herzen, fremder Niere etc. weiterleben kann. Damit wird die Identifikation mit dem eigenen Körper, welche (von der Amputation abgesehen) bis dahin völlig unlösbar war, zu etwas prinzipiell Überwindbarem. Die Einheit mit dem eigenen Körper kann als zufällig und vorläufig aufgefaßt werden, die eigene Person, das Selbst, muß infolgedessen als etwas vorgestellt werden, was von der Bindung an die Organe im Prinzip unabhängig ist. Die moderne Reproduktionsmedizin hat ähnliche geistige Grundlagen. Die biologische Bindung des Embryos an die leibliche Mutter wird lösbar und technisierbar gedacht.

Entwicklungspsychologisch betrachtet, scheint sich in jeder Bildung neuer Vorstellungen vom menschlichen Körper prinzipiell ein Streben nach psychischer Autonomie auszudrücken. Die Differenzierung der Vorstellungen vom menschlichen Körper ist psychisch nicht ein Hineingehen in den Körper, sondern ein Herausgehen, ein Ablösungsprozeß. Wie läßt sich dieses intensive Verlangen nach gedanklicher und psychischer Autonomie vom eigenen Körper erklären? Der Erwerb psychischer Repräsentanzen vom eigenen Körper (und von der Umgebung) ist wie der Erwerb von Persönlichkeit, die Repräsentanzen selbst sind der eigentliche Besitz, das Selbst. Die Beziehung zwischen der Welt der Repräsentanzen und der Welt des Körpers hat die Natur eines Dialogs. Wir fassen die Identität des Einzelnen als Summe seiner psychischen Repräsentanzen von der Welt der Objekte, einschließlich des Körpers, auf.

Bevor ich näher darauf eingehe, wie sich Persönlichkeit im Dialog mit dem Körper und der Welt der Objekte bildet, möchte ich die Stadien der wissenschaftlichen Vorstellungen von der Existenz eines psychischen Ich im Menschen nachzeichnen.

Die analytische Psychosomatik versucht, Persönlichkeit im Dialog mit dem Körper zu begreifen. Dieser Dialog wurde zunächst gemäß Freuds Konversionsmodell aufgefaßt (Freud, 1894), das auf dem triebtheoretischen Persönlichkeits- und Krankheitsmodell beruht. Die vollständige Integration der Objektbeziehungstheorie (Kernberg, 1975) und auch der Selbstpsychologie (Kohut, 1971) in die Theorie der Psychosomatik steht jedoch noch aus. Mit diesen Konzepten können die Repräsentanzen, die sich das Kind von seinem Körper bildet (und später in bestimmten Krankheiten ausagiert), neu überdacht werden.

2. Die Metapsychologie des Körperselbst - Modelle und Begriffe

Mit dem Begriff des Körperselbst hat sich zunächst die Gruppe um Heinz Hartmann (Hartmann und Schilder, 1927; Schilder, 1938; s.a. Hoffer, 1950) vor dem Hintergrund der neu formulierten Ich-Psychologie beschäftigt. Vorläufer war die psychoanalytische Sexualtheorie (Freud, 1905). In der Sexualtheorie wird die libidinöse Besetzung von Körperregionen (erogenen Zonen) als Organisator der psychosexuellen Entwicklung angesehen. Obwohl wissenschaftlich früher beschrieben, handelt es sich dabei zweifellos um ein entwicklungspsychologisch spätes Stadium der Persönlichkeitsentwicklung.

Die "Aneignung des Körpers", die Bildung von Körperrepräsentanzen, muß einer der ersten Inhalte und Aufgaben psychischen Geschehens sein. Die Geburt stellt zweifellos nicht den Beginn dieses Vorgangs, sondern bereits einen gravierenden Einschnitt dar. Die intrauterine Lebensphase ist für interagierende, teilnehmende und eingefühlte Beobachtung unzugänglich, das "babywatching" der ersten Lebensmonate ist deshalb eine wertvolle Informationsquelle für die Untersuchung und Definition körperpsychologischer Entwicklungsphasen. Der Beobachter kann dabei versuchen, das Verhalten des Säuglings, seine Interaktion mit dem Beobachter oder der Mutter in eine sprachlich-metaphorische Begrifflichkeit über das hypothetische, subjektive Erleben des Säuglings zu abstrahieren. Dieser selbst hat keine Worte und Bilder zur Verfügung, die auch nur entfernt denen des Erwachsenen vergleichbar wären. Jede Versprachlichung muß deshalb Spekulation bleiben. Es ist unmöglich, das subjektive Erleben des Säuglings genau in der Sprache des Erwachsenen zu erfassen. Die starke Körperbezogenheit des frühen Erlebens (das "living in the body", Blanck und Blanck, 1974) ist deshalb auch am besten in Körpermetaphern zu erfassen. Die Subjekt-/Objektdifferenzierung beispielsweise ist ein rein innerpsychischer Vorgang, der aber üblicherweise mit der mechanischen Metapher des Innen/Außen bezeichnet wird.

Eine analytische Körperpsychologie (Plassmann, 1993) kann die vorliegenden umfangreichen Forschungen über die Mutter-Kind-Beziehung um die Beziehung zwischen psychischem Selbst und Körper ergänzen, um zu klären, inwieweit dem Körper der Rang eines Primärobjektes zukommt, vor allem der Rang eines Selbstobjektes. Die Selbst- und Ich-Strukturen, die aus dem Körpererleben stammen, können dann als Matrix aufgefaßt werden für die Beziehungsaufnahme zu äußeren Primärobjekten, d.h. zunächst zur Mutter.

Auch für die Bildung von Körperrepräsentanz scheint eine Phasenhaftigkeit zu gelten wie für die Libidoentwicklung und die Ich-Entwicklung.

Die Libidoentwicklung ist nach der Libidotheorie eine Funktion der phasenhaften, schubweisen Libidoverteilung im menschlichen Körper in den prägenitalen und genitalen Abschnitten der körperlichen Entwicklung. Die Ich-Entwicklung wurde von der Objektbeziehungstheorie ebenfalls in qualitativ verschiedenen Phasen aufgefaßt vom Autismus über die Symbiose zur Individuation. Der Fortschritt von einer Phase zur nächsten scheint dabei fast immer mit einem qualitativen Sprung in eine neue Struktur des Denkens und Erlebens verbunden zu sein. Die meist benutzten Metaphern für die phasenhaften Qualitätssprünge des Erlebens sind dem räumlichen, geometrischen und physikalischen Denken entlehnt. Das Kind kann die Welt gemäß der Ein-, Zwei- oder Dreipersonen-Psychologie erleben. Die Personen bilden dabei in der Subjektivität des Kindes eine Symbiose, eine Dyade oder eine Triade. Der Qualitätssprung des Denkens von der dualen Bezogenheit auf den Körper oder auf die Mutter kann als Triangulierung verstanden werden. Das Denken schreitet dabei von der Eindimensionalität bis zur Dreidimensionalität fort.

Es liegt deshalb nahe, aus dem gesamten Prozeß der Bildung von Körperrepräsentanzen ebenfalls qualitativ unterscheidbare Phasen zu abstrahieren.

Untersuchungen des Körperselbst bei Schizophrenen (Pankow, 1962, 1976, 1982), bei frühkindlichem Autismus (Meltzer, 1975; Lazar, 1988), bei psychosomatisch Kranken (Kutter, 1981) und bei Selbstbeschädigung (Kafka, 1969) lassen die Grundzüge eines Phasenmodells der Körperselbstentwicklung erkennen. Es spiegelt in seinen Grundzügen die Entwicklung des psychischen Selbst wieder. Nachdem der Körper in einer Phase der Introjektion des Lebendigseins sich als lebend psychisch abgebildet hat, folgt eine Phase des symbiotischen Körperselbst. Der eigene Körper wird als fusionär entgrenzt mit dem mütterlichen Körper erlebt.

Ebenso kann zwischen psychischem Selbst und körperlichem Selbst noch nicht unterschieden werden. Störungen in dieser Phase scheinen bei Artefaktpatienten besonders häufig zu sein, so daß symbiotische Zonen im Körperselbst persistieren. Mit Beginn etwa des zweiten Lebenshalbjahres (frühestens ab dem 4. Lebensmonat) kann das Kind durch die einsetzende Realitätsprüfung zwei bis dahin nicht mögliche Trennungsvorgänge psychisch leisten. Es beginnt zwischen psychischen und körperlichen Vorgängen zu unterscheiden (somato-psychische Differenzierung), und es beginnt gleichzeitig, zwischen Selbst und Nicht-Selbst zu unterscheiden, was sich in der beginnenden Fähigkeit zur Konzeption und Benutzung von Übergangsobjekten zeigt (Winnicott, 1971). Dadurch ist die psychosomatische Triangulierung (Kutter, 1981) in Gang gekommen. Die Vorstellungswelt des Kindes gliedert sich damit in eine erste trianguläre Struktur, die aus Körper, psychischem Selbst und äußeren Objekten besteht. Störungen können sich klinisch auch darin zeigen, daß das Kind den eigenen Körper als Übergangsobjekt benutzt. Es scheitert am Weg zu äußeren Objekten und kehrt auf den eigenen Körper zurück (Pao, 1969; Kafka, 1969; Plassmann, 1989a).

Ein infantiles Scheitern an der Entwicklung eines lebendigen Gefühls von der Realität des eigenen Körpers und eine darauf folgende Fixierung an symbiotische Zonen im Körperselbst kann als Disposition für körpermanipulatives Verhalten angesehen werden.

Ich möchte vorwegnehmen, daß nach meinem Eindruck die Pathologie des Körperselbst bei Artefaktpatienten aus der Persistenz symbiotischer Zonen im Körperselbst besteht, d.h. bestimmte Bereiche oder Aspekte des Körpers können nicht der eigenen Person zugerechnet werden. In regressiven psychischen Zuständen wird dann der ganze Körper als fremd, als nicht-ich erlebt. Die Aneignung des Körpers ist mißlungen. Im kranken Bereich ist das Körperbild gerade kein Körperselbst, sondern eine noch jenseits der Realitätsprüfung gelegene fusionäre Vermischung von Subjekt und Objekt. Nur unter dieser Voraussetzung kann der Körper als etwas Fremdes behandelt und erlebt werden, z.B. auch als Übergangsobjekt. Abspaltungs- und Projektionsprozesse, die sonst nur in bezug auf tatsächlich außen gelegene Objekte möglich sind, können sich dann des Körperselbst bemächtigen. Es kommt zur Projektion und Abspaltung in den Körper. Gerade diese pathologische Abwehrform erscheint als sehr charakteristisch für Artefaktpatienten.

3. Entwicklungsphasen und Störungen des Körperselbst

Das klinische Material körperbezogener Phantasien läßt sich derzeit einigen qualitativ verschiedenen Phasen des Erlebens zuordnen. Auf die Introjektion des Lebendigseins folgt die Introjektion der Körperlichkeit. In der Phase der Zweidimensionalität vollzieht sich die somato-psychische Differenzierung und damit wird der "Dialog mit dem Körper" möglich. Fortan und bleibend fungiert der Körper als Subjekt und als Repräsentanz. In der psychosomatischen Triangulierung, etwa im 4. Lebensmonat, werden dann erstmals psychische Repräsentanzen von äußeren Objekten (Übergangsobjekten) möglich.

3.1 Die Introjektion des Lebendigseins

Die erste Wahrnehmung eines Lebewesens kann keine andere sein als die, daß es lebt. Zu einem nicht bekannten Zeitpunkt der intrauterinen Entwicklung wird sich als erster psychischer Inhalt das Lebendigsein abbilden. Ob ein Fötus, der die physische Tatsache des Lebendigseins psychisch nicht abbilden kann, überhaupt lebensfähig ist, muß bezweifelt werden. Unbekannt ist auch, ob und durch welche Umstände die Bildung des Sich-Lebendig-Fühlens beeinträchtigt werden kann. Ich halte es für denkbar, daß die Liebe einer Mutter für den Fötus bei diesem auf humoralem Weg ein Lebendigkeitsgefühl begünstigt.

Obwohl schwer einfühlbar, ist die Identifikation mit etwas Totem, Unbelebtem bei frühen Persönlichkeitsstörungen nicht selten nachweisbar.

Kafka (1969) vermutet, eine seiner Patientinnen fühle sich nur teilweise lebendig, weil sie für die Mutter die Funktion eines Übergangsobjekt gehabt habe und sich mit diesem Zwischenstadium des Lebendigwerdens identifiziert hätte.

Auch in Kafkas Hypothese ist enthalten, daß die Mutter dem Kind psychisches Leben dadurch gibt, daß sie selbst das Kind, sobald es in ihrem Leib physisch lebt, auch als lebendig phantasiert. Sich-Lebendig-Fühlen ist die Urform eines Introjektes, in dem sich die physische Lebendigkeit des Körpers psychisch abbildet und zum Ausgangspunkt des Selbsterlebens wird. Irgendeine psychische Repräsentanz, die über das Lebendigkeitsgefühl hinausgeht, ist in dieser Phase noch nicht anzunehmen, also keine psychische Abbildung von Körperlichkeit oder Getrenntheit.

3.2 Die Introjektion der Körperlichkeit

Ob die Wahrnehmung von Lebendigkeit und die Wahrnehmung von Körperlichkeit zeitlich und kausal zusammenfällt, ist unbekannt. Gedanklich und klinisch können beide Vorgänge aber voneinander getrennt werden. Denkbare Inhalte einer solchen früh-intrauterinen Episode sind Wahrnehmungen aus dem eigenen Körper, ebenso wie damit vermischte akustische, thermische und mechanische Wahrnehmungen von außen. Charakteristikum dieses Zustandes wäre das Fehlen jeglicher Trennung zwischen Wahrnehmung und Wahrgenommenem, psychischer Inhalt und abgebildetes Objekt sind identisch, d.h. eindimensional miteinander verschmolzen. Ebenso liegt eine Trennbarkeit des psychischen Innenraumes von der äußeren Welt noch in weiter Ferne.

Psychisches Selbst, Körperselbst und Nicht-Selbst (Objektrepräsentanzen) sind undifferenziert, sie sind jedoch vorhanden. Interaktionsprozesse zwischen psychischem Selbst und Körperselbst sind noch nicht möglich, es gibt noch nichts, in dem sich der Körper abbilden könnte. Dem zugehörig erscheint klinisch die unbewußte Phantasie eines Ungeborenseins bzw. genauer gesagt die Unfähigkeit, überhaupt eine Geburtsphantasie zu bilden. Solche Patienten erleben sich unbewußt weiterhin als Teil eines anderen Körpers und zwar nicht selten als toter Fremdkörper (Pankow, 1982). Der Zugang zur kannibalistischen Welt des Säuglings, der aus dem fremden lebenden Körper etwas in den eigenen lebenden Körper aufnimmt, ist diesen Patienten deshalb noch versperrt mit der Folge schwerer Eßstörungen (Kafka, 1969; Pankow, 1982). Hierzu ein klinisches Beispiel:

Eine Artefaktpatientin schien ihre unbewußte Identifizierung als Teil eines anderen Körpers darzustellen, in dem sie (heimlich) Fremdkörper in ihre Bauchhaut praktizierte mit der Folge multipler, schwerster Abszesse. Der Abszeß an ihrem Bauch symbolisierte gleichsam ihre Phantasie, ein nicht lebensfähiger, toter Teil des mütterlichen Körpers zu sein. Jede Abszeßspaltung und Entleerung war gleichsam die Inszenierung ihrer Geburts- bzw. Abtreibungsphantasie: Eiter und Fremdkörper entleeren sich und sind außerhalb des mütterlichen (ihres eigenen) Körpers nicht mehr lebensfähig. Jeder nächste Abszeß bedeutete eine "Wiederbelebung" ihrer eigenen Person, ein neuer Abszeß/Fötus am Bauch hatte sich gebildet.

Eine Operation ihres Therapeuten belebte diese Phantasie in der Übertragung wieder. Dem Therapeuten war tatsächlich ein Stück krankhaft gewuchertes Gewebe entfernt worden. Die Patientin schien sich mit diesem Gewebestück zu identifizieren und für nicht lebensfähig zu halten. Sie aß nicht, nahm rapide an Gewicht ab und konnte nicht mehr zu den Behandlungsstunden kommen. Sie mußte phantasieren, daß der Therapeut sich unwiderruflich von ihr getrennt, sie quasi abgetrieben habe. Sporadische Behandlungsstunden waren allerdings noch möglich und eine gewisse Distanzierung von dieser agierten, unbewußten Phantasie, so daß es nicht zum Behandlungsabbruch oder zu neuen Abszessen kam.

Die beschriebene Patientin war klinisch niemals psychotisch. Sie konnte die psychotischen Phantasien auf den eigenen Körper und auf den Körper des Therapeuten projizieren. Abspaltung und Projektion in den Körper sind hochwirksame Abwehrvorgänge, die einer Überflutung des Ichs mit psychotischen Inhalten entgegenwirken können. Die Ausgestaltung der Geburtsphantasie hat dabei die entsprechende Bedeutung wie die Ausgestaltung der ödipalen Phantasie im Bereich der Neurosenpsychologie. Fixiertes fusionäres, eindimensionales Erleben zeigt sich darin, daß keine echte Geburtsphantasie möglich ist, sondern nur Abtreibungs- und Ausstoßungsphantasien.

3.3 Die somato-psychische Differenzierung: Die Phase der Zweidimensionalität

Die Differenzierung zwischen psychischem Selbst und körperlichem Selbst ermöglicht es, sich lebendige Körperlichkeit vorzustellen. Dies ist möglicherweise eine notwendige psychische Voraussetzung für das physische Geborenwerden, da erst dadurch die Vorstellung ein lebendiger, lebensfähiger Körper zu sein, möglich wird. Indem Geburt physisch geschieht, muß sie auch psychisch abbildbar sein in der Vorstellungskategorie "lebendiger Körper". Diese somato-psychische Differenzierung scheint im ersten Lebensquartal stattzufinden als relativ flüchtiges Stadium, das normalerweise ab dem 4. Lebensmonat in die Phase der Bildung erster Objektrepräsentanzen übergeht in Gestalt der Übergangsobjekte.

Die körperbezogenen Phantasien der Patienten, die ich diesem Stadium zuordne, entsprechen instabilen Geburtsphantasien. Lebendigkeit und Körperlichkeit sind vorstellbar, Trennung zwischen Körpern ist jedoch noch nicht psychisch abgebildet, so daß Geburt als jederzeit revidierbar phantasiert wird.

Anläßlich der erwähnten Operation des Therapeuten träumte eine andere Artefaktpatientin: "Sie sind operiert worden. Sie konnten nicht sprechen. Ich habe für sie gesprochen."

Der Traum enthält reife Elemente (Zeitgefühl, Differenzierung des Körpers in Körperteile, Denken in getrennten Personen). Er enthält aber auch die Phantasie, die Patientin sei Teil des Körpers des Therapeuten, sie sei seine Stimme. Daß sie sich im Gegensatz zur oben erwähnten Abszeßpatienten als gesunder Körperteil ihres Therapeuten phantasierte, vermag ihre wesentlich bessere Entwicklung in der Therapie erklären. Sie hielt sich unbewußt für lebens- und geburtsfähig.

In dieser Phase der Dualität kann nach etablierter, somato-psychischer Differenzierung der Körper erstmals zwei voneinander unterscheidbare Funktionen für das psychische Selbst haben, die in allen späteren Entwicklungsphasen beibehalten werden: Der Körper fungiert als Subjekt und er fungiert als Repräsentanz.

3.3.1 Der Körper als Subjekt

Die physische und lebendige Natur des Körpers scheint einige subjektive Urerfahrungen zu ermöglichen, die als "Introjekte aus dem Körper" zum bleibenden Kern des menschlichen Realitätskonzeptes werden. In der Phase des zweidimensionalen Erlebens ist Realität im Sinne von Nicht-Selbst (Hoffer, 1950) ohnehin identisch mit dem eigenen Körper. Repräsentanzen von einem Nicht-Selbst in Gestalt äußerer Objekte existieren noch nicht.

Der Körper kann sich im psychischen Selbst in seinen physiologischen und biologischen Grundeigenschaften abbilden. Lebendige Körper haben Gewicht, Festigkeit, unterschiedliche Temperatur, Geruch und Geschmack, sie sind beweglich und lebendig. Das "biogenetische Grundgesetz" (Balint, 1965) besagt, daß der Körper eine Kohäsion hat und haben muß, der menschliche Körper ist keine Flüssigkeit und kein Gas. Dies kann als Körpererfahrung ins Ich introjiziert werden und seine Entsprechung in der synthetischen, integrierenden Funktion des Ichs finden. Elementare psychische Vorgänge, wie Erregung und Beruhigung, Wunsch und Befriedigung, können zuerst körperlich erfahren werden. Der Reizschutz des Ichs gegen Erregungen aus dem Körper kann sich bilden und stellt den Vorläufer für die spätere Fähigkeit dar, gegen Reize aus der Außenwelt einen flexiblen Reizschutz aufzubauen.

Die körperliche Reifung determiniert jene Entwicklungsschritte, die auch psychisch zu leisten sind. Der Körper ermöglicht zunächst die Erfahrung von Lebendigsein und Körpersein und später im Zuge der weiteren Entwicklung die Erfahrung von Getrenntsein und Geschlechtlichkeit. Der psychische Prozeß von Separation und Individuation (Mahler, M.S., 1979) ist eng an die motorische Entwicklung des Körpers gebunden. Das Laufenlernen ermöglicht sowohl mechanische "Separation" als auch die inneren Bilder des Sich-Ablösens. Im Laufenlernen wird die Realität des Getrenntseins psychisch erfahren, verinnerlicht und bewältigt.

Sofern die somato-psychische Differenzierung gelingt, können sich solche Erfahrungen aus dem Körper psychisch abbilden. In der Terminologie von Blanck und Blanck (1980) wird aus dem "living in the body" ein "living in the mind". Die Körperrepräsentanzen werden gleichsam die erste Sprache des Ichs, eine Körper-Semiotik. In der Terminologie von Reiff (1988) bilden der Körper (er wird bezeichnet), das Ich (es bezeichnet) und die Inhalte des Ichs (die Zeichen) ein semiotisches Dreieck.

Ein Konflikt, der sich dabei in einer bestimmten Entwicklungsperiode ereignet und ungelöst bleibt, bildet sich psychisch auch in körpersprachlichen Bildern ab, und nur in diesen kann er wirklich erlebt, ausgedrückt und kommuniziert, d.h. in einen gegenwärtigen, lebendigen Dialog eingebracht werden. Diese Annahme steht in Einklang mit täglicher Erfahrung mit psychosomatischen Patienten. Deren Selbstschilderung in Wort und Sprache bleibt leblos, der Konflikt wird vom Patienten in dieser Sprache emotional nicht erlebt und kann keinen Dialog auslösen, der Therapeut bleibt unberührt. Die psychosomatische Medizin hat körpersprachliches Sich-Ausdrücken und Kommunizieren erst wieder als wichtig erkennen müssen und hat diesen Lernprozeß auch in ihrer Theoriebildung dokumentiert (Schur, 1955; Mitscherlich, 1969).

3.3.2 Der Körper als Repräsentanz

Der Körper ist Quelle von Erfahrungen, die zum Kern und Ausgangspunkt des Selbsterlebens werden, insofern ist er Subjekt. Der Körper ist darüber hinaus auch Repräsentanz für psychische Inhalte, die auf dem Wege der Projektion im Körper abgebildet werden. Beispielsweise kann sich der gesamte psychische Apparat projektiv im Körper abbilden und durch den Körper repräsentiert werden. Der saugende Mund kann zur Repräsentanz des oralen Triebs werden, die Hand, die die Brust oder einen Deckenzipfel zum Munde führt, kann zum Repräsentanten einer Fähigkeit werden und damit das sich entwickelnde Ich symbolisieren. Bei normaler Entwicklung scheint der eigene Körper etwa ab dem Zeitpunkt des zweiten Lebenshalbjahres nur noch zum Repräsentanten für Selbstvorstellungen zu werden, nicht jedoch zur Repräsentanz von Vorstellungen äußerer Objekte. Nur in der Phase eines symbiotischen Körperselbst kann das Kind den eigenen Körper als Einheit mit dem mütterlichen Körper phantasieren, da auch psychisch Selbst- und Objektvorstellungen noch in ungetrennter Form vorliegen. Die Fähigkeit zur Benutzung von Übergangsobjekten markiert den Zeitpunkt, an dem Selbst und Nicht-Selbst unterschieden werden können. In der gesunden Entwicklung bekommt der Körper keine Funktion als Übergangsobjekt.

Die Säuglingsbeobachtung zeigt, daß am eigenen Körper allenfalls Vorläufer von Übergangsobjekten gebildet werden (Winnicott, 1971). In der Not, die Wahrnehmung der Trennung von der Mutter psychisch zu bewältigen, etwa beim Einschlafen, macht sich das Kind, beginnend in der Zeit zwischen dem 4. und 12. Lebensmonat, seine eben entstandene Fähigkeit zunutze, sich mittels der Vorstellungen, die es von der Mutter zu entwickeln beginnt, ein Ersatzobjekt zu erschaffen. Der eigene Daumen ist wohl der häufigste, am eigenen Körper gefundene Vorläufer eines solchen "Übergangsobjektes" und wird dann von einem Deckenzipfel, einem Stofftier etc. abgelöst. Das Kind "spielt" mit diesem Übergangsobjekt seine bereits verinnerlichten Erfahrungen mit der Mutter und baut dabei fortwährend seine eigene innere Realität auf. Wo dies mißlingt, können symbiotische Verschmelzungsphantasien mit der Mutter auf den Körper projiziert werden, so daß sich am Körper Repräsentanzen eigentlich äußerer Objekte (der Mutter) bilden. Die Gebärmutter kann dann als Mutter phantasiert werden, die ständig im Körper präsent ist und von der es keine Trennung gibt, bis vielleicht später eine Hysterektomie einen Befreiungswunsch ausdrückt. Der eigene Kopf kann zur Repräsentanz des Vaters werden und für die Forderung nach Selbständigkeit und Tatkraft stehen und in Konflikt geraten mit jenen Körperteilen, mit welchen der Patient vielleicht seine eigene Kindlichkeit identifiziert, etwa dem Verdauungskanal. Auch der Körper als Ganzes kann Symbol der Mutter sein. Beispielsweise kann die weibliche Entwicklung erlebt werden, als ob der Körper des Mädchens sich in den Körper der Mutter verwandele. Solche Patientinnen empfinden ihren eigenen Körper als fremd und identifizieren sich deshalb mit dem Nicht-Körperlichen, mit ihrem asketischen Willen. Der Körper als Ganzes wird dabei zur Projektionsfläche für unbewußte Phantasien über Konflikte mit den Primärobjekten. Die Konflikte werden am Körper erlebt, scheinen dort gegenwärtige Realität zu werden und sollen am Körper auch gelöst werden.

All diese Bedeutungen des Körpers und der Körperteile sind Ergebnis der Projektion von Objektvorstellungen in den Körper. Die Bedeutung, die der Körper durch diese Projektion bekommt, hat zur Folge, daß er den Inhalten der Phantasien entsprechend auch behandelt wird, auch wenn die Phantasien selbst unbewußt bleiben. Es scheint sich dabei um einen hochpotenten Abwehrvorgang zu handeln, der unverarbeitbare psychische Inhalte abwehrt, indem sie an den Körper gebunden werden.

Dasselbe gilt für die Bewältigung abgespaltener, negativer Selbstanteile. Sie werden bei den bekannten Formen des Borderline-Syndroms überwiegend nach außen projiziert, d.h. externalisiert, ein Abwehrvorgang, der Artefaktpatienten anscheinend nur ausnahmsweise zur Verfügung steht. Statt dessen findet eine Projektion und Abspaltung in den Körper statt, was in gewisser Weise auch einer Externalisierung entspricht. Der Körper, da er teilweise als fremd und als Nicht-Ich erlebt wird, wird zum Gefäß auch für diese negativen Persönlichkeitsaspekte.

3.4 Dreidimensionales, trianguläres Erleben

Trianguläres Erleben und Denken entwickelt sich in einem sehr langen, wahrscheinlich bis weit in das Erwachsenenleben hineinreichenden Prozeß. Am Beginn steht die Konzeption von Übergangsobjekten, an denen das Wichtige nicht ihr Besitz durch das Kind ist, sondern ihre Benutzung (Winnicott, 1971). Die Benutzung ist dabei eher eine psychologische als eine physische. Das Kind kann dem Übergangsobjekt per Projektion Bedeutung verleihen; der Gegenstand (Teddybär, Decke etc.) fungiert als Repräsentant der ersten internalisierten Objektimagines. Beobachtungen an Säuglingen machen wahrscheinlich, daß in der Beschäftigung des Kindes mit Brustwarze, Flasche oder Schnuller etwa ab dem 4. Lebensmonat diese neue Qualität des Denkens möglich wird (Winnicott, 1971; Lazar, 1988). Damit ist der Schritt zur psychosomatischen Triangulierung (Kutter, 1981) vollzogen. Diesen und allen weiteren Etappen (Separation und Individuation, frühe Triangulierung, ödipale Triangulierung) scheint die Mutter durch ihre eigenen Fähigkeiten zu triangulärem Denken den Weg zu bereiten. Die Mutter kann Triangulierung durch Symbolisierung ermöglichen, indem sie bei der empathischen Einfühlung in das Kind eine emotionale Nähe herstellt und gleichzeitig durch ein denkendes Wissen von der Beschäftigung mit dem Kind eine symbolisierende Distanz ermöglicht. Dieser innerpsychische Vorgang in der Mutter läßt sich in verschiedenen Metaphern beschreiben. In der Szene des Stillens sind Brust und Kind im Erleben des Kindes und im Erleben der eingefühlten Mutter eine verschmolzene Einheit, eine "frühe Identifizierung" (Jacobson, 1964). Das beobachtende mütterliche Auge symbolisiert dabei eine psychische Instanz außerhalb der Symbiose mit dem Kind und stellt eine Urform von Triangulierung her (Lazar, 1988). In der Kleinianischen Terminologie wäre diese Triangulierung ermöglichende Instanz der von der Mutter introjizierte, zur Ich-Struktur gewordene väterliche Phallus (Klein, 1948; siehe auch Hirsch, 1988).

Die Individuation des Kindes ist die Integration der Selbstvorstellungen in Abgrenzung von den Objektvorstellungen. Auch dieser Prozeß im Kind bedarf einer Mutter, die zu triangulärem, dreidimensionalem Denken fähig ist. Der Aufbau einer eigenständigen Beziehung des Kindes zu einem Vater, der als von der Mutter verschiedenes Objekt gesehen werden kann, wurde von Abelin (1971) als "frühe Triangulierung" bezeichnet. Ohne die Introjektion des phallisch-triangulierenden Prinzips kann das Kind die Symbiose mit der Mutter aber nicht stabil überwinden. Der Vater kann dann in der Phantasie des Kindes eine Art "Extension" des mütterlichen Körpers bleiben, die Mutter "verwaltet den Penis des Vaters" (Hirsch, 1988).

Die Folge des kindlichen Scheiterns an der frühen Triangulierung ist dann auch ein Scheitern an der ödipalen Situation, weil für deren Bewältigung die Ich-strukturellen Voraussetzungen fehlen. Die in der ödipalen Phase, in der Pubertät und im Hintergrund "hysterischer" Symptome erlebten Konflikte, sind dann bei genauerer Betrachtung pseudoödipaler Natur (Hirsch, 1988) oder in der Terminologie von Rohde-Dachser (1987) ein "strategischer Ödipuskomplex", der den pseudosexuellen Versuch darstellt, die gescheiterten frühen Triangulierungen nachzuholen. Die Pubertät eines Kindes aktiviert dann mit großer Wucht unbewältigte symbiotische Phantasien. Die körperliche Entwicklung, die körperliche Erregung und die Bereitschaft zu körperlicher Annäherung läßt die psychotischen Bezirke im Körperselbst gleichsam zu Eintrittspforten für unbewältigte, invasive Aspekte des Mutterbildes werden. In der Regression verliert dann auch der Vater seine Eigenständigkeit als drittes Objekt und kann nur noch als Repräsentant des invasiven Mutterintrojekts erlebt werden. Das extrem häufige inzestuöse Agieren in Familien von Artefakt- und Selbstbeschädigungspatienten (Sachsse, 1994; Plassmann, 1987; Hirsch, 1987) ist deshalb keineswegs die Krankheitsursache, sondern zeigt lediglich das Scheitern der Familie des Patienten an den frühen Triangulierungsprozessen an.

4. Die Abwehr durch Projektion in den Körper

Das Erleben von Körperteilen als Repräsentanz äußerer Objekte und davon ungetrennt als Repräsentanz von Selbstanteilen, schafft eine "symbiotische Zone im Körperselbst". In diesem Bereich kann zwischen Selbst- und Objektvorstellungen nicht differenziert werden. Die Entwicklung eines Körperselbst ist in diesem Bereich zerstört. Bestimmte Körperteile repräsentieren dann psychotische, eventuell auch tote Zonen des Ichs. Von derart erlebten Teilen des eigenen Körpers scheint später dann ein psychotischer Sog auszugehen, in den die Patienten wieder hineingeraten können.

Nach mehrjähriger Erwerbsunfähigkeit war eine Artefaktpatientin während ihrer ambulanten Psychotherapie weitgehend symptomfrei und wieder berufstätig als Krankenschwester geworden. Dies führte zu folgendem Problem: Solange sie bei Röntgenuntersuchungen die Patienten jeweils nur einmal und dann nicht mehr sah, machte ihr die körperliche Nähe wenig aus. Bei der Pflege am Krankenbett jedoch geriet sie in ihr zunächst unverständliche, wachsende Unruhe und fand dann selbst heraus, daß sie versucht hatte, sich gedanklich in den Körper der Patienten hineinzuversetzen, bis sie in Verwirrung und Angst geriet, weil sie die Fähigkeit verlor, ihren eigenen Körper von denjenigen der Patienten zu unterscheiden.

In diesem Prozeß regrediert das Ich unter Entwicklung von Ichverlustangst. Regressiv geht die Fähigkeit verloren, den eigenen Körper abgegrenzt zu erleben, statt dessen erscheint eine fusionäre Körperphantasie.

Die noch schwerere Form der Störung sind tote Zonen im Körperselbst (Pankow, 1982; Kafka, 1969). In der Regression in den kranken Bereich des Körperselbst verlieren die Patienten dann nicht nur die Vorstellung von Abgegrenztheit, sondern auch von Lebendigkeit, was sich psychisch als Depersonalisationssyndrom ausdrücken kann. In der Manipulation des Körpers kann das Gefühl von Schmerz, aber auch die visuelle und sensible Wahrnehmung von Blut (Wärme, Bewegung, Farbe) das Lebendigkeitsgefühl restaurieren und die Regression beenden (Kafka, 1969; Pao, 1969).

Die Repräsentation dieser psychotischen Zerstörungszone des Ichs im Körper ist anscheinend ein hochpotenter Abwehrvorgang, der das Ich vor manifester Psychose schützt. Im Kern scheint es sich um eine Abspaltung und Projektion in den Körper zu handeln, vergleichbar einer Externalisierung, allerdings nicht nach außen, sondern in den Körper. Das Ich vermeidet den Durchbruch psychotischer Phantasien durch fortgesetzte Abspaltung und Projektion in den Körper. Die psychotischen Inhalte bleiben an Körperrepräsentanzen gebunden und werden nur in Verbindung mit Körpermanipulation aktiviert, z.B. in Gestalt überflutender optischer Halluzinationen (Sachsse, 1987). Die Manipulation und die Aktivierung der psychotischen Inhalte geschehen in einem dissoziativen Bewußtseinszustand. In der Beendigung der Körpermanipulation stabilisiert sich die Abspaltungsschranke erneut, die Patienten haben dann keinen bewußten Zugang mehr zur Manipulation und den dabei agierten psychotischen Phantasien, die Manipulation als solche wird verleugnet. Erhalten bleibt ein Wissen, daß etwas Schreckliches passiert ist, also eine Erinnerung an die Ichverlustangst.

Jede Manipulation als solche ist ein erneutes traumatisches Ereignis. Die zwar abnorm, aber zeitweise im Intervall dennoch stabil abgewehrten Ängste der Patienten werden in der Manipulation zu Realität. Dadurch erneuert sich die ohnehin überwiegend negative Besetzung des eigenen Körpers. Dieser wird noch stärker als Quelle der Bedrohung und Gefahr erlebt mit der Folge, daß die pathologische Abwehr durch Projektion und Abspaltung in den Körper eine weitere maximale Verstärkung erfährt. Die Artefaktkrankheit wird hier als Circulus vitiosus verständlich, aus dem die Patienten ohne Therapie keinen Ausweg finden. Der einzige zur Verfügung stehende wirksame Abwehrvorgang ist zugleich derjenige, der die Krankheit unterhält und die Voraussetzungen für den nächsten Rückfall schafft.

5. Fallbeispiel

Eine der ersten Patientinnen war die damals 38 Jahre alte Frau C. Die Patientin berichtete, angefangen habe alles mit einem Sportunfall vor mehr als vier Jahren, bei dem sie sich beim Jiu-Jitsu einen Kreuzbandriß links zugezogen hatte, der über Monate nicht diagnostiziert und damit auch nicht adäquat behandelt worden war. Als die Diagnose schließlich durch einen bekannten Sportarzt gestellt und die Patientin auch operiert war, erhielt sie die Information, daß sie diesen Kampfsport nicht mehr würde betreiben können, da die Operation zu spät erfolgt sei. In dieser Zeit sei sie sehr unruhig geworden, vor allem nachts, sie sei dann auch wegen der unerträglichen Unruhe aufgestanden, obwohl sie das Bein nicht belasten sollte. Sie habe die "komische Idee" gehabt, daß das Bein eben ganz kaputtgehen solle, wenn sie keinen Sport mehr machen könne. Sie habe dann die Wunden immer wieder selbst aufgemacht. Später hat sie sich durch unsterile Injektionen in das Knie und durch Manipulationen an den Wunden immer wieder Entzündungen beigebracht, die zu hohem Fieber und Schüttelfrost führten. Es sei aus einem unüberwindbaren inneren Zwang heraus geschehen, sich zu schädigen. Gebe sie diesem Drang nicht nach, entwickelten sich unerträgliche Ängste, die sich bis zur existentiellen Panik steigerten. Seit März 1986 habe sie sich selber immer wieder Blut abgenommen, dies meist mehrere Tage unsteril herumstehen lassen, um es sich mit immer den gleichen Spritzen in das Kniegelenk zu injizieren. So habe sie immer wieder hohes Fieber, Schüttelfröste und Gewichtsabnahme provoziert. Die Patientin wurde in den verschiedensten Kliniken behandelt, unter anderem eine längere Zeit in der Medizinischen Hochschule in Hannover und in Bremerhaven, wo mehr als zehn Operationen erfolgten. Im September 1987 wurden septische Metastasen in drei Wirbelkörpern entdeckt, die ebenfalls operiert werden mußten. Unter der Operation kam es zu einem Herzstillstand, später zu einem septischen Schock. Auch am rechten Arm gab es eine septische Metastase. Eine Beinamputation, um weitere Abszesse, die unter Umständen auch das Gehirn oder die Leber betreffen könnten, zu verhindern, lehnte die Patientin ab. Vom Umgang der Patientin mit ihrem Körper war bis zu diesem Zeitpunkt noch nichts bekannt. Sie wurde schließlich in eine Düsseldorfer Klinik verlegt, wo dann auch ein großer Lungenabszeß gefunden wurde. Die Chirurgen sahen aber von einer Lungenoperation ab, da der Abszeß gut abgekapselt sei. Am Bein legten sie einen Fixateur externe an, um eine Kallusbildung und vielleicht eine Versteifung des Beines zu erreichen. Die Chirurgen konfrontierten sie auch erstmalig mit ihrem Verhalten, was die Patientin als Erleichterung erlebte, da sie aus Angst und Scham habe darüber nicht sprechen können. Zu ihrem aktuellen Befinden gab sie folgendes an: Wegen ihrer ständigen starken Schmerzen bekomme sie Schmerzmittel. Deswegen und wegen einer ausgeprägten Anämie fühle sie sich ständig schlapp und müde. Sie habe regelmäßig Alpträume, von denen sie voller Angst wach werde. Ab und zu bekomme sie auch panikartige Zustände, vor allem nachts und am Vormittag, wenn die anderen Patienten weg seien und sie ins Nachdenken komme, über ihre Familie, ihre Kinder, ihre Geschichte. Sie werde dann unruhig, bekomme Herzklopfen und Schweißausbrüche sowie Atemnot. Sie müsse sich dann einfach weh tun, kratzen oder den Kopf an die Wand hauen.

Aus der Lebensgeschichte erscheint bedeutsam, daß die Patientin als drittes von fünf Kindern eines Großbauern in der Lüneburger Heide aufgewachsen ist. Sie hat einen vier Jahre älteren Bruder, der kürzlich an Prostatakrebs verstorben ist. Die einzige Schwester der Patientin war im Alter von drei Jahren, kurz vor der Geburt der Patientin, an Diphterie verstorben. Ein Zwillingsbruder der Patientin starb bei der Geburt. Davon hatte die Patientin sehr früh erfahren, weil ihre Mutter ihr ständig vorgehalten habe, sie sei schuld am Tod des Bruders, weil sie sich vorgedrängt habe. Die Mutter hätte wohl lieber einen Sohn gehabt. Die Patientin hat noch einen zwei Jahre jüngeren Bruder, der an Hodenkrebs leide. Beide Eltern der Patientin hätten ebenfalls Krebs, der 78jährige Vater Hautkrebs, der 68jährige Mutter Darmkrebs. Der jüngere Bruder, der groß, blond und schön sei und der damit dem Ideal der Eltern von der nordischen Rasse entsprochen habe, sei im Gegensatz zur Patientin sehr verwöhnt worden. Sie selbst sei von der Mutter in übelster Weise mißhandelt worden und habe auch von dem lauten und ungerechten Vater keine Unterstützung erfahren. Sie habe sich damals geschworen, sie wolle nie mehr Angst haben und zeigen und nie mehr weinen. Als ihr älterer Bruder, der bis zum Alter von 13 Jahren bei den Großeltern gelebt hatte, nach Hause zurückgekommen sei, habe die Patientin endlich jemanden gehabt, mit dem sie habe sprechen können. Im Alter von 16 Jahren habe die Patientin in einer Kurzschlußreaktion den großen Bauernhof angezündet und anschließend versucht sich umzubringen. Mit 18 habe sie einen zweiten Suizidversuch, jetzt mit Tabletten, unternommen, sei aber rechtzeitig gefunden worden, habe aber schwere Vorwürfe bekommen. Im Alter von 20 sei sie gewollt schwanger geworden und habe dem Druck der Mutter, das Kind abzutreiben, nicht nachgegeben. Bis zur Heirat, in die die Mutter schließlich doch einwilligte, habe sie in jeder Konfliktsituation mit Übelkeit und Erbrechen reagiert. Die Mutter habe auch versucht, den Mann der Patientin zu beherrschen und den ersten Sohn für sich zu beanspruchen. Darauf hatte die Patientin mit panischer Angst reagiert. In einer Zeit, als sich die Beziehung zu ihrem Mann, der im übrigen fest zu ihr steht, verschlechtert hatte, entwickelte die Patientin nächtliche Angst und Unruhe, die sie zu verheimlichen suchte. Sie stürzte sich vermehrt in ihren Kampfsport, wobei sie sich völlig verausgabte. Nach dem Unfall war ihr diese Möglichkeit abrupt genommen.

Es geht mir heute noch so, daß mir diese und ähnliche Krankengeschichten den Kopf verwirren, d.h. die Denktätigkeit beeinträchtigen. Ich halte das zum einen für eine angemessene Reaktion auf einen tatsächlich verwirrenden und schwierigen Fall, ich sehe darin aber auch eine spezifische Gegenübertragungsreaktion, die Paralysierung des Denkens. Ich werde darauf im Rahmen der Modellentwicklung wieder zurückkommen. Zum zweiten nehme ich in der Gegenübertragung ein intensives Ohnmachtsgefühl wahr, was wiederum eine real angemessene Komponente hat: Alle Therapeuten sind bis heute nicht imstande gewesen, etwas am Verlauf der Krankheit zu ändern. Ich sehe aber auch hierin die Gegenübertragung: Ist die Thematik der Patientin vielleicht das Erleben einer überwältigenden Ohnmacht, die sich z.B. auf dem Wege projektiver Identifizierung dem Therapeuten mitteilt? Was wäre aber die Phantasie, welcher sich die Patientin so ohnmächtig ausgeliefert sieht, daß nur der Wiederholungszwang als die einzige Form der aktiven Bewältigung verbleibt? Das Agieren am Körper ist durchsetzt mit körperfusionären Themen. Sie schafft sich am Knie eine Eintrittspforte für fremde Kleinlebewesen, diese hat sie gezüchtet durch Fusion mit einem anderen Lebewesen, ihrem eigenen Blut. Das Einspritzen bewirkt entweder eine Abkapselung im Abszeß oder eine metastatische Ausbreitung im eigenen Körper. In der Abszeßentleerung speit der Körper die fremden Lebewesen gleichsam wieder aus oder sie nisten sich im Körper ein und zerfressen diesen. Man kann in dieser am eigenen Körper agierten Phantasie vielleicht den latenten arischen Rassismus der Mutter wiedererkennen, die sich einen Volks- oder Familienkörper, von fremden Eindringlingen zerfressen, vorstellte und auch Verbindungen herstellen zum Vorläufersymptom der Patientin, nämlich dem habituellen Erbrechen, mit welchem sie ständig Eingedrungenes ausstieß. Auslösend für das Agieren der Patientin mit ihrem eigenen Körper waren mehrere Karzinomerkrankungen nächster Verwandter gewesen, d.h. auch in deren Körper hatte sich entartetes, bösartiges Leben breit gemacht. Ferner hatte auslösend gewirkt die sexuelle Beziehung ihres Ehemannes zu einer Arbeitskollegin, so daß das Einspritzen von kleinen Lebewesen in einen Körper vielleicht auch aus diesem Grunde als Phantasie bereit lag.

6. Zur Theorie der Organwelt

Ich möchte mich nun der Theorie der Organwelt zuwenden, mit der ich mir selbst in der Arbeit mit vielen solcher Patienten Orientierung zu geben versucht habe. Ausgangspunkt sind folgende Beobachtungen, die ich bei allen Patienten unabhängig von den jeweiligen Inhalten ihrer Thematik gefunden habe.

a) Die Paralysierung oder besser die Zerstörung des Denkens in bezug auf die unbewußten körperbezogenen Phantasien. Diese sind hauptsächlich als bildarmer Handlungsablauf symbolisiert, für den es keine Sprache gibt.
b) Die ohnmächtige Überwältigung des Ichs durch die körperbezogenen Phantasien, sowohl in der infantilen Szene als auch in der Gegenwart. Inszenierung durch Agieren, Kommunikation über projektive Identifizierung und Projektion in den Körper sind nahezu die einzigen aktiven Ich-Funktionen, die den Patienten zur Abwehr zur Verfügung stehen. Neurotische Abwehr über Entwicklung von Angst, Depressivität oder Konversionssymptomatik sind flüchtig und instabil.
c) Die Inhalte der körperbezogenen Phantasien sind von psychotischer Struktur.

Die bislang beschriebenen pathologischen Phantasien sind zwar unbewußt, üben aber einen starken Wiederholungs- und Inszenierungsdruck aus. Sie werden am eigenen Körper agiert, häufig unter Einbeziehung anderer Personen. Diese werden manipuliert, sich den dabei unbewußt bleibenden Phantasien gemäß zu verhalten und beispielsweise körperfusionäre Phantasien durch Operation oder Spaltungsphantasien durch Exstirpation eines Organs zu agieren. Das Handeln von Ärzten in solchen Fällen kann dann einer Gegenübertragungsidentifizierung entsprechen.

Psychisch inkompatible Realitätskonzepte werden vom Artefaktpatienten habituell durch Projektion und Abspaltung in den Körper abgewehrt und dadurch in pathologische Organwelten (Plassmann, 1993) verwandelt. Der Körper wird gleichsam zur Deponie für psychisch Ungeklärtes benötigt, so daß sich eine normale Beziehung zum Körper nicht entwickeln kann. In den Intervallen zwischen den Selbstmanipulationen sind die negativen Bedeutungen des Körpers, die pathologische Organwelt, latent. Die Abwehr durch Projektion in den Körper ist in diesen Phasen trotz ihres pathologischen Charakters stabil. Die Manipulation hingegen ist der Durchbruch der im Körper gebundenen angstbesetzten Phantasien in den Bereich des Handelns und des psychischen Erlebens. Sofort nach geschehener Manipulation phantasieren die Patienten aber wiederum den Körper als Urheber der Schädigung und nicht ihr eigenes Handeln.

Formale Regressionen in pathologische Bewußtseins- und Denkzustände: Der Durchbruch der Phantasien in eine Handlung ist Ergebnis einer formalen, qualitativen Regression des Bewußtseins. Bestimmte Auslösesituationen (sexuelle Erlebnisse, ärztliche Maßnahmen am Körper, Objektverluste) aktivieren pathologische Zonen im Körperselbst und die darin fixierten körperfusionären Phantasien.

In einem bereits publizierten Fall (Plassmann, 1987) war für eine Patientin ihr Blut eine fusionäre Zone, wie in einer konkretistisch genommenen Bedeutung des Blutes als Blutbande. Indem diese Patientin in ihre Blutbahn eindrang und Blut mit einer Kanüle abzog, schien sie nicht nur im eigenen, sondern auch im mütterlichen Körper zu sein und mit diesem zu verschmelzen. In solchen Zuständen ändert sich das Bewußtsein und das Denken qualitativ. Die Realitätsprüfung setzt aus, unbewußte Phantasien können nicht mehr als realitätsinkompatible subjektive Realität erkannt werden. Die Selbst- und Objektrepräsentanzen verblassen, die Patienten fühlen sich subjektiv in einem leeren Universum ohne Objektrepräsentanzen mit ihrem Körper als einzigem verbleibendem Objekt. In manchen Fällen treten als Ausdruck einer Ich-Regression halluzinatorische Phänomene auf (Sachsse, 1987). In bezug auf die formale Struktur des Denkens scheint dem vor allem ein Reflexionsverlust, d.h. eine regressive Desymbolisierung (Mentzos, 1971), zugrunde zu liegen. Die wissende, denkende Distanz zu den pathologischen Inhalten geht verloren, es entsteht ein quasi psychotischer Zustand, in welchem die beschriebenen, realitätsinkompatiblen subjektiven Inhalte an die Stelle eines realitätsgerechten Selbst- und Objektkonzeptes treten. In der Terminologie von Lazar (1988) regrediert das Denken auf den Zustand der Zwei- oder Eindimensionalität.

Das hier dargestellte Modell pathologischer Zonen im Körperselbst beschreibt unbewußte Organphantasien, die am Körper gebunden sind und dort aktiviert werden können. Inhalte, Interaktionsmuster und Symbolisierungsgrad des Erlebens bilden zusammen einen Komplex: Ein organgebundenes, latentes Realitätskonzept, eine Organwelt. Die krankmachende Wirkung solcher persistierender, pathologischer Zonen im Körperselbst scheint abhängig von Erhalt oder Verlust der symbolisierenden Distanz, von der semiotischen Regression. Die Malignität kommt vom Abstraktionsgrad des Erlebens, vom semiotischen Niveau.

Insbesondere körperbezogene Realtraumatisierungen (Mißhandlungen, Inzest) scheinen die symbolisierende Dimension des Denkens zu schädigen. In der Behandlung versuchen die Patienten, dem Therapeuten als Wiederholungs- und Mitteilungsversuch die Destruktion des Denkens aufzuzwingen. Der Therapeut soll die psychischen Inhalte des Patienten widerstandslos in sich eindringen lassen, soll seinerseits in das Selbst des Patienten, vielleicht auch, wenn er Arzt ist, in seinen Körper eindringen. In bezug auf die Denkprozesse wäre damit ein Denk-, Sprach- und Symbolverlust verbunden, ebenso ein Verlust des Zeit-, Ich- und Lebendigkeitsgefühls. Der ganze Ablauf einschließlich Sprachverlust ist Teil der infantilen Szene: Die traumatische Erfahrung unterlag in den Familien einem Sprach-, d. h. Symbolisierungs- und Verarbeitungsverbot. Die Ausschaltung der seelischen Wachstumsprozesse bewirkt, daß die infantilen Phantasiekomplexe nie die Eigenschaft des Vergangenen und Erinnerbaren annehmen können. Im Rahmen der negativen Übertragung soll der Therapeut in seinem eigenen Denken diese formale Regression des Denkens mitvollziehen. Man könnte dies als Prozeßübertragung bezeichnen. Wiederum bezieht sich bei solchen Ereignissen die Deutungsarbeit also die Arbeit mit Prozeßdeutungen zunächst auf den Sprachverlust, der dem Patienten als die eigentliche Gefahr in der Gegenwart gedeutet wird, von der Patient, Therapeut und Therapie bedroht sind. Mit dem Wiedererwerb des Zeitgefühls verändert sich auch die Erlebbarkeit von Affekten. Erst die Gewißheit, daß es ein Vorher und Nachher gibt, daß Affekte kommen, und auch wieder abklingen, erlaubt es, sich ihnen auszusetzen. Der letzte Schritt ist dann die Sinngebung: Die alte Erlebniswelt, die vorher keinen Platz im Sinnzusammenhang der eigenen Person hatte, bekommt einen Sinn als unausweichlicher Teil der eigenen Geschichte, den es nicht gilt zu dissoziieren, sondern in die Vergangenheit zu bringen, und erst dadurch wirklich zu beerdigen.

7. Schluß

Verallgemeinert man diese Überlegungen, so erhält man den Ansatz einer Körperpsychologie, in der das semiotische Niveau zum Hauptparameter für die Definition von Gesundheit, Krankheit und Behandlungserfolg wird.

Seelische Gesundheit wäre der Zustand, in dem sich das semiotische Niveau erhöhen, d. h. das Individuum psychisch wachsen kann (v. Uexküll und Wesiack, 1991). "Lebendigkeit" und Wohlbefinden sind die subjektive Wahrnehmung dieses Zustandes. Krankheit wäre ein Zustand, in dem durch soziale, körperliche oder psychische Einflüsse das semiotische Niveau erniedrigt, gestört oder zerstört wird. Die Empfindung der Lebendigkeit nimmt ab, was subjektiv als Leiden wahrgenommen wird. Behandlung (Heilen) stellt durch körperliche, soziale oder psychotherapeutische Maßnahmen Bedingungen her, die eine semiotische Progression fördern. Hieraus resultiert eine behandlungstechnische Umorientierung vom Inhalt hin zu den seelischen Wachstumsprozessen.

Der Begriff der Organwelt ist der Versuch, in der Arbeit mit psychosomatischen Patienten die krankmachenden Phantasiesysteme umfassend zu beschreiben, also sowohl

a) auf inhaltlicher Ebene, den Wechsel von fusionierten zu individuierten Repräsentanzen,
b) auf der affektiven Ebene, den Wechsel von überflutenden zu differenzierten und auch bezogenen Affekten,
c) auf kognitiver Ebene, Änderungen der formalen Denkstruktur, z.B. Denken in Kategorien der Zeitlichkeit, Wandlung und Wechselseitigkeit.

Es ist, so möchte ich resümieren, nicht die Existenz archaischer Phantasiesysteme, sondern die Zerstörung der Symbolisierungsfähigkeit, die das subjektive und klinisch beobachtbare Leiden auslöst. Kreativität beispielsweise ist deshalb eine Form der Vermeidung von Krankheit, weil potentiell krankmachende Erlebniswirklichkeiten aktiv versprachlicht oder verbildert, d. h. durch Zeichenbildung bewältigt werden. Dasselbe gilt für Therapie: Der sprechende Prozeß zwischen Therapeut und Patient ermöglicht Symbolisierung, er führt zur semiotischen Progression, also zur progressiven Erhöhung der Kapazität zur Semiose, zur Zeichenbildung (Plassmann, 1993). Die archaischen Phantasiesysteme erscheinen auf anderem semiotischen Niveau, sie werden durchphantasiert statt durchagiert, was ohne Zweifel für den Patienten den wesentlichen Unterschied zwischen Gesundheit und Krankheit ausmacht.

Literatur

Abelin, E.L. (1971): The role of the father in the separation - individuation process. In: Mc Devitt JB, Settlage CF (eds) Separation - Individuation. Int. Univ. Press, New York.

Balint, M. (1965): Die Urformen der Liebe und die Technik der Psychoanalyse. Ernst Klett Verlag, Stuttgart, 1966.

Blanck, G./Blanck, R. (1974): Ich-Psychologie II. Psychoanalytische Entwicklungspsychologie, Klett-Cotta, Stuttgart.

Freud, S. (1894): Die Abwehrneuropsychosen. GW, I.

Freud, S. (1905): Drei Abhandlungen zur Sexualtheorie. GW, V.

Hartmann, H./Schilder, P. (1927): Körperinneres und Körperschema. Zentralblatt für die gesamte Neurologie und Psychiatrie, 109, 666-675.

Hirsch, M. (1987): Realer Inzest. Psychodynamik des sexuellen Mißbrauchs in der Familie. Springer-Verlag, Berlin.

Hirsch, M. (1988): Pseudoödipale Dreiecksbeziehungen. Forum der Psychoanalyse 4, 139-152.

Hoffer, W. (1950): Die Entwicklung des Körper-Ichs. In: G. u. A. Overbeck (Hg.): Seelischer Konflikt - Körperliches Leiden. Rowohlt (1978), Reinbeck.

Jacobson, E. (1964): Das Selbst und die Welt der Objekte. Suhrkamp, Frankfurt/M., 1973.

Kafka, J.S. (1969): The body as transitional object: A psychoanalytic study of a self mutilating patient. Brit. J. Med. Psychol. 42, 207-212.

Kernberg, O.F. (1975): Borderline-Störungen und pathologischer Narzißmus. Suhrkamp, Frankfurt/M., 1978.

Klein, M. (1948): Zur Theorie von Angst- und Schuldgefühl. In: Das Seelenleben des Kleinkindes. Klett-Cotta-Verlag Stuttgart, 1983.

Kohut, H. (1971): Narzißmus. Eine Theorie der psychoanalytischen Behandlung narzißtischer Persönlichkeitsstörungen. Suhrkamp, Frankfurt/M., 1973.

Kutter, P. (1981): Sein oder Nicht-Sein, die Basisstörung der Psychosomatose. Ein Ansatz zu einer Objektbeziehungsspezifität psychosomatischer Erkrankungen. Prax. Psychother. Psychosom. 26, 47-60.

Lazar, R.A. (1988): Vorläufer der Triangulierung. Die ersten dreidimensionalen Teilobjektbeziehungen des Säuglings. Forum der Psychoanalyse, Band 4, Heft 1, 28-39.

Mahler, M.S. (1979): Symbiose und Individuation. Klett-Cotta-Verlag, Frankfurt/M.

Meltzer, D. (1975): Explorations in Autism. The Clunie Press for the R. Harris Educ. Trust, Strath Tay, Perth.

Mentzos, S. (1971): Die Veränderung der Selbstrepräsentanz in der Hysterie: Eine spezifische Form der regressiven Desymbolisierung. Psyche 25, 669-684.

Mitscherlich, A. (1969): Krankheit als Konflikt. Studien zur psychosomatischen Medizin II, Frankfurt/M.

Pankow, G. (1962): Das Körperbild bei einem entwurzelten Wahnkranken. Psyche 16, 440-463.

Pankow, G. (1976): Das Körperbild in der hysterischen Psychose. Zeitschrift für klinische Psychologie und Psychotherapie 24, 232-250.

Pankow, G. (1982): Körperbild, Übergangsobjekt und Narzißmus. In: Jahrbuch der Psychoanalyse, Band XIII. H. Huber, Bern, Stuttgart, Wien, 84-109.

Pao, P.N. (1969): The syndrome of delicate self-cutting. Brit. J. Med. Psychol. 42, 213-221.

Plassmann, R. (1987): Der Arzt, der Artefaktpatient und der Körper. Psyche 41, Heft 10, 883-899.
Plassmann, R. (1989a): Artifizielle Krankheiten und Münchhausen-Syndrome. In: M. Hirsch (Hg.): Der eigene Körper als Objekt. Springer-Verlag, Berlin.
Plassmann, R. (1993): Organwelten. Grundriß einer analytischen Körperpsychologie. Psyche 47, 3.
Reiff, H. (1988): Die trianguläre Struktur von Körper, Körperschema und Körperbild. Forum Psychoanal. 4, 216-228.
Rohde-Dachser, C. (1987): Die ödipale Konstellation bei narzißtischen und Borderline-Störungen. Psyche 41, 9, 773-799.
Sachsse, U. (1987): Selbstbeschädigung als Selbstfürsorge. Zur intrapersonalen und interpersonellen Psychodynamik schwerer Selbstschädigung der Haut. Forum Psychoanal. 3, 51-70.
Sachsse, U. (1994): Selbstverletzendes Verhalten. Psychodynamik - Psychotherapie. Vandenhoeck & Ruprecht, Göttingen.
Schilder, P. (1938): The image and appearence of the human body. New York (International Universities Press) 1950.
Schur, M. (1955): Zur Metapsychologie der Somatisierung. In: G. u. A. Overbeck: Seelischer Konflikt - Körperliches Leiden. Rowohlt, Reinbeck.
Uexküll, Thure v./Wesiack, W. (1991): Theorie der Humanmedizin. 2. Auflage. Urban und Schwarzenberg. München, 1991.
Winnicott, D.W. (1971): Vom Spiel zur Kreativität. Klett-Cotta, Stuttgart, 1987.

Über Liebe und Sexualität in der Psychoanalyse

Annegret Mahler-Bungers

Einleitung

Diesem Beitrag möchte ich drei Liebesgedichte von Goethe aus dem "Buch Suleika" des "Westöstlichen Divan" voranstellen. Sie dienen nicht nur der Einstimmung auf mein Thema, sondern ich werde auch im Verlauf meiner Ausführungen immer wieder darauf zurückkommen.

Das Buch Suleika besteht aus Liebesgedichten in einer Art Dialogform. Eigentlich ist es ein Wechselgesang zwischen dem Dichter Hatem und seiner Geliebten Suleika. Tatsächlich stammen die Gedichte Suleikas von Marianne von Willemer, die Hatems von Goethe. Das erste Gedicht von Hatem spricht von dem Blatt des Gingo-Baums, der aus Ostasien stammt und seit etwa 1800 in botanischen Gärten des europäischen Kontinents heimisch wurde. Sein Blatt sieht aus wie ein ausgebreiteter Fächer, in der Mitte aber hat es einen Einschnitt, mitunter so tief, als seien es zwei Blätter, die zusammengewachsen sind.

GINGO BILOBA

Dieses Baumes Blatt, der von Osten
Meinem Garten anvertraut,
Gibt geheimen Sinn zu kosten
Wie's den Wissenden erbaut.

Ist es e i n lebendig Wesen,
Das sich in sich selbst getrennt?
Sind es zwei, die sich erlesen,
Daß man sie als e i n e s kennt?

Solche Frage zu erwidern,
Fand ich wohl den rechten Sinn;
Fühlst du nicht an meinen Liedern,
Daß ich eins und doppelt bin? (Goethe, Bd. 2, S. 66)

SULEIKA

Volk und Knecht und Überwinder,
Sie gestehn zu jeder Zeit,
Höchstes Glück der Erdenkinder
Sei nur die Persönlichkeit.

Jedes Leben sei zu führen,
Wenn man sich nicht selbst vermißt;
Alles könne man verlieren,
Wenn man bliebe, was man ist.

HATEM

Kann wohl sein! so wird gemeinet;
Doch ich bin auf andrer Spur:
Alles Erdenglück vereinet
Find' ich in Suleika nur.

Wie sie sich an mich verschwendet,
Bin ich mir ein wertes Ich;
Hätte sie sich weggewendet,
Augenblicks verlör' ich mich.

Nun, mit Hatem wär's zu Ende;
Doch schon hab ich umgelost:
Ich verkörpre mich behende
In den Holden, den sie kost.

Wollte, wo nicht gar ein Rabbi,
Das will mir so recht nicht ein,
Doch Ferdusi, Motanabbi,
Allenfalls der Kaiser sein. (a.a.O., S. 71f)

S. Freud hat einmal gesagt, daß es höchst "unbequem" sei, "Gefühle wissenschaftlich zu bearbeiten" (Freud, 1930, S. 198), und daß man insbesondere das Thema Liebe besser den Dichtern überlassen solle. Ich teile seine Ansicht und bin denn auch bei der Vorbereitung dieses Beitrags auf schier unüberwindliche Schwierigkeiten gestoßen, in solch knapper Zeit den Leser und mich einem solch komplexen Phänomen, wie die Liebe es ist, anzunähern. Zudem hat sich, wie Sie ja wissen, die Psychoanalyse seit Freud in vielen verschiedenen Schulen weiterentwickelt und damit natürlich auch die Theorie der Liebe. Aber gerade die Thematik von Liebe und Sexualität hat, so meine ich, keiner nach Freud so schlüssig theoretisch gefaßt wie er, außer vielleicht die französische Schule von Lacan, die sich allerdings so nah an Freud anlehnt wie sonst keiner seiner Nachfolger. Um mein Thema etwas einzugrenzen, will ich mich daher inhaltlich beschränken auf den Komplex dessen, was wir "Verliebtheit" nennen, und mich theoretisch nur auf Freud beziehen, denn gelegentlich kann eine Rückkehr zu Freud sehr fruchtbar sein. Aber trotz dieser Beschränkung der Thematik und des theoretischen Bezuges bleibt meine Aufgabe schwierig genug.

Man wird gelegentlich gefragt, ob man ein "orthodoxer" Freudianer sei. Es ist schwer zu sagen, welche Vorstellungen diese Frage leiten. Ich selbst finde es immer wieder atemberaubend, Freuds Schriften zu lesen, und habe im Gegenteil den Eindruck, daß seine Theorien und Ideen derart revolutionär sind (bis auf seine Vorstellung von Weiblichkeit, aber das ist ein Kapitel für sich) (vgl. Appignanesi/Forrester, 1994), daß ich denke, daß der "Orthodoxie"-

Vorwurf im Grunde der Abwehr dessen gilt, was in Wahrheit beunruhigend und subversiv ist. Außerdem liegt diesem "Orthodoxie"-Vorwurf bereits oft eine entstellte und angepaßte, meistens nur sekundäre Freud-Rezeption zugrunde. Gerade was den Stellenwert der Sexualität und ihren grundlegenden Konflikt mit der Kultur für die Konstitution des Menschen anbelangt, ist es immer bequemer gewesen, Freuds Gedanken nicht zu folgen. Dies hatte denn auch die ersten Spaltungsprozesse in der psychoanalytischen Bewegung zur Folge. Vereinfacht kann man sagen, daß die Weiterentwicklung der Freudschen Psychoanalyse dazu neigte, sich von der dialektischen Form seines Denkens zu entfernen, indem sie jeweils *einen* Aspekt seines Konfliktmodells theoretisch verfolgte. Sah Freud das Seelenleben als ein kompliziertes Ineinander von Realität und Phantasie an, so verlegte die Schule der Objektbeziehungspsychologie, z. B. Michael Balints, den Akzent auf die Bedeutung der Realität und der realen Objekte, die von Melanie Klein andererseits auf die Bedeutung der Phantasie, d.h. der "inneren" Objekte, für das Unbewußte. All diese Entwicklungen bereicherten die Wissenschaft und Praxis der Psychoanalyse um unschätzbare Erkenntnisse über die Beschaffenheit der menschlichen Psyche, ebenso die Entwicklung der Ich-Psychologie in Amerika. Aber für Freud war das Ich keineswegs eine von Es (Triebwunsch) und Über-Ich (Kulturanforderung) abgegrenzte Größe oder Instanz, sondern ein relativ schwacher Mittler zwischen beiden, der sich ständig zu bewähren und neu zu konstituieren hat und letztlich aus dem Es hervorgeht und nicht, wie die Ich-Psychologie meint, einen selbständigen und von vornherein gegebenen Kern hat.

Liebe als Krankheit des Ichs

Liebesdichtung gibt es, seitdem die Menschheit die Schrift kennt, und Theorien über die Liebe, seit der Mensch über seine Existenz, das Wesen der Welt und über die Wahrheit nachdenkt. Man kann daraus schließen, daß Liebesideologien so alt sind wie die Menschheit selbst, und das hat mit ihrem inneren Wesen zu tun, denn Liebe ist nicht nur das schönste aller möglichen Gefühle, das mit dem Zustand des "Glücks" assoziiert zu werden pflegt. 1300 vor Christus dichtete ein Ägypter:

> Sieben Tage sah ich die Schwester nicht.
> Krankheit hat mich befallen.
> Mein Herz ist schwer.
> Ich habe mich selbst vergessen... (zit. nach Bergmann, 1994, S. 18f)

1000 später lehrte Diotima in Platons berühmtem "Gastmahl", daß die Liebe kein Gott, sondern ein Dämon sei, eine Vorstellung, die die Antike bis hin zu Ovid beherrschte, der ein ganzes Werk, die "Remedia amoris" ("Heilmittel gegen die Liebe"), gegen diese Krankheit aufbot.

Und weitere 2000 Jahre später wird Goethes Suleika sagen:

Da erblicktest du Suleika
und erkranketest gesundend
und gesundetest erkrankend.... (Goethe, Bd. 2, S. 66)

Wenn die Liebe also seit Jahrtausenden auch als eine Art Krankheit erfahren wird, so muß sie ein psychischer Vorgang sein, der den Menschen zutiefst erschüttert und aus seinem Gleichgewicht bringt, d.h. ein Vorgang, der einen inneren Konflikt auslöst. Schauen wir uns daraufhin das Gingo-Baum-Gedicht noch einmal an. Im Blatt des Gingo-Baumes sah Goethe ein Symbol für ein merkwürdiges Gefühl, das in der Liebe erfahren wird: Das "Wesen", also das Subjekt, oder das "Ich", erlebt sich als ein Doppeltes, Gespaltenes und gleichzeitig als ein Ganzes. Eine solche Denkfigur, die mit dem logischen Grundgesetz der Identität nicht vereinbar ist, nennen wir bekanntlich "dialektisch". In ihr werden Phänomene nicht als in sich identische, sondern aus Widersprüchen sich konstituierende und Widersprüche enthaltene Gebilde und Vorgänge und damit als *Prozesse* betrachtet.

Zwiebel hat in seinem einführenden Beitrag dargelegt, daß die Psychoanalyse neurotische Erkrankung als Ausdruck entgegengesetzter, sich widersprechender Strebungen im Seelenleben, als Ausdruck eines inneren Konfliktes begreift. Für Freud bestand der zentrale Konflikt, auf den jede spezifische Symptombildung letztlich zurückgeht, aus dem Konflikt zwischen Trieb und Kultur, zwischen Wunsch und Realität, zwischen Sexualität und Selbsterhaltung. Ich spreche hier in der Vergangenheitsform, weil das Konfliktmodell der Psychoanalyse sich im Laufe der Zeit sehr verändert und so viele verschiedene theoretische Fassungen bekommen hat, daß man schon fast nicht mehr von *der* Psychoanalyse sprechen kann. Ein Hauptmerkmal dieser Veränderung ist das Verschwinden der Sexualität aus dem psychoanalytischen Diskurs, was viele Theoretiker inzwischen beklagen.[1]

Wichtig nun für unseren Zusammenhang ist, daß Freud sein Trieb-Konfliktmodell nicht nur auf Neurosen anwandte. Auch ganz normale Erscheinungen (wie zum Beispiel den Traum, die Fehlleistungen oder den Witz) betrachtete er als Ausdruck eines Konflikts. Er zählte sie zur "Psychopathologie" des Alltagslebens und unterzog sie einer eingehenden Analyse. Das heißt aber, daß die Psychoanalyse Freuds das Konfliktmodell der menschlichen Subjektwerdung überhaupt zugrunde legt, ja, daß es der Trieb-Konflikt ist, aus dem das Ich sich bildet. In der Liebe, ganz besonders aber in der leidenschaftlichen Verliebtheit, einer Krankheit, die wir getrost auch zur Psychopathologie des Alltagslebens rechnen können, bricht dieser Konflikt regelmäßig auf und veranlaßt die Menschen, darüber in eine heftige Diskursaktivität zu verfallen, so, als könne das Sprechen, Dichten und Schreiben die entstandene Spannung beschwichtigen und die Sehnsucht, die Kluft zwischen Eins- und Doppeltsein, schließen. Deswegen sagt Hatem:

"Fühlst du nicht an meinen *Liedern*, daß ich eins und doppelt bin".

Das Erleben des "Eins- und Doppelt"-Seins in der Liebe wird auch schon im Gastmahl Platons von Aristophanes mythologisch zu fassen gesucht. Er vertritt

[1] Vgl. hierzu Paul Parin, 1986, Gerd Heising, 1990. Eine umfassende Studie über diese Entwicklung liegt in Gast, 1992, vor. Auch André Green befaßt sich in einem Aufsatz mit dem ironischen Titel "Has Sexualitiy anything to do with Psychoanalysis", 1996.

hier nämlich die Ansicht, es habe ursprünglich einen Kugelmenschen gegeben, der ein- oder auch zweigeschlechtlich gewesen sei und in zwei Hälften zerschnitten wurde. Nun strebten die beiden Hälften (die eingeschlechtlichen in der Homo-, die zweigeschlechtlichen in der Heterosexualität) in steter Sehnsucht zueinander, bis sie sich in der Liebe wiedervereinigten.

Die Liebestheorie von Freud

Freud hat 1905 in seiner grundlegenden Schrift "Drei Abhandlungen zur Sexualtheorie" auf diese "poetische Fabel", wie er diesen Mythos dort nennt, zurückgegriffen. In dieser Schrift nämlich entwickelt Freud auch eine Theorie der Liebe, obwohl scheinbar nur von Sexualität, also vom Geschlechtstrieb die Rede ist.

Erstens beschäftigt sich Freud mit den Perversionen und kommt zu dem Schluß, daß auch in der normalen Sexualität und Liebe perverse Strukturen enthalten sind. Denn zweitens behauptet Freud, daß die Sexualität schon vom Beginn des Lebens an wirksam ist und Kinder ein ausgeprägtes, polymorph-perverses Sexualleben haben. Der Begriff "pervers" hat hier gleichsam einen nachträglichen Sinn; denn was im Säuglingsalter zur normalen und entwicklungsbedingten sexuellen Betätigung gehört, wird erst im Erwachsenenalter zur Perversion, wenn sich einseitige Fixierungen auf infantile Sexualziele herausgebildet haben, z.B. im Voyeurismus, Exhibitionismus und im aktiven oder passiven Bemächtigungsdrang (als Sadismus oder Masochismus). Diese kindlichen Triebäußerungen nannte Freud "Partialtriebe" und ihre Ziele "erogene Zonen", ein Wort, daß inzwischen zur Umgangssprache gehört. Diese Partialtriebe münden später in die reife genitale Liebe ein, werden in ihr im dialektischen Sinne "aufgehoben", und zwar in diesem von Hegel beschriebenen dreifachen Sinne: Zum einen im Sinne von "vorbei, erloschen", zweitens im Sinne von "auf eine höhere Stufe gehoben" und drittens im Sinne von "aufbewahrt, erhalten". So betätigt sich das Kind zunächst lustvoll über die erogene Zone der Mundschleimhaut (der Kuß ist beispielsweise ein ganz normaler Abkömmling dieser Betätigung), dann im Zuge der Sauberkeitserziehung mit der Afteröffnung usf. Diese infantile sexuelle Betätigung nannte Freud autoerotisch und prägenital. Aber wie rechtfertigte Freud die Behauptung, daß diese Betätigungen "sexuell" genannt werden durften? Das führt uns drittens zu dem Triebkonzept der Psychoanalyse, das Freud dualistisch auffaßte, indem er die Meinung vertrat, daß das Seelenleben von zwei Trieben, die stets miteinander in Konflikt geraten, beherrscht werde.

Zwiebel führte bereits aus, was für ein schwieriger Begriff der Triebbegriff in Freuds Denken ist. Er ist nicht zu verwechseln mit dem Instinkt, ist aber auch kein rein seelisches Phänomen, sondern wird als seelische Repräsentanz eines körperlichen Vorgangs aufgefaßt. Freud unterschied zwei Triebe, die die psychische Entwicklung und Konstitution des Menschen bestimmen: Den Selbsterhaltungstrieb (oder auch Ich-Trieb) und den Sexualtrieb, die "Libido". Mit diesem Begriff bezeichnete er die psychischen Energien, "welche mit all dem zu tun haben, was man als Liebe zusammenfassen kann. Den Kern des von uns Liebe Geheißenen bildet natürlich, was man gemeinhin Liebe nennt und was die Dichter besingen, die Geschlechtsliebe mit dem Ziel der geschlechtlichen Vereinigung. Aber wir trennen davon nicht ab, was auch sonst an dem Namen Liebe Anteil hat, einerseits die Selbstliebe, anderseits die Eltern- und Kindesliebe, die Freundschaft und die allgemeine Menschenliebe, auch nicht die Hingabe an konkrete Gegenstände und an abstrakte Ideen. Unsere Rechtfertigung liegt darin, daß die psychoanalytische Untersuchung uns gelehrt hat, alle diese Strebungen seien der Ausdruck der nämlichen Triebregungen, die zwischen den Geschlechtern zur geschlechtlichen Vereinigung hindrängen..." (Freud, 1921, S. 85). Wir sehen also, daß Freuds Auffassung in dieser Hinsicht ziemlich radikal und kompromißlos ist, und es ist kein Wunder, daß seine Nachfolger (zum großen Teil jedenfalls) der sexuellen Genese des seelischen Konflikts theoretisch nicht folgen konnten und wollten.

An dem Triebdualismus hielt Freud, zum Beispiel gegen Jung, sein ganzes Leben lang fest, auch wenn er die Triebe später umformulierte und der Libido oder dem Lebenstrieb, anstelle des Selbsterhaltungstriebs, den Todestrieb gegenüberstellte. Es würde aber zu weit führen, darauf jetzt im einzelnen einzugehen. Im dritten Teil seiner Abhandlungen jedenfalls legt Freud seine Libidotheorie dar, und hier finden wir auch seine Liebestheorie im Keim enthalten. Der "Sexualtrieb" bewegt sich nach Freud entlang einer Lust-Unlust-Relation. Sein Ziel ist eine Vermehrung von (sexueller) Lust und deren Spannungsabfuhr. Für Freud werden alle Triebe durch das "Lustprinzip" reguliert, aber während der Selbsterhaltungstrieb nur auf die Vermeidung von Unlust aus ist, will der Sexualtrieb eine Vermehrung von Lust erreichen. Dieser kann "zielgehemmt" oder auch sublimiert werden, d.h. an die Stelle des ursprünglichen Ziels der sexuellen Vereinigung (bzw. sexuellen, körperlichen Lust) können andere Lustquellen treten, wie zum Beispiel die Befriedigung, die man aus einem gelungenen Kunstwerk, in der wissenschaftlichen Erkenntnis oder der Nächstenliebe erfahren kann. Die Sexualtriebe treten von Beginn an in einen Widerstreit mit den Selbsterhaltungstrieben, die den Menschen z.B. dazu nötigen, auf Sexual-Lust zu verzichten oder Lust aufzuschieben zugunsten der Selbsterhaltung, die den Menschen zur Anpassung an die Realität, an die Gesellschaft und Kultur zwingt. Es ist leicht einzusehen, daß dies einen Dauerkonflikt bedeutet, der schließlich auch seine Anfälligkeiten für Neurosen bedingt. In einer seiner Vorlesungen stellt Freud daher fest, daß der Konflikt zwischen Libido und Selbsterhaltungstrieb der Vorzug des Menschen vor den Tieren sei, aber auch seinen Nachteil im Hinblick auf die Neurosen darstelle. (Freud, 1917, S. 400)

Freud beschäftigte sich sein Leben lang mit dieser Aufgabe des Menschen, zwischen Lust und Selbsterhaltung hindurchzuschiffen. Er war der Auffassung, daß die dialektische Spannung zwischen Wunsch und Realität das Subjekt konstituiert. Die Instanz, die diese Vermittlung ständig zu bewältigen hat, nannte Freud später das "Ich", dessen Aufgabe niemals erledigt ist. Wir haben in den Beiträgen von Leuzinger-Bohleber und Schlesinger-Kipp gehört, wie krisenanfällig dieses "Ich" immer wieder ist, vor allem in Zeiten, in denen libidinöse Triebwünsche - wie in der Pubertät oder dem Klimakterium - wiederbelebt werden, aber auch, wie Zwiebel dargelegt hat, in anderen sogenannten "Versuchungs- und Versagungssituationen".

Die Libido also hat im Verlauf des Lebens ein dramatisches Schicksal.

Freud hatte die Auffassung, daß die Selbsterhaltungstriebe und die Libido im Säugling nicht eines sind, daß sich vielmehr die Libido zunächst an die Ichtriebe "anlehnt". Er dachte dabei an die mütterliche Brust, die einerseits nahrungsspendend, andererseits lusterzeugend ist. Die Lust möchte der Säugling, auch wenn er gesättigt ist, durchaus fortsetzen, um innere Spannungszustände und Unlustempfindungen zu beseitigen. Also nuckelt er am Daumen z.B., und damit wird seine Libido "autoerotisch". Die Libido bedarf immer eines Objekts, eines Ziels, das ihr Befriedigung verschafft, und wenn das Objekt dies "schafft", so wird es in gewisser Weise als Lustquelle "geliebt".

Man kann also sagen, daß das erste Liebesobjekt die mütterliche Brust ist, die die Libido des Säuglings gleichsam "lostritt". Wenn die Brust allerdings nicht da ist, so muß der Säugling sich ein Ersatzobjekt suchen, um nicht von Unlust überwältigt zu werden, und so nimmt er sich selbst zum Objekt (Autoerotismus).

In dieser Bewegung sah Freud die Entstehung dessen, was er später "Narzißmus" nannte. Freilich ist dieser Narzißmus insofern nicht objektlos, weil er ja durch den Mangel der mütterlichen Brust (also des Objekts) überhaupt entsteht. Einfach gesagt: *Weil* die Brust als Quelle der Befriedigung nicht immer da ist, halluziniert der Säugling das, was ihm Befriedigung bringt, macht das äußere Objekt zu einem inneren und schafft sich so die Illusion der Selbstgenügsamkeit. Sie kennen alle den Mythos des Narziß, der sich in sein eigenes Spiegelbild verliebte und nicht in der Lage war, einen anderen Menschen zu lieben.

Für Freud entsteht der Narzißmus aus der Erfahrung des Mangels (der mütterlichen Brust), der das Kind nötigt, den eigenen Körper, also sich selbst, zum Liebesobjekt zu nehmen, aber dies ist nur die körperliche Seite einer damit verbundenen Phantasie: Nämlich eins zu sein mit dem Befriedigung spendenden mütterlichen Objekt. Wenn ein Säugling sprechen könnte, so würde er sagen: Ich bin gar nicht angewiesen auf die Brust, ich kann mich selbst zufriedenstellen.

Diese Überlegungen sind für unseren Zusammenhang aus dem Grunde so wichtig, weil unsere Liebesfähigkeit und die seelischen Vorgänge, wenn wir uns verlieben, auf eine noch zu erörternde rätselhafte Weise mit dieser Geschichte der Libido zusammenhängen. Freud nannte den Zustand, in dem die Libido im "Lust-Ich" des Säuglings versammelt ist, "primären Narzißmus", und die Libido in diesem Zustand Ich-Libido im Gegensatz zur Objektlibido. Er verglich die narzißtische Libido mit einem großen Reservoir, aus dem Objektbesetzungen ausgeschickt, aber auch wieder zurückgezogen werden können. Bei manchen Geisteskrankheiten, z.B. der dementia praecox, stellte Freud einen solchen totalen Rückzug der Libido ins Ich fest.

Während der kindlichen Entwicklung wird immer wieder Libido ausgeschickt, einfach aus dem Grunde, weil das Kind existentiell angewiesen ist auf Liebe und die Befriedigung seiner Bedürfnisse durch seine Pflegepersonen, aber es stößt dann auf mannigfache Widerstände der Beziehungspersonen und der Realität überhaupt. Im Ödipuskonflikt, während dem der gegengeschlechtliche Elternteil libidinös besetzt wird, kulminiert der Konflikt zwischen Triebwunsch und Realität, indem das Kind erkennen muß, daß es zu klein ist, um Vater oder Mutter sexuell zu lieben, d.h. den Generationsunterschied anerkennen muß, aber auch, indem es auf das Inzestverbot stößt. Es wandelt jetzt seine sexuellen Strebungen in zärtliche um und wird später in einer "reifen" Liebe beide, zärtliche und sexuelle Strömungen, unterbringen.

Die Libido jedenfalls geht von ihrem ersten Objekt, der mütterlichen Brust, auf das Ich zurück und konstituiert dieses, wenn man so will, um dann später ein Objekt außerhalb des Ichs zu suchen. Aber dieses erste Objekt als lustspendende Quelle, so meint Freud, ist nicht vergessen. Und hier finden wir die erste "Liebestheorie" von ihm formuliert, denn er sagt: "Nicht ohne guten Grund ist das Saugen des Kindes an der Brust der Mutter vorbildlich für jede Liebesbeziehung geworden. Die Objektfindung ist eigentlich eine Wiederfindung" (Freud, 1905, S. 126; Bergmann, 1994, S. 222ff). Wenn wir lieben, suchen wir ein verlorenes Glück wiederherzustellen. Freud macht dann eine sehr interessante Feststellung: Nicht nur die "mechanische" Befriedigung läßt uns dieses "erste Objekt" lieben, sondern auch die Qualitäten dieses Objekts: Wenn es nämlich das Kind auch liebt, d.h. seine eigene Libido auf es überströmen läßt. "Man wird sich vielleicht sträuben wollen, die zärtlichen Gefühle und die Wertschätzung des Kindes für seine Pflegepersonen mit der geschlechtlichen Liebe zu identifizieren, allein ich meine, eine genauere psychologische Untersuchung wird diese Identität über jeden Zweifel heraus feststellen können. Der Verkehr des Kindes mit seiner Pflegeperson ist für dasselbe eine unaufhörlich fließende Quelle sexueller Erregung und Befriedigung von erogenen Zonen aus, zumal da letztere - in der Regel doch die Mutter - das Kind selbst mit Gefühlen bedenkt, die aus ihrem Sexualleben stammen, es streichelt, küßt und wiegt und ganz deutlich zum Ersatz für ein vollgültiges Sexualobjekt nimmt" (Freud, 1905, S. 126).

Freud sah in dieser libidinösen Interaktion zwischen Mutter und Kind eine Art Liebes-Schule für das Kind, wenn er schreibt, daß dies zu keinen Selbstvorwürfen Anlaß geben sollte, denn: "Sie erfüllt nur ihre Aufgabe, wenn sie das Kind lieben lehrt" (ebenda).

Man hat Freud oft vorgeworfen, er unterschätze die Bedeutung der realen Beziehungspersonen für die Entwicklung des Kindes. Wenn man so will, ist eine Richtung der Objektbeziehungstheorie aus diesem Einwand hervorgegangen. Ich meine jedoch, daß Freud die Bedeutung der realen Objekte keineswegs unterschätzte. Nur ist seine Objektbeziehungstheorie, so Gerd Heising (1990), nicht wie die von Michael Balint a-sexuell, sondern eben sexuell in diesem erweiterten, libidinösen Sinne. Darüber hinaus war Freuds Erkenntnisinteresse darauf gerichtet, wie die Objekterfahrung sich im Phantasieleben und im Unbewußten des Subjekts niederschlägt.

Wenn Freud also sagt, die Objektfindung (in der Liebe des Erwachsenen) sei eine Wiederfindung und das Vorbild sei das Saugen an der mütterlichen Brust, so dürfen wir das nicht real verstehen. Freud meint damit den unbewußten Niederschlag eines sehr frühen Befriedigungserlebnisses, bei dem die Realität der Brust als solche noch nicht wahrgenommen wurde und der Säugling sich mit dem Objekt eins fühlte.

Wie sehr die Dichter in ihrer Metaphorik auf diese Wiederfindung unbewußt zurückgreifen, sei an einem bekannten Gedicht Goethes demonstriert, das "Auf dem See" heißt und so beginnt:

> Und frische Nahrung, neues Blut
> saug' ich aus freier Welt;
> Wie ist Natur so hold und gut,
> Die mich am Busen hält! (Goethe, Bd. 1, S. 102)

Diese *Phantasie* des Einsseins ist es, die in der Liebe wiederbelebt wird und von der Goethe in seinem Gingo-Baum-Gedicht spricht. Gleichzeitig aber wird dieses Einssein als eine Illusion erkannt: "Daß ich eins *und doppelt* bin".

Die Theorie des Wiederfindens ist, wenn man Freuds Werke durchstreift, sehr komplex und verliert ihre scheinbare Simplizität der Gleichsetzung von Brust-Mutter-Objekt, wenn wir uns noch einmal dem Narzißmus-Konzept Freuds zuwenden. Der Autoerotismus ist nur die körperliche Komponente eines weitaus bedeutenderen seelischen Komplexes: Wir hatten ja gesagt, daß der Trieb eine seelische Repräsentanz ist, und das bedeutet, daß die Erfahrung, in der Triebbefriedigung (z.B. durch halluzinatorische Wunscherfüllung) unabhängig von einem äußeren Objekt zu sein, einen phantasmatischen Selbstbezug im Säugling herstellt, den Freud Ideal-Ich nannte, das später unter äußeren Einfluß (durch Identifikation mit den Eltern und deren Ideale z.B.) gerät und zum Ich-Ideal wird, d.h. zu einer Phantasie, wie ich sein möchte, um mich "vollständig" zu fühlen. Freud meinte, daß der Mensch immer auf der Suche sei, diesen Idealzustand wiederherzustellen, und daß die Suche und das Streben danach die Entwicklung des Ichs bestimme. "Ein Anteil des Selbstgefühls ist primär, der Rest des kindlichen Narzißmus, ein anderer Teil stammt aus der durch Erfahrung bestätigten Allmacht (der Erfüllung des Ich-Ideals), ein dritter aus der Befriedigung der Objektliebe" (Freud, 1914, S. 66f).

Der Wunsch nach Erfüllung des Ich-Ideals, also ein narzißtischer Wunsch, ist außerordentlich wichtig für das Phänomen der Liebe und der Objektfindung: Denn wenn wir uns verlieben, so haben wir, wie der Säugling, das euphorische Gefühl, diesen Idealzustand wiedergefunden zu haben, aber natürlich beruht dieses Gefühl auf einer Illusion, weil dieser Zustand, wie der des Einsseins, für immer verloren ist, ein Einssein, das natürlich genaugenommen sowieso nie real bestanden hat.

An dieser Stelle möchte ich das Gedicht "Wiederfinden" von Goethe - es gehört auch zum "Buch Suleika" - anführen. Zu seinem vollen Verständnis müßten wir die klassisch-romantische Liebestheorie, Goethes Farbenlehre und Naturphilosophie und vieles mehr berücksichtigen. Worauf es mir aber im Zusammenhang der "Wiederfindungs"-Theorie der Psychoanalyse ankommt, ist, wie Goethe hier den Schöpfungs-Mythos zum Urbild von Getrenntheit macht: Gott erscheint als mütterliches Objekt, an dessen "ew'ger Brust" die Welt vor dem Trennungstrauma der Schöpfung lag. Die Morgenröte können wir als Metapher der Libido lesen, die die Getrennten wieder vereinigt: "Und nun konnte wieder lieben, was erst auseinander fiel." Das Gedicht endet denn auch mit dem euphorischen, imperativen Wunsch, nicht zum zweitenmal getrennt zu werden: "Und ein zweites Wort: Es werde! Trennt uns nicht zum zweitenmal." Diese wenigen Bemerkungen sollen also nur eine Anregung für Sie sein, wie dieses Gedicht gelesen werden kann:

WIEDERFINDEN

Ist es möglich! Stern der Sterne,
Drück' ich wieder dich ans Herz!
Ach, was ist die Nacht der Ferne
Für ein Abgrund, für ein Schmerz!

Ja, du bist es! meiner Freuden
Süßer, lieber Widerpart;
Eingedenk vergangner Leiden,
Schaudr' ich vor der Gegenwart.

Als die Welt im tiefsten Grunde
Lag an Gottes ew'ger Brust,
Ordnet' er die erste Stunde
Mit erhabner Schöpfungslust,
Und er sprach das Wort:'Es werde!'
Da erklang ein schmerzlich Ach!
Als das All mit Machtgebärde
In die Wirklichkeiten brach.

Auf tat sich das Licht! So trennte
scheu sich Finsternis von ihm,
Und sogleich die Elemente
Scheidend auseinander fliehn.
Rasch, in wilden, wüsten Träumen
Jedes nach der Weite rang,
Starr, in ungemeßnen Räumen,
Ohne Sehnsucht, ohne Klang.

Stumm war alles, still und öde,
Einsam Gott zum erstenmal!
Da erschuf er Morgenröte,
Die erbarmte sich der Qual;
Sie entwickelte dem Trüben
Ein erklingend Farbenspiel,
Und nun konnte wieder lieben,
Was erst auseinander fiel.

Und mit eiligem Bestreben
Sucht sich, was sich angehört,
Und zu ungemeßnem Leben
Ist Gefühl und Blick gekehrt.
Sei's Ergreifen, sei es Raffen,
Wenn es nur sich faßt und hält!
Allah braucht nicht mehr zu schaffen,
Wir erschaffen seine Welt.

So, mit morgenroten Flügeln,
Riß es mich an deinen Mund,
Und die Nacht mit tausend Siegeln
Kräftigt sternenhell den Bund.
Beide sind wir auf der Erde
Musterhaft in Freud' und Qual,
Und ein zweites Wort: Es werde!
Trennt uns nicht zum zweitenmal. (Goethe, Bd. 2, S. 83f)

Ich möchte hier noch einen kleinen Einschub machen und auf ein weiteres, mit der Wiedervereinigungsidee eng zusammenhängendes Phänomen in der Verliebtheit aufmerksam machen: Freud vertrat die Ansicht, daß das Unbewußte, das vom Lustprinzip beherrscht ist, keine Zeit kennt. Erst die Realität nötigt uns Zeit auf, zum Beispiel den Aufschub von Befriedigung, indem sie uns zwingt, Umwege zu machen, um ein Befriedigungsziel zu erreichen. Das Lust-Ich des Säuglings kennt noch nicht die lineare Zeit, die immer zu Triebverzicht nötigt. In der Lust der Liebe wünschen wir uns daher, wie damals, zeitlos zu sein und in einem "nunc stans", in einem ewigen Augenblick, wie die Mystiker es nannten, zu verweilen. Daher sagt Faust: "So möcht ich denn zum Augenblicke sagen, verweile doch, du bist so schön!" Und Nietzsche dichtete:

O Mensch! Gib acht!
Was spricht die tiefe Mitternacht?
Ich schlief, ich schlief -,
Aus tiefem Traum bin ich erwacht: -
Die Welt ist tief,
Und tiefer als der Tag gedacht.
Tief ist ihr Weh - ,
Lust - tiefer noch als Herzeleid:
Weh spricht: Vergeh!
Doch alle Lust will Ewigkeit -,
- will tiefe, tiefe Ewigkeit! (Nietzsche, Bd. VI, S. 253)

Ich habe oben gesagt, daß Freud, als er sein Narzißmuskonzept entwarf, die Libido noch einmal unterteilte in zwei Strebungen: Die Ich-Libido (nicht zu verwechseln mit den Ich-Trieben, den Selbsterhaltungstrieben) und die Objekt-Libido. Ursprünglich, im "primären Narzißmus", verbleibt die Libido vornehmlich im "Ich", um dann nach und nach teilweise in Objektlibido umgewandelt zu werden. In der Verliebtheit nun wird ein großer Teil der Libido in Objektlibido verwandelt, strömt aus dem Ich über auf das Objekt, so daß das Ich zu verarmen droht. Das ist der Vorgang, den der ägyptische Dichter beschreibt, wenn er sagt: "Ich habe mich selbst vergessen." Freud meint daher, daß diese Ich-Verarmung nur durch das Geliebt-Werden ausgeglichen werden kann. Glück kann nur erfahren werden, wenn Lieben und Geliebtwerden sich die Waage halten, so wie es in Goethes berühmtem Sesenheimer Gedicht am Ende heißt:

Und doch, welch Glück, geliebt zu werden,
Und lieben, Götter, welch ein Glück. (Goethe, Bd. 1, S. 28)

Die Gefährdung der Stabilität des Ichs in der Verliebtheit beschreibt Goethe, wenn er dichtet: "Wie sie sich an mich verschwendet, bin ich mir ein wertes Ich. Hätte sie sich weggewendet, augenblicks verlör ich mich." Präziser läßt sich die bedeutende Rolle, die der Narzißmus in der Liebe spielt, kaum auf den Punkt bringen. Sie kennen alle das Phänomen, wie Menschen, die verliebt sind (und wiedergeliebt werden), sich plötzlich verwandeln, sich jünger und schöner fühlen und auch nach außen dieses ausstrahlen. Damit geht einher, daß durch die Menge der libidinösen Besetzung des anderen dieser "überschätzt", idealisiert wird, korrespondierend zu der Selbst-Idealisierung durch das Geliebtwerden.

Wir sehen also, daß im Zuge des Sich-Verliebens sehr starke regressive Momente eine Rolle spielen. Eben diese *Regression* macht die *Liebeskrankheit* aus. Die mühsam errungene Stabilität des Ichs wird erschüttert: Sowohl narzißtische Illusionen wie auch Illusionen der frühen Objektbeziehungen werden wiederbelebt und gemahnen das Subjekt an die Dialektik von Selbstbezug und Abhängigkeit, aus der es hervorgegangen ist, und dadurch natürlich daran, wie erschütterbar es eigentlich ist. Gerade dies aber macht den skeptischen und zutiefst revolutionären Charakter der Freudschen Psychoanalyse aus: Daß das Ich, wie er sich ausdrückt, nicht "Herr im eigenen Haus" ist, ja, dies eigentlich niemals sein kann.

Das bürgerliche Subjekt verstand sich vor Freud ziemlich selbstherrlich als "autonom". Die Dichter haben es besser gewußt, das beweist die Dichtung der klassisch-romantischen Epoche nur allzu gut. Wenn Suleika daher sagt, daß "Volk und Knecht und Überwinder" behaupten, daß "das größte Erdenglück" die Persönlichkeit sei und man alles verlieren könne, wenn man bliebe, was man ist, so zeigt die indirekte Rede mit seinem Konjunktiv an, daß dies ein bloßes Meinen, eine Selbstverkennung der Gesellschaft, der Allgemeinheit (Volk und Knecht und Überwinder) ist. Hatem entgegnet, erschüttert von der Erfahrung der Liebe, daß es anders sei. Und dieses "anders" hat Freud später metapsychologisch begründet, indem er zeigte, daß und vor allem warum das Ich sich sehr wohl verlieren kann. Bezeichnenderweise kommt Freud in seiner Schrift "Massenpsychologie und Ichanalyse" , in dem er die Regressionsneigung und die Gefahr des Ichverlustes in der Masse analysiert, noch einmal auf die Liebe zu sprechen. Es gibt - nebenbei bemerkt - meiner Ansicht nach keine bessere Erklärung für die erschreckenden Phänomene von Massenhysterie - wie zum Beispiel die bedingungslose Hingabe an den "Führer" im Dritten Reich - als diese Überlegungen, obwohl die Schrift schon 1921 erschienen ist.

Der Ich-Verlust in der Verliebtheit ist für ihn hier letztlich derselbe wie der Ich-Verlust in der Masse. An die Stelle der Überschätzung des Sexualobjekts ist die illusionäre Überschätzung des "Führers" getreten, der jetzt das Ich-Ideal des Individuums ersetzt. Deswegen sind "dem Führer zuliebe" verbrecherische Handlungen möglich, die mit dem eigenen Ich-Ideal und Über-Ich sonst nicht vereinbar gewesen wären.

Ich komme noch einmal zur "Objektwahl" zurück. Die Wiederfindungs-Theorie schließt also zwei Bewegungen ein: Einmal wird ein früheres Befriedigungsobjekt, zum anderen wird ein früherer Ich-Zustand "wiedergefunden", der einer (wenn auch illusionären) narzißtischen Vollkommenheit. Freud unterschied daher folgende Typen der Objektwahl, die natürlich nur höchst selten in "Reinkultur", sondern eher in verschiedenen Mischformen auftreten.

Er schreibt in seiner Arbeit "Zur Einführung des Narzißmus" 1914: "Man liebt:

1) Nach dem narzißtischen Typus:
   a) Was man selbst ist (sich selbst),
   b) was man selbst war,
   c) was man selbst sein möchte,
   d) die Person, die ein Teil des eigenen Selbst war.

2) Nach dem Anlehnungstypus:
   a) Die nährende Frau,
   b) den schützenden Mann." (Freud, 1914, S. 56)

Ich möchte an dieser Stelle noch einmal innehalten und zum Gingo-Baum-Gedicht zurückkehren. In der Liebe erfährt der Dichter das Gefühl, eins zu sein und doppelt, und ich meine, daß er damit intuitiv in dieser Denkfigur all das verdichtet, was Freud in seiner Liebes- und Narzißmustheorie dargelegt hat: Daß nämlich im Hochgefühl der Verliebtheit die doppelte Konstitution des Subjekts erfahrbar wird, die aus einer libidinösen Kreisbewegung - vom Narzißmus (Einssein) zum Objekt (doppelt) und wieder zurück - besteht.

Ich hatte oben beschrieben, wie abhängig das Subjekt in der Liebe von dem geliebten Menschen wird. Denn die Libidoentleerung des Ichs kann nur durch die erwiderte Liebe aufgefüllt werden. Kein Wunder also, daß unglückliche Liebe oft im Selbstmord endet. Eine andere Reaktionsbildung ist die des Hasses, und bekanntermaßen sollen Liebe und Haß ja sehr nahe beieinander liegen. Auch dieses Phänomen erklärte Freud mit der Regressionsneigung in der Liebe auf frühe prägenitale Gefühlszustände. Freud sah in den phasenspezifischen Beziehungen des Kindes den Objekten gegenüber eine Vorstufe der Liebe, die dann in reifen Formen der Liebe aufgehoben sind. Auf der oralen Stufe sucht sich das Kind die Brust "einzuverleiben", d h. das Objekt wird zu einem inneren Objekt und in der Phantasie zu einem Teil des Ichs. Dies ist eine Vorstufe von dem, was wir Identifikation nennen. In der anal-sadistischen Phase sucht sich das Kind des Objekts zu bemächtigen und es dadurch zum Verschwinden zu bringen. Die Wahrnehmung, daß es vom Objekt abhängt, löst Haß aus, vor allem die Erfahrung, daß das Objekt nicht immer zur Befriedigung seiner Wünsche zur Verfügung steht. Freud meinte daher, daß erst mit der Herstellung der Genitalorganisation die Liebe zum Gegensatz vom Haß wird (Freud, 1915, S. 101).

Wenn Liebe bei Versagung oder Nichterwiderung, Kränkung und Enttäuschung plötzlich in Haß umschlägt, so ist dieser Umschlag durch eine Regression auf prägenitale Abkömmlinge der Liebe zu erklären. Allerdings ist auch in der "normalen" Liebe die prägenitale Objektbeziehungsgeschichte der Libido immer enthalten (ich hatte gesagt "dialektisch aufgehoben") und daher latent oder virulent. Man sagt ja z.B. auch: Ich habe dich zum Fressen gern. Das aggressive Element, also der anal-sadistische Bemächtigungstrieb, ist in der Sexualität für deren Erfüllung ebenso wichtig wie zärtliche und zielgehemmte Strebungen. Überwiegt die Zärtlichkeit, so ist wohl eine dauerhafte Bindung möglich, die Sexualität allerdings kommt dabei leicht zum Erliegen. Überwiegt die aggressive Seite, so kommt die Liebe zu kurz. Es ist also eine schwierige Aufgabe für den Menschen, zu lieben und gleichzeitig eine erfüllte Sexualität zu erleben. Auch zu dieser Schwierigkeit hat Freud eine Menge Skeptisches zu sagen gewußt, aber dies würde hier zu weit führen.

Ich wollte mich ja auf die Verliebtheit beschränken, die einen innerseelischen Konflikt auslöst, aber auch - und das ist mein letzter Punkt - einen äußeren. Wenn nämlich der Mensch in einem ständigen Konflikt zwischen Wunsch und Realität, Trieb und Kultur befangen ist, so wird er auf der Höhe der Verliebtheit, die ihm absolute Lusterfüllung verspricht, in einen krassen Gegensatz zur Realität geraten. Denn er entfernt sich in dieser Illusion von deren Anforderungen, und wir kennen aus der Literatur und aus dem Leben sicher alle die

Radikalität, mit der Liebende zuweilen aus der Realität auszusteigen wünschen. Deswegen hat die Gesellschaft zu allen Zeiten die Leidenschaft beargwöhnt und sie in den Griff zu bekommen versucht. Die platonische Philosophie beispielsweise kreist eben um dieses Problem, wie Michel Foucault in seiner Untersuchung des Diskurses über die Sexualität im Abendland gezeigt hat (Foucault, 1986).

Letztlich war Platons Philosophie der Liebe auch nur ein Versuch, die Leidenschaft in den Dienst höherer Ziele zu stellen und sie dadurch gleichsam zu domestizieren, indem er sie philosophisch für den höchsten Erkenntnismodus von Wahrheit hielt. Denn die Liebe, als Leidenschaft, fügt sich nicht in die gesellschaftliche Ordnung. Der Schweizer Literaturwissenschaftler Peter von Matt stellt in seinem Buch "Der Liebesverrat" die These auf, daß literarisches Denken zu allen Zeiten eigentlich nur ein Thema kennt, nämlich die Liebe in ihrem Konflikt mit der allgemeinen Ordnung. Daher lasse sich der Gegenstand der Literatur auf drei Komplexe reduzieren: Nämlich *Hochzeit, Mord und Wahnsinn*. In ihnen, so der Autor, "verdichten sich szenisch-konkret die Grundmöglichkeiten der menschlichen Sozialisation, jenes jahrelangen Prozesses, in dem das Individuum zu dem wird, was man 'Glied der menschlichen Gesellschaft' nennt" (von Matt, 1989, S. 26). In der Hochzeit vollziehe sich im Denken der Literatur die umfassende Versöhnung der Liebe mit der allgemeinen Ordnung, im Mord der fundamentale Konflikt mit der vorhandenen Ordnung und im Wahnsinn der Austritt aus ihr.

Deswegen ist die Liebe in ihrer radikalen Form immer anarchistisch, so wie das Lustprinzip anarchistisch und, wie Freud einmal schreibt, "schwer erziehbar" ist. Die berühmten Liebespaare der Welt, Orpheus und Euridike, Tristan und Isolde, Romeo und Julia, Abälard und Heloise, Francesco und Paolo scheitern denn auch daran, daß ihre absolute Liebe - in welcher Form auch immer - das Gesetz bricht. Es sind dies übrigens die Liebespaare, die in Ingeborg Bachmanns Hörspiel "Der gute Gott von Manhattan" in einem Marionettentheater den Liebenden erscheinen. In diesem Hörspiel wird der Konflikt zwischen der Liebe und der Ordnung existentialistisch auf die Spitze getrieben: Ein junges Mädchen und ein junger Mann treffen sich zufällig in New York und verbringen zunächst eine eher unverbindliche Nacht in einem Stundenhotel. Ihre Liebe aber wird immer leidenschaftlicher und radikaler. Vom Parterre des Stundenhotels ziehen sie zunächst in den 30. Stock eines anderen Hotels, dann in den 57. Stock um. Je höher sie ziehen, desto radikaler, weltabgeschiedener, realitätsferner wird ihre Liebe. Und das ist eben die Form der Liebe, die "der gute Gott von Manhattan" bekämpfen muß, denn er kämpft seinerseits für die Aufrechterhaltung der Ordnung (oder psychoanalytisch ausgedrückt: Für die Wahrung des Realitätsprinzips), die die radikal Liebenden brechen. Deswegen werden sie von ihm getötet, ebenfalls auf sehr radikale Weise, nämlich durch Sprengstoff, weil sie die Grenze überschritten haben und die "natürlichen Klammern lösen, um dann keinen Halt mehr in der Welt zu finden" (Bachmann, Bd. 1, S. 315).

Es scheint so, daß in dem Phänomen der Liebe ein ubiquitärer Konflikt der conditio humana aufscheint, von dem Peter von Matt die eine Seite, den *äußeren* Konflikt (mit der Realität, der gesellschaftlich-kulturellen Ordnung), untersucht, der mit dem *inneren* Konflikt der Liebe, den ich sehr dürftig versucht habe aufzuzeigen, natürlich eng verwoben ist. Denn das Grundproblem der menschlichen Sozialisation besteht darin, daß der Mensch, weil er eine physiologische Frühgeburt ist, in jahrelanger Abhängigkeit von seinen Pflegepersonen, seinen "frühen Objekten", aufwächst und sein Seelenleben sich mittels der Interaktionen mit diesen Objekten aufbaut. Wunsch- und Bedürfnisbefriedigung werden also viel länger als bei anderen Spezies durch das Zusammenspiel von Triebökonomie und Objekt reguliert. Die Triebstruktur des Individuums, seine "erste Natur" auf der einen Seite, und die Forderungen von Kultur und Gesellschaft, seine "zweite Natur" auf der anderen Seite, stellen die beiden Pole des Grundkonflikts dar, der sich als innerseelischer Konflikt niederschlägt. Die Liebe, vor allem die leidenschaftliche Verliebtheit, erschüttert die "Persönlichkeit", mit deren Aufbau der Mensch sich der Kultur angepaßt hat und von der Suleika spricht, und gemahnt den Menschen an seine immer latent vorhandene "erste Natur", die Ausgeliefertheit an sein sexuelles Begehren einerseits und an seine Abhängigkeit vom Anderen, dem "Objekt", andererseits. In der Verliebtheit glaubt sich der Mensch der Utopie absoluter Wunscherfüllung nahe und wird gleichzeitig mit dem fundamentalen Mangel konfrontiert, nämlich der Unmöglichkeit des "Einsseins" mit dem Objekt einerseits und mit seinem Ich-Ideal andererseits. Dieser Konflikt, so hatte ich zu zeigen versucht, ist aber konstitutiv für das Subjekt überhaupt, jedenfalls in Freuds Auffassung. All unser Streben sucht den Mangel zum Verschwinden zu bringen, den Idealzustand wiederzufinden, auch unser Streben nach Erkenntnis, denn das Unerkannte ist wie das sich versagende Objekt, das wir durch Erkenntnis uns zu eigen machen wollen und das sich gleichwohl immer wieder entzieht.

Literatur

Appignanesi, L. und Forrester, J. (1994): Die Frauen Sigmund Freuds. List, München-Leipzig.

Bachmann, I. (1984): Der gute Gott von Manhattan. In: Werke, Bd. 1, v. Koschel, C., von Weidenbaum, I., Münster, C. (Hg.). Piper, München-Zürich.

Balint, M. (1969): Die Urformen der Liebe und die Technik der Psychoanalyse. Frankfurt/M.-Hamburg.

Bergmann, M. S. (1994): Eine Geschichte der Liebe - Vom Umgang des Menschen mit einem rätselhaften Gefühl. Fischer, Frankfurt/M.

Foucault, M. (1986): Der Gebrauch der Lüste. Sexualität und Wahrheit 2. Suhrkamp, Frankfurt/M.

Freud, S. (1905): Drei Abhandlungen zur Sexualtheorie. Studienausgabe Bd. V. Fischer, Frankfurt/M., 1982.

Freud, S. (1914): Zur Einführung des Narzißmus. Studienausgabe Bd. III. Fischer, Frankfurt/M., 1982.

Freud, S. (1915): Triebe und Triebschicksale. Studienausgabe Bd. III. Fischer, Frankfurt/M., 1982.

Freud, S. (1916/17): Vorlesungen zur Einführung in die Psychoanalyse. Studienausgabe Bd. I. Fischer, Frankfurt/M., 1982.

Freud, S. (1920): Jenseits des Lustprinzips. Studienausgabe Bd. III. Fischer, Frankfurt/M., 1982.

Freud, S. (1921): Massenpsychologie und Ich-Analyse. Studienausgabe Bd. IX. Fischer, Frankfurt/M., 1982.

Freud, S. (1930): Das Unbehagen in der Kultur. Studienausgabe Bd. IX. Fischer, Frankfurt/M., 1982.

Gast, L. (1992): Libido und Narzißmus. Vom Verlust des Sexuellen im psychoanalytischen Diskurs. Eine Spurensicherung. edition diskord, Tübingen.

Goethe, J.W.v.: Histor.-krit. Ausgabe der Werke in 14 Bänden. "Hamburger Ausgabe", Christian Wegner Verlag, Hamburg, 1964, Bd. 1 und 2.
Green, A. (1996): Has Sexuality anything to do with Psychoanalysis?. Int. J. Psych-Anal. 76, 871ff. Cambridge.
Heising, G. (1990): Sigmund Freuds sexuelle Objektpsychologie. Ihre Verdrängung und Wiederkehr. In: Bericht der Arbeitstagung der DPV in Wiesbaden, 1.-4.11.1989. Hofheim/Wiesbaden.
Matt, P. von (1989): Der Liebesverrat. Die Treulosen in der Literatur. Hanser, München.
Nietzsche, F. (1964): Also sprach Zarathustra. Sämtliche Werke, Bd. VI. Kröner, Stuttgart.
Parin, P. (1968): Sexualität. Psychoanalytisches Seminar Zürich (Hg.). Taschenbuchsyndikat EVA bei Athenäum, Frankfurt/M.

Zum Schicksal von Libido, Aggression und Objektbeziehung in der Adoleszenz

"... wie dunkle unterirdische Gewässer, die nur eines zufälligen Anlasses bedürfen, um durch ihre Mauern zu brechen." (Törleß)

Marianne Leuzinger-Bohleber

> "Übrigens handelt es sich, wie Sie selbst bemerken, nicht darum, die menschliche Aggressionsneigung völlig zu beseitigen; man kann versuchen, sie so weit abzulenken, daß sie nicht ihren Ausdruck im Kriege finden muß.
> Von unserer mythologischen Trieblehre her finden wir leicht eine Formel für die indirekte Bekämpfung des Krieges. Wenn die Bereitwilligkeit zum Krieg ein Ausfluß des Destruktionstriebs ist, so liegt es nahe, gegen sie den Gegenspieler dieses Triebes, den Eros, anzurufen. Alles, was die Gefühlsbindungen unter den Menschen herstellt, muß dem Krieg entgegenwirken." (Sigmund Freud: Warum Krieg? Briefwechsel mit Albert Einstein, 1932, S. 283)

1. Einleitung

Vor den Feiern zum 50. Jahrestag des Kriegsendes brannte zum zweitenmal die Lübecker Synagoge. Wie beim ersten Mal 1994 wurden rechtsextremistische Jugendliche als Täter vermutet. Warum werden die meisten Gewalttaten (besonders gegen Fremde und Außenseiter) von Jugendlichen unter Alkoholeinfluß in Gruppen in Freizeitsituationen verübt? Dazu möchte ich hier aus psychoanalytischer Sicht einige Gedanken zur Diskussion stellen. Zuerst einige allgemeine Vorbemerkungen:

Gewalt bei Jugendlichen ist nicht nur bei uns heute, sondern in vielen modernen Gesellschaften ein häufiges Phänomen. Ethnologen und Ethnopsychoanalytiker stellen dieses Faktum in Zusammenhang mit der Funktion, die der Adoleszenz in diesen Gesellschaften zukommt. So wird die Adoleszenz erst in den sogenannten "heißen Kulturen" zu einer ausgedehnten, eigenen Entwicklungsphase, in "heißen Kulturen", die sich nach Lévy-Strauss (1956)[1] durch einen schnellen Wandel ihrer Strukturen und ein ständiges Aufbrechen von Traditionen und festen gesellschaftlichen Ordnungen kennzeichnen. Unsere spätkapitalistische Gesellschaft ist in extremer Weise von solchen Entwicklungen abhängig: Im Gegensatz zu den "kalten Kulturen" braucht sie die Veränderung, den Fortschritt, die Entwicklung von Neuem und Unbekanntem. Die Aufgabe der Innovation, des Durchbrechens alter Strukturen und fester Ordnungen, wird in unserer Gesellschaft vor allem der zukünftigen Generation, den Adoleszenten, zugesprochen. Daher wurde die Jugendphase sukzessiv

---

[1] Da der folgende Text auf der Bearbeitung einer breiten psychoanalytischen Literatur zur Adoleszenz beruht, werde ich zugunsten einer besseren Lesbarkeit die einzelnen Arbeiten meist nicht im Text direkt aufführen, sondern bitte darum, das Literaturverzeichnis zu beachten.

ausgedehnt, besonders für Angehörige jener Gesellschaftsschichten, die Führungspositionen in Politik, Wirtschaft und Wissenschaft übernehmen sollen. Dagegen beschränkt sich in "kalten Kulturen", in denen der Übergang von der Kindheit zum Erwachsenenalter durch Initiationsriten streng geregelt ist, oft auf einen einzigen, ritualisierten Akt, in dem die Erwachsenen dem Jugendlichen in körperlich schmerzlichen Prozeduren eine Mutprobe auferlegen. Sie demonstrieren i.a.W. mit einem körperlich aggressiven Akt ihre Machtposition und verlangen vom Jugendlichen eine Art Unterwerfung unter die bestehenden Verhältnisse, mit denen er sich daraufhin identifizieren soll. Reste solcher Initiationsriten verschwinden in unserer Gesellschaft mehr und mehr. In meiner Adoleszenz erinnerte z.B. noch die Konfirmation an einen Initiationsritus - für meinen Sohn spielt sie als Markstein des Übergangs von Kindheit zum Erwachsenensein kaum eine Rolle mehr. I.a.W. werden solche Übergänge immer mehr individualisiert. Die Aufgabe, sich von alten Strukturen wegzubewegen und Neues zu finden, wird vorwiegend zu einem Problem des einzelnen Individuums. Es muß in sich chaotische Zustände evozieren und aushalten; denn, wie die Chaostheorie postuliert, entsteht nichts Neues, Kreatives ohne ein Zulassen eines chaotischen Zustandes. Nur auf diesem Wege können bestehende Ordnungen durchbrochen werden: Absolute Ordnung bedeutet bekanntlich den Tod.

Erdheim (1992) vergleicht die adoleszenten Entwicklungsprozesse im Individuum mit der gesellschaftlichen Funktion des Karnevals. Im Karneval werden bestehende Ordnungsstrukturen gezielt außer Kraft gesetzt, ein "Chaos" wird erlaubt, das ein Stück Lebendigkeit, Vitalität und integrierte Aggressivität in der Kultur sichert (vgl. z.B. Kabarett und politische Spottlieder des Kölner Karnevals oder der Basler Fasnacht). Allerdings sichert der streng umschriebene zeitliche und rituelle Rahmen (bei uns während einiger weniger Tage vor dem Aschermittwoch) ein Entgleisen der freigesetzten aggressiven Kräfte. Eine analoge Funktion übernimmt nach Erdheim beim Einzelnen die Adoleszenzphase, die er daher als "Karneval des Individuums" charakterisiert. Die Funktion, durch chaotische Zustände Altes aufzubrechen und ein Stück Lebendigkeit und Innovation zu retten, wird ins adoleszente Individuum hineingelegt. Doch beschäftigt uns z.Zt., daß sowohl für die Jugendlichen selbst als auch für die Gesellschaft die stabilisierenden Grenzen der Adoleszenz als umschriebene Entwicklungsphase schwinden - denken wir nur z.B. an die Auswirkungen der Jugendarbeitslosigkeit, an die Veränderungen des Arbeitsmarktes (nicht mehr die Mehrheit der Jugendlichen kann damit rechnen, ein Leben lang in einem bestimmten Beruf zu arbeiten) und an den Wandel der libidinösen Beziehungen. Dadurch werden die subjektiv schwer zu tolerierenden chaotischen inneren Zustände der Unsicherheit und Labilisierung oft über Jahre hinweg verlängert und hinausgezögert, für den Einzelnen zuweilen eine kaum erträgliche Situation. Die zunehmende Gewalt unter Jugendlichen mag auch mit diesen gesellschaftlichen Veränderungsprozessen in Zusammenhang stehen. Um dies nochmals etwas zugespitzt zu formulieren: Unsere sich rasch wandelnde Gesellschaft ist mehr denn je auf die innovativen, kreativen Kräfte der kommenden Generation angewiesen, d.h. auf deren Fähigkeit, bestehende Strukturen zu durchbrechen und Neues zu entwickeln, neue Lösungen z.B. für die Verteilung der Arbeitsplätze, die Regelung des Weltmarktes oder die Umweltprobleme zu entdecken. Damit mutet sie sich selbst und vor allem dem Adoleszenten eine schwierige Gratwanderung zu: Das Aufbrechen von Ordnungen ist nicht ohne aggressive Impulse zu leisten, doch können diese leicht in Gewalt und Chaos entgleisen!

Im folgenden möchte ich meinen Schwerpunkt allerdings nicht auf diese kulturtheoretischen Aspekte der psychoanalytischen Adoleszenztheorie legen, da mir scheint, daß wir zum vertieften und umfassenden Verständnis der kulturspezifischen Determinanten adoleszenten Verhaltens auf den interdisziplinären Dialog mit anderen Wissenschaftlern, mit Soziologen, Historikern, Ökonomen, Pädagogen u.a. angewiesen sind, ein Diskurs, den wir z.Zt. u.a. im Rahmen des Landesforschungsprojektes an unserem Fachbereich führen, den ich aber hier nicht zusammenfassen kann. Statt dessen möchte ich die psychoanalytischen Adoleszenzkonzepte vorstellen, Beobachtungen und Hypothesen, die in der intensiven, oft jahrelangen klinischen Arbeit mit Patienten gewonnen wurden. Die psychoanalytische Adoleszenztheorie stellt einen Versuch dar, dieses an Einzelfällen gewonnene Wissen zu systematisieren und zu konzeptualisieren. Die wichtigsten Arbeiten dazu stammen von Analytikern, die jahrelang mit Adoleszenten gearbeitet haben (Anna Freud und Eglé und Moses Laufer und seine Gruppe in London, Erik Erikson, Bruno Bettelheim und Peter Blos in den USA, Yecheskiel Cohen und seine Mitarbeiter in Israel, Eva Berberich, Lore Schacht, Alex Holder, Erika Krejci, Thomas Auchter, Eugen Mahler und Werner Bohleber hier in Deutschland, um nur einige zu nennen). Diese Psychoanalytiker haben z.T. in Institutionen gearbeitet, in denen auch Jugendliche mit Gewaltproblemen behandelt wurden. In den Privatpraxen sehen wir aus bekannten Gründen eher jene Jugendliche, die mit neurotischen oder psychosomatischen Störungen reagieren und, um dies verkürzt auszudrücken, ihre aggressiven Impulse eher gegen das eigene Selbst als gegen ihre Objekte und ihre Umgebung wenden. Eine weitere Quelle unserer Erkenntnisse zur Adoleszenz stammt aus Psychoanalysen mit Erwachsenen, in denen - meist nach jahrelanger Arbeit - wesentliche Konflikte nicht nur der frühen Kindheit, sondern auch der Adoleszenz gemeinsam rekonstruiert werden und das individuelle Schicksal von Libido und Aggression in der Adoleszenz enthüllen.

Bekanntlich ist die klinisch-psychoanalytische Forschung mit spezifischen Problemen verbunden. Z. B. erschwert oder verunmöglicht oft die Diskretion eine Veröffentlichung der klinischen Beobachtungen, ohne die unsere Theorien blutleer und spekulativ erscheinen und der wissenschaftlichen Kritik von außen nur schwer zugänglich werden (vgl. dazu u.a. Leuzinger-Bohleber, 1995). Gerade adoleszente Patienten sind meist hochsensibel für den Schutz der Intimität der therapeutischen Beziehung und erleben schon eine Falldiskussion in einer geschlossenen Gruppe von Fachleuten als Vertrauensbruch. Daher muß ich auch in diesem Rahmen auf einen ausführlichen Bericht aus psychoanalytischen Behandlungen mit Jugendlichen verzichten und mich darauf beschränken, einen gefährdeten Adoleszenzverlauf aufgrund einer Psychoanalyse mit einem Erwachsenen kurz zusammenzufassen und als Illustration meiner theoretischen Ausführungen beizuziehen. Um dennoch nicht ganz auf die Konkretisierung und die metaphorisch-narrative Darstellung der adoleszenten Entwicklungsprozesse zu verzichten, möchte ich auf eine unübertroffene literarische Darstellung von Pubertätskonflikten zurückgreifen, den Roman von Robert Musil "Die Verwirrungen des Zöglings Törleß". Als dieser Roman 1906 erschien, war Musil selbst gerade 26 Jahre alt. Mit einer ungewöhnlichen Subtilität und Sensibilität schildert er darin die überwältigenden Erfahrungen des adoleszenten Törleß und seiner Mitzöglinge und erweist sich dadurch, wahrscheinlich aufgrund seiner eigenen Erlebnisse als Kadett einer k.u.k. österreichischen Militärerziehungsanstalt, als kühner Psychologe und Dichter. Da H. Lahme-Gronostaj in ihrem Beitrag in diesem Buch ausführlich auf Robert Musil eingeht und der genannte Roman den meisten Lesern bekannt sein dürfte[2], kann ich mich hier darauf beschränken, einige Passagen daraus als Illustration meiner theoretischen Überlegungen im Text anzufügen, ohne sie angemessen zu kommentieren. Literatur hat ohnehin, wie Freud einmal voll Bewunderung und Neid feststellte, verglichen mit psychoanalytischen Ausführungen, den Vorteil, ohne reflektierende und erklärende Belege den Leser bis in unbewußte Dimensionen seiner Person anzusprechen: "Er (der Dichter, M. L.-B.) richtet seine Aufmerksamkeit auf das Unbewußte in seiner Seele, lauscht den Entwicklungsmöglichkeiten desselben und gestattet ihnen den künstlerischen Ausdruck, anstatt sie mit bewußter Kritik zu unterdrücken. So erfährt er aus sich, was wir bei anderen erlernen, welchen Gesetzen die Bestätigung dieses Unbewußten folgen muß, aber er braucht diese Gesetze nicht auszusprechen, nicht einmal sie klar zu erkennen, sie sind infolge der Deutung seiner Intelligenz in seinen Schöpfungen verkörpert enthalten." (Freud, GW VII, S. 130/31).

So werde ich, nachdem ich die psychoanalytischen Adoleszenztheorien kurz zusammenfasse (2.), nochmals einige Themen herausgreifen, die mir für das Verständnis von adoleszenter Gewalt relevant erscheinen: Das Wiederaufleben präödipaler und ödipaler Triebwünsche (3. a), die äußere und innere Ablösung vom Werteraum der familiären Bezugspersonen (3. b), die Kompensation der adoleszenten Ichschwäche (3. c) und die Entwicklung adoleszenter Beziehungen (3. d). Sie werden anschließend mit einer kurzen Fallskizze einer gefährdeten Adoleszenz illustriert (4).

2. Zur Psychoanalyse der Adoleszenz[3]

Zu Freuds zentralen Entdeckungen gehörte bekanntlich die Erkenntnis, daß die menschliche Sexualentwicklung "zweizeitig" sei, d.h. sich in zwei Phasen vollzieht: In der frühinfantilen Zeit bis ca. zum 6. Lebensjahr und in der Pubertät (Freud, 1905). Moses Laufer (1965) charakterisiert vier Entwicklungsaufgaben, die der Adoleszente zu bewältigen hat:

1. Das noch infantile Ich des Adoleszenten ist konfrontiert mit der einsetzenden physiologischen Reifung und dem damit verbundenen Triebschub und droht davon überwältigt zu werden. Die körperlichen Veränderungen und vor allem die physisch reifen Genitalien führen zu einer Umstrukturierung des Körperschemas und müssen in ein neues Körperbild integriert werden.

---

[2] Zusammenfassung des Romans von H. Arntzen (1991), vgl. Anhang.

[3] Die Zusammenfassung der psychoanalytischen Adoleszenzkonzepte wurde ebenfalls in der Einleitung unseres Buches "Phantasie und Realität in der Spätadoleszenz" publiziert (vgl. Leuzinger-Bohleber u. Mahler, 1993, 13-49).

2. Die Beziehung zu den infantilen Bezugspersonen, insbesondere zu den Eltern, erfährt eine Veränderung. Die infantil-libidinöse Bindung an den gegengeschlechtlichen Elternteil muß gelockert werden. Doch kommt es in den frühen Phasen der Adoleszenz zunächst einmal zu einem Wiederaufleben ödipaler Strebungen. Der Jugendliche scheint mit einem "Schritt zurück" Kräfte zu sammeln, um daraufhin "zwei Schritte vorwärts" gehen zu können. Die Reaktivierung ödipaler Strebungen hat auch die Funktion, die innere Verbindung zum infantilen Liebesobjekt dem Adoleszenten psychisch wieder präsenter zu machen; denn die anstehende Loslösung ist nicht in erster Linie eine äußere Loslösung, sondern eine psychische Auseinandersetzung mit den mächtigen inneren Repräsentanzen der primären Bezugspersonen, bei uns vor allem der Eltern. Der Niederschlag der frühinfantilen Beziehungen zu den Eltern in Identifizierungen im Ichideal und Überich werden im adoleszenten Entwicklungsprozeß einer Revision unterzogen und dadurch sukzessiv in ihrer Bedeutung relativiert. In diesem Prozeß spielt die Peer-group eine entscheidende Rolle, ermöglicht sie doch dem Adoleszenten Identifizierungen außerhalb der Familie und bietet ihm einen unverzichtbaren Halt in seinem Loslösungsprozeß von den Eltern. Dadurch erwirbt sich das adoleszente Ich sukzessiv eine sekundäre Autonomie und Unabhängigkeit von den familiären Bezugspersonen.

3. Die Loslösung von den libidinösen inneren (und auch noch realen) elterlichen Objekten bereitet die Suche nach einem (i.d.R. heterosexuellen) Liebesobjekt vor. Vorstufen einer neuen libidiösen Objektbeziehung sind Onaniephantasien und das Ausprobieren von realen Beziehungen ohne allzu große Festlegungen. Nach Laufer spielen die zentralen Onaniephantasien eine entscheidende Rolle bei der Ausbildung einer definitiven Genitalorganisation, in die frühinfantile libidinöse Strebungen sowie deren Abwehr und Umformung oder auch eigene frühinfantile Traumatisierungen eingehen. In diesem komplexen psychischen Prozeß kommt es schließlich zur Ausbildung ganz spezifscher persönlicher Liebesbedürfnisse, in der prägenitale Befriedigungsmodi unter das Primat der Genitalität gestellt werden.

4. Mit diesem Prozeß verbunden ist auch die Integration der präödipalen und ödipalen Identifizierungen und der aktuellen inneren und äußeren Verhaltenserwartungen und Ideale in eine stabile Identität. "Wer bin ich?" ist die zentrale Frage des Adoleszenten, auf die er eine idiosynkratische Antwort finden muß. Diese - erstmals in seinem Leben - durch Reflexion begleitete Identitätsfindung ermöglicht ihm im folgenden eine Kontinuitätserfahrung mit sich selbst, als einer unverwechselbaren und einzigartigen Person. "To remain the same in the midth of change...." (Lichtenberg). In diese Identität gehen das infantile Triebschicksal mit eigenen charakteristischen Befriedigungsmodalitäten, aber auch erlittene Traumatisierungen mit ein, deren Bewältigung zu einer lebenslänglichen Aufgabe wird. Auch das Herstellen von Identität bzw. eines kongruenten Identitätsgefühls bleibt ein lebenslanger krisenanfälliger Prozeß, der in der Adoleszenz als selbstreflexiver, seelischer Vorgang beginnt und in der Spätadoleszenz als entwicklungsspezifische Aufgabe in den Vordergrund rückt (vgl. dazu auch Bohleber, 1992).

Peter Blos (1979) hat, unabhängig von der Forschungsgruppe um Moses Laufer, diese eben angeführten adoleszenten Entwicklungsprozesse noch einer weiteren Differenzierung unterzogen, in dem er, ohne Altersangaben zu implizieren, einzelnen Subphasen der Adoleszenz[4] spezifische Entwicklungsaufgaben zuschreibt.

Zur *Präadoleszenz* schreibt Blos:
"Während der Präadoleszenz bewirkt die Zunahme des Triebdruckes eine wahllose Besetzung all der libidinösen und aggressiven Befriedigungsarten, die dem Kinde in seinen ersten Lebensjahren so gut gedient hatten. Weder ein neues Liebesobjekt noch ein neues Triebziel kann in dieser Zeit schon festgestellt werden. Jedes Erlebnis kann sexuell stimulierend wirken - sogar jene Gedanken, Phantasien und Handlungen, die offenbar jeder erotischen Nebenbedeutung entbehren. So sind z.B. die Reize, auf die der präadoleszente Junge mit einer Erektion reagiert, nicht spezifisch. Es ist also nicht notwendigerweise ein erotischer Reiz, der genitale Erregung hervorruft. Sie kann auch durch Zorn, Furcht, Schock oder allgemeine Aufregung ausgelöst werden, und erste Ejakulationen im Wachzustand sind oft eher Folgen eines Affekts als die spezifisch erotische Reizung." (S. 71)

Ausgelöst durch den Wachstumsschub und die einsetzende physiologische Reifung steht die Auseinandersetzung mit dem sich verändernden Körperbild im Zentrum des psychischen Geschehens. Blos weist immer wieder auf die intensive körperliche und seelische Spannung hin, in der Adoleszente bei diesem Eintritt in die Jugendphase stehen. Dies begünstigt auch ein Ausagieren von Spannungen in verschiedensten Formen, allein oder in der Gruppe, besonders in der Präadoleszenz, aber auch noch in den anschließenden Subphasen der Adoleszenz. Allerdings stoßen direkte Triebbefriedigungen in der Präadoleszenz i.d.R. auf das mißbilligende Überich des Latenzkindes, das stark durch die internalisierten elterlichen Werte geprägt ist. Abwehrmaßnahmen wie Verdrängung, Reaktionsbildung oder Verschiebung werden eingesetzt, um daraus entstehende innere Konflikte zu bewältigen. Diese Mechanismen erlauben dem Kind, Fähigkeiten und Interessen zu entwicklen, die ihm in der Peer-group Zustimmung und Prestige verschaffen, und sich kompensierenden Betätigungen, Zwangsverhalten und Zwangsvorstellungen hinzugeben, um eigene Ängste zu bannen. Z.B. sind zwanghafte Sammelleidenschaften (von Briefmarken, Münzen etc.) in diesem Alter häufig und auf dem eben erwähnten psychodynamischen Hintergrund zu verstehen.

Wichtig ist für unser Thema ein veränderter Umgang mit Schuldgefühlen: "Eine neuartige Lösung im Dienste der Triebbefriedigung erscheint in der Präadoleszenz: Die Sozialisierung der Schuld. Dieses neue Mittel, um den Überich-Konflikt zu umgehen, rührt von der in der Latenzzeit erworbenen sozialen

[4] Allerdings versteht er diese Phaseneinteilung nicht als statisches Raster: "Natürlich bleibt jede Einteilung in Phasen eine Abstraktion. Die wirkliche Entwicklung kann nicht ordentlich in Kästchen eingeteilt werden. Der Wert dieser Phasen-Einteilung liegt aber darin, daß sie die Aufmerksamkeit auf geordnete Entwicklungssequenzen konzentriert. Die Phasen erleichtern auch, die wesentlichen psychologischen Modifikationen und Aufgaben zu erkennen, wie sie jede Phase charakterisieren und ungefähr dem epigenetischen Entwicklungsprinzip entsprechen. Die Übergänge sind vage, langsam und pendeln hin und her. Größere und kleinere Reste von scheinbar abgeschlossenen Phasen persistieren trotzdem für längere oder kürzere Zeit innerhalb der folgenden Phasen. Diese Unregelmäßigkeiten können das Entwicklungsschema verwischen, wenn es zu eng und zu wörtlich genommen wird." (S. 88)

Reifung her, und das Kind benutzt sie, um die Schuld auf die Gruppe im allgemeinen abzuwälzen oder, genauer gesagt, auf ihren Führer als Anstifter von Vergehen. Die Sozialisierung der Schuld macht die autoplastische Abwehr wenigstens in gewissem Ausmaße überflüssig. Das Phänomen der geteilten oder projizierten Schuldgefühle ist in diesem Stadium einer der Gründe für die wachsende Bedeutung der Gruppen- oder Bandenzugehörigkeit." (Blos, a.a.O., S. 74).

Erwähnenswert ist auch, daß in allen Adoleszenzphasen starke geschlechtsspezifische Unterschiede zu beobachten sind. In der Präadoleszenz zeigen z.B. die Jungen oft ein mädchenverachtendes Verhalten und ziehen die gleichgeschlechtliche Peer-group vor, u.a. weil in diesem Alter die Kastrationsangst wiederauflebt und daher der Kontakt mit anderen Jungen stabilisierend wirkt. Die Mädchen erleben einen Aktivitätsschub und zeigen oft ein jungenhaftes Verhalten, nach Blos u.a. determiniert durch den reaktivierten Penisneid. Auch die weitere Entwicklung läuft bei Jungen und Mädchen teilweise verschieden. Während bei Jungen die prägenitalen Reaktivierungen ausgeprägter zu beobachten sind, wenden sich Mädchen viel schneller und intensiver dem anderen Geschlecht zu (vgl. dazu u.a. Anzieu, 1993).

In der *Frühadoleszenz* setzt die äußere und innere Loslösung vom Elternhaus ein. Die Eltern werden vermehrt einer kritischen Evaluation unterzogen, doch erlebt der Frühadoleszente oft ein Wechselbad an Gefühlen, ein Schwanken zwischen plötzlichen, intensiven Liebeswünschen an die primären Bezugspersonen, gefolgt von Ablehnung und dem Versuch, sich zu distanzieren. Doch auch innerpsychisch erfolgt eine intensive Auseinandersetzung mit den internalisierten elterlichen Werten und Idealen im Überich und Ichideal. Die Besetzungen werden von diesen Instanzen zurückgezogen, was zu einer Schwächung ihrer psychischen Kontrollfunktion führt. "Das läßt das Ich ohne die einfachen und zwingenden Direktiven des Gewissens. Das Ich kann sich nicht länger auf die Autorität des Über-Ichs verlassen, auf seine eigenen Anstrengungen, zwischen Trieb und Außenwelt zu vermitteln, die unsicher und ungeschickt werden. In der Tat wird das Über-Ich jetzt zu einem offenen Gegner, so daß das Ich schwach, isoliert und inadäquat der dreifachen Notsituation gegenübersteht (A. Freud, 1936). Die Schwächung des Über-Ichs ist eine Folge seiner Ursprungsbestandteile, nämlich der Verinnerlichung eines Elternteils, wenn der ödipale Konflikt beigelegt wird." (Blos, a.a.O., S. 91)

Oft ist in dieser Zeit auch ein Wiederaufleben prägenitaler Identifizierung zu beobachten, besonders Identifizierungen mit dem gleichgeschlechtlichen Elternteil im Ichideal. Unbewußt werden die Besetzungen von diesen Identifizierungen abgezogen, was eine erste Kritik daran ermöglicht. In dieses Vakuum treten alternative Identifizierungen durch homoerotische Beziehungen zu Freundinnen oder Freunden. Die Objektwahl folgt dabei einem narzißtischen Schema: Im gleichgeschlechtlichen Alter-Ego wird ein Spiegel für sich selbst gesucht, um die geschwächte narzißtische Selbstwertregulation zu stabilisieren und die beginnende Auseinandersetzung mit sich selbst und der eigenen Identität einzuleiten. Psychodynamisch ersetzen die Identifizierungen mit dem idealisierten Freund bzw. dem "Schwarm" u.a. die Identifizierungen mit dem gleichgeschlechtlichen ödipalen Objekt.[5] "Die zarten Gefühle, die der Junge für seinen Vater empfindet, und seine tatsächliche Tendenz, sich des Vaters Wünschen, Werten und Vorschriften zu unterwerfen, stellt für den jungen Adoleszenten eine Konfliktsituation dar. Gelöst werden kann dieser Konflikt entweder in totaler Opposition gegen den Vater oder in zielgehemmter Befriedigung gemeinsamer Interessen und echter Kameradschaft" (Blos, a.a.O., S. 97/98). Auch diese Prozesse bilden eine psychodynamische Quelle für eine Unterwerfungsbereitschaft unter "neue Führer" oder die Peer-group.

In der *eigentlichen Adoleszenz* nehmen vorerst einmal diese narzißtischen Modalitäten und die bisexuellen Orientierungen ab. Es erfolgt eine vermehrte Zuwendung zu heterosexuellen Objekten. Ödipale Wünsche und Konflikte werden wieder reaktiviert und leiten, wie oben kurz erwähnt, den aufregenden und gleichzeitig schmerzhaften Abschied von der Kindheit und ihren Liebesobjekten ein. Neue Rollen, Selbst- und Selbstidealbilder und Objektbeziehungen werden nun in Phantasie und Realität ausprobiert. "Wer bin ich?" wird zur zentralen Frage des Selbst. Die Peer-group mit ihren vom Elternhaus abweichenden Normen und Werten wird sukzessiv mehr libidinös besetzt und ermöglicht durch neue Identifizierungen, sich von der Primärfamilie wegzubewegen. Dabei fallen diese neuen, durch Peer-group-Ideale geprägten Wertsysteme, Idole und Ideologien durch ihre archaische, präambivalente Qualität auf. Das noch schwache adoleszente Ich scheint keine Grautöne zu ertragen: Es wird scharf zwischen Gut und Böse, Schwarz und Weiß, Liebe und Haß, Freund und Feind unterschieden. Dies verleiht auch der adoleszenten Kritik an gesellschaftlichen Mißständen zwar oft eine hellsichtige, aber in der Regel noch holzschnittartige Qualität (vgl. dazu auch Leuzinger-Bohleber u. Garlichs, 1993). Weiter spielen in diesem Entwicklungsprozeß Omnipotenzphantasien eine zentrale Rolle. Der Jugendliche wehrt mit ihrer Hilfe schwere Insuffizienzgefühle ab, die in Zusammenhang stehen mit der adoleszenten Ichschwäche. Zu der Ichschwäche trägt u.a der Verlust alter, frühinfantiler Orientierungen an elterlichen Maßstäben und Verhaltensregeln (während der Latenz fortgesetzt durch die Introjektion des elterlichen Wertsystems ins Ichideal und Überich) bei. Der Jugendliche kann die Welt sukzessiv weniger durch die Augen der Eltern wahrnehmen und interpretieren, was bis dahin zwar eine eingeschränkte Sicht der Dinge bedeutete, aber auch ein Gefühl von Sicherheit und Orientierung garantierte. Der Adoleszente ringt nun um eine eigene, persönliche "Weltinterpretation" - doch erlebt er sich in dieser Phase des Übergangs als labil, geschwächt und unsicher. Damit verbundene altersspezifische Ohnmachts- und Insuffizienzgefühle können oft psychisch nicht ertragen und müssen mit Hilfe adoleszenter Größenphantasien abgewehrt werden. In diesen Größenphantasien (z.B. in Tagträumen) fühlt sich der Adoleszente als "der Größte, Klügste, als der Retter der Menschheit". Klinische Erfahrungen belegen, wie wichtig diese Omnipotenzphantasien für den adoleszenten Entwicklungsprozeß sind. Der Jugendliche braucht teilweise die Illusion, er sei ein unersetzbares, einzigartiges Wesen, auf das "die Welt wartet", um den innerseelischen narzißtischen Notzustand zu kompensieren, der durch das Wegfallen

[5] Thomas Mann hat in seinem Adoleszenzroman "Tonio Kröger" diese homoerotische Phase sensibel beschrieben. Halberstadt-Freud (1993) schilderte analoge Entwicklungskonflikte bei Marcel Proust.

bisheriger narzißtischer Befriedigungen (z.B. durch Lob der realen oder internalisierten Eltern im Ichideal oder Überich) bedingt ist. Besteht wenig innerer oder äußerer Spielraum zum Entwickeln solcher Omnipotenzphantasien oder erfolgt eine zu schnelle Desillusionierung, z.B. durch die Erfahrung drohender Arbeitslosigkeit und Perspektivelosigkeit, fallen die Omnipotenzphantasien abrupt in sich zusammen: Angst, Wut (bis hin zur narzißtischen Wut) und Gewalt können eine mögliche Folge sein (vgl. dazu u.a. Literatur zu rechtsextremen Jugendlichen im Literaturverzeichnis).

In der *Spätadoleszenz* hat sich dieser seelische Notstand oft etwas reguliert. Schulische Erfolge und zunehmende Sicherheit in neuen Objektbeziehungen und in der narzißtischen Selbstwertregulation führen zu einer vermehrten Stabilität. Dies ist eine Voraussetzung für eine erhöhte Differenzierung seelischen Problemlösens: Erste Ambivalenzen und Ambiguitäten in der Wahrnehmung des Selbst, des Selbstideals und der Objekte werden zugelassen und seelisch ertragen. Die zunehmende psychische Reife ist eine Voraussetzung, die entwicklungsspezifischen Aufgaben der Spätadoleszenz in Angriff zu nehmen. Sie stehen in Zusammenhang damit, daß in unserer Gesellschaft die Spätadoleszenz eine Reihe unabdingbarer Entscheidungen und Festlegungen mit sich bringt: Nach einer Phase des Experimentierens mit verschiedenen Selbstentwürfen, Rollen und Verhaltensweisen werden von dem Spätadoleszenten in unserer Gesellschaft identifikatorische Festlegungen erwartet: Der Jugendliche muß sich für einen (bzw. höchstens einige wenige) Beruf entscheiden, sich vertiefend in eine Liebesbeziehung einlassen (die immer auch einen Verzicht auf andere, ebenfalls potentiell mögliche Beziehungen bedeutet), sexuelle Erfahrungen mit konstanten Partnern suchen und auch im Bereich des persönlichen Wertraums eine Reihe von Festlegungen treffen: Politische, ideologische und religiöse Lebenseinstellungen nehmen nun Kontur an. Daher wird im Laufe der Spätadoleszenz sukzessiv eine unverwechselbare Charakterstruktur sichtbar, in die Gefühlsdispositionen, individuelle Bedürfnishierarchien und spezifische Verletzlichkeiten bzw. Residuen infantiler Traumatisierungen integriert werden. Dies alles resultiert in einem vertieften Gefühl der eigenen, unverwechselbaren Identität, der immer wieder Kontinuität mit sich selbst vermittelnden Erfahrung: "Das bin ich!". Dieser Prozeß ist oft krisenanfällig und vielschichtig und wird meist als schmerzlich erlebt, weil er - für die meisten Spätadoleszenten unserer Kultur - mit irreversiblen Entscheidungsprozessen verbunden ist. Vergangenheit, Gegenwart und Zukunft werden erstmals reale Größen, ein Bewußtsein der eigenen Lebenszeit, von Endlichkeit und Sterblichkeit zeichnet sich ab - ein schmerzvoller Prozeß. Die damit verbundene Trauerarbeit einerseits, aber auch die Erfahrung realer Kompetenz als verläßlicher Partner in einer Liebesbeziehung, der für Bedingungen sorgen kann, die befriedigende Erfahrungen für sich selbst und andere mit sich bringen, ist eine Voraussetzung für den Eintritt ins junge Erwachsenenalter, das Blos mit der psychischen Bereitschaft, Verantwortung für die kommende Generation zu übernehmen, eine Bereitschaft zur psychischen Elternschaft, in Verbindung bringt.

Die Validität dieses Phasenmodells wurde inzwischen vielfach in Frage gestellt; dennoch eignet es sich, die innerseelischen Prozesse, die wir hier im Auge haben, adäquater theoretisch zu beleuchten. Für das Auftreten von Gewalt sind vor allem die frühen Phasen der Adoleszenz entscheidend, wie wir gleich diskutieren werden. Allerdings ist auch zu bedenken, daß die Gewaltbereitschaft der frühen Adoleszenz regressiv wiederbelebt werden kann, falls spätere Entwicklungsprozesse und der Übergang ins Erwachsenenalter gesellschaftlich bedroht sind. So sind z.B. spätadoleszente Entwicklungsprozesse durch ein komplexes Ineinanderwirken von entwicklungsspezifischen Konflikten, idiosynkratischen Sozialisationsfaktoren und institutionellen und gesellschaftlichen Realitäten determiniert. Werden nun durch institutionelle und sozioökonomische Entwicklungen psychosoziale Freiräume bedroht oder gar weitgehend zum Verschwinden gebracht, können spätadoleszente Identitätsbildungsprozesse nur partiell oder im Extremfall oft sogar kaum noch durchlaufen werden. Gefühle chronischer Ohnmacht, das Erleben "... auf mich kommt es nicht an ... ich bin nur ein winziges Glied in einer Kette und werde weder gesehen noch als individuelle Persönlichkeit wahrgenommen", kann einen regressiven Prozeß begünstigen, der - betrachten wir das aufgeführte Phasenmodell - Omnipotenzphantasien der frühen Adoleszenz (bzw. der "eigentlichen Adoleszenz") sekundär wiederbeleben und eine "primitivere Stufe psychischen Funktionierens" zu Tage fördert, die, als Folge der psychischen Regression, dem spätadoleszenten Differenzierungsniveau nicht mehr entspricht, sondern eher an die Manifestationen Adoleszenter erinnert. I.a.W. kann durch solche chronischen institutionellen oder gesellschaftlichen Erfahrungen in der äußeren Realität ein Regressionsprozeß bei Spätadoleszenten in Gang gesetzt werden, der zu adoleszenten psychischen Mechanismen wie der rigiden Spaltung in Gut und Böse, Schwarz und Weiß, von Omnipotenz und archaischer Wut führt. An solche Prozesse ist bei manchen Führungspersönlichkeiten rechtsorientierter Jugendgruppen zu denken, die - vom Alter her - längst der Spätadoleszenz zuzuordnen wären, aber partizipatorisch an den adoleszenten Befriedigungsmodalitäten der von ihnen betreuten Jugendlichen festhalten (vgl. u.a. Analyse der Persönlichkeit von Junghans im Film "Beruf Neonazi").

3. Verwirrung, Orientierungslosigkeit und Gewalt - Aspekte der inneren und äußeren Loslösung vom Elternhaus

Wie eben beschrieben, stürzt die beginnende äußere und innere Loslösung vom Elternhaus den Jugendlichen oft in einen Zustand der Verwirrung und der Orientierungslosigkeit, die ihn anfällig für Gewalt gegen das Selbst und das Objekt bzw. die Umgebung macht. Wir können uns die Psychodynamik, die diesen psychischen Prozessen zugrunde liegt, nochmals anhand der folgenden graphischen Darstellung des Strukturmodells der Psychoanalyse vergegenwärtigen.

Psychodynamik

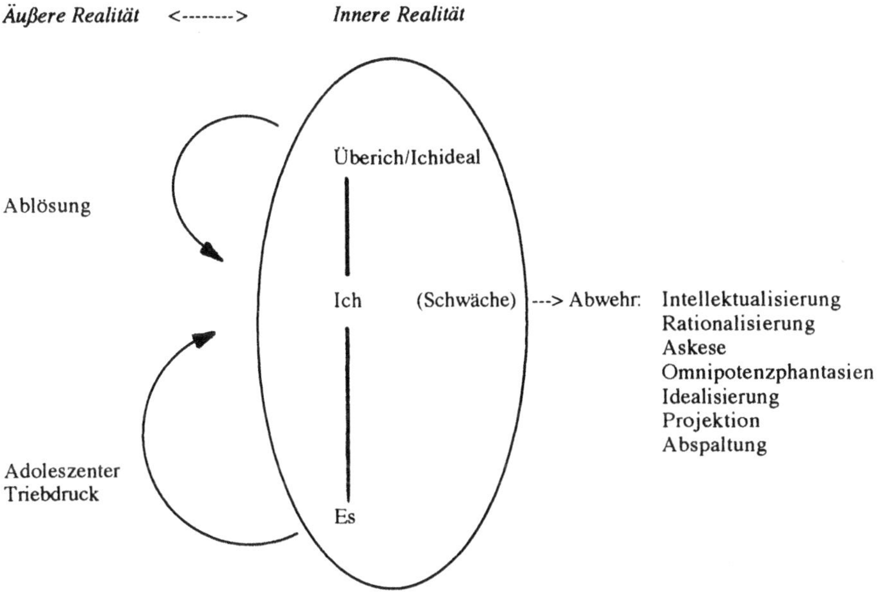

Metaphorisch ausgedrückt, gerät das jugendliche Ich durch den adoleszenten Entwicklungsschub in eine seelische Situation, in der es gleichzeitig von zwei Seiten unter Druck gesetzt wird: Einmal verstärken sich durch den Wachstumsschub die körperlichen Spannungen, Impulse und Sehnsüchte ("Es"), gleichzeitig werden die Werte und Ideale im Überich und Ichideal einer Revision unterzogen und erfahren eine qualitative und quantitative Veränderung. Sie können daher dem Ich nicht mehr - wie während der Latenz - eine zuverlässige und kontinuierliche innere und äußere Orientierung bieten und konfrontieren daher den Adoleszenten mit einem Wertevakuum und einer Phase der "Bewertungsschwäche" eigenen und fremden Handelns.

a) Wiederaufleben präödipaler und ödipaler Triebwünsche

Wie erwähnt, bewirkt der Wachstumsschub, der in der Präadoleszenz einsetzt, eine Zunahme des Triebdrucks. Für den Jugendlichen ist es meist verwirrend, daß damit eine wahllose Besetzung aller prägenitalen libidinösen und aggressiven Befriedigungsarten verknüpft ist. Orale Befriedigungen und Konflikte leben wieder auf: Das Essen und alle damit verbundenen Befriedigungsquellen bekommen unvermittelt wieder eine enorme Bedeutung. Aber auch die Abkömmlinge der oralen Befriedigungsmodalitäten, wie etwa das Einverleiben und das Ausspucken, die Gier und der Neid, das Verschmelzen und das abrupte Fallenlassen etc. werden psychisch wiederbelebt. Der Adoleszente schwankt zwischen den regressiven Sehnsüchten, vom omnipotenten Liebesobjekt allumfassend versorgt zu werden, und dem progressiven Wunsch, sich selbst - unabhängig vom versorgenden Objekt - orale Befriedigung autonom verschaffen zu können. Auch die Zugehörigkeit zur Peer-group wird in dieser

Zeit oft durch Zugänge zu oralen Befriedigungsquellen (Essen, Trinken, Rauchen etc.) erworben.

Die orale Thematik ist auch in Musils Roman präsent. Einige der entscheidenden Szenen spielen sich in der Konditorei oder einem Restaurant ab. Basini bringt sich in Geldschwierigkeiten, weil er - großspurig - seine Mitschüler zu Essen und Wein einlädt.

> "Die beiden waren in der Konditorei eingekehrt.
> Dort saßen sie an einem kleinen Tische mit runder Platte, neben einem Fenster, das auf den Garten hinausging, unter einer Gaskrone, deren Lichter hinter den milchigen Glaskugeln leise summten.
> Sie hatten es sich bequem gemacht, ließen sich die Gläschen mit wechselnden Schnäpsen füllen, rauchten Zigaretten, aßen dazwischen etwas Bäckerei und genossen das Behagen, die einzigen Gäste zu sein ...
> Törleß sah - nur so ganz unbestimmt - durch das Fenster - in den leeren Garten hinaus, der allgemach verdunkelte.
> Beineberg erzählte. Von Indien. Wie gewöhnlich. Denn sein Vater, der General war, war dort als junger Offizier in englischen Diensten gestanden..." (Musil, R., 1906/1964, S. 19)

Noch irritierender ist i.d.R. das Wiederaufleben analer und anal-sadistischer Triebimpulse. Der sich verändernde Körper reaktiviert u.a. anale Konflikte und Ängste im Zusammenhang mit dem Wunsch, den eigenen Körper und seine Produkte zu kontrollieren und autonom zu beherrschen. Doch auch die äußeren Objekte werden oft zum Gegenstand von Kontrollwünschen oder anderen analen Befriedigungen. Viele Lehrer klagen z.B. darüber, daß die gut sozialisierten Latenzkinder der Grundschule in der Vorpubertät plötzlich völlig andere Verhaltensweisen zeigen und ihr soziales Verhalten einzubüßen scheinen. Es kann zu Ausstoßungen von Schwachen aus der Gruppe, zuweilen sogar zu anal-sadistischen Quälereien und Ausbrüchen kommen. Für den Jugendlichen besonders befremdend sind solche Befriedigungsmodalitäten, wenn sie sich mit der genitalen Reifung und Stimulation verbinden.

Solche irritierenden Erfahrungen werden von Musil eindrücklich beschrieben. Z.B. wird Törleß von seinen ihm unverständlichen Emotionen und Stimulationen, die die sadistischen Quälereien seines Mitschülers Basini durch Beineberg und Reiting in ihm evozieren, völlig verwirrt:

> "Es war dort still geworden; nur Basini klagte leise vor sich hin, während er nach seinen Kleidern tastete.
> Törleß fühlte sich durch diese klagenden Laute angenehm berührt. Wie mit Spinnenfüßen lief ihm ein Schauer den Rücken hinauf und hinunter; dann saß es zwischen den Schulterblättern fest und zog mit feinen Krallen seine Kopfhaut nach hinten. Zu seinem Befremden erkannte Törleß, daß er sich in einem Zustande geschlechtlicher Erregung befand.... Er schämte sich dessen; aber es hatte ihm wie eine mächtige Blutwelle daherflutend den Kopf benommen ..." (a.a.O., S. 74)

Auch andere frühinfantile Triebwünsche werden in den frühen Phasen der Adoleszenz reaktiviert. Z.B. spielen die Exhibitionswünsche, die phallische Lust am Zeigen und Gesehenwerden eine enorme Rolle. Die Kleider und das eigene Aussehen, etwa die Frisur, bekommen eine wichtige Funktion bei der Auseinandersetzung mit dem sich verändernden Körper und sind für die Entwicklung einer tragenden narzißtischen Selbstwertregulation von großer Relevanz.

Doch auch die ödipalen Wünsche und Konflikte erleben in dieser Zeit eine Renaissance. Die Liebe zu den primären Objekten scheint sich nochmals psychisch ins Zentrum zu setzen, präsent zu werden, bevor sie zugunsten von zärtlichen und sexuellen Wünschen an neue Objekte abgelöst wird.

Die ödipale Bindung an die "reine" Mutter von Törleß wird in einer Szene besonders treffend geschildert, als er zusammen mit Beineberg die Prostituierte Bozena besucht und sich diese über deren Mütter lustig macht.

> "... Ich meine, er hat auch deiner Mutter gefallen. Wenn sie das nun gewußt hätte! Ich glaube, deine Tante hätte mich und ihn aus dem Hause schmeißen müssen. So sind nun einmal die feinen Damen, gar wenn sie noch keinen Mann haben ...
> Während Bozena sprach, fühlte sich Törleß ihren gemeinen Anspielungen fast wehrlos preisgegeben.
> Was sie schilderte, sah er lebendig vor sich. Beinebergs Mutter wurde zu seiner eigenen. Er erinnerte sich der hellen Räume der elterlichen Wohnung. Der gepflegten, reinen, unnahbaren Gesichter, die ihm zu Hause bei den Diners oft eine gewisse Ehrfurcht eingeflößt hatten. Der vornehmen, kühlen Hände, die sich selbst beim Essen nichts zu vergeben schienen. Eine Menge solcher Einzelheiten fiel ihm ein, und er schämte sich, hier in einem kleinen, übelriechenden Zimmer zu sein und mit einem Zittern auf die demütigenden Worte einer Dirne zu antworten. Das Wühlen seiner dunklen Leidenschaften kam ihm lächerlich vor ...
> ... Mit jeder Einzelheit, deren er sich erinnerte, wuchs nämlich neben der Scham auch eine Kette häßlicher Gedanken in ihm groß. Sie hatte begonnen, als Beineberg die Erläuterung zu Bozenas Gespräch gab, worauf Törleß errötet war.
> Er hatte damals plötzlich an seine eigene Mutter denken müssen, und dies hielt nun fest und war nicht loszubekommen. Es war ihm nur so durch die Grenzen des Bewußtseins geschossen - blitzschnell oder undeutlich weit - am Rande - nur wie im Fluge gesehen - kaum ein Gedanke zu nennen. Und hastig war darauf eine Reihe von Fragen gefolgt, die es verdecken sollten: "Was ist es, das es ermöglicht, daß diese Bozena ihre niedrige Existenz an die meiner Mutter heranrücken kann? Daß sie sich in der Enge desselben Gedankens an jene herandrängt? Warum berührt sie nicht mit der Stirne die Erde, wenn sie schon von ihr sprechen muß? Warum ist es nicht wie durch einen Abgrund zum Ausdruck gebracht, daß hier gar keine Gemeinsamkeit besteht? Denn, wie ist es doch? Dieses Weib ist für mich ein Knäuel aller geschlechtlichen Begehrlichkeiten; und meine Mutter ein Geschöpf, das bisher in wolkenloser Entfernung, klar und ohne Tiefen, wie ein Gestirn jenseits alles Begehrens durch mein Leben wandelte ..."
> Törleß sättigte sich mit den Augen an Bozena und konnte dabei seine Mutter nicht vergessen; durch ihn hindurch verkettete die beiden ein Zusammenhang: Alles andere war nur ein sich Winden unter dieser Ideenverschlingung ..."

Darauf fällt ihm ein, wie er einmal seine Eltern im Park beobachtet hatte:

> "Aber da, ... es fuhr ihm kalt durch den Leib ... war auch wieder dieses quälende Vergleichen. Was mochten die beiden dabei gefühlt haben? Liebe? Nein, der Gedanke kam ihm jetzt zum erstenmal ...." (a.a.O., S. 33/34/35)

Ebenfalls verwirrend sind für viele Jugendliche die Reaktivierungen der negativ ödipalen Situation, oft ein psychodynamischer Hintergrund für die homosexuellen Empfindungen der frühen Adoleszenz (vgl. unten). Die drohende Überflutung des Ichs durch solche präödipalen und ödipalen Triebwünsche versucht der Jugendliche, durch eine Reihe von Abwehrmechanismen zu bewältigen, worauf wir gleich noch weiter eingehen werden.

Z.B. entwickelt Törleß im Sinne der Intellektualisierung ein fast zwanghaftes Interesse an mathematischen und philosophischen Fragen, z.B. an dem Konzept der imaginären Zahlen, möchte aber auf keinen Fall, daß diese geistige Tätigkeit mit seinen Triebregungen in Beziehung gesetzt wird: i.a.W. versucht er eine rigide Abspaltung und Isolierung beider Bereiche. Dies zeigt sich in einer Unterhaltung mit Beineberg deutlich, in der ihm Beineberg seine sadistischen Aktionen mit Basini ankündigt, diese aber in Zusammenhang mit seiner, durch die Identifikationen mit seinem Vater geprägten indischen Lebensphilosophie stellt:

> "In meinem Kopfe war vordem alles so klar und deutlich geordnet; nun aber ist mir, als seien meine Gedanken wie Wolken, und wenn ich an die bestimmten Stellen komme, so ist es wie eine Lücke dazwischen, durch die man in eine unendliche, unbestimmbare Weite sieht. Die Mathematik wird schon recht haben; aber was ist es mit meinem Kopfe und was mit all den anderen? Fühlen die das gar nicht? Wie malt es sich in ihnen ab? Gar nicht?"
> "Ich denke, du konntest es an deinem Professor sehen ... *Die* haben sich einen Weg in tausend Schneckengängen durch ihr Gehirn gebohrt, und sie sehen bloß bis zur nächsten Ecke zurück, ob der Faden noch hält, den sie hinter sich herspinnen. Deswegen bringst du sie mit deiner Art zu fragen in Verlegenheit. Von denen findet keiner den Weg zurück ... Alles ist unsicher, was sie behaupten. Alles geht natürlich zu, sagen sie; - wenn ein Stein fällt, so sei das die Schwerkraft, warum soll es aber nicht ein Wille Gottes sein, und warum derjenige, der ihm wohlgefällig ist, nicht einmal davon entbunden sein, das Los des Steines zu teilen? Doch wozu erzähle ich dir solches?! Du wirst doch immer halb bleiben! Ein wenig Sonderbares ausfindig machen, ein wenig den Kopf schütteln, ein wenig sich entsetzen, - das liegt dir; darüber traust du dich aber nicht hinaus ... Du wirst es schon noch sehen, mein lieber Törleß; ich möchte sogar wetten, daß du dich noch einmal ganz verflucht dafür interessieren wirst, was es damit für Bewandtnis hat. Beispielsweise, wenn es mit Basini so kommt, wie ich ..."
> "Laß das, bitte", unterbrach ihn Törleß, "ich möchte das gerade jetzt nicht da hineinmengen".
> "Oh, warum nicht?"
> "Nur so. Ich will einfach nicht. Es ist mir unangenehm. Basini und dies sind für mich zweierlei; und zweierlei pflege ich nicht im selben Topf zu kochen." (a.a.O., S. 86/87)

Törleß versucht sich auf dieser Ebene der Abwehr, der Intellektualisierung, erstmals von Beineberg zu distanzieren, indem er sich inhaltlich von dessen "übernatürlichen" Ideologien absetzt.

> "...wenn mich die Mathematik quält, so suche ich dahinter ganz etwas anderes als du, gar nichts Übernatürliches, gerade das Natürliche suche ich - verstehst du? Gar nichts außer mir - in mir suche ich etwas; in mir! etwas Natürliches!" (a.a.O., S. 88)

Wie bei Beineberg und Törleß - in unterschiedlicher Couleur - führen zuweilen (prägenitale) Triebbefriedigungen und die Auseinandersetzung mit Werten, Idealen und Ideologien in diesem Alter innerseelisch beim Einzelnen zwei voneinander säuberlich abgetrennte Existenzen oder werden, unbewußt, in einen merkwürdigen Zusammenhang gebracht. Z.B. rechtfertigt Beineberg seine sadistischen Befriedigungen durch Rationalisierungen, durch sein Interesse an indischen Lebensphilosophien und asketischen Praktiken. Analoge Argumentationsstrukturen legitimieren auch heute noch manche Gewaltausübung von Jugendlichen in Gruppen. Oft wird eine (rechte) Ideologie oder eine sektiererische Idee als Legitimation für Quälereien bis hin zu Tötungshandlungen benutzt (vgl. u.a. Berichte zu ritualisierten Morden durch die Hell's Angels).

b) Beginn der äußeren und inneren Loslösung vom Elternhaus mit dem Ergebnis einer Schwäche des Ichideals und Überichs

In der psychologischen Fachliteratur wird die Orientierungslosigkeit der Jugendlichen oft vorwiegend mit der Auseinandersetzung mit dem familiären Werteraum gesehen. Der adoleszente Entwicklungsprozeß ermöglicht dem Jugendlichen dank der kognitiven Entwicklung des abstrakten Denkens und der selbstreflexiven Fähigkeiten (vgl.u.a. Piaget u. Inhelder, 1972) erstmals Werte und Ideale, die die Eltern vertreten, einer eigenständigen Kritik zu unterziehen, sie mit anderen Auffassungen oder Weltanschauungen in Beziehung zu setzen und sich ein eigenes Urteil darüber zu bilden. Psychoanalytische Autoren haben darüber hinaus aufgezeigt, daß es sich bei diesem adoleszenten Loslösungsprozeß nicht nur um eine äußere Auseinandersetzung handelt, sondern daß auch ein innerer Vorgang stattfindet, in dem der Niederschlag der Beziehung zu den Eltern im eigenen Ichideal und Überich einer kritischen Überprüfung unterzogen wird. Es ist lange unterschätzt worden, zu welcher psychischen Labilisierung dieser Prozeß führen kann. Der Wegfall der sicheren Bewertungsmaßstäbe der Latenz erzeugt ein Vakuum und eine Unsicherheit, welche Werte und Ideale nun als eigene Bewertungsmaßstäbe eingesetzt werden sollen. Diese Verunsicherung macht viele Adoleszente anfällig für Verführungen durch neue Peer-group-Ideale. Ganz allgemein sinkt aufgrund der eben geschilderten Psychodynamik in diesem Alter die Schwelle zur Gewaltausübung.

Törleß erlebt diesen Ablösungsprozeß wie die meisten Jugendlichen nicht reflektiert, sondern als einen weitgehend rätselhaften Veränderungsprozeß seiner selbst und seiner Beziehung zu den Personen seiner Umwelt. Der Roman beginnt nicht zufälligerweise mit einer Abschiedsszene von seinen Eltern auf dem Bahnhof und endet damit, daß er wiederum Abschied nimmt von seiner Internatsschule und nun - verändert - nach Hause zurückkehrt.

In der ersten Zeit im Internat fühlt er sich wie ein verlassenes Kind und leidet unter intensivem Heimweh, was er durch lange und offene Briefe an seine Eltern, vor allem an seine Mutter, zu lindern versuchte. Doch darauf setzt allmählich ein Loslösungsprozeß von ihm ein:

> "Zu dieser Zeit verloren sich die leidenschaftlichen Spuren der im Erwachen gewesenen Seele wieder aus seinen Briefen, und an ihre Stelle traten ausführliche Beschreibungen des Lebens im Institute und der neugewonnenen Freunde.
> Er selbst fühlte sich dabei verarmt und kahl, wie ein Bäumchen, das nach der noch fruchtlosen Blüte den ersten Winter erlebt.
> Seine Eltern aber waren es zufrieden. Sie liebten ihn mit einer starken, gedankenlosen, tierischen Zärtlichkeit..." (a.a.O., S. 10)

Eindrücklich wird hier beschrieben, in welch innere Leere und welches Vakuum ihn dieser Loslösungsprozeß zuerst einmal führten: "Verarmt und kahl, wie ein Bäumchen im Winter". Auch die innere Orientierungslosigkeit taucht im Text auf:

> "Es schien damals, daß er überhaupt keinen Charakter habe.." (a.a.O., S. 13)
> "Törleß fühlte sich nun sehr unzufrieden und tastete da und dort vergeblich nach etwas Neuem, das ihm als Stütze hätte dienen können ..." (a.a.O., S. 10)

Er sucht nach "etwas Neuem", nach neuen Werten und Idealen, aber auch nach neuen libidinösen Objekten, die ihm helfen könnten, einen Sinn seiner eigenen Existenz zu finden. Dies ist ein schmerzlicher und krisenanfälliger Prozeß, der nur zu oft in Gewalt gegen sich selbst und/oder den Anderen mündet.

c) Kompensationen der adoleszenten Ichschwäche

Zu offenen Gewalthandlungen kommt es, wie viele Untersuchungen belegen, vor allem in Gruppensituationen, die sich besonders dazu eignen, die individuelle Ichschwäche des Einzelnen durch die Zugehörigkeit zur Peer-group zu kompensieren. Freud (1921) hatte in "Massenpsychologie und Ichanalyse" bekanntlich vor allem die projektiven Mechanismen aufgezeigt, die es den Gruppenteilnehmern ermöglichen, ihr individuelles Überich auf eine Führerfigur oder -ideologie zu projizieren und diesen dadurch die Verantwortung für eigenes Denken, Fühlen und Handeln zu übertragen. Diese Mechanismen setzen die individuelle Gewissensinstanz außer Kraft, was subjektiv als Entlastung erlebt wird und primitiven Triebbefriedigungen Tür und Tor öffnet. Daher sind Jugendliche in Gruppen zu Gewalttaten fähig, die jeder für sich allein, als Individuum, niemals vollziehen würde.

Bohleber und andere neuere Autoren haben noch auf einen anderen Aspekt der Gruppenpsychologie hingewiesen (vgl. Beitrag von Bohleber in diesem Band). Die Zugehörigkeit zur Gruppe wird als narzißtische Verschmelzung erlebt: Die Grenzen des eigenen Selbst werden zugunsten eines Gruppenselbst durchlässig und führen zu einem omnipotenten, grandiosen "Wir-Erleben". Diese narzißtische Omnipotenz prädestiniert für die Kompensation der eben beschriebene adoleszenten Ichschwäche: Als Gruppenmitglied fühlt man sich stark, unversehrt und mächtig. Die eigenen Insuffizienz- und Ohnmachtsgefühle verschwinden dadurch aus dem subjektiven Erleben des Einzelnen. Daher zählt oft für den Jugendlichen die Zugehörigkeit zu einer bestimmten Gruppe vorübergehend weit mehr als die individuelle Sozialisationsgeschichte oder die Herkunftsfamilie.

Psychoanalytisch gesehen reaktivieren die eben beschriebenen regressiven, entdifferenzierenden Prozesse in Gruppen frühe psychische Verschmelzungserlebnisse mit dem Primärobjekt, die als symbiotische Erfahrungen beschrieben wurden. Es sind psychische Zustände, die für uns alle ein Leben lang eine große Attraktivität behalten und zum Beispiel im Stadium des Verliebtseins oder der Ekstase wiederbelebt werden können.

Für das hier diskutierte Thema ist wichtig, daß Gruppen Jugendlichen zu solchen entdifferenzierenden Verschmelzungserfahrungen verhelfen. Oft bieten sie im besten Falle neue Werte und Ideale an, mit denen sich die Jugendlichen in der Phase der Infragestellung der familiären Werte identifizieren können und dadurch eine neue Orientierung, einen neuen Halt finden. Dadurch erfahren sie eine Entlastung von dem adoleszenten Individuationsdruck, was im Sinne einer Regression im Dienste des Ichs Erholungsphasen im Prozeß der Selbst- und Identitätsfindung bieten kann. Allerdings werden in Gruppen, die eine solche progressive Entwicklung beim Jugendlichen unterstützen, Unterschiede zwischen den einzelnen Gruppenmitgliedern gefördert statt eingeebnet, i.a.W. wird der Individuationsprozeß des Einzelnen zwar zeitenweise entlastet, aber im Großen und Ganzen unterstützt. Beispiele solcher Gruppen sind z.B. Sportgruppen, die den Jugendlichen im Team eine bestimmte Rolle zuordnen, in Wettkämpfen feste Regeln vertreten und eine Zugehörigkeit in der Differenz ermöglichen. Es kann zwar durchaus zu Verschmelzungserlebnissen mit dem Team, der eigenen Mannschaft, z.B., während eines Wettkampfes, kommen, doch sind diese Erlebnisse in einen strukturierten Rahmen eingebunden und dadurch vor grenzenlosen Entgleisungen i.d.R. abgesichert. Als zweites Beispiel mag eine Gruppe Jugendlicher dienen, die als Musikband auftritt, in der jeder seinen eigenen Part, sein Instrument, zu spielen hat und "Verschmelzungserlebnisse" erst durch die kompetente Beherrschung der einzelnen Instrumente im Zusammenspiel mit den anderen möglich werden.

Problematischer sind Gruppen, die zugunsten einer Ideologie die individuellen Unterschiede verwischen und die Entdifferenzierungsprozesse systematisch fördern; denn die Gruppenmechanismen, die für den adoleszenten Entwicklungsprozeß hilfreich sein können, stellen in diesen Konstellationen große Gefahren dar. Wie Bohleber (1992) diskutierte, sind Adoleszente in Gruppen z.B. anfällig für nationalistische und rechtsextreme Ideologien, da sich z.B. das "Phantasma der Nation" besonders anbietet, um die eben geschilderten Verschmelzungswünsche und -phantasien mit dem Primärobjekt auf sich zu ziehen. Das Vaterland ist auf einer tiefen unbewußten Ebene immer auch das Mutterland, mit dem man sich vereinigen kann und dessen "Reinheit" man vor "Verschmutzung" oder Bedrohung schützen muß. Dem archaischen Niveau der Verschmelzungserlebnisse entsprechen auch primitive Abwehrmechanismen wie die Projektion oder die Introjektion, bekanntlich gefährliche Mechanismen, die oft fremdenfeindlichen Gewalttaten bei den beteiligten Individuen zugrundeliegen. Das Tabuisierte, Schmutzige, Gefährliche, Bedrohliche im eigenen Unbewußten wird auf den Fremden projiziert und bei ihm - statt in sich selbst - bekämpft.

Musils Roman stellt diese Mechanismen in einer prophetischen Hellsichtigkeit und meisterhaften psychologischen Präzision dar, ein Grund, weshalb sein Roman immer wieder als Vision der kommenden Diktatur und der Vergewaltigung des einzelnen durch ein faschistisches System bezeichnet wurde. Ich kann in diesem Rahmen die verschiedenen Stadien nicht wiedergeben, mit denen der Autor nachzeichnet, wie Basini sukzessiv die Projektionen seiner Mitschüler auf sich zieht, bis er schließlich in eine Sündenbockposition gerät, die eine Lynchszene kollektiv legitimiert.

> "Mit Basini wurde es jedoch ernst.
> Törleß sah, wie Beineberg und Reiting zu einzelnen hingingen und wie sich dort um sie herum Gruppen bildeten, in denen eifrig geflüstert wurde ...
> Alle versammelten sich hinten bei den Kästen; dann wurde Basini vorgerufen.
> Beineberg und Reiting standen wie zwei Bändiger zu seinen Seiten.
> Das probate Mittel des Entkleidens machte, nachdem man die Türen verschlossen und Posten ausgestellt hatte, allgemeinen Spaß.

> Reiting hielt ein Päckchen Briefe von Basinis Mutter an diesen in seiner Hand und begann vorzulesen.
> "Mein gutes Kind ..."
> Allgemeines Gebrülle.
> "Du weißt, daß ich von dem wenigen Gelde, über das ich als Witwe verfüge ..." Unflätiges Lachen, zügellose Scherze flattern aus der Masse auf. Reiting will weiterlesen. Plötzlich stößt einer Basini. Ein anderer, auf den er dabei fällt, stößt ihn halb im Scherze, halb in Entrüstung zurück. Ein dritter gibt ihn weiter. Und plötzlich fliegt Basini, nackt, mit von der Angst aufgerissenem Munde, wie ein wirbelnder Ball, unter Lachen, Jubelrufen, Zugreifen aller im Saale umher - von einer Seite zur andern - , stößt sich Wunden an den scharfen Ecken der Bänke, fällt in die Knie, die er sich blutig reißt, und stürzt endlich blutig, bestaubt, mit tierischen, verglasten Augen zusammen, während augenblicklich Schweigen eintritt und alles vordrängt, um ihn am Boden liegen zu sehen.
> Törleß schauerte. Er hatte die Macht der fürchterlichen Drohung vor sich gesehen.
> Und immer noch wußte er nicht, was Basini tun werde.
> In der nächsten Nacht sollte Basini an ein Bett gebunden werden, und man hatte beschlossen, ihn mit Florettklingen durchzupeitschen." (a.a.O., S. 137/38)

Doch nicht nur in Gruppen kommen Projektion und Spaltung als primitive Abwehrmechanismen von Adoleszenten zum Tragen. Die Ichschwäche ist auch für den Einzelnen oft derart prekär, daß nur primitive psychische Mechanismen Gefühle der Leere und der Verwirrung und Scham über die reaktivierten, bisher tabuisierten präödipalen und ödipalen Triebregungen aus dem subjektiven Erleben zum Verschwinden bringen können. So ist z.B. die Askese, die nicht selten bei Adoleszenten zu beobachten ist (z.B. in der Anorexie) u.a. ein Versuch, das Triebhafte, Gefährliche im eigenen Körper rigide zu kontrollieren und - im Extremfall - den Körper in seiner Körperlichkeit, d.h. mit seinen Bedürfnissen und Wünschen, zu negieren und zu verleugnen und sich statt dessen nur mit der Welt der Ideale und Werte zu beschäftigen.

Weniger extrem und daher i.d.R. für die adoleszente Entwicklung weit produktiver sind die Abwehrmechanismen der Rationalisierung und der Intellektualisierung, die dem Jugendlichen zwar auch eine vermehrte Kontrolle über seinen Körper und die verwirrenden Triebimpulse ermöglichen, aber gleichzeitig dazu dienen, die sich entwickelnden kognitiven und intellektuellen Fähigkeiten zu entfalten und zum Blühen zu bringen. Der Adoleszente erschafft sich auf diese Weise eigene Weltentwürfe, bricht zu neuen Ufern auf, entdeckt das Universum. In diesem Zusammenhang spielen die Omnipotenzphantasien eine entscheidende Rolle. Ihnen kommt eine zentrale progressive Funktion zu; denn ohne ein Gefühl der eigenen Omnipotenz, der Überzeugung, "ich habe in dieser Welt etwas zu sagen", kann die Phantasietätigkeit nicht zum Entfalten kommen und die innovativen Prozesse entwickeln, denen wir oben eine zentrale kulturkritische Funktion zugesprochen hatten (vgl. dazu auch Leuzinger-Bohleber/Mahler, 1993).

Im Gegensatz zu Basini und Reiting ist Törleß aufgrund seiner Begabungen und seiner bisherigen Sozialisation in der Lage, mit Intellektualisierung und Rationalisierung auf die "dunklen unterirdischen Gewässer" des adoleszenten Triebschubs zu reagieren. Er versinkt in exzessive Tagträumereien und entwickelt ein fast übersteigertes Interesse an philosophischen und mathematischen Fragen, wie erwähnt z.B. an den imaginären Zahlen. Dies führt ihn zu einer direkten Auseinandersetzung mit seinen Lehrern, z.B. seinem Mathematiklehrer, der ihn zwar bewußt enttäuscht, aber gleichzeitig ihm eine narzißtische Befriedigung verschafft, ernstgenommen und in die Welt der Wissenschaftler und Philosophen eingeführt zu werden. Diese Erfahrung stärkt ihn u.a., sich von Beineberg abzugrenzen (vgl. oben erwähnte Szene) und seine adoleszente Ichschwäche im Traum zu kompensieren, in dem er von Kant träumt.

"Als Törleß abends im Bette lag, fand er keinen Schlaf. Die Viertelstunden schlichen wie Krankenschwestern von seinem Lager, seine Füße waren eiskalt, und die Decke drückte ihn, anstatt ihn zu wärmen ...
Endlich schwieg alles in Törleß. Vor seinen Augen war nur eine weite, schwarze Fläche, die sich kreisrund nach allen Seiten hin ausdehnte.
Da kamen ... weit vom Rande her ... zwei kleine, wackelnde Figürchen - quer über den Tisch. Das waren offenbar seine Eltern. Aber so klein, daß er für sie nichts empfinden konnte.
Auf der anderen Seite verschwanden sie wieder.
Dann kamen wieder zwei; - doch halt, da lief einer von rückwärts an ihnen vorbei - mit Schritten, die doppelt so lang waren wie sein Körper - , und schon war er hinter die Kante getaucht; war es nicht Beineberg gewesen? - Nun die zwei: der eine von ihnen war ja doch der Mathematikprofessor? Törleß erkannte ihn an dem Sacktüchlein, das kokett aus der Tasche schaute. Aber der andere? Der mit dem sehr, sehr dicken Buch unter dem Arm, das halb so hoch war wie er selbst? Der sich kaum damit schleppen konnte? ... Bei jedem dritten Schritte blieben sie stehen und legten das Buch auf die Erde. Und Törleß hörte die piepsige Stimme seines Lehrers sagen: Wenn dem so sein soll, finden wir das Richtige auf Seite zwölf, Seite zwölf verweist uns weiter an Seite zweiundfünfzig, dann gilt aber auch das, was auf Seite einunddreißig bemerkt wurde, und unter dieser Voraussetzung ... Dabei standen sie über das Buch gebückt und griffen mit den Händen hinein, daß die Blätter stoben. Nach einer Weile richteten sie sich wieder auf, und der andere streichelte fünf- oder sechsmal die Wangen des Professors. Dann kamen abermals ein paar Schritte vorwärts, und Törleß hörte von neuem die Stimme, genau so, wie wenn sie im Mathematikunterricht einen Bandwurm von Beweis abfingerte. Solange, bis der andere wieder den Professor streichelte.
Dieser andere ...? Törleß zog die Brauen zusammen, um besser zu sehen. Trug er nicht einen Zopf? Und etwas altertümliche Kleidung? Sehr altertümliche? Seidene Kniehosen sogar? War das nicht ...? Oh! Und Törleß wachte mit einem Schrei auf: Kant!
Im nächsten Augenblick lächelte er; es war ganz still umher, die Atemzüge der Schlafenden waren leise geworden. Auch er hatte geschlafen. Und in seinem Bett war es einstweilen warm geworden. Er dehnte sich behaglich unter der Decke entlang.
"Ich habe also von Kant geträumt", dachte er, "warum nicht länger? Vielleicht hätte er mir doch etwas ausgeplaudert." ...
Langsam zog sich der Traum von Törleß zurück, - langsam wie eine seidene Decke, die über die Haut eines nackten Körpers hinuntergleitet, ohne ein Ende zu nehmen." (a.a.O., S. 88/89/90)

Wie ein meisterhafter Traumdeuter läßt hier Musil Törleß im Traum eine narzißtische Befriedigung erleben, indem ihm Kant im Traum erscheint. Diese Befriedigung wärmt ihn und hilft ihm, zum einen die Verunsicherung auszuhalten, daß seine Eltern "klein" für ihn geworden sind, so daß er nichts mehr für sie empfinden kann, und zum anderen die Kränkung zu verschmerzen, daß der Mathematikprofessor ihn tags zuvor auf die Zukunft und die großen Bücher mit den Lösungen für sein Problem der imaginären Zahlen verwiesen hat: Kant hat ihn im Traum besucht und ihm beinahe "etwas ausgeplaudert"! Auch die verwirrenden Triebwünsche, z.B. nach homoerotischer Zärtlichkeit, klingen an: Kant streichelt die Wangen des Professors, kennt folglich ebenfalls Wünsche nach körperlicher Zärtlichkeit zwischen Männern. - Der Traum selbst ist für Törleß wie eine Zärtlichkeit, eine seidene Decke, die sich über seinen nackten und verwundbaren Körper legt und ihn schützt und wärmt. Er kann nun seine intellektualisierende Abwehr weiter differenzieren und für die Suche nach der eigenen Identität einsetzen.

Aus psychoanalytischer Sicht können Adoleszente progressive Abwehr- und Copingmechanismen entwickeln, wenn sie sowohl in ihrer bisherigen Entwicklung als auch während ihrer Pubertät über Objektbeziehungserfahrungen verfügen, die Winnicott als "good-enough" charakterisierte. Der Jugendliche kann daher - trotz des adoleszenten Ablösungsprozesses - eine sukzessive Integration alter und neuer Objektbeziehungserfahrungen bzw. ihre Internalisierungen im Ich und Überich zustande bringen. Daher möchte ich nun noch einen kurzen Blick auf die Entwicklung adoleszenter Objektbeziehungen werfen:

d) Zum Schicksal adoleszenter Objektbeziehungen

Entscheidend für das Gelingen adoleszenter Entwicklung ist u.a. das infantile und aktuelle Schicksal der libidinösen und aggressiven Impulse im Zusammenhang mit den frühen Objektbeziehungserfahrungen.

Bekanntlich können sowohl präödipale als auch ödipale Konflikte beim Eintritt in die Latenz nur altersgemäß hinter sich gelassen werden, wenn eine gewisse Integration libidinöser und aggressiver Triebregungen gelingt. Z.B. ermöglicht die Enttäuschung, das ödipale Liebesobjekt mit dem gleichgeschlechtlichen Rivalen teilen zu müssen, dem Kinde während der ödipalen Entwicklungsphase zu akzeptieren, daß es diesen Rivalen gleichzeitig haßt und liebt, i.a.W. lernt es, mit ambivalenten Gefühlen in der äußeren und innerseelischen Realität umzugehen. Ein Trost beim ödipalen Verzicht ist die Zukunftsperspektive, der Wunsch, zu wachsen, die frühinfantile Welt hinter sich zu lassen und sich - vorerst einmal - der außerfamiliären Wirklichkeit der Peergroup z.B. in der Schule zuzuwenden. Um sich in dieser außerfamiliären Realität orientieren zu können und den ödipalen Verzicht zu leisten, identifiziert sich das Kind mit dem gleichgeschlechtlichen Elternteil und errichtet dadurch eine von den Eltern teilweise unabhängige Überich- und Ichidealstruktur. Auch diese Identifikationsprozesse sind das Produkt sowohl von libidinösen als auch von aggressiven Impulsen: Der geliebte und gleichzeitig gehaßte Rivale wird internalisiert, in sich hineinverlegt und zu einem Teil der eigenen seelischen Struktur. In dieser Struktur, dem Überich und dem Ichideal, wird die Verbindung zu den Primärobjekten erhalten: Das Latenzkind fühlt sich nicht einsam und verlassen, weil es seine Liebesobjekte in sich trägt, die ihm nun - auch ohne physisch ständig anwesend zu sein - eine Orientierung in der Außenwelt und eine Bewertung des eigenen Denkens, Fühlens und Handelns ermöglichen. Diese Errungenschaft des ödipalen Konfliktes erlaubt dem Latenzkind einen Entwicklungsschub, der von A. Freud vor allem als Differenzierung der Ichfunktionen, d.h. der Erweiterung der Kompetenzen im Umgang mit kognitiv-affektiven und sozialen Problemen beschrieben wurde.

Allerdings bleibt das Latenzkind bei diesen Lernprozessen abhängig von der "holding-function" (Winnicott) der familiären Bezugspersonen. Metaphorisch ausgedrückt: Das Latenzkind betrachtet die Welt über den Tellerrand der Familie und braucht die reale Heimatbasis für seinen Umgang mit äußeren und inneren Anforderungen.

In der Adoleszenz wird diese Heimatbasis endgültig verlassen: Der Jugendliche muß die innerseelischen Fähigkeiten entwickeln, die holding-functions seiner Primärpersonen selbst zu übernehmen, i.a.W. sich von den familiären Bezugspersonen loszulösen. Wiederum spielen aggressive und libidinöse Impulse und die Qualität der Objektbeziehungen bei diesen Entwicklungsprozessen eine entscheidende Rolle. Verkürzt zusammengefaßt durchläuft der Adoleszente bei diesen Ablösungsprozeß folgende Stadien:

Entwicklung der Objektbeziehungen

Infantile (primäre) Bezugspersonen

↓

Narzißtische Selbstobjekte
(Idealisierte Personen, Idole etc.)

↓

Homosexuelle Partnerwahl
("Spiegelung im Gleichgeschlechtlichen")

↓

Peer-group
(als Ich-Stützung und neue Identifikationsfiguren
im Ichideal- und Überichbereich)

↓

Heterosexuelle Partnerwahl
(zuerst oft Auseinanderklaffen zwischen "sexuellen,
instabilen Beziehungen" (Prostituierte) und
idealisierten, asexuellen Phantasieobjekten)

↓

I.d.R. langer und schmerzhafter Prozeß bis zum
Finden des konstanten "Liebesobjekts"

Qualität der Beziehung zu den primären Objekten

Wie oben beschrieben, sind sowohl die Strukturen als auch die Inhalte des Überichs und Ichideals von der Qualität der frühen Objektbeziehungen bestimmt worden. Haß und Liebe auf diese frühen Objekte prägen diese inneren Strukturen. Wenn der Jugendliche nun die Besetzungen von diesen Repräsentanzen zurückzieht, wird die Qualität der frühen Objektbeziehungen vorübergehend wieder sichtbar.

So wird in der oben erwähnten Textstelle zum Beginn der inneren Ablösung von den Elternintrojekten beiläufig, aber glasklar die Beziehung der Eltern zu Törleß charakterisert:

> "Seine Eltern aber waren zufrieden. Sie liebten ihn mit einer starken, gedankenlosen, tierischen Zärtlichkeit ..." (vgl. 3. b)

Der beschriebene Prozeß des Besetzungsrückzugs leitet folglich die kritische Auseinandersetzung mit diesen mächtigen inneren Objekten ein (vgl. Szene bei der Prostituierten Bozena unter 3. a).

Narzißtische Selbstobjekte (Idealisierte Personen, Idole etc.)

Durch diese beginnende Ablösung entsteht, wie beschrieben, ein Vakuum: Der Jugendliche fühlt sich entleert und orientierungslos. Intuitiv sucht er nach neuen Objekten, die sich eignen, diese Leere- und Verlustgefühle zu kompensieren. Idealisierte Personen, "Schwärme" oder Idole bieten sich bei dieser Kompensation als narzißtische Selbstobjekte an.

> "Törleß fühlte sich nun sehr unzufrieden und tastete da und dort vergeblich nach etwas Neuem, das ihm als Stütze hätte dienen können.
>
> Eine Episode dieser Zeit war für das charakteristisch, was sich damals in Törleß zu späterer Entwicklung vorbereitete.
> Eines Tages war nämlich der junge Fürst H. ins Institut eingetreten, der aus einem der einflußreichsten, ältesten und konservativsten Adelsgeschlechter des Reiches stammte.
> Alle anderen fanden seine sanften Augen fad und affektiert; die Art und Weise, wie er im Stehen die eine Hüfte herausdrückte und beim Sprechen langsam mit den Fingern spielte, verlachten sie als weibisch ...
> Törleß aber hatte vom ersten Augenblicke an einen starken Eindruck empfangen. Vielleicht wirkte dabei der Umstand mit, daß es ein hoffähiger Prinz war, jedenfalls war es aber auch eine andere Art Mensch, die er da kennenlernte.
> Das Schweigen eines alten Landedelschlosses und frommer Übungen schien irgendwie noch an ihm zu haften. Wenn er ging, so geschah es mit weichen, geschmeidigen Bewegungen, mit diesem etwas schüchternen Sichzusammenziehen und Schmalmachen, das der Gewohnheit eigen ist, aufrecht durch die Flucht leerer Säle zu schreiten, wo ein anderer an unsichtbaren Ecken des leeren Raumes schwer anzurennen scheint.
> Der Umgang mit dem Prinzen wurde so zur Quelle eines feinen psychologischen Genusses für Törleß ...
> Er stieß sich nicht an der Religiosität seines neuen Freundes ... (Idealisierung: L.-B.).
> Dann kam es plötzlich zum Bruche zwischen beiden.
> Wegen einer Dummheit, wie sich Törleß selbst hinterher sagen mußte.
> Sie waren nämlich doch einmal ins Streiten über religiöse Dinge gekommen. Und in diesem Augenblick war es eigentlich schon um alles geschehen. Denn wie von Törleß unabhängig, schlug nun der Verstand in ihm unaufhaltsam auf den zarten Prinzen los. Er überschüttete ihn mit dem Spotte des Vernünftigen, zerstörte barbarisch das filigrane Gebäude, in dem dessen Seele heimisch war, und sie gingen im Zorne auseinander.
> Seit der Zeit hatten sie auch kein Wort wieder zueinander gesprochen. Törleß war sich wohl dunkel bewußt, daß er etwas Sinnloses getan hatte, und eine unklare, gefühlsmäßige Einsicht sagte ihm, daß da dieser hölzerne Zollstab des Verstandes zu ganz unrechter Zeit etwas Feines und Genußreiches zerschlagen habe. Aber dies war etwas, das

ganz außer seiner Macht lag. Eine Art Sehnsucht nach dem Früheren war wohl für immer in ihm zurückgeblieben, aber er schien in einen anderen Strom geraten zu sein, der ihn immer weiter davon entfernte ..." (a.a.O., S. 10/11/12)

Wie Musil hier treffend beschreibt, ist ein auffallendes Merkmal dieser idealisierenden Beziehungen, daß sie bei der kleinsten Enttäuschung fallengelassen werden. Entpuppt sich das Objekt als vom Selbst bzw. dem Selbstideal abweichend, verliert es blitzschnell seine Eigenschaft als Selbstobjekt: Es kommt zu einem radikalen Kontaktabbruch.

Weil diese Idealisierungsprozesse beim einzelnen Jugendlichen derart instabil und mit Enttäuschungen verbunden sind, suchen viele - wie Törleß - den Anschluß an eine Gruppe; denn dort werden oft Idealisierungswünsche durch die erwähnten Projektionen des Guten auf einen Führer (bzw. ein gemeinsames Ideal oder eine kollektive Ideologie) und des Schlechten auf den "Fremden", den "Außenfeind" etc., befriedigt und können daher über längere Zeit aufrechterhalten bleiben.

Homosexuelle Partnerwahl ("Spiegelung im Gleichgeschlechtlichen")

Eine meist erschreckende und daher wie ein Geheimnis gehütete Beobachtung beim Adoleszenten ist die homosexuelle Anziehung, die Freunde auf ihn ausüben, denn sie evoziert die Angst vor einer homosexuellen Entwicklung. Meist ist dem Adoleszenten dabei nicht bewußt, daß diese Anziehung nicht nur eine sexuelle Komponente hat, sondern vor allem dazu dient, die eigene Verunsicherung durch den sich verändernden genitalen Körper durch einen Vergleich mit dem Gleichgeschlechtlichen zu lindern. Außerdem schützt vor allem bei männlichen Jugendlichen die homosexuelle Partnerwahl der frühen Adoleszenz vor einer Regression in die Passivität, die oft mit heterosexuellen Objekten verbunden ist (eine Liebesbeziehung zu einer Frau kann zuweilen die infantilen Wünsche an die Mutter reaktivieren und daher die progressive adoleszente Ablösung von ihr bedrohen). Die Zugehörigkeit zu einer Gruppe von Jungen dient daher oft durch die männlich-homoerotischen Aktivitäten der Abwehr von Passivitätswünschen, ebenfalls eine psychodynamische Komponente bei der kollektiven Gewaltausübung in diesen Altersgruppen.

> "Nun wurde es ganz leer und langweilig um Törleß. Aber er war einstweilen älter geworden, und die beginnende Geschlechtsreife fing an, sich dunkel und allmählich in ihm emporzuheben. In diesem Abschnitt seiner Entwicklung schloß er einige neue, dementsprechende Freundschaften, die für ihn später von größter Wichtigkeit wurden. So mit Beineberg und Reiting, mit Moté und Hofmeier, eben jenen jungen Leuten, in deren Gesellschaft er heute seine Eltern zur Bahn begleitete.
> Merkwürdigerweise waren dies gerade die übelsten seines Jahrganges, zwar talentiert und selbstverständlich auch von guter Herkunft, aber bisweilen bis zur Rohheit wild und ungebärdig ..." (a.a.O., S. 12)

In diesen triebhaften Adoleszenten begegnet Törleß unbewußt seiner eigenen beginnenden Triebhaftigkeit. So stimulieren ihn z.B. die Beobachtungen der sadistischen Handlungen an Basini in der Geheimkammer auf eine für ihn verwirrende, aber faszinierende Weise.

Als er ein Wochenende mit Basini allein im Institut verbringen muß, wird er von homoerotischen Impulsen überwältigt:

> "So krochen die Stunden der Dämmerung zu. Törleß saß ganz stumpfsinnig. Das einzige, was sich aus einem dumpfen, surrenden, brummenden Allgemeingefühle heraus in sein Bewußtsein hob, war das Ticken seiner Taschenuhr. Wie ein kleines Schwänzchen wackelte es hinter dem trägen Leib der Stunden her. Im Zimmer wurde es verschwommen...
> In der Nacht hätte Törleß beinahe Basini überfallen. Solch eine mörderische Sinnlichkeit war in ihm nach der Pein des gedankenlosen, stumpfsinnigen Tages erwacht ...
> Als er sich umdrehte, stand Basini nackt vor ihm.
> Unwillkürlich trat er einen Schritt zurück. Der plötzliche Anblick dieses nackten, schneeweißen Körpers, hinter dem das Rot der Wände zu Blut wurde, blendete und bestürzte ihn. Basini war schön gebaut; an seinem Leibe fehlte fast jede Spur männlicher Formen, er war von einer keuschen, schlanken Magerkeit, wie der eines jungen Mädchens. Und Törleß fühlte das Bild dieser Nacktheit wie heiße, weiße Flammen in seinen Nerven auflodern. Er konnte sich der Macht dieser Schönheit nicht entziehen ...
> Hier aber war sie auf den Wegen der Sinnlichkeit zu ihm gekommen. Heimlich, überfallend." (a.a.O., S. 101/102/104)

Später charakterisiert Musil Törleß' Empfindungen:

> "Aber man darf auch wirklich nicht glauben, daß Basini in Törleß ein richtiges und - wenn auch noch so flüchtig und verwirrt - wirkliches Begehren erregte. Es war allerdings etwas wie Leidenschaft in Törleß erwacht, aber Liebe war ganz gewiß nur ein zufälliger, beiläufiger Name dafür und der Mensch Basini nicht mehr als ein stellvertretendes und vorläufiges Ziel dieses Verlangens. Denn wenn sich Törleß auch mit ihm gemein machte, sein Begehren sättigte sich niemals an ihm, sondern wuchs zu einem neuen, ziellosen Hunger über Basini hinaus.
> Vorerst war es überhaupt nur die Nacktheit des schlanken Knabenkörpers gewesen, die ihn geblendet hatte.
> Der Eindruck war nicht anders, als wäre er den nur schönen, von allem Geschlechtlichen noch fernen Formen eines ganz jungen Mädchens gegenübergestanden. Eine Überwältigung ... Es war die heimliche, ziellose, auf niemanden bezogene melancholische Sinnlichkeit des Heranreifenden, welche wie die feuchte, schwarze, keimtragende Erde im Frühjahr ist und **wie dunkle unterirdische Gewässer, die nur eines zufälligen Anlasses bedürfen, um durch ihre Mauern zu brechen.** (Hervorhebung: L.-B.)
> Der Auftritt, den Törleß erlebt hatte, war zu diesem Anlasse geworden. Durch eine Überraschung, ein Mißverständnis, ein Verkennen des Eindruckes wurden die verschwiegenen Verstecke, in denen sich alles Heimliche, Verbotene, Schwüle, Ungewisse und Einsame von Törleß' Seele gesammelt hatte, aufgestoßen und diesen dunklen Regungen die Richtung gegen Basini erteilt. Denn da stießen sie mit einem Male auf etwas, das warm war, atmete, duftete, Fleisch war, an dem diese unbestimmt schweifenden Träume Gestalt gewannen und Teil seiner Schönheit, statt der ätzenden Häßlichkeit, mit der sie Bozena in der Einsamkeit gestäupt hatte ..." (a.a.O., S. 115/116)

Musil beschreibt hier, wiederum in meisterhafter Weise, die homosexuellen Empfindungen von Törleß als Durchgangsstadium auf der Suche nach seiner eigenen heterosexuellen Identität. Mit psychologischer Schärfe charakterisiert er nicht nur das subjektive Erleben des Adoleszenten, der von seinen sexuellen Triebimpulsen unerwartet überwältigt wird, sondern auch die Gefahren, die durch eine ungünstige äußere Realität für diese Triebentwicklung bestehen. So bestätigten viele psychoanalytische Untersuchungen, daß traumatische Erfahrungen in dieser Durchgangsphase zu einer Fixierung führen können, die die adoleszente Identitätsfindung beeinträchtigen[6] und evtl. eine homosexuelle Entwicklung zur Folge haben:

> "Dies bewirkten die besonderen Verhältnisse im Institute. Dort, wo die aufdrängenden Kräfte hinter grauen Mauern festgehalten wurden, stauten sie die Phantasie voll wahllos wollüstiger Bilder, die manchem die Besinnung raubten ..." (a.a.O., S. 120)

Peer-group (als Ich-Stützung und neue Identifikationen im Ichideal- und Überichbereich)

Diese Entwicklungsprozesse bewegen den Jugendlichen, wie schon mehrfach erwähnt, den Anschluß an die Peer-group zu suchen, die ihm einerseits einen Halt in seiner adoleszenten Orientierungslosigkeit und narzißtische und homoerotische Befriedigungen bieten, andererseits immer auch eine Unterwerfung und Anpassung einfordern.

> "Törleß liebte diese Kammer nicht. Ihre Enge und dieses Alleinsein gefielen ihm wohl, man war wie tief in dem Inneren eines Berges, und der Geruch der alten, verstaubten Kulissen durchzog ihn mit unbestimmten Empfindungen. Aber die Verstecktheit, diese Alarmschnüre, dieser Revolver, der eine äußerste Illusion von Trotz und Heimlichkeit geben sollte, kamen ihm lächerlich vor. Es war, als wollte man sich einreden, ein Räuberleben zu führen.
> Törleß tat dabei eigentlich nur mit, weil er hinter den beiden anderen nicht zurückstehen wollte. Beineberg und Reiting aber nahmen diese Dinge furchtbar ernst. Das wußte Törleß ..." (a.a.O., S. 41)

Im Roman wird eindrücklich geschildert, welche Bedeutung die Zugehörigkeit zu dieser Gruppe für Törleß hat, wie sehr ihn, in der oben erwähnten Lynchszene, der Gruppendruck ängstigt und wie wichtig für seine Identitätsfindung der Mut zum Widerstand gegen diesen Druck und zur Abgrenzung von Beineberg und Reiting ist.

So entdeckt er schließlich, daß ihn die brutale Quälerei von Basini durch Reiting und Beineberg anekelt:

> "Törleß war während des ganzen vorangegangenen Auftrittes ruhig geblieben. Er hatte im stillen gehofft, daß sich vielleicht doch etwas ereignen werde, das ihn wieder mitten in seinen verlorenen Empfindungskreis versetzen würde. Es war eine törichte Hoffnung, dessen blieb er sich stets bewußt, aber sie hatte ihn doch festgehalten. Nun schien ihm jedoch, daß alles vorbei sei. Die Szene widerte ihn an. Ganz gedankenlos; stummer, toter Widerwille.
> Er erhob sich leise und ging ohne ein Wort zu sagen fort. Ganz mechanisch. Beineberg schlug sich noch immer an Basini müde.
> Als Törleß im Bette lag, fühlte er: ein Abschluß. Etwas ist vorbei." (a.a.O., S. 129/30)

---

[6] In einer eindrücklichen Studie haben kürzlich Schneider u. Stillke aufgezeigt, welch lebenslange Folgen eine Adoleszenz im Rahmen der nationalsozialistischen Erziehungsanstalten (NAPOLA) nach sich zogen (vgl. Beitrag von Schneider und Stillke in diesem Band!).

Nachdem sich diese innere Grenze zwischen ihm und den beiden Peinigern entwickelt hatte, wagt er auch, sich offen von ihnen zu distanzieren.

> "Törleß wurde zornig. "Wißt, was ihr wollt, mich aber laßt jetzt mit euren dreckigen Geschichten in Ruhe."
> "Wirst du schon wieder grob?!"[7]
> "Ihr ekelt mich an! Eure Gemeinheit ist ohne Sinn! Das ist das Widerwärtige an euch."
> "So höre, Du solltest uns für so manches zur Dankbarkeit verpflichtet sein. Wenn du glaubst, dich trotzdem jetzt über uns erheben zu können, die wir deine Lehrmeister waren, so irrst du dich doch arg. Kommst du heute abend mit oder nicht??"
> "Nein!"
> "Mein lieber Törleß, wenn du dich gegen uns auflehnst und nicht kommst, so wird es dir gerade so gehen wie Basini ..." (a.a.O., S. 134/35)

In diesem Konflikt mit der Peer-group greift Törleß innerlich auf neue, autonomere Weise auf seine Beziehung zu seinen Eltern zurück. Er kann sie nun als gute innere Objekte zur Bewältigung seiner Angst vor Reiting und Beineberg beiziehen und für seine Identitätsentwicklung produktiv nutzen:

> "Da fiel ihm ein Brief ein, den er lange vorher von zu Hause erhalten hatte. Es war die Antwort auf einen von ihm an die Eltern gerichteten, in dem er damals, so gut es gehen mochte, von seinen sonderbaren Seelenzuständen berichtet hatte, bevor noch die Episode mit der Sinnlichkeit eingetreten war. Es war wieder eine recht hausbackene Antwort, voll rechtschaffener, langweiliger Ethik gewesen und riet ihm, Basini zu bewegen, daß er sich selbst stelle, damit dieser unwürdige, gefährliche Zustand seiner Abhängigkeit ein Ende finde.
> Diesen Brief hatte Törleß später wieder gelesen, als Basini nackt neben ihm auf den weichen Decken der Kammer lag. Und es hatte ihm eine besondere Lust bereitet, diese schwerfälligen, einfachen, nüchternen Worte auf seiner Zunge zergehen zu lassen, während er sich dachte, daß seine Eltern wohl durch das allzu Taghelle ihres Daseins blind gegen das Dunkle seien, in dem seine Seele augenblicks wie eine geschmeidige Raubkatze kauerte.
> Heute aber langte er ganz anders nach dieser Stelle, als sie ihm wieder einfiel.
> Eine angenehme Beruhigung breitete sich über ihn, als hätte er die Berührung einer festen, gütigen Hand gefühlt. Die Entscheidung war in diesem Augenblick gefallen. Ein Gedanke war in ihm aufgeblitzt, und er hatte ihn bedenkenlos ergriffen, gleichsam unter dem Patronate seiner Eltern ..." (a.a.O., S. 136)

Die "gütige Hand", die internalisierten guten Objekte seiner Kindheit, werden nun als Stütze seiner neu gewonnenen adoleszenten Identität genutzt und ermöglichen ihm die Distanzierung und Abgrenzung von seinen gewalttätigen Mitschülern.

---

[7]Beineberg bezieht sich hier auf die erste Szene, in der sich Törleß vor Basini gegen die beiden Mitschüler aufgelehnt hatte: "Spotten magst du; was aber ihr jetzt treibt, ist nichts als eine gedankenlose, öde, ekelhafte Quälerei!"
Reiting warf einen Seitenblick auf den aufhorchenden Basini.
"Halte dich zurück, Törleß!"
"Ekelhaft, schmutzig - du hast es gehört." (S. 133)

Allerdings weiß er sich nach der erwähnten Lynchszene nur durch eine Flucht aus dem Internat zu helfen; der Gruppendruck ist zu groß und die Gefahr, nun selbst zum Opfer von Gewalt zu werden, zu realistisch.

Diese Flucht ermöglicht ihm eine weiteren Schritt seiner Identitätsfindung und dadurch auch die Abgrenzung von den Lehrern des Instituts. Als er sich vor ihnen rechtfertigen muß, steht er kompromißlos zu seinen eigenen Wahrnehmungen, Überlegungen und Auffassungen:

> "Törleß fühlte, daß der Augenblick gekommen sei, wo er klar, deutlich, siegesbewußt von dem sprechen werde, das erst undeutlich und quälend, dann leblos und ohne Kraft in ihm gewesen war." (a.a.O., S. 144)

Seine lange Rede führt auch zu der realen Absetzung vom Lehrerkollegium und dem Institut:

> "Diese Worte und Gleichnisse, die weit über Törleß' Alter hinausgingen, kamen ihm in der riesigen Erregung, in einem Augenblicke beinahe dichterischer Inspiration leicht und selbstverständlich über die Lippen. Jetzt senkte er die Stimme, und, wie von seinem Leide ergriffen, fügte er hinzu:
> "... Jetzt ist das vorüber. Ich weiß, daß ich mich doch geirrt habe. Ich fürchte nichts mehr. Ich weiß: die Dinge sind die Dinge und werden es wohl immer bleiben; und ich werde sie wohl immer bald so, bald so ansehen. Bald mit den Augen des Verstandes, bald mit den anderen ... Und ich werde nicht mehr versuchen, dies miteinander zu vergleichen ..."
> Er schwieg. Er fand es ganz selbstverständlich, daß er nun gehen könne, und niemand hinderte ihn daran." (a.a.O., S. 146)

Wie in Musils Roman ist eine Abgrenzung von der Peer-group (und auch von kollektiven Gewalttaten) für den Adoleszenten nur möglich, wenn er in seinem Identitätsfindungsprozeß schließlich auf gute innere Objekte zurückgreifen kann, die er auf neue Weise in seine Selbst- und Objektrepräsentanzen bzw. Selbst- und Idealrepräsentanzen integrieren kann, um sie als eigene, autonome Werträume für die Bewertung eigenen Handelns beizuziehen. Gelingen solche innerseelischen Integrationsprozesse, wird eine neue Stabilität gewonnen, die immuner macht gegen Gewalthandlungen gegen das Selbst und die Objekte.

> "Und dieser wehmütige feine Schatten, dieser bleiche Duft schien sich in einem breiten, vollen warmen Strom zu verlieren - dem Leben, das nun offen vor Törleß lag.
> Eine Entwicklung war abgeschlossen, die Seele hatte einen neuen Jahresring angesetzt wie ein junger Baum - dieses wortlose, überwältigende Gefühl entschuldigte alles, was geschehen war." (a.a.O., S. 139)
> "Gewiß gebärdete ich mich unvernünftig", überlegte er, "jedoch scheint das Ganze überhaupt wenig mit meiner Vernunft zu tun gehabt zu haben." Das war nämlich jetzt sein neues Gefühl. Er hatte die Erinnerung an einen fürchterlichen Sturm in seinem Inneren, zu dessen Erklärung die Gründe, die er jetzt noch in sich dafür vorfand, bei weitem nicht ausreichten ..." (a.a.O., S. 147)

Heterosexuelle Partnerwahl

Gelingen solche psychischen Integrationsprozesse kann der Jugendliche die adoleszenten Verwirrungen sukzessiv wie einen "fürchterlichen Sturm" hinter sich lassen und sich neuen, i.d.R. heterosexuellen Objekten zuwenden. Diese Objektwahl ist zwar weiterhin durch die frühen präödipalen und ödipalen Beziehungserfahrungen geprägt, doch wurden durch den oben geschilderten adoleszenten Entwicklungsprozeß Tabus, wie die Wahrnehmung der elterlichen Sexualität, durchbrochen und die Inzestschranke in neuer Weise psychisch durchgesetzt.[8]

> "Törleß erinnerte sich da, wie unvorstellbar ihm damals das Leben seiner Eltern gewesen war. Und er betrachtete verstohlen von der Seite seine Mutter.
> "Was willst du, mein Kind?"
> "Nichts, Mama, ich dachte nur eben etwas."
> Und er prüfte den leise parfümierten Geruch, der aus der Taille seiner Mutter aufstieg."
> (Ende der Erzählung)

Törleß nimmt nun die erotische Ausstrahlung seiner Mutter wahr, allerdings teilt er dieser seine Empfindungen und Wahrnehmungen nicht mit, sondern bewahrt sie als sein Geheimnis in sich - ein Hinweis darauf, daß nun stabile Grenzen zwischen dem adoleszenten Subjekt und dem Primärobjekt aufgerichtet wurden. Dies ist eine Voraussetzung für eine definitive Zuwendung zu einem heterosexuellen Liebesobjekt, ein Thema, das in Musils Roman nicht mehr gestaltet wird.

Langer und schmerzhafter Prozeß bis zum Finden des konstanten "Liebesobjektes"

In unserer Kultur dauert es oft Jahre von der Pubertät bis zur Festlegung auf einen konstanten Liebes- und Lebenspartner bzw. der Entscheidung für ein bestimmtes Beziehungsmuster. Die damit verbundenen Identitätsfindungsprozesse sind oft turbulent und von Euphorien und Enttäuschungen begleitet, die immer wieder ein Entgleisen der aggressiven Impulse mit sich bringen können. Die Legierung von Libido und Aggression in konstanten, tragfähigen Objektbeziehungen ist nicht nur ein Ziel einer individuellen Entwicklung in der Adoleszenz und Spätadoleszenz, sondern auch von Bedeutung für eine Gesellschaft und ihren Umgang mit sozialen Integrationsprozessen auf der einen und gewaltfördernden Desintegrationsprozessen auf der anderen Seite. Dieses Thema, das in diesem Rahmen nicht weiter dargelegt werden kann, darf angesichts der knapper werdenden Ressourcen und damit verbundener härterer Verteilungskämpfe, der aktuellen Völkerwanderung und auch angesichts einer stetig steigenden Arbeitslosigkeit in allen europäischen Ländern allerdings nicht unerwähnt bleiben.

[8] Bekanntlich ist eine Klippe der adoleszenten Sexualentwicklung das Dilemma, daß einerseits die Abwehr der eigenen sexuellen Impulse und Wünsche und die Verdrängung ödipaler Triebwünsche gelockert, andererseits das Inzesttabu in neuer Weise für den nun genitalen Körper errichtet werden muß. Einerseits besteht in der Adoleszenz erstmals die Gefahr eines realen Inzests (oft ein psychodynamischer Hintergrund für ein exzessives Agieren in promiskuitivem Verhalten), andererseits kann dessen Abwehr zu einer Generalisierung führen, der die eigene Sexualität in toto anheimfällt (z.B. in der Anorexia nervosa).

4. Kurze Fallskizze eines Adoleszenzprozesses zwischen Integration und Desintegration

Ein 28jähriger, z.Zt. arbeitsloser Automechaniker, entschloß sich nach langem Zögern für eine Psychoanalyse, da er sich beruflich und persönlich in einer Sackgasse fühlte. Obschon er sich mit vielen verschiedenen Jobs sein Leben verdienen konnte, mußte er die Arbeitsstelle stets wechseln, sobald sich dort konstantere Beziehungen entwickelten, die eine Nähe versprachen. Noch extremer erging es ihm in seinen Frauenbeziehungen: Wenn immer ihm eine Freundin nahe kam, löste dies panische Ängste aus sowie den fast zwanghaften Impuls, ins nächste Flugzeug zu steigen und in einen anderen Kontinent zu fliegen. Er verglich sich selbst mit einem Weltvagabunden oder mit dem "Computermensch" Data aus dem Film "Raumschiff Enterprise", der sich zwar für Emotionen interessierte, aber selbst keine empfinden konnte. Diese Problematik hatte sich in der Adoleszenz entwickelt. Dazu - kurz zusammengefaßt - einige Stichworte:

Herr V. ist der dritte Sohn eines iranischen Flüchtlings und einer deutschen Sekretärin, die eine spannungsreiche und, in der Wahrnehmung des Sohnes, unglückliche Ehe führten. Der Vater, ausgebildeter Techniker, arbeitet in einer Imbißbude und ist vermutlich Alkoholiker. Die Mutter flüchtete aus dem häuslichen Elend in die Arbeit und ließ die vier Kinder schon im frühen Lebensalter oft allein. In der Behandlung entsteht die Vermutung, daß der Patient mehrere traumatische Trennungen erlebte (z.B. durch einen zehnwöchigen Krankenhausaufenthalt in seinem 2. Lebensjahr, als er kaum Besuch bekam), aber zudem durch die Persönlichkeit seiner Eltern kaum genügend gute frühe Beziehungserfahrungen machen konnte.

So fiel er schon in der Grundschulzeit durch sein aggressives Verhalten auf, so daß er zweimal in eine andere Klasse versetzt wurde, obschon er immer wieder ein recht guter Schüler war. Entscheidend für den beginnenden Adoleszenzprozeß sind seine Erinnerungen, daß er nach seinem 9. Lebensjahr zur Betreuung seiner kleinen Schwester (- 8 Jahre) eingesetzt wurde, während die Mutter arbeiten ging. Er war oft allein mit ihr und liebte sie offenbar sehr. In der Behandlung vermuten wir, daß er durch die zärtliche Beziehung zu diesem Kleinkind versuchte, seine eigene Einsamkeit zu lindern, doch wird gleichzeitig deutlich, welche Überforderung dieser nahe Kontakt für ihn auch bedeutete. Anhand eines von seinen sich wiederholenden Verfolgungsträumen, in denen wiederum die mörderische Gewalt zwischen Männern vorherrscht, vermuten wir, daß er sich in der frühen Adoleszenz einer gewalttätigen Jugendgruppe anschloß, um der erotischen Verführungssituation mit seiner Schwester und der damit verbundenen Sehnsucht nach passiver Versorgung und zärtlicher Verschmelzung zu entfliehen. Er erinnert sich erstmals an eine Szene, wie das damals zweijährige Mädchen auf seinem Schoß saß und ihn streichelte und er sie plötzlich von sich stieß, weil er realisierte, daß er eine Erektion bekam. Was ihn vermutlich sehr erschreckte, war die Gefahr, er könnte die Kontrolle über seine Triebwünsche verlieren und die Schwester sexuell mißbrauchen. Jedenfalls weigerte er sich daraufhin, die Betreuung der Schwester weiterhin zu übernehmen, und verbrachte statt dessen seine Nachmittage auf der Straße, zusammen mit anderen Jungen, die oft gewalttätige Streiche spielten. Eine weitere traumatische Erfahrung in der

Frühadoleszenz war, daß er eines Tages, zusammen mit seinen Freunden, seinen Vater bei einem demonstrativen Suizidversuch mit Tabletten überraschte und ihn rettete, indem er die Ambulanz holte. Er erinnerte sich, daß er vor seinen Freunden versuchte zu weinen, damit er nicht als gefühllos gelte. Nach diesem Ereignis zog er sich während mehrerer Monate von seinen Freunden zurück, las viel und bemühte sich, ein guter Schüler zu sein. Er verehrte besonders seinen Deutschlehrer, der sich aber dem schüchternen, mittelmäßigen und oft bockigen Jungen offenbar kaum zuwandte. Als er ihn einmal in der Klasse wegen eines Aufsatzes öffentlich beschämte, war dies eine Katastrophe für A. Er ging drei Tage lang nicht zur Schule und verlor mehr und mehr das Interesse am Unterricht.

Als er auch noch seinen besten Freund durch Wegzug verlor, geriet er in eine schwere Krise. Er fiel nun in der Schule wiederum durch seine Aggressivität auf und verwickelte sich oft in Schlägereien. Er war isoliert, in einer Außenseiterposition und hatte massive Schulschwierigkeiten. Oft schwänzte er den Unterricht und kam - zwischen dem 12. und 14. Lebensjahr - tagelang nicht nach Hause. Er schloß sich einer gewalttätigen Stadtteilgang an, die der rechten Szene angehörte und - alkoholisiert - "offene Kriege" gegen andere Gangs führte, "Türken klatschte" etc. Einmal wurde er in einer solchen Schlägerei lebensgefährlich verletzt. Seine Eltern reagierten verständnislos und aggressiv. Als er einige Wochen später wegen seines aggressiven Verhaltens von der Schule ausgeschlossen wurde, schlug ihn sein Vater in einer Bar vor den Augen seiner Freunde zusammen - für ihn eine beschämende und demütigende Erfahrung. Die Eltern weigerten sich schließlich, ihn zu Hause weiter aufzunehmen. Fast ein Jahr lang lebte der 15jährige auf der Straße oder bei dubiosen Freunden, konsumierte Drogen und schien enorm gefährdet. Er hielt sich mit kleineren Diebstählen über Wasser, verhinderte allerdings dank seiner Intelligenz offenbar, daß er in Schwierigkeiten mit der Polizei kam. Wie ein Wunder bezeichnet es Herr A., daß er eines Tages seinen Schulfreund auf der Straße wiedertraf, der ihn nach Hause mitnahm und ihm anbot, er könne einige Zeit bei ihm wohnen. Er verliebte sich in dessen Schwester und wurde liebevoll von den Eltern aufgenommen. Dies motivierte ihn, nochmals einen Schulversuch zu machen: Durch die Fürsprache seiner "Wahleltern" konnte er in einer Privatschule den Hauptschulabschluß nachholen.

In der Psychoanalyse wird deutlich, welche enorme Anstrengung ihm diese Entwicklung abverlangte. Psychodynamisch war sie vermutlich nur möglich, weil er innerlich an einige gute Objektbeziehungserfahrungen aus seiner frühen Kindheit, vor allem zu der Großmutter mütterlicherseits, anknüpfen konnte, deren Lieblingsenkel er offenbar war, und die in den ersten vier Lebensjahren des Patienten oft die Kinder betreute. Doch auch die aktuelle gute Betreuung in seiner Gastfamilie, die Freundschaft zu seinem Grundschulfreund und die heimlich idealisierende Verliebtheit in dessen Schwester (psychodynamisch wohl eine Fortsetzung der guten Beziehung zu seiner kleinen Schwester) waren entscheidend. Sie verhalfen ihm zu einer progressiven Abgrenzungsaggression gegenüber seiner Ursprungsfamilie, vor allem gegenüber dem Alkoholiker-Vater, während seine beiden älteren Brüder in die Drogenszene abglitten und beide straffällig wurden. Allerdings wurde in der Behandlung auch deutlich, daß diese Abgrenzungsaggression ihm zwar - verglichen mit den Brüdern - eine einigermaßen erfolgreiche Schulsozialisation ermöglichten, aber ihn einen hohen Preis gekostet hatten. Zur Abwehr seiner archaisch aggressiven Impulse und seiner als übermächtig erlebten oralen und sexuellen Triebwünsche hatte er eine Art Charakterpanzer entwickelt, i.a.W. seine Wünsche nach Nähe und Zärtlichkeit abgespaltet, so daß er keine nahen Beziehungen mehr aufnehmen konnte und sich innerlich vereinsamt und abgrundtief allein fühlte.

Erst die jahrelange Psychoanalyse erlaubte ihm schließlich, seine traumatischen frühinfantilen und adoleszenten Erfahrungen zu bearbeiten und dadurch seinen Abwehrpanzer zu lockern. Er konnte schließlich - in einem vorsichtigen und schmerzlichen Prozeß - zu zwischenmenschlichen Beziehungen zurückfinden, i.a.W. seine archaisch aggressiven Impulse kultivieren und in neuen Objektbeziehungen mit libidinösen Wünschen legieren.

5. Zusammenfassung

Der adoleszente Zustand der Ichschwäche der frühen Adoleszenz macht anfällig für äußere und innere Gewalt, wobei geschlechtsspezifische Unterschiede zu verzeichnen sind: Gewalt gegen den Anderen wird am häufigsten von männlichen Jugendlichen in Gruppen ausgeführt, während Mädchen eher zu autodestruktiven Handlungen neigen (wie z.B. die anorexia nervosa, Bulimie etc). Der Zustand der Ichschwäche ist zum einen durch das Wiederaufleben der präödipalen und ödipalen Triebregungen und den dadurch entstehenden Triebdruck determiniert. Zum zweiten werden die elterlichen Wertsysteme und deren Internalisierungen im Überich und Ichideal einer kritischen Überprüfung unterzogen, was zu einer vorübergehenden Phase des "Werteverlustes" , der Orientierungslosigkeit und der Verwirrung führen kann. Daher sinkt in diesen Entwicklungsphasen die Schwelle zu kriminellen Handlungen, die Verführbarkeit steigt.

Verschiedene Strategien dienen dem Adoleszenten zur Kompensation der Ichschwäche. Z.B. bietet die Peer-group eine Auseinandersetzung mit alternativen Werten und Idealen und kann daher als Orientierungshilfe sowie als passagère Entlastung des Individuationsdruckes im Sinne einer Erholungsregression genutzt werden. Die Zugehörigkeit zur Gruppe evoziert narzißtische Verschmelzungsphantasien und dient dem Jugendlichen als Kompensation seiner Insuffizienzgefühle. Allerdings sind solche progressiven Funktionen von Gruppen an Strukturen gebunden, die dem Jugendlichen zwar zeitenweise eine Entlastung von seiner Ichsuche ermöglichen, aber im großen und ganzen den Individuationsprozeß und die sich ausbildenden individuellen Differenzen akzeptieren, unterstützen und fördern. In Gruppen, die solche Unterschiede zugunsten einer Ideologie oder einer Unterwerfung unter eine Führungspersönlichkeit einebnen, besteht dagegen die Gefahr, daß primitive Abwehrmechanismen wie Projektion, Verleugnung und Spaltungsprozesse zum Tragen kommen und zu kollektiven Gewalthandlungen führen. Das eigene Überich wird in diesem Falle auf eine Führerpersönlichkeit oder eine Ideologie projiziert, was den Einzelnen von seiner persönlichen Verantwortung entbindet und zu Gewalttaten befähigt, die er außerhalb der Gruppe nicht begehen würde. Außerdem bietet die Gruppe eine Reihe direkter oder indirekter Triebbefriedigungen: Z.B. kann die Zugehörigkeit zur Gruppe, besonders auch die Unterwerfung unter neue Autoritäten, als homosexuelle Verführung und Befriedigung erlebt oder dazu genutzt werden, die körperlichen Unsicherheiten durch den Vergleich mit Gleichgeschlechtlichen zu mildern. Weiter schützt sie männliche Jugendliche durch aktiv aggressive Handlungen vor einer Regression in passive Versorgungswünsche, die im adoleszenten Loslösungsprozeß von der Mutter als besonders anziehend und daher auch als bedrohlich erlebt werden.

Ob der Jugendliche die Peer-group konstruktiv oder destruktiv für seinen Entwicklungsprozeß einsetzen kann, ist u.a. abhängig von den früheren und den aktuellen Objektbeziehungserfahrungen. Der adoleszente Besetzungsabzug von den Objekt- und Objektidealrepräsentanzen (bzw. den Selbst- und Selbstidealrepräsentanzen) läßt die Qualität der ursprünglichen Objektbeziehungserfahrungen wieder sichtbar werden, die mit dem frühinfantilen Schicksal von Libido und Aggression eng verknüpft sind. Analog dazu sind "genügend gute" adoleszente Objektbeziehungserfahrungen unabdingbare Voraussetzung für neue psychische Integrationsprozesse, die einem Entgleisen der aggressiven Impulse entgegenwirken. Massive Enttäuschungen, Zurückweisungen oder Aggressionen von seiten der idealisierten und/oder realen erwachsenen Bezugspersonen stimulieren die aggressiven Impulse des Jugendlichen und erschweren die Legierung mit libidinösen Wünschen und daher auch deren psychische Integration in eine stabile Selbst- und Objektrepräsentanz. Daher können progressive adoleszente Entwicklungen nur in Beziehungen stattfinden und sind z.B. von realen Auseinandersetzungen mit Autoritäten (z.B. Lehrern, Eltern) abhängig. Beziehungslosigkeit begünstigt Gewalt.

Adoleszente Omnipotenzphantasien haben eine wichtige innerpsychische Funktion als Kompensation von Insuffizienz- und Ohnmachtsgefühlen. Sie können im adoleszenten Entwicklungsprozeß nur an der Realität (dem Erlebnis, "erwünscht und gebraucht zu werden") abgearbeitet und psychisch integriert werden. Fehlen individuelle und kollektive Zukunftsperspektiven oder wird dem Jugendlichen mit chronischem Desinteresse und Gleichgültigkeit begegnet, begünstigt dies ein abruptes Zusammenbrechen der Omnipotenzphantasien und damit möglicherweise das Auftreten von Gewalt. In diesem Sinne halten Adoleszente in ihrem Umgang mit Aggression und Gewalt der jeweiligen Gesellschaft immer auch einen Spiegel vor und diagnostizieren dadurch deren integratives und humanes Potential.

Literatur

Abend, S. M. (1974): Problems of Identity. Theoretical and Clinical Applications. Psa. Quart., 43, 606-637.

Adorno, Th.W. (1966): Negative Dialektik. Ges. Schriften 6, Frankfurt/M.: Suhrkamp, 1984.

Anzieu, A. (1996): Beruhigende Weiblichkeit. Zum Thema Adoleszenz. In: W. Bohleber (Hg.): Adoleszenz und Identität (vgl. Bohleber, 1996), 41-64.

Blos, P. (1979): The adolescent passage. Developmental issues. New York: International Univ. Press.

Blos, P. (1996): Die Funktion des Agierens im Adoleszenzprozeß. In: W. Bohleber (Hg.): Adoleszenz und Identität (vgl. unten), 103-128.

Bohleber, W. (1987): Die verlängerte Adoleszenz. Identitätsbildung und Identitätsstörungen im jungen Erwachsenenalter. Jahrbuch der Psychoanalyse 21, 58-84.

Bohleber, W. (1992a): Identität und Selbst. Die Bedeutung der neueren Entwicklungsforschung für die psychoanalytische Theorie des Selbst. Psyche, 46, 4, 336-366.
Bohleber, W. (1992b): Das Phantasma der Nation. Nationalismus, Fremdenhaß und Antisemitismus. Psychoanalytische Überlegungen. Psyche, 46, 8, 689-710.
Bohleber, W. (Hg.) (1996): Adoleszenz und Identität. Stuttgart: Verlag Internationale Psychoanalyse.
Bohleber, W./Kafka, J. (1991): Antisemitismus. Bielefeld: Aisthesis.
Bruch, H. (1980): Der goldene Käfig. Das Rätsel der Magersucht. Frankfurt/M.: Fischer.
Buchmann, M. (1983): Konformität und Abweichung im Jugendalter. Diessenhofen: Verlag Rüegger.
Bürgin, D. (1980): Spätadoleszenz und Autonomie. Psyche, 34, 5, 449-464.
Bürgin, D. (Hg.) (1988): Beziehungskrisen in der Adoleszenz. Stuttgart: Huber.
Bundesminister für Bildung und Wissenschaft (Hg.) (1986): Das soziale Bild der Studentenschaft in der Bundesrepublik Deutschland. Bonn: Bock Verlag.
Cadwell, R.S. (1976): Primal Identity. Int. Rev. Psycho-Anal., 3, 417-434.
Claussen, D. (1991): Die antisemitische Alltagsreligion. Hinweise für eine psychoanalytisch aufgeklärte Gesellschaftskritik. In: Bohleber, W./Kafka, J. (Hg.): Antisemitismus. Bielefeld: Aisthesis.
Dahrendorf, R. (1990): Die Sache mit der Nation. Merkur 44, 823-834.
Dickel, H./Döpp.W./Hahn, H./Jüngst, P./Klein, J./Pletsch, A./Radloff, J./Schulze-Göbel, H./Thomale, E./Weber, P. (1974): Studenten in Marburg. Sozialgeographische Beiträge zum Wohn- und Migrationsverhalten in einer mittelgroßen Universitätsstadt. Marburg/Lahn: Selbstverlag des Geographischen Instituts der Universität Marburg.
Diner, D. (1987): Ist der Nationalsozialismus Geschichte? Frankfurt/M.: Fischer.
Döbert, R./Nunner-Winkler, G. (1975): Adoleszenzkrise und Identitätsbildung. Frankfurt/M.: Suhrkamp.
Ekstein, R. (1996): Schizophrene Jugendliche im Kampf um Trennung und Individuation. In: W. Bohleber (Hg.): Adoleszenz und Identität (vgl. Bohleber, 1996), 208- 238.
Elias, N. (1989): Studien über die Deutschen. Frankfurt/M.: Suhrkamp.
Emde, R. N. (1983): René A. Spitz: Dialogues from Infancy. New York: Int. Univ. Press.
Erdheim, M. (1988) Die Psychoanalyse und das Unbewußte in der Kultur. Frankfurt/M.: Suhrkamp.
Erdheim, M. (1992): Das Eigene und das Fremde. Über ethnische Identitäten. Psyche, 46, 8, 730-745.
Erikson, E. (1959): Identität und Lebenszyklus. Frankfurt/M.: Suhrkamp, 1966.
Erlich, H.S. (1996): Verleugnung in der Adoleszenz. Einige widersprüchliche Aspekte. In: W. Bohleber (Hg.): Adoleszenz und Identität (vgl. Bohleber, 1996), 128-154.
Freud, S. (1905): Drei Abhandlungen zur Sexualtheorie. GW, Bd. V, 27-145.
Freud, S. (1907): Der Wahn und die Träume in W. Jensens "Gradiva", GW VII.
Freud, S. (1913): Das Interesse der Psychoanalyse für die nicht psychologischen Wissenschaften. GW, VIII, 403-420.
Freud, S. (1921): Massenpsychologie und Ich-Analyse, GW, XIII, 72-161.
Giordano, R. (1987): Die zweite Schuld oder Von der Last Deutscher zu sein. Hamburg: Rasch u. Röhring.
Goffmann, E. (1963): Stigma. Notes on the Management of Spoiled Identity. Englewood Cliffs, N.Y.: Prentice Hall, 3. Auflage.
Hardtmann, G. (1992): Psychoanalytische Gespräche mit rechtsradikalen Jugendlichen. Beitrag an der 2. Nürnberger Jahrestagung für Ethnopsychoanalyse, 19.- 21.6.92.
Heim, W. (1992): Fremdenhaß und Reinheit - die Aktualität einer Illusion. Sozialpsychologische und psychoanalytische Überlegungen. Psyche, 46, 8, 710-730.
Heitmeyer, W. (1992): Die Bielefelder Rechtsextremismus-Studie. Erste Langzeituntersuchung zur politischen Sozialisation männlicher Jugendlicher. Weinheim: Juventa Verlag.

Hessische Stiftung für Friedens- und Konfliktforschung, Institut für Sozialforschung, Sigmund-Freud-Institut (Hg.) (1995): Rechtsextremismus und Fremdenfeindlichkeit in der demokratischen Gesellschaft, Groß-Umstadt: KM-Druck.
Krappmann, L. (1982): Soziologische Dimensionen der Identität. Stuttgart: Klett Cotta.
Krause, R. (1981): Affekt und Sprache. Stuttgart: Kohlhammer.
Krecji, E./Bohleber, W. (Hg.) (1982): Spätadoleszente Konflikte. Indikation und Anwendung psychoanalytischer Verfahren bei Studenten. Göttingen: Vandenhoeck & Ruprecht.
Kristeva, J. (1988): Fremde sind wir uns selbst. Frankfurt/M.: Suhrkamp.
Laufer, M. (1965): Assessment of Adolescent Disturbances. Psa. Study Child, 20, 99-123.
Lempp, R. (Hg.) (1987): Reifung und Ablösung, Bern: Huber.
Leuzinger-Bohleber, M. (1982): Indikation psychotherapeutischer Verfahren bei Studenten. In: Krejci, E./Bohleber,W. (Hg.): Spätadoleszente Konflikte (vgl. oben), 81-117.
Leuzinger-Bohleber, M. (1992): Spätadoleszente Entwicklungsprozesse. Chancen und Risiken - eine Einzelfallskizze. In: Schmied-Kowarzik, W. (Hg.): Einsprüche kritischer Philosophie. Kleine Festschrift für Ulrich Sonnemann. Kasseler Philosophische Schriften, 179- 209.
Leuzinger-Bohleber, M. (1992a): "Der Traum der schönen Frau Seidenman und der Riß in der Geige." Zum Motiv des erzwungenen Identitätswechsels im Roman von Andrzej Szczypiorsky. fragmente, 38, 79-109.
Leuzinger-Bohleber, M. (1995): Die Gewalt und das Fremde in Grundschulen. In: Hessische Stiftung für Friedens- und Konfliktforschung, Institut für Sozialforschung, Sigmund-Freud-Institut (Hg.) (1995), vgl. oben, 113-137.
Leuzinger-Bohleber, M./Garlichs, A. (1991): Lehrerausbildung für die Arbeitslosigkeit. Spätadoleszente Identitätsbildungsprozesse unter erschwerten Berufsperspektiven. In: Trescher, H./Büttner, Ch. (Hg.): Jahrbuch für psychoanalytische Pädagogik. Mainz: M. Grünewald-Verlag, 7-49.
Leuzinger-Bohleber, M./Schneider, H./Pfeifer, R. (eds) (1992): "Two Butterflies on My Head..." Psychoanalysis in the Interdisciplinary Dialogue. Berlin: Springer.
Leuzinger-Bohleber, M./Dumschat, R. (1992b). Weibliche Identitätskonflikte, 1968 und heute. Zwei Fallskizzen. fragmente Sonderheft: Student heute, 132-163.
Leuzinger-Bohleber, M./Garlichs, A. (1993): Früherziehung West-Ost. Zukunftserwartungen, Autonomieentwicklung und Beziehungsfähigkeit von Kindern und Jugendlichen. Eine angewandte psychoanalytische Studie im pädagogischen Feld. Weinheim: Juventa Verlag.
Leuzinger-Bohleber, M./Mahler, E. (Hg.) (1993): Phantasie und Realität in der Spätadoleszenz. Gesellschaftliche Veränderungen und Entwicklungsprozesse bei Studierenden. Opladen: Westdeutscher Verlag.
Lévi-Strauss, C. (1956): Die Familie. In: Lévi-Strauss, C. (1985): Der Blick aus der Ferne. München, 73-104.
Lichtenberg, J.D. (1983): Psychoanalysis and Infant Research. London: The Analytic Press.
Lichtenstein, H. (1977): The Dilemma of Human Identity. New York: Aronson.
Loewenstein, B. (1992): Massenpsychologie des Nationalismus. Merkur, 521, 657-669.
Mahler, E. (1969): Psychische Konflikte und Hochschulstruktur. Psyche, 23, 10, 772-795.
Mahler, E. (1983): Christliche Botschaft und Apokalypse. Ein psychohistorischer Prozeß ohne Zukunft? In: Passett, P./Modena, E. (Hg.): Krieg und Frieden aus psychoanalytischer Sicht. Frankfurt/M.: Strömfeld u. Roter Stern, 290-316.
Mahler, E. (1989): Psychische Konflikte und Hochschulstruktur, 1968 und heute. Unveröffentlichter Vortrag, gehalten in Ulm am 15.9.89.
Mahler, E. (1991): Psychische Konflikte und Hochschulstruktur. 1968 (bis) und heute. In: fragmente Sonderheft: Student 1968 und heute, 17-51.
Mahler, M. (1968): Symbiose und Individuation. Stuttgart (1972): Klett.
Mitscherlich, A. u. Mitscherlich M. (1977): Die Unfähigkeit zu trauern. München: Piper.
Modell, A.H. (1975): The ego and the id: fifty years later. Int. J. Psycho-Anal., 56, 57-68.
Mohr, E. (1992): Zaungäste. Die Generation, die nach der Revolte kam. Frankfurt/M.: Fischer.

Müller-Pozzi, H. (1996): Zur Handhabung der Übertragung in der Analyse von Jugendlichen. In: W. Bohleber (Hg.): Adoleszenz und Identität (vgl. Bohleber, 1996), 238- 268.
Musil, R. (1906): Die Verwirrungen des Zöglings Törleß. Hamburg: Rowohlt Tb., 1964.
Piaget, J./Inhelder, B. (1972): Die Psychologie des Kindes. Olten: Walter Verlag.
Rutschky, K. (1992): Rechtsradikal oder irre? Merkur, 521, 702-707.
Sander, L.W. (1988): The event-structure of regulation in the neonate-caregiver system as a biological background for early organization of psychic structure. In: A. Goldberg (Ed.): Frontiers in self psychology, Hilldale: The Analytic Press., 64-77.
Schneider, Ch. (1996): NAPOLA. Zur Generationengeschichte des Nationalsozialismus. Habilitationsarbeit, eingereicht am FB 01 der Universität Gesamthochschule Kassel.
Schneider, Ch./Stillke, Ch./Leineweber, B. (1996): Das Erbe der Napola. Versuch einer Generationengeschichte des Nationalsozialismus. Hamburg: Hamburger Ed.
Sinus-Institut (1985): Jugend privat. Verwöhnt? Bindungslos? Hedonistisch?. Opladen: Leske und Budrich.
Sonnemann, U. (1988): "Geschichte als Flucht vor ihr. Warum in den deutschen Historikern sich die Amnesie lieber fortsetzt als wahrnimmt." In: Türcke, Ch. (Hg.): Perspektiven Kritischer Theorie. Eine Sammlung zu Hermann Schweppenhäusers 60. Geburtstag. Lüneburg: zu Klampen, 31-54.
Stern, D. (1985): The Interpersonal World of the Infant. A View from Psychoanalysis and Developmental Psychology. New York: Basic Books.
Streeck-Fischer, A. (1992): "Geil auf Gewalt". Psychoanalytische Bemerkungen zu Adoleszenz und Rechtsradikalismus. Psyche, 46, 8, 745-769.
Wiedenhöft, A. (1994): Reflexionsfähigkeit: Eine Determinante spätadoleszenter Identitätsentwicklung. Promotionsarbeit am FB 1 der Universität Gesamthochschule Kassel.
Winkler, H.A. (Hg.) (1985): Nationalismus. Königstein: Athenäum.
Winnicott, D.W. (1971): Vom Spiel zur Kreativität. Stuttgart : Klett, 1973.
Wirth, H.J. (1992): Interviews mit Skinheads. Vortrag an der 2. Nürnberger Jahrestagung zur Ethnospsychoanalyse, 19.-21.6.92.

Anhang

(aus dem Deutschen Romanführer, hg. von Imma Klemm. Kröner-Verlag, Stuttgart, 1991, S. 362-365)

Die Verwirrungen des Zöglings Törleß. EA Wien 1906.

Nur oberflächlich scheint es sich beim *Törleß*, dessen biographischer Ausgangspunkt Musils Militärerziehung im Internat Mährisch-Weißkirchen ist, um einen Pubertätsroman zu handeln. Die Geschichte des jungen Internatsschülers Törleß ist hingegen vor allem die einer Erfahrung des Dualismus der Wirklichkeit, und zwar im Sinne der Erfahrung des Zusammenhangs mit allen Phänomenen und gleichzeitig ihrer vollkommenen Fremdheit. - In einen Rahmen, der am Anfang stärker akzentuiert ist als am Schluß, sind die Vorgänge um den Diebstahl des Schülers Basini eingespannt, die (von einigen Rückblenden abgesehen) in ihrer zeitlichen Abfolge erzählt werden. Die Zeithinweise ergeben von der Rückkehr der Jungen vom Bahnhof bis zur Abholung Törleß' durch seine Mutter eine Spanne von etwa vier Wochen. Aus der chronologischen Abfolge fallen heraus: ziemlich am Anfang die Erzählung von Törleß' Eintritt in das Konvikt und von seiner Freundschaft mit dem jungen Fürsten H., gegen Ende ein kurzer erzählerischer Exkurs von Törleß als jungem Mann und der Kommentar dieses jungen Mannes zu der Geschichte, die im Roman erzählt wird. Der äußere Hauptvorgang, die Basini-Geschichte, erscheint als Bericht des auktorialen Erzählers und in der direkten Rede der Gespräche der vier Protagonisten (Törleß, Beineberg, Reiting und Basini). Dabei geht der Bericht des äußeren Geschehens häufig in die Darstellung von Reminiszenzen, Gefühlen, Assoziationen, Träumen u.ä. über, die fast immer Törleß zugehören. An einigen Stellen schaltet sich der Erzähler kommentierend ein. Die Rahmenhandlung schafft mit der Vorstellung des Bahnhofs und seiner knappen Charakterisierung eine Ortsbestimmung: es geht um einen Übergangsort, einen Schnittpunkt, von dem aus man einerseits ins Unbekannte, für das der Name "Rußland" steht, andererseits zurück in eine Landschaft kommt, für die der zertretene Boden und die verkümmerten Akazien stehen. Das Leben an der Station selbst aber, am festen Punkt zwischen zwei Lebenszonen, ist nicht mehr als ein bißchen mechanische und schnell wieder vergehende Bewegung. So grenzt dieser Rahmen die Geschichte zunächst ein: die Rückkehr der Jungen ist die Abkehr vom Draußen, von dem, wohin die Züge fahren. Doch geht es nicht eigentlich um eine Rückkehr ins Konvikt: die Klasse, die Lehrer, der Unterricht, Tages- und Schlafräume gewinnen nur wenig Kontur. Der Rückweg vom Bahnhof in die rot ausgeschlagene Kammer auf dem Dachboden, das heimliche Versteck der Jungen, ist auch die Abkehr vom Stationären, Entwicklungslosen; für Törleß die Abkehr von den Eltern. Dieser Rückweg hat zwei Stationen: das Gespräch mit Beineberg in der Konditorei, wobei dieser von den esoterischen Interessen seines Vaters schwärmt, und der Besuch im alten Badehaus bei der Dorfhure Bozena. Beides läßt sich zunächst als Teil eines Pubertätsromans verstehen, als Tendenz zu großsprecherischen Redereien und als erste sexuelle Erfahrung. Aber Musil stellt diesen Kontext nicht her. In seiner Skizze *Über Robert Musil's Bücher* spricht er von einem Zustand "hemmungsschwacher Reagibilität", der bei jungen Menschen in besonderer Weise vorherrsche. Um eine solche Disposition ist es ihm zu tun und darum, was sich dabei entwickeln und was das wiederum bedeuten könne. Beinebergs Reden und das Gespräch mit ihm, der Besuch bei Bozena und die Gespräche dort sind nur der Ausgangspunkt für die reflektierenden wie die sentimentalen Assoziationen von Törleß. Beide Male geht es um eine Erfahrung der Einsamkeit, die gerade das "Talent des Staunens" in Törleß fördert. Dieses Talent zwinge ihn, "Ereignisse, Menschen, Dinge, ja sich selbst häufig so zu empfinden, daß er dabei das Gefühl sowohl einer unauflöslichen Unverständlichkeit als einer unerklärlichen, nie völlig zu rechtfertigenden Verwandtschaft hatte". Aber diese Ahnung eines Dualismus ist nur die erste Erscheinungsweise des zentralen Romanthemas. Später entwickelt sich diese Erfahrung durch die Vorgänge um Basini, den Beineberg und Reiting bei einem

Diebstahl ertappt haben. Törleß macht zunächst naive Versuche, die Vorgänge in seiner Reflexion zu harmonisieren. Dadurch soll weniger die vergleichsweise geringe Irritation des Diebstahls bewältigt werden, sondern vor allem das gefährlich Unbestimmte gefaßt werden, das sich aus Anlaß dieses Diebstahls in Reitings und Beinebergs Verhalten herausbildet. So schlägt er beiden vor, Basini anzuzeigen, was sie ablehnen. Sie wollen ihn selbst bestrafen, doch diese Bestrafung artet in sadistische Quälereien aus. Nur insofern die Erfahrung vom Einbruch dualistischer Wirklichkeit das zentrale Thema ist, wird verständlich, warum Törleß, nicht aber Basini, Beineberg oder Reiting, die für den Roman wichtigste Figur ist. Ginge es wesentlich um die Pubertät und ihre Schwierigkeiten, so wäre Basini am ehesten die Hauptgestalt. Aber der wird von Anfang an als das Pendant zu seinen Quälern dargestellt, insofern er deren Sadismus mit masochistischen Bedürfnissen entgegenkommt. Wäre der Roman vor allem der der "heutigen Diktatoren in nucleo", wie Musil selbst Reiting und Beineberg viel später im Tagebuch nennt, so stünden sie im Mittelpunkt der Erzählung. Aber der machiavellistische Machthunger Reitings wie die irrationalistische Spekulation Beinebergs, die beide im Sadismus münden, werden ja nur in Zusammenhang mit Törleß' Geschichte interessant. Dennoch behält Musils Wort von den "heutigen Diktatoren in nucleo" seine Bedeutung. Es zeigt sich nämlich, daß sie im Grunde nicht 'romanfähig' sind, da sie keine Geschichte haben und nur ihre Barbareien zu wiederholen vermögen. In ihrer Reflexion kommt jener keinen Augenblick über die krude Intrige, dieser nie über das Geschwätz hinaus. Die instrumentelle und die leere Reflexion aber entlassen aus sich nur nackte Gewalt. Törleß wird andererseits keineswegs als der künftige Mensch, als ein Enkel Zarathustras o.ä. dargestellt. Musil bemüht sich vielmehr, die dualistische Erfahrung eines einzelnen so deutlich wie möglich darzustellen. Beineberg erzählt Törleß z.B. eines Nachts in der Kammer, daß er eine sexuelle Beziehung zwischen Reiting und Basini entdeckt habe. Er hält Törleß einen längeren Vortrag: es geht um eine vage Theorie vom Quälen als einem Bußopfer und als einer Härteübung gegen sich selbst. Törleß ist hier ganz Zuhörer und scheint in den Sog dieser so eklektizistischen wie abstrusen Gedanken gezogen zu werden. An diese Szene schließt eine völlig gegensätzliche an. Um die Mittagszeit geht Törleß allein im Park des Konvikts spazieren. Er denkt an Beineberg, er bemerkt den Kontrast von dessen Worten zum Taghellen, zur Rationalität der Schule, und gleichzeitig lösen diese Worte gerade jetzt in der Mittagshelle eine Wirkung aus: Törleß bemerkt "plötzlich" und wie "zum ersten Male - wie hoch eigentlich der Himmel sei", und hat in einem die Erfahrung, die Anschauung des mathematischen Begriffs des Unendlichen: "Da, in diesem Himmel, stand es nun lebendig über ihm und drohte und höhnte." Daß Törleß mit der Verarbeitung seiner Erfahrung allein bleibt, zeigt sich z.B. in der einzigen Szene, in der er sich an einen Lehrer wendet. Der Mathematiklehrer, den Törleß zum Problem der imaginären Zahlen befragt, steht dabei nicht einmal für die schlechthin feindliche Erwachsenenwelt, seine Funktion ist die des Fachmanns, von dem Törleß eine kundige Antwort erwartet. Die durchaus sublime, sozusagen objektive Satire liegt darin, daß nun ausgerechnet der Mathematiklehrer ihm rät, das Unverständliche einfach zu glauben, und vom Gefühl für das Notwendige spricht, das man auch in der Mathematik erst bekomme, wenn man lange genug in ihr "gelebt" habe. Immerhin weist der Professor ihn beiläufig auf Kant hin, an dem sich Törleß nun zu orientieren sucht. Später macht Törleß noch einen, jetzt gewissermaßen magischen Versuch, die beiden gegensätzlichen Bereiche zusammenzuzwingen, indem er sich in der Nähe Basinis mit Kant beschäftigt: "So mußte es gehen; so mußte er Wahrheiten finden, ohne das Leben, das lebendige, komplizierte, fragwürdige Leben, aus den Händen zu verlieren ... Aber es ging nicht." Die negative Wirklichkeitserfahrung von Törleß kommt in dem Augenblick auf ihren Höhepunkt, als Basini auf die ihm von Reiting und Beineberg zugefügten Demütigungen gegenüber Törleß ganz indolent reagiert: "Da war das Geschehene als eine einfache Notwendigkeit ...". Danach bleibt die sexuelle Begegnung mit Basini ebenso ohne intensivere Wirkung auf Törleß wie die weiteren Pläne und Taten Reitings und Beinebergs. Törleß ist enttäuscht. Weil etwas für ihn zu Ende ist, nicht eigentlich um Basini zu helfen, steckt er Basini einen rettenden Zettel zu. Darauf flieht er zunächst aus dem Konvikt, wird aber bald zurückgebracht. Bevor ihn seine Mutter auf Anraten des Direktors nach Hause holt, unternimmt er den vergeblichen Versuch, den Lehrern seine Erfahrung mitzuteilen. Törleß wird nicht als ein Scheiternder, auch nicht als Genie der Innerlichkeit dargestellt. Ironisch genug nennt Musil den erwachsenen Törleß in dem Ausblick, der der letzten Phase des Romans vorangestellt ist, "ein(en) junge(n) Mann von sehr feinem und empfindsamem Geiste".

Psychodynamische Aspekte von Klimakterium und Menopause

Gertraud Schlesinger-Kipp

1. Einleitung, Fragestellung

Die Psychoanalyse - wie auch weite Teile der Medizin - stellt den Prozeß des Älterwerdens generell, speziell den der Frau, immer noch unter der Überschrift "Regression", "Beschädigung", "Verlust", "Defizit" etc. dar, sofern sie überhaupt darauf eingeht. Die Frage, was weibliche Entwicklung in der Lebensmitte überhaupt bedeutet, wie sie im Zusammenhang mit den vorherigen Phasen zu verstehen ist, wird nur selten gestellt. Als "Reifungskrise des Identitätsgefühls" (Frick-Bruder, 1989) kann die Phase zwischen 45 und 60 Jahren schon allein deshalb angesehen werden, weil die Frau sich mit heftigen körperlichen und psychischen Veränderungen sowie mit neuen Grenzen und Möglichkeiten auseinandersetzen muß, während der Mann eher langsam und unmerklich älter wird und dann oft plötzlich durch eine Erkrankung oder ähnliches mit seinem Alter konfrontiert wird.

Die Psychosomatik geht davon aus, daß körperliche Veränderungen z.B. in der Menarche einen Anreiz zur psychischen Regression sowie zur psychischen Reifung darstellen. Diese Annahme müßte ebenso für die einschneidenden Veränderungen im Klimakterium gelten. Die Frage, welche unbewußten Konflikte in bezug auf verschiedene Ebenen der psychischen Entwicklung in dieser Phase neu aufgerollt werden, bedarf noch der psychoanalytischen Erforschung. Dazu soll diese Arbeit einen Beitrag leisten, die sich von daher nicht mit der oft behandelten medizinischen Seite der Hormonveränderungen und -behandlungen und auch nicht mit der soziologischen Erforschung der Situation der Frau im mittleren Lebensalter beschäftigt.

Nach einer Durchsicht von 300 Literaturstellen zu diesem Thema von 1987 bis 1995[1] beziehen sich 125 medizinisch/psychiatrische Studien vorwiegend auf die hormonellen Veränderungen, Wirkungen von Hormonsubstitution u.ä. 111 Artikel waren empirisch/psychologische Untersuchungen in bezug auf Einstellungen zum Klimakterium, Beschreibungen des Erlebens, insbesondere der sexuellen Veränderungen und Untersuchungen des Zusammenhangs zwischen psychischen Problemen in der Menopause als Reaktion auf psychosoziale Faktoren, Rollenzuschreibungen und Streß. Soziologische Analysen des Zusammenhangs zwischen der sozialen Lage und dem Erleben bzw. den Symptomen fanden sich in 21 Artikeln, während sich 35 Studien auf cross-kulturelle Vergleiche bezogen. Lediglich 8 Autoren bezogen sich in gewisser Weise auf eine spezifisch psychoanalytische Herangehensweise an dieses Thema.

Von Sydow u. Reimer (1995) fanden in einem Literaturüberblick der Jahre 1988 bis 1992 heraus, daß über 1000 deutsch- und englischsprachige Studien

---

[1] Zentralstelle für Psychologische Information und Dokumentation der Universität Trier und Chicago Psychoanalytic Literature Index.

organmedizinisch-gynäkologische Aspekte der Menopause und insbesondere "Hormone replacement therapy" zum Thema hatten, während bei 90 % dieser Studien psychische Aspekte keine wesentliche Rolle spielten. Die Methodik der wenigen Untersuchungen über psychosomatische Zusammenhänge wird von den Autoren als unzulänglich in bezug auf empirisch/psychologische Gesichtspunkte dargestellt.

Mein eigenes Interesse an diesem Thema entstammt einerseits meiner langjährigen psychotherapeutischen und psychoanalytischen Arbeit mit Frauen ab der Lebensmitte, die sich als Schwerpunkt meiner Praxis aus einer längeren wissenschaftlichen Tätigkeit an der Gesamthochschule Kassel in der Arbeitsgruppe Soziale Gerontologie ergab. Während der theoretischen Aufarbeitungen dieser psychotherapeutischen Behandlungen und Psychoanalysen[2] wurde mir klar, daß sich veränderte Sichtweisen der Psychoanalyse der weiblichen Entwicklung meines Erachtens zwangsläufig ergeben, wenn man sich dem gesamten Lebenszyklus von Frauen zuwendet.

Andererseits spielt auch mein eigenes Älterwerden in diesem Zusammenhang ein wichtige Rolle. Als ich meine erste über 60jährige Patientin psychotherapeutisch behandelte, war ich selbst Ende 20. Heute würde für mich vielleicht, wenn ich diese Patientinnen nicht hätte, ebenfalls die Beobachtung von A. Mankowitz (1994) zutreffen, daß Frauen ab der Lebensmitte, also ab Anfang 40, dieses Thema eher meiden, wie wenn sie durch bloßes Reden etwas ins Leben rufen könnten, was sie sonst leugnen könnten.

2. Begriff und Phänomene der Wechseljahre und der Menopause

Eine 60jährige Frau[3] eröffnet das Erstgespräch so: "Ich bin vor 4 Wochen auf einer Wanderung mit Bekannten einfach umgefallen und erst im Krankenhaus wieder aufgewacht. Das ist mir vor 10 Jahren schon einmal passiert, ja das war, als die Wechseljahre anfingen. Die Ärzte haben mich von oben bis unten untersucht. Organisch bin ich völlig gesund. Aber die Panik seitdem! Ich traue mich oft allein nicht mehr hinaus."

"Ich habe immer alles ganz gut geschafft, aber als ich mich dann neben meinem Beruf und meinem Mann und meinen Kindern auch noch plötzlich um den kranken Vater kümmern mußte, lief mir dann irgendwann das Blut die Beine hinunter. Ich war ganz froh, ins Krankenhaus zu dürfen. Als ich aufwachte, hatten sie doch alles herausgeholt. Zuerst war ich froh, diese blöde Gebärmutter los zu sein. Aber die Unterleibskrämpfe haben nicht aufgehört, und seitdem fühle ich mich auch nicht mehr als Frau. Der Arzt hat gesagt, ich bräuchte das Organ nicht mehr, es wäre zu nichts nutze", berichtet eine 47jährige.

"Eigentlich geht es mir gut. Nach dem Tod meines Mannes habe ich mich in die Arbeit gestürzt. Es geht alles so weiter wie vorher, die Kinder sind ja selbständig. Jetzt überlege ich manchmal, ich sollte mir doch eine andere Wohnung suchen, aber was müßte ich dann alles aufräumen und wegschmeißen? Erst in

---

[2]Zur Darstellung allgemeiner Erfahrungen mit Psychotherapien mit Älteren s. auch Radebold, Rassek, Schlesinger-Kipp, Teising 1987 sowie Schlesinger-Kipp 1995 a und b.

[3]Zum Schutz der Patienten handelt es sich jeweils um veränderte "verdichtete" Aussagen und Angaben zur Person.

den letzten Wochen mit dem neuen Chef, der mich kritisierte, fühle ich mich total deprimiert. Es ist, wie wenn mir plötzlich mit der Arbeit der Boden unter den Füßen weggerissen würde, ich habe keinen Antrieb mehr, kann nicht schlafen", so eine 50jährige.

"Ich war schon als junges Mädchen depressiv, wollte mich umbringen. Damals schimpfte man im Krankenhaus nur mit mir, so etwas tut ein deutsches Mädchen nicht. Ich bin ja wohl auch zu nichts nutze, es ist besser, daß ich gar keine Kinder bekommen habe. Das hat meine Mutter auch schon immer gesagt“, so eine 70jährige.

Dies ist nur eine Auswahl von den sehr unterschiedlichen Anlässen, die Frauen in die psychotherapeutische Behandlung bringen oder Motivation für eine Psychoanalyse entstehen lassen. Gemeinsam ist oft die Schwierigkeit, über die erlebten körperlichen und psychischen Veränderungen während der Wechseljahre und in der Menopause zu sprechen. Diese Schwierigkeit liegt allerdings auch oft auf seiten der Therapeuten (Schlesinger-Kipp, 1995a). In vielen Supervisionen und Fallbesprechungen habe ich erfahren, daß sie oft gar nicht wissen, in welchem Stadium der Veränderungen sich die Frauen nach 45 befinden. Dies ist besonders deshalb wichtig zu erfahren, weil es sich zeitlich um eine Spanne von mindestens 15 Jahren handelt, die von jeder Frau unterschiedlich erlebt wird. Die 50jährige Frau z.B. antwortet auf meine Frage nach den Wechseljahren nur kurz mit: "Dafür gibt es noch keinerlei Anzeichen." Eine 62jährige, die schon mit Anfang 40 durch eine Operation in eine verfrühte Menopause kam, antwortet auf die Frage, ob es ihr schwerfalle, keine eigenen Kinder mehr bekommen zu können, spontan mit: "Ja sehr" und erzählt, daß sie seit 20 Jahren trotzdem immer noch genau ihren Zyklus innerlich spüre. Andere blenden die Körperlichkeit völlig aus oder haben auch tatsächlich keine körperlichen Beschwerden, fühlen sich gesund wie immer und lediglich innerlich irgendwie uneins mit sich selbst.

Das Klimakterium oder zu deutsch treffender die "Wechseljahre" benennen eine Zeit der körperlichen und psychischen Veränderung. Barbach (1994), eine amerikanische Autorin, die diesen deutschen Begriff nicht zur Verfügung hat, nennt diese Zeit einfach "Pause" in Abwandlung von Menopause, womit ja eigentlich der Zeitpunkt der letzten Menstruation benannt wird.[4] "Menopause" (vom griech. "pauein" = "beendigen") bezeichnet die letzte Menstruation, d.h., daß eine Frau nach 12 aufeinanderfolgenden Monaten ohne Menstruation nicht mehr fruchtbar ist. Von dem ursprünglichen griechischen Wort gibt es jedoch auch eine transitive Form ("pauesthai"), was soviel bedeutet wie: "Zu Ende gehen, befreit werden." Die erste Silbe (normalerweise aus dem lat. "mens": "Monat") könnte auch aus dem Griechischen stammen und dort neben "maen, mänos": "Monat" oder "Mond" auch "menos": "Lebenskraft", "Begehren" oder "Blut als Sitz der Leidenschaft" bedeuten. Die Assoziationen zu diesen Wortbedeutungen reichen demnach von der aktiven Beendigung einer zyklischen Lebensphase bis hin zum Befreitwerden vom monatlichen Fluß, der aber auch als Fluß des Lebens und der Leidenschaft angesehen wird.

Merkwürdigerweise wird der Begriff im Deutschen aber oft als "Pause" mißverstanden, so wie als Hoffnung, daß die Fruchtbarkeit wieder einsetze.

---

[4]Insgesamt herrscht oft ein Begriffswirrwarr vor. In der englischsprachigen Literatur hat sich für das Klimakterium der Begriff "Perimenopause" durchgesetzt.

Die Assoziation "Pause" kann aber auch bedeuten, daß diese Zeit eine Zeit der Ruhe, des Nachdenkens, des Rückblicks, des Übergangs von der Zeit der Gebärfähigkeit und des Kindergroßziehens sein könnte zu einer Zeit, in der eigene Bedürfnisse eine größere Rolle spielen dürften. Diese Zeit ist gekennzeichnet durch ein Ungleichgewicht, durch körperliches Unwohlsein auf Grund der Veränderung der Hormone, bis sich Körper und Psyche auf ein neues Gleichgewicht in der Postmenopause eingestellt haben.

Der Begriff "Klimakterium" (aus dem griech.: "klimax") wird von vielen Autoren abgelehnt, da der Begriff der Stufenleiter suggeriert, daß es nach dem Höhepunkt nur noch bergab gehe.

Viele Frauen fühlen sich - heutzutage im Gegensatz zur Menarche - überhaupt nicht vorbereitet auf die Wechseljahre. Manchmal ist ein negativ ausgefallener Schwangerschaftstest auf Grund des Ausbleibens der Regel das erste bewußt wahrgenommene Zeichen des Wechsels. Der endokrin bedingte Beschwerdekomplex von Hitzewallungen, Schlafstörungen, depressiven Verstimmungen sowie eine Vielfalt unspezifischer Befindlichkeitsstörungen wie Reizbarkeit, sexuelle Lustlosigkeit, Nervosität, Hautempfindlichkeiten, Muskel- und Gelenkschmerzen, Kopfschmerzen, Schwindel und Gewichtszunahme werden in unterschiedlichem Ausmaß erlebt. Kulturell unterschiedlich ist die Angst in bezug auf diese Veränderungen, die insbesondere auf Grund des Jugendlichkeitskultes unserer Gesellschaft die Abnahme der sexuellen Attraktivität für Männer betrifft. Angst vor psychischen Problemen, Angst vor Kontrollverlust, irrationalem und hysterischem Verhalten überwiegen bei amerikanischen Frauen (Barbach, 1994), Angst vor Gesundheitsproblemen bei europäischen Frauen.

In Kulturen, die der Frau nach dem Ausbleiben ihrer Regel bewußt und zum Teil rituell bescheinigt eine wichtige Rolle (z.B. Indianer oder Moslems, Japaner) zuschreiben, scheint die Angst vor der Postmenopause und damit das Ausmaß der im Klimakterium erlebten Beschwerden viel geringer zu sein, wie in vielen transkulturellen Studien belegt wurde.

Frick-Bruder (1989, 1991) untersuchte Frauen von 45 bis 60 Jahren, die in ihren 40ern so "beliebt, tough und selbstbewußt, lebendig, erfahren, gut erhalten und attraktiv" sind, in der "oberen Mittelschicht" nicht selten spät noch ein oder sogar ein erstes Kind bekommen und nicht zu altern scheinen. In der Aufbruchstimmung der 60er und 70er Jahre waren sie geprägt von der beginnenden Emanzipation, sexuellen Selbstbestimmung u.a. durch die Pille, beruflichen Selbstfindung etc. Nach Frick-Bruder (1989, 1991) geben sie auch eine positive Grundeinstellung zu den Wechseljahren an, die dann aber mit dem tatsächlichen Erleben dieser Zeit im Widerspruch zu sein scheint. Auch das Nachlassen der Libido wird anscheinend in sehr viel stärkerem Maß erlebt, als vorher angenommen. Die meisten dieser Störungen werden von den Frauen selbst den hormonellen Veränderungen zugeschrieben, während psychische Gründe unbeachtet blieben. Jürgensen (1995) beschreibt anhand von Untersuchungen in der Menopausensprechstunde der Universitätsklinik Frankfurt, daß alle erlebten Veränderungen von den Frauen subjektiv den Hormonen zugeschrieben würden, dabei ließe sich in der Medizin fast nichts so leicht beheben wie Folgen von Hormonveränderungen oder -störungen. Sie berichtet von Frauen, bei denen Hormontherapie zu keinerlei Besserung der Problematik geführt habe, wohl aber in erstaunlich kurzer Zeit Veränderungen im persönlichen Leben, wie z.B. eine neue Beziehung oder eine Psychotherapie.

3. Theorien zur weiblichen Entwicklung und zur Psychodynamik von Klimakterium und Menopause

Um die unbewußten Konflikte von Frauen in den Wechseljahren zu verstehen, ist es notwendig, sich auf die psychoanalytischen Theorien der Weiblichkeit zu beziehen, auf die neben der inhaltlichen auch auf ihre historische Abfolge eingegangen werden soll (vgl. Fliegel, 1992). Gleichzeitig interessiert die Kontroverse über die Psychoanalyse der Frau hier nur in bezug auf ihre Bedeutung für die theoretische Erforschung der Wechseljahre und der Menopause und erhebt von daher keinerlei Anspruch auf Vollständigkeit. Bis auf einige Stellungnahmen werden meine eigenen Thesen zur Psychodynamik von Klimakterium und Menopause erst in Abschnitt 5 dargelegt.

3.1 Sigmund Freud und Helene Deutsch

Freud selbst nennt das Klimakterium der Frauen meist in Zusammenhang mit einem "männlichen Klimakterium", wobei er beides gleichsetzt mit "Senium" und "Greisenalter". Man muß ihm dabei zugute halten, daß Frauen um die Jahrhundertwende eine Lebenserwartung von ca. 50 Jahren hatten. In einem Fallbeispiel (Freud, 1937) geht er auf eine Frau ein, die er wegen Gehunfähigkeit und Beinschmerzen behandelt hat, die etwa 14 Jahre nach Beendigung der Kur wegen eines Myoms eine Totalextirpation des Uterus erlitt und daraufhin in ein (verfrühtes?) Klimakterium kam (wobei diese Tatsache nicht erwähnt wird). Sie habe sich in den Operateur verliebt, "schwelgte in masochistischen und schrecklichen Phantasien" über die Veränderungen in ihrem Inneren, habe sich "einem neuerlichen analytischen Versuch" als unzugänglich erwiesen und sei bis zu ihrem Lebensende nicht mehr "normal" geworden (Freud, 1937, S. 66). In diesem Beispiel deutet Freud auf eine Triebverstärkung bei Frauen in der Pubertät und in der Menopause hin, die dann die Konflikte zwischen den verschiedenen Instanzen des psychischen Apparates in Bewegung setzen.

Bei Deutsch (1948), die den für Freud noch "dunklen Kontinent" der weiblichen Entwicklung in derselben Sichtweise wie Freud erhellt, mißt sich die Entwicklung des Mädchen an der des Jungen. Von Anfang an seien beide Geschlechter gleich - was auch heute in gewisser Weise immer noch revolutionär ist - , wobei "gleich" aber "männlich" heißt. In Freuds Geschlechtertheorie ist die Libido ihrem "ureigensten" und "unverstellten" Wesen nach "aktiv", ergo "männlich" (Gast, 1992, S. 145). Beide Geschlechter besitzen nach Deutsch keine psychische Repräsentanz der Vagina und damit der Geschlechterdifferenz. Die Entdeckung der Zweigeschlechtlichkeit löse die bis dahin gleichermaßen männlich gelaufene Entwicklung auf. Sie münde beim Jungen im Ödipuskomplex und dessen Beendigung durch die Kastrationsangst, beim Mädchen auf Grund der Enttäuschung über die Penislosigkeit in der enttäuschten Abwendung von der Mutter. Helene Deutsch ist jedoch die erste, die auf die bedeutungsvolle und lange präödipale Beziehung des Mädchens zur Mutter hingewiesen hat. Nach der enttäuschten Abwendung von der Mutter werde der

Peniswunsch in einen Kinderwunsch umgewandelt, der dann vom Vater ebenfalls wiederum enttäuscht werde.

So ist für Fessler (1950) nur logisch, daß die wiederholte Enttäuschung auch das Hauptbild der klimakterischen Depression der Frau ist. Die klimakterisch gestörte, d.h. die depressive Frau sei von allen anderen enttäuscht und schwelge in dauernden Vorwürfen. Die psychoanalytische Theorie des Penisneides, die die Verfehlung der männlichen Subjektwerdung als konstituierend für die weibliche Entwicklung ansieht, nimmt logischerweise an, daß der Penisneid im Unbewußten fortbesteht und in der Menopause sogar unter günstigsten Umständen für psychische Probleme sorgt, die bei der leichtesten Provokation ausgelöst werden können. Die Frau werde also im Klimakterium dazu gezwungen, dieselbe Reaktion wie in der frühen Kindheit auf die Entdeckung der Zweigeschlechtlichkeit zu wiederholen. Somit ist das Klimakterium ein regressiver Prozeß, in dem, wie Helene Deutsch sich ausdrückt, die Frau alles aufgeben muß, was sie in der Pubertät bekommen hat, nämlich die Gebärfähigkeit als Restitutionsversuch für die Penislosigkeit (Deutsch, 1948).

Die klassische psychoanalytische Auffassung der Weiblichkeit ist, obwohl in sich schlüssig, nach meiner Meinung nicht in der Lage, die unbewußte Bedeutung der Zyklizität, die unbewußte Bedeutung eines Kindes für die Frau sowie die unbewußte Bedeutung der Beendigung von Zyklizität und Gebärfähigkeit während des Klimakteriums ausreichend zu erklären. Meines Erachtens zeigt sich, daß die von vielen Autoren beschriebene Kritik am Konzept des Penisneides insbesondere dann zutreffend ist, wenn es gilt, eine Theorie der weiblichen Entwicklung im gesamten Lebenszyklus zu erstellen. Empirisch ist nachgewiesen, daß die Depressionshäufigkeit im Klimakterium nicht wesentlich ansteigt (z.B. Hunter, 1990).

3.2 Therese Benedek

Therese Benedek (1950) beginnt mit der Kritik an dem Konzept der unweigerlichen Depression im Klimakterium, indem sie betont, daß Frauen in der Pubertät ihre sexuelle Reife nicht als Geschenk in einem Paket erhielten, das unverändert bliebe, bis es genauso dramatisch, wie es in ihr Leben getreten sei, im Klimakterium wieder weggenommen würde. Sie beschreibt eine etwas andere Sichtweise von Pubertät und Klimakterium, wobei sie sich ebenfalls nicht von der Geschlechtertheorie Freuds lösen kann, da sie die tief verwurzelte weibliche Passivität und Introversion (wie Deutsch) hormonell (mit der Produktion von Progesteron) begründet sieht.

Lange vor der ersten Regel in der Menarche gibt es nach Benedek (1950) hormonelle und psychische Veränderungen. Bis zur vollen reproduktiven Reife könne sich das Mädchen in der Adoleszenz an die Sexualität mit ihren lustvollen, aber auch schmerzlichen Seiten gewöhnen. Schmerzen (bei Menstruation, Geschlechtsverkehr, Schwangerschaft, Geburt und Menopause) sind nach Benedek ein integrativer Anteil der weiblichen Sexualität im Unterschied zur männlichen. Das Klimakterium sei ein langsamer Umgewöhnungsprozeß hin zur Postmenopause.

In jedem Zyklus von der Menarche bis zur Menopause beschäftige sich (nach Benedek, 1950) der Körper der Frau mit der Möglichkeit der Empfängnis bzw. deren Fehlen durch die Menstruation. Dieser Zyklus beinhalte eine vollständige Korrelation zwischen vorbewußten Gefühlen und der hormonellen Funktion der Ovarien. Das bewußte Leben der Frau decke diesen Prozeß meistens zu, aber die Frau reagiere vorbewußt auf die Follikelreifung mit verstärkter extrovertierter Aktivität und sexueller Lust kurz vor der Ovulation. Danach, unter der verstärkten Progesteronbildung, bereite sich der Uterus hormonell auf eine Einnistung vor, das Interesse der Frau ziehe sich zurück auf sich selbst, Schwangerschaft und Kinderwünsche. Dieselben Vorgänge kennzeichneten das Klimakterium, d.h. die Gefühle der "regressiven prämenstruellen Phase" (Benedek, 1950, S. 2) unter dem Einfluß des Progesteron überwögen.

Nach Benedek muß die Frau sich in jedem Zyklus erneut um die psychosexuelle Integration der Gefühle und der Hormone bemühen. Frauen würden unruhig, nervös, ängstlich kurz vor der Menstruation, weil sie die Tatsache der Kastration befürchten, die die Mens für sie repräsentiere. Träume von Blut, Haß auf Männer, übermäßige Beschäftigung mit dem eigenen Körper und Angst, getötet zu werden, würden das beweisen. Es könne auch eine verstärkte sexuelle Lust geben, die einen drängenden Charakter habe, so wie wenn die Frau Lustbefriedigung anstrebe, weil sie Angst vor der Frustration (der Mens) habe.

Bei anderen Frauen ließe die Libido nach, sie fühlten sich frustriert, hätten Angst, etwas zu verlieren, zeigten anal zerstörerische, abwertende Tendenzen. Die Libido regrediere vom genitalen integrierten zu einem primitiveren, analsadistischen oder passiv abhängigen Zustand.

Die prämenstruellen Symptome hätten von daher prognostischen Wert für das Klimakterium. Normalerweise nähmen Depressionen während der prämenstruellen Phase im Laufe der psychosexuellen Reifung ab. Wenn eine Frau sexuell befriedigt lebe und Kinder habe, könne sie dieser Regression besser begegnen, meint Benedek (1950).

Schwangerschaft wird bei Benedek als Erfüllung der Frau mit Libido angesehen. In ihrer Tochter, aber auch in anderen Kindern, wiederhole die Frau die Gefühle ihrer eigenen psychosexuellen Entwicklung und werde unabhängiger. So habe die Mutter mit jedem Kind die neue Hoffnung, ihre eigenen Konflikte lösen zu können. Sie erreiche Unabhängigkeit, wenn sie den Kindern erlaube, diese zu erreichen. Diese Fähigkeit bleibe ihr auch erhalten, wenn der Hormonzyklus abnehme. Sie erreiche neue soziale und familiäre Bedeutung, könne die Vergrößerung ihrer Familie genießen ohne Anstrengung und Schmerzen. Nachdem die Frau die Anpassungsfunktionen im Klimakterium geleistet habe, könne sie ihr Leben mit neuen Aktivitäten und Befriedigungen planen.

Männer hätten dieses Training nicht. Sie erlebten Altern mehr als einen langsamen, unmerklichen Veränderungsprozeß, den sie fürchten und verleugnen könnten, da ihre reproduktive Kraft nicht verloren geht. Sie seien dadurch aber auch weniger vorbereitet, eventuell sei deshalb die Lebenserwartung der Frauen größer.

In diesen Ausführungen bemüht sich Benedek zwar um eine neue Sichtweise, ist jedoch noch zu sehr mit der traditionellen psychoanalytischen Theorie verbunden, als daß sie wesentlich weiter führen könnten. Sie ist jedoch meines Wissens die erste Psychoanalytikerin, die die Wechseljahre als Entwicklungsphase bezeichnet hat.

Interessant ist auch, was sie 1975, also selbst im Alter von 83 Jahren, über das Klimakterium schreibt. Sie betont, daß diese Phase kein Trauma für eine

Frau darstelle, sondern diese im Gegenteil von den Reproduktionsfunktionen befreie, so daß sie psychische und physische Energie für andere Aufgaben verwenden könne. Die Frau sei nicht den existentiellen Ängsten um sich und andere, wie z.B. in der Schwangerschaft, ausgesetzt (Benedek, 1975).

3.3 Karen Horney und Melanie Klein

Karen Horney wendet sich als erste schon 1923 dagegen, eine an der männlichen Norm definierte Pathologie als identisch mit weiblicher Normalität anzusehen (Horney, 1923, 1984). Ihr zufolge haben beide Geschlechter ein unbewußtes und oft verdrängtes Wissen um die Vagina, wobei auch bei Horney noch nicht von einem weiblichen Geschlechtsorgan als einer Einheit mit Klitoris und Vagina gesprochen wird. Sie nimmt an, daß es eine Vorstellung einer primären und genuinen Weiblichkeit gebe, daß sich demnach die Entwicklung des Mädchens von Anfang an von der des Jungen unterscheide. Horney wendet sich energisch gegen die Annahme von Deutsch, die gesunde Frau müsse vor jeder neu einsetzenden weiblichen Funktionsphase (Menstruation, Verkehr, Schwangerschaft, Geburt und Menopause) zunächst die männlich dagegen gerichteten Impulse überwinden, ehe sie eine sich unterwerfende passive bejahende Haltung zu den in ihrem Organismus vor sich gehenden Vorgängen einnehmen könne (Horney, 1923, 1984).

Horney nimmt entsprechend ihrer These der genuinen Weiblichkeit an, daß der Kinderwunsch nicht, wie bei Freud, etwas der "Ich-Psychologie Angehöriges", sekundär aus der Enttäuschung über den Penismangel Entstandenes sei, sondern ein im Biologischen verankerter Triebwunsch, der höchstens sekundär erhebliche Verstärkung durch den Peniswunsch erfahren könne.

Ernest Jones (1927) und auch Fenichel (1934) versuchen erfolglos zwischen Freud und Horney zu vermitteln. Freud lehnt ihre Thesen vor allem wegen der für ihn unvorstellbaren Einführung einer weiblichen Libido grundlegend ab, beendet die Kontroverse um die Psychoanalyse der weiblichen Entwicklung mit der Schrift "Über die weibliche Sexualität" (1931) unter Miteinbeziehung der Erkenntnisse von Deutsch über die Bedeutung der Mutter für das Mädchen. So verebbt die Kontroverse für 15 bis 20 Jahre im Sand (Fliegel, 1992). Horney entwickelt ihre frühen Thesen in ihren späteren Schriften leider nicht weiter.

Auch Melanie Klein (1928, 1985) wendet sich gegen die Theorie des weiblichen Ödipuskomplexes von Freud und sieht das Mädchen als von Anfang an weiblich an. Die vorrangige Erotisierung der Klitoris sei ein Abwehrvorgang gegen die zu diesem Zeitpunkt der sexuellen Entwicklung gefährlichere und problematischere Erotisierung der Vagina. Vaginale Erregungen riefen beim kleinen Mädchen Angst vor Vergeltungsmaßnahmen hervor, die es phantasiere, weil die Natur seiner Erregung bereits weiblich sei mit dem Ziel, den Penis einzusaugen. Da es wegen der Unerreichbarkeit und Unsichtbarkeit der inneren Geschlechtsorgane nicht möglich sei, deren Unverletzlichkeit zu überprüfen, verzichte das Mädchen aus Angst auf die sexuellen vaginalen Erregungen. Der "Männlichkeitskomplex" ist bei Klein wie bei Horney ein sekundärer Abwehrvorgang (Klein, 1928, 1985). Diese Thesen Kleins sind jedoch vielleicht aufgrund ihrer viel mehr Aufsehen erregenden Theorie der Vorverlegung des Ödipuskomplexes eher in den Hintergrund geraten.

Über die weibliche Entwicklung im Klimakterium werden meines Wissens weder von Horney noch von Klein Aussagen gemacht.

Eine Ausnahme bildet eine kurze Diskussionsreihe innerhalb der Freud-Klein-Kontroversen in London im Winter 1943/44 (King u. Steiner, 1991). In einem Referat über Regression, Fixierung und Todestrieb gehen Heimann und Isaacs - als Beispiel dafür, daß bei Regression destruktive Impulse frei werden - auf die Menopause ein. Sie behaupten, daß Frauen in der Menopause regredierten, weil sie von Schuldgefühlen überwältigt würden. Diese kämen daher, daß die Wiedergutmachung für die erlebte Sexualität - die Reproduktionsfähigkeit - wegfiele. In dieser Regression tauchen nach Heimann und Isaacs Phantasien über ein böses, leeres Inneres auf, für das die verfolgende Mutter verantwortlich gemacht würde. Kannibalistische und destruktive Impulse aus der frühen Kindheit könnten das erreichte genitale Niveau der Libido gefährden. Diese destruktiven Phantasien seien bei den meisten Frauen hinter der bewußten Angst versteckt, alt und unattraktiv zu werden. Der Ehemann könnte in der Phantasie wieder zum Vater werden, der den Wunsch nach einem Kind nicht erfülle, so daß Sexualität wieder verstärkt inzestuöse Phantasien hervorriefe, die nicht durch Reproduktion wiedergutgemacht werden könnten.

Friedländer - als Vertreterin der Gruppe um Anna Freud - möchte in der anschließenden Diskussion diese destruktiven Phantasien vom unfruchtbaren, leeren Körperinneren als psychotische Phantasien auf einige wenige Frauen beschränkt wissen. Sie behauptet, daß die "alte" Theorie der aufgestauten Libido, die in diesem Alter erstens ansteige und zweitens tatsächlich auf Grund der nachlassenden Attraktivität weniger befriedigt werden könnte, geeigneter sei, die normalen Erscheinungen der Menopause zu erklären.

3.4 Marie Langer

Bei einer anderen Autorin im Gefolge der Theorie Melanie Kleins findet sich Interessantes zu diesem Thema.

Langer (1988) sieht den zweiten Wechsel sehr eng mit dem ersten verbunden: In der Menarche werde die Tochter wirklich zur Frau und habe Angst vor der Mutter, weil sie sich als Siegerin vorkomme. Als alternde Frau erkenne sie in ihrem eigenen Spiegel plötzlich die Hexe. Schneewittchen werde für die Königin erst in der Pubertät wirklich bedrohlich. Die Frau, meint Langer, werde sich selbst in dem Maße gehaßt und ausgeraubt fühlen, wie sie ihre eigene Mutter in der Pubertät innerlich gehaßt und ausgeraubt habe. Sie würde somit die Menopause als späte Rache der Mutter erleben. Zwei Krankheitsbilder während der "Involutionspsychose" scheinen Langers Überlegung zu unterstützen: Die paranoide Idee, verfolgt und beraubt zu werden, zeigt eine Identifikation mit der ausgeraubten Mutter, der die Tochter in der Pubertät das Geschlecht und den Mann raubt. Die depressive Vorstellung der alternden Frau, ihr Leiden, ihre Überzeugung, daß nichts mehr im Leben einen Sinn habe und das Leben wertlos geworden sei, drücken aus, daß sie von dem triumphierenden Mädchen, das in der Gunst des Vaters steht, zur zerstörten Mutter geworden ist, die niemand mehr liebt und nährt.

Ein Beispiel dafür, wie diese Phantasie auf der oralen Ebene repräsentiert werden kann, fand ich bei einer Frau, die im Alter von 60 Jahren nach zahlreichen Unterleibsoperationen in psychotherapeutische Behandlung kam. Ihre

Mutter starb 60jährig an den Folgen der Mangelernährung im Krieg. Sie selbst war damals in der Pubertät und ihre Mutter sparte sich für sie alles vom Munde ab. Die Patientin entwickelte die Phantasie, durch ihre Jugend, ihren Hunger ihre Mutter ausgeraubt und getötet zu haben. Nun selbst im Alter der Mutter, erlebte sie das Ausgeraubtwerden durch die Operationen als späte Rache der Mutter.

Ein erfülltes Sexualleben, ausreichende Befriedigung der mütterlichen Triebe (wobei Langer davon ausgeht, daß diese mit den heutigen 1 bis 3 Kindern ohnehin nicht befriedigt werden können) sowie lustvolle Sublimierungsmöglichkeiten des mütterlichen Triebes und nicht des Sexualtriebes, könnten dem Klimakterium den traumatischen Charakter nehmen.

Ich selbst möchte hier hinzufügen, daß es in den Märchen der Brüder Grimm viele böse Stiefmütter gibt, die geteert und gefedert oder in mit Nägel gespickte Fässer gesteckt werden, nachdem die Tochter den Prinzen bekommen hat. Vor der bösen Stiefmutter gibt es immer die gute frühe Mutter, die gestorben ist. Von daher kommt es meines Erachtens darauf an, die Phantasie von der frühen guten - oder "good enough" Mutter - so sie denn überhaupt vorhanden war - als Ambivalenz durch die Zeit der Pubertät hindurch aufzubewahren. Dann muß später die Rache der Mutter nicht so vernichtend und die Pubertät der eigenen Töchter (oder im übertragenen Sinn der jungen Frauen) nicht so bedrohlich erlebt werden. Eine Frage ist auch, warum sich in den Märchen niemand dafür interessiert, wie diese Stiefmütter so böse werden.

3.5 Janine Chasseguet-Smirgel

Ich möchte nun noch auf zwei Ansätze der neuen Theorien der Weiblichkeit seit den 70er Jahren eingehen, die mir als Grundlage für meine Thesen über die Wechseljahre wichtig erscheinen, ohne daß sie sich selbst auf diese Phase im Lebenszyklus der Frau beziehen.

Nach dem Verstummen der frühen Kontroverse über Freuds Weiblichkeitstheorie gibt es (bis auf wenige Ausnahmen) erst wieder in den frühen 70er Jahren relevante Arbeiten, vor allem der französischen Psychoanalytikerinnen über eigene Theorien, die der Freudianischen Theorie des sexuellen Monismus bis zum Zeitpunkt des Ödipuskomplexes entgegenstehen (Chasseguet-Smirgel, 1988, Irigaray, 1980). Obwohl Chasseguet-Smirgel auch in späteren Veröffentlichungen meines Wissens nichts über das Klimakterium geschrieben hat, sind ihre Vorstellungen dennoch wichtig für dieses Thema. Sie meint, daß die somatische Anfälligkeit der Frau ihren Ursprung in ihrer Empfänglichkeit und ihrer Disposition zur Mutterschaft haben könnte. Durch Menarche, Menstruation, Schwangerschaft, Geburt und Menopause fühle sie sich auch im gesunden Leben abhängig und verbunden mit ihrem Körper. Dazu komme die Tatsache, daß sie denselben Körper habe wie ihr erstes Liebesobjekt, die Mutter. Die Trennung des kleinen Jungen von der Mutter durch die oft schmerzliche Entdeckung, daß er einen anderen Körper habe als sie, entfalle beim Mädchen. Wie Horney weist sie darauf hin, daß es von Anfang an für beide Geschlechter ein unbewußtes - daher oft verdrängtes - Wissen um die Existenz der Vagina gebe, daß also das kleine Mädchen kein kleiner Junge sei und daß der Kinderwunsch kein abgeleiteter, aus einer Kränkung (dem Penisneid) entstandener Ersatzwunsch , sondern primär triebhaft vorhanden sei. Bei beiden Geschlechtern gleich trete der Wunsch nach Rückkehr in den Mutterleib in gleicher Weise auf, den der Mann sich kurzfristig durch den Liebesakt erfülle. Die Frau hingegen könne dank der bestehenden Einheit mit dem Fötus während der Schwangerschaft die primäre Verschmelzung mit der Mutter wiederfinden und zugleich das Liebesobjekt, den Vater, in sich aufbewahren und sich so gleichzeitig auch den ödipalen Wunsch erfüllen.

Auf diese Möglichkeit warte das Mädchen bis zur Pubertät, wobei das Warten (z.B. auch bei Schwangerschaft) ein wichtiger Unterschied zum kleinen Jungen sei, dessen Kränkung darin bestehe, daß er nicht jetzt sofort die Mutter befriedigen könne. In der Menarche fühle das Mädchen sich in den weiblichen Kreis aufgenommen oder lehne dies mit heftigen Symptomen ab. Es gebe in der weiblichen Entwicklung auch in unserer Kultur einen rudimentären Rest einer Inititation, eines Übergangsritus, der meines Wissens für die Wechseljahre fehlt.

Diese Vorstellung der Verschmelzung mit der Mutter in der Phantasie durch das Erleben der Frau während der Schwangerschaft und Stillzeit scheint mir für die Beendigung dieser Möglichkeit während der Wechseljahre von Bedeutung zu sein.

3.6 Irene Fast und die Theorie der Geschlechterdifferenzierung

Mein Interesse ist es, aus dem heutigen Diskussionsstand dieser Theorie der Weiblichkeit die Konzepte herauszukristallisieren, die Bedeutung für das Verständnis von Wechseljahren und Menopause haben.

Insbesondere amerikanische Psychoanalytikerinnen (Fast, 1991, Chodorow, 1994) gehen - im Prinzip wie Freud - von einer frühen geschlechtergleichen, aber nicht wie dieser von einer männlichen, sondern von einer geschlechterübergreifenden Entwicklungsphase aus. Die zunächst nur biologisch eindeutige Geschlechtsidentität müsse in ihrer psychischen und sozialen Dimension mit Geschlechterrollen und Eigenschaften erst im Laufe der Entwicklung erworben werden. Damit widersprechen sie der eher auf die Biologie fixierten Theorie Horneys. Nach den Vorstellungen der Geschlechterdifferenzierungstheorie fühlen sich Jungen und Mädchen - obwohl sie von Anfang an von ihren Bezugspersonen geschlechtsspezifisch behandelt würden - im frühesten Kindheitsalter (etwa bis 2 1/2 Jahre) nicht eindeutig geschlechtsbezogen, sondern bezögen Eigenschaften beider Geschlechter auf sich. Sowohl der Junge als auch das Mädchen besäßen in der Phantasie einen Penis und eine Vagina bzw. auch eine Gebärmutter und Brüste. Beide seien überzeugt, einen Penis zu haben und Kinder bekommen zu können, genauso wie sie diese Eigenschaften auch anderen (Mutter und Vater) zuschrieben. Diese Phantasie bedeute, daß alle Menschen gleich seien, d.h. nicht männlich (Freud), sondern sexuell und geschlechtlich unbegrenzt. Die größte Kränkung, nicht unbegrenzt, sondern auf ein Geschlecht begrenzt zu sein, treffe beide dann im Alter von etwa 3 Jahren. Nach der Konzeption von Benjamin (1993) wird diese Kränkung beantwortet mit einer "chauvinistischen" Phase, d.h. sowohl das Mädchen als auch der Junge reagierten auf diese Begrenzung mit dem Gefühl, das einzig wahre Geschlecht zu haben. Erst im Laufe der weiteren Entwicklung könne im günstigsten Fall die "Polarität der Geschlechter", die gegenseitige Exklusivität transzendiert werden. "Eine Welt mit festgelegten unüberwindlichen Grenzen (kann verlassen werden, d.A.) zugunsten eines Übergangsraums, in dem die konventionellen Gegensätze (männlich/weiblich, aktiv/passiv, d.A.) zu beweglichen Wänden werden, die lustvolle Spannung erzeugen." (Benjamin, 1993, S. 21).

Nach dieser Theorie (Fast, 1991) identifiziert sich sowohl der Junge als auch das Mädchen in der frühen Phase mit der Mutter als wichtigster Bezugsperson. Die Liebe zur Mutter sei also für den Jungen am Anfang keine heterosexuelle und für das Mädchen keine homosexuelle, sondern eine identifikatorische. Die Fähigkeit der Mutter, Kinder zu gebären, werde zum Auslöser der ödipalen Phase des Jungen. Erst jetzt werde sie von ihm "männlich" geliebt. Das Mädchen verliere mit der Erkenntnis, keinen Penis zu haben, nicht ihre Geschlechtsorgane, sondern lediglich die Phantasie der geschlechterübergreifenden Unbegrenztheit. Der Wunsch nach einem Baby vom Vater bedeute nicht nur die enttäuschte Abkehr von der Mutter, sondern außerdem eine Identifizierung mit ihr und ihrer triebhaften weiblichen Gebärfähigkeit.

Die Phantasie, daß Mann und Frau beide Geschlechtsmerkmale besäßen, könnte nach meinem Erachten auch die Phantasie vom "Vater in der Mutter" beinhalten, ohne daß dies so ausdrücklich bei Fast formuliert würde. Dies könnte die Vorstellung einer frühen Triangulierung (Abelin, 1975) als Grundlage für die spätere ödipale Beziehung zum Vater erklären.

Die Krise durch die Anerkennung der Grenzen bedeutet nach Fast (1991), daß ein Differenzierungsprozeß in Gang gesetzt wird, bei dem Rückgriffe auf frühere vollkommenere narzißtische Phasen möglich seien. Normalerweise trete nach dem Differenzierungsprozeß ein "erneutes Gefühl persönlicher Zentralität (...) als ein abgegrenztes und komplexer gegliedertes Selbstgefühl" (Fast, 1991, S. 25) auf.

Diese Vorstellungen werden später von mir zum Verständnis des Klimakteriums als Differenzierungsprozeß herangezogen. Die hier genannten Autorinnen beschäftigen sich meines Wissens nur mit der frühkindlichen Entwicklung und nicht mit der weiteren Entwicklung der Frau im Lebenszyklus.

4. Neue psychoanalytische Aussagen zu Klimakterium und Menopause

In letzter Zeit beschäftigen sich mehrere Psychoanalytikerinnen, die sich nicht auf ein neues Theoriesystem beziehen, mit der weiblichen Entwicklung in Klimakterium und Menopause.

4.1 Judith S. Kestenberg

Kestenberg (1988) bezeichnet die Integration von drei aufeinanderfolgenden Phasen als wesentlich für die weibliche Entwicklung:

- die "mütterliche",
- die des "phallischen Leistungsstrebens" und
- die "sinnlich ödipale".

Diese Phasen lösen sich nach Kestenbergs Vorstellung nicht einfach nacheinander ab, sondern es müsse in der Adoleszenz durch eine unterschiedliche Integration zur weiblichen Identität kommen. "Die Fähigkeit zu bemuttern, zu versorgen und sinnlich zu lieben, steht in Wechselbeziehung mit weiblicher Zyklizität, die höchstwahrscheinlich in der Kindheit einsetzt und sich in der späten Pubertät ausdifferenziert. In manchen Phasen des Erwachsenseins treten bestimmte Züge der Weiblichkeit stärker hervor als andere." (Kestenberg, 1988, S. 361) Kestenberg betont, wie während der verschiedenen Altersstufen des Erwachsenenlebens die unterschiedlichen Phasen von Weiblichkeit jeweils von unterschiedlicher Bedeutung sein können. Im Verlauf des Klimakteriums komme es lediglich zu einer Umstrukturierung in der Betonung und Ausprägung dieser drei Anteile.

4.2 Margarete Mitscherlich-Nielsen

Ohne auf körperliche Veränderungen der Frau einzugehen, sieht Mitscherlich-Nielsen (1985) alle Konfliktsituationen im späteren Leben von denen in früheren Phasen bewältigten bzw. nicht gelösten Bindungswünschen und Autonomiebedürfnissen abhängig. Besonders in der Lebensmitte würden diese wieder relevant, z.B. bei der Trennung von Kindern. Die innere Bindung an die Mutter bleibe häufig sehr lang erhalten, Ehen würden sozusagen nur zum Schein geführt. Oft würde die tatsächliche Loslösung, das eigentliche Erwachsenwerden, erst in der Lebensmitte stattfinden. Diese allgemeinen Aussagen werden von Mitscherlich-Nielsen jedoch nicht näher ausgearbeitet.

4.3 Betty Raguse-Stauffer

Raguse-Stauffer (1990) arbeitet die vorhandene psychoanalytische Literatur zur Menopause auf und beginnt ihren Artikel mit dem Bild einer ihr bekannten Frau: Diese habe ihren 50. Geburtstag gefeiert und sich noch nie so wohl gefühlt. Sie habe für das Fest alles schön aufgeräumt, die ganze Wohnung und sogar den Keller. Für die Autorin lautet die Frage im Klimakterium: Was kann ich mir durch die Wechseljahre hindurch aufbewahren, was muß ich aufgeben, was verliere ich bzw. umgekehrt, wovon kann ich mich befreien?

Darin enthalten ist meines Erachtens auch die Frage, von welchen jahrzehntelangen Regeln sich die Frau nach dem Verlust der "Regel" befreien kann. Für das Übertreten von Regeln nach der Menopause gibt es bei uns wenig Vorbilder, während z.B. in islamischen Gesellschaften die Frauen neue Rollen zugewiesen bekommen, mehr zur Männerwelt zugelassen sind, von der sie allerdings vorher ganz anders ausgegrenzt werden als in unserer Kultur. Raguse-Stauffer allerdings betont, daß diese Befreiung von Ballast eine Wunschvorstellung sei. Sie meint, daß diese Phase nicht ohne Gefühle von Angst, Wut und Trauer überstanden werden könnte.

Neue Freiheit und das Überschreiten von Regeln werden nach meinem Erachten von Daimler (1991) unter dem Titel "Verschwiegene Lust" dargestellt. Sie hat Frauen über 60 Jahre dazu ermuntert, über ihr sexuelles Erleben zu sprechen, was den Frauen dieser Generation eher schwerfällt. Sie kennen aber auch, anders als jüngere Frauen, den Reiz des Verheimlichens. Ungewöhnliche und oft erstmals befriedigende Erlebnisse werden anscheinend oft noch in höherem Alter gemacht.

4.4 Claudia Sies und Veronika Nestler

Sies und Nestler (1992) beziehen sich unter dem Titel "Soll und Haben. Die Wechseljährige zwischen Illusion und Wirklichkeit" vor allem auf die Theorie von Melanie Klein. Diese Theorie ginge von absoluten Werten des Unbeschädigtseins, der heilen Zustände aus, die es zu erhalten oder wiederherzustellen gelte. Die zu bewältigende Aufgabe im Klimakterium wäre dann: "Die beschädigten inneren Objekte werden unter Trauer (die Fruchtbarkeit kommt nicht wieder) und Mitgefühl (mit den malträtierten Anteilen) als verletzte Gebilde versorgt und reetabliert." (Sies, Nestler, 1992, S. 373) Erst danach könne es eine neue Ausgangsbasis für eine weitere Entwicklung ab der Lebensmitte geben. Die Autorinnen meinen, daß dieses Ideal der Unversehrtheit und Vollkommenheit die unter narzißtischen Spannungen leidende wechseljährige Frau in eine quälende Diskrepanz zwischen Ich-Ideal und realen Gegebenheiten führe. Um der "Lebensmitte die ihr innewohnende Dynamik und Gestalt zu lassen", ginge es darum, "die Realität der Unvollkommenheit anzuerkennen, zu der natürlicherweise Beschädigtes, Verletztes, Altes und Krankes" gehöre (Sies, Nestler, 1992, S. 374f.). Auch nach Sies und Nestler ist die Lebensmitte eine erneute Herausforderung an die Frau, nicht an den Attributen der vorhergehenden oder noch früherer Lebensphasen festzuhalten, sondern neue Gewichtungen und Bewertungen des inneren und äußeren Lebens zu finden.

Auf die erneute Auseinandersetzung mit der Mutter und der Lösung von der Mutter in dieser Phase gehen sie allerdings nicht ein.

4.5 Andrea Hettlage-Varjas und Christina Kurz[5]

Ausgehend von Eriksons Modell der Entwicklungsphasen, nach dem jeder Verlust auch eine Chance in sich birgt, sehen Hettlage-Varjas und Kurz (1995) die Wechseljahre als Krise für die Identität an. Sie versuchen, anhand der frühkindlichen Mutter-Tochter- bzw. Vater-Tochter-Beziehung die Neubelebung der unbewußten Konflikte aufzuzeigen. Neben dem Verlust des "öffentlichen Begehrtwerdens" (Hettlage-Varjas, Kurz, 1995, S. 908) sei für die Frau insbesondere die "Enteignung" (a.a.O., S. 922) ihres Körpers durch Aufrechterhaltung der Vaterbindung ein Problem, indem das Begehren an den Vater delegiert werde. Aus der Identifikation mit der Mutter resultiere in den Wechseljahren die Angst, so zu werden wie die Mutter, die sich jetzt auf ihre Desexualisierung als alte Frau bezieht. Insgesamt kommen die Autorinnen in diesem auch sehr erlebnisnah geschriebenen Artikel ebenfalls (s.u.) zu der Schlußfolgerung, daß die Bewältigung der von ihnen geschilderten unbewußten Konflikte zu einer Identitätsfindung führen und psychoanalytische Behandlung in diesem Lebensabschnitt hilfreich sein kann.

[5]Der Artikel von Hettlage-Varjas, A. und Kurz, CH. ist in Psyche, Heft 9/10, 1995, und somit nach Fertigstellung dieses Manuskripts erschienen. Von daher wird der Artikel hier nur kurz nachträglich erwähnt, ohne daß ich ihn noch hätte einarbeiten können.

5. Eigene Thesen zur Psychodynamik von Klimakterium und Menopause

Wie oben dargestellt, gibt es weder eine konsistente Theorie der weiblichen Entwicklung, noch beziehen sich die vorhandenen Konzepte auf den gesamten Lebenszyklus der Frau, aber die verschiedenen theoretischen Ansätze enthalten wichtige Aspekte für eine Theorie der Psychodynamik von Klimakterium und Menopause. Ich versuche abschließend, bezugnehmend insbesondere auf Chasseguet-Smirgel (1988), Langer (1988) und Fast (1991), eigene Thesen dazu zu entwickeln (vgl. auch Schlesinger-Kipp, 1995 b).

Vom unbewußten monatlichen Kampf zwischen den Polen der Gebärfähigkeit und der Unabhängigkeit befreit, könnte die Frau das Klimakterium als Krise und Chance für eine neue Phase nach der Menopause erleben. Sofern eine Anzahl von unbewußten Konflikten gelöst werden kann und die körperliche Gesundheit erhalten bleibt, kann größere psychische Energie frei sowie intensiveres Erleben von Identität und Sexualität möglich werden. Gelingt diese Konfliktlösung nicht, so können die Wechseljahre zu krisenhaft verstärkten psychischen Problemen führen, die als unbewußte Konflikte in der psychoanalytischen Behandlung bearbeitbar sind.

In der Darstellung der Abfolge der unbewußten Konflikte halte ich mich, soweit möglich, an die genetische Reihenfolge ihrer Fixierungspunkte. Meine eigene Vorgehensweise zur Formulierung dieser Thesen war jedoch umgekehrt: Die Fragen aus den psychoanalytischen Behandlungssituationen führten mich zu der theoretischen Bearbeitung der unbewußten Konflikte von Frauen in diesem Lebensalter. Da mir als Therapeutin in der Übertragung und Gegenübertragung vor allem die Mutter-Tochter-Beziehung deutlich wurde, steht die Erarbeitung der Bedeutung des Vaters und des Mannes noch sehr in den Anfängen (s. 5.5).[6]

Im Sinne der Differenzierungstheorie (Fast, 1991), nach der jede Krise auch eine Chance der Weiterentwicklung in sich birgt, benenne ich jeweils auch eher gelungene Konfliktlösungsmöglichkeiten. Kurze Beispiele sollen meine Thesen veranschaulichen:

5.1 These: Die Loslösung von der Mutter

Die Phantasie der Verschmelzung mit der Mutter (Chasseguet-Smirgel, 1988), die sich die Frau in der Symbiose mit dem Kind in Schwangerschaft und Stillzeit in umgekehrten Rollen erfüllen kann, muß in den Wechseljahren aufgegeben werden. Dieses Aufgeben kann zu einer neuen Loslösung von der Mutter führen. Die sexuelle Erlebnisfähigkeit kann dadurch intensiviert werden.

Erläuterung:
Viele Frauen erleben in der Schwangerschaft und frühen Mutter-Kind-Phase eine Erfülltheit, die man als Triebbefriedigung und als glückliche Verschmel-

---

[6] An anderer Stelle (Schlesinger-Kipp, G., 1995 a) habe ich dargestellt, wie man neben der klassischen Übertragung und Gegenübertragung bei älteren Patienten vor allem mit der Zuschreibung der Tochter- bzw. Sohnrolle und den eigenen Gefühlen einer Mutter oder einem Vater gegenüber arbeiten kann.

zungserlebnisse verstehen kann. Andere Frauen geraten durch diese Verschmelzungserlebnisse in einen bedrohlichen Zustand, in dem starke Ängste ausgelöst werden, von der Mutter verschlungen zu werden. Dies äußert sich oft in panischen Ängsten um das Baby oder in Wochenbettdepressionen. Für diese Frauen kann das Klimakterium zur Erleichterung und psychischen Stabilisierung führen, die meisten jedoch werden den Verlust dieser intensiven Verschmelzungserlebnisse betrauern.

Die erneute Ablösungs- und Trennungsnotwendigkeit, sich von der Mutter zu lösen, betrifft die innere und oft auch die äußere Realität. In der inneren Realität wäre eine Zeit der Trauer zu erwarten, da die Verschmelzung von Mutter und Kind - egal auf welcher Seite der Symbiose - nicht mehr möglich ist. Nach der Trauer darüber - sofern sie nicht in Depression mündet - ist ein Gefühl des Befreitseins, der verstärkten Identität möglich. In der äußeren Realität wird in dieser Zeit oft auch der reale Verlust durch den Tod der Mutter erlebt.

Zum zweiten Aspekt, der intensivierten sexuellen Erlebnisfähigkeit in der Menopause:

Die Phantasie der Verschmelzung, die der Mann vorwiegend im Sexualakt erlebt, muß von der Frau spätestens jetzt ausschließlich in den Liebesakt verlegt werden. Die sozusagen "angemessenere", jedoch regressive Möglichkeit der Frau, symbiotische Verschmelzungswünsche in Kinderwünschen unterzubringen, fällt weg und muß bzw. besser: kann von ihr wie vom Mann in der sexuellen Verschmelzung gesucht werden. Dadurch ließe sich auch die klinische Tatsache erklären, daß die sexuellen Beziehungen in der Partnerschaft von 50jährigen Frauen durchaus nicht gestörter, sondern oft intensiver erscheinen als bei jungen Frauen mit kleinen Kindern (wobei der Wegfall der Angst vor unerwünschten Schwangerschaften heutzutage als Erklärung nicht mehr ausreicht). Frauen, die diese Symbiosewünsche nur im sanktionierten Kinderwunsch unterbringen (z.B. weil das Kind auch ein "Drittes" repräsentiert als Teil des Mannes), können diesen Schritt möglicherweise nicht vollziehen, da sie dann von Ängsten überflutet würden.

Beispiel[7]: Eine über 60jährige Frau, die zeitlebens psychisch stabil war, kam in eine schwere Krise, als ihre Tochter eine Fehlgeburt erlitt und sie sich an ihre erste unerwünschte Schwangerschaft erinnerte, die ebenfalls mit einer Fehlgeburt geendet hatte. Die dadurch entstandenen Schuldgefühle hatte sie durch mehrere Schwangerschaften und durch das Aufgehen in der Fürsorge für ihre Kinder wiedergutmachen wollen.

Dieselben Wiedergutmachungsmechanismen wiederholten sich bei dem Enkelkind, das ihre Tochter danach doch zur Welt brachte. Sie empfand es als eigenes Kind und ging wiederum sehr in der Pflege und Erziehung dieses Enkels auf. Es gelang ihr offensichtlich im Klimakterium nicht, die Phantasie, ein eigenes Kind bekommen zu können, aufzugeben und sich so von der Mutter, vom Muttersein zu lösen.

Ihr Mann stand, solange er im Arbeitsleben war, meistens am Rande. Als ihre Tochter sich sterilisieren ließ, wurde der Patientin zunächst unbewußt klar, daß die Möglichkeit der Verschmelzung mit der Mutter durch Bemutterung von kleinen Kindern nun endgültig vorüber war. Nach einer Zeit der Wut über die

[7]Siehe Fußnote 3.

Tochter und der Trauer über das Verlorengegangene, blühte sie sichtlich auf, wendete sich mehr ihrem Mann zu und grenzte sich auf neue Weise von dem Enkel ab. Zum ersten Mal seit vielen Jahren fühlte sie sich selbst wertvoll und in der Lage, eigene kreative Tätigkeiten zu entwickeln. Offensichtlich ist die Abgrenzung noch instabil. Ihr Selbstwertgefühl wird immer wieder bei jeder längeren Trennung von Tochter und Enkelkind in Frage gestellt. Sie fühlt sich dann verlassen wie ein kleines Kind von der Mutter und leidet unter Körper(trennungs)schmerzen.

5.2 These: Die Bedeutung des "leeren" Innenraumes

Destruktive Phantasien der Mutter gegenüber gehen nach Klein (1928, 1985) mit der Vorstellung eines bösen, leeren Innenraumes einher. Die Möglichkeit, ein gesundes Kind bekommen zu können, gibt der Frau Sicherheit, über einen guten, gesunden Innenraum zu verfügen.

Im Klimakterium und in der Menopause fällt diese Sicherheit weg. So kann sich die Frau gegen Vorstellungen, einen bösen, leeren Innenraum zu haben, nicht mehr wehren, was zu Depressionen führen kann. Die Angst, von der Mutter rachsüchtig verfolgt zu werden, nährt sich aus den frühkindlichen destruktiven Phantasien (Klein), aber auch aus den ödipalen Triumphgefühlen während der Pubertät (s. 5.3). Frauen sind dieser Angst nicht hilflos ausgeliefert. Sie können durch liebendes Interesse ihr Inneres füllen und (spätestens in dieser Zeit) andere Möglichkeiten der Wiedergutmachung finden. Solche "weiblichen Werke" sind Ersatzkinder wie bei den Männern der Beruf, die Arbeit in Institutionen, das Schreiben, das Schaffen von Kunstwerken oder soziale Tätigkeiten.

Erläuterung:
In jedem Zyklus, nicht erst bei der tatsächlichen Geburt eines Kindes, erleichtert das Bewußtsein der Gebärfähigkeit unbewußt die Schuldgefühle durch die Phantasie eines fruchtbaren Innenraums. Erst mit der Beendigung des weiblichen Zyklus endet diese Möglichkeit der Wiedergutmachung.

Frauen fühlen sich in den Jahren ihrer Gebärfähigkeit (Shuttle, Redgrove, 1982) jeden Monat hin- und hergerissen zwischen zwei Polen, dem Eisprung und der Menstruation. Mit dem Eisprung ist die Möglichkeit der Empfängnis, der Geburt und der Mutterschaft mit der dazugehörigen Gebundenheit vorhanden. Die Menstruation ist dagegen ein Sinnbild für die Gegensätze von Selbstreinigung des Körpers und Unreinheit, von Fruchtbarkeit und Destruktivität, von sexueller Macht und Ohnmacht. Die auf den Wert des Eisprungs fixierte Frau leidet mehr unter prämenstruellen Symptomen und entspricht dem Bild, das Deutsch (1948) und Benedek (1950) von der Frau zeichneten. Sie müßte demnach auch in den Wechseljahren mehr unter dem Verlust dieses Wertes leiden. Die "Menstruationsfrau" hingegen betont ihre Unabhängigkeit und vermeidet meines Erachtens die Wiederholung der Symbiose. Sie leidet eher unter perimenstruellen Beschwerden, weil sie häufig durch die heutigen Tabus ihre größere sexuelle Lust während der Menstruation nicht wahrhaben will und sie in Krämpfe umwandelt. Die meisten Frauen hingegen sind nicht ihr Leben lang auf den einen oder anderen Pol fixiert, sondern geben in verschiedenen Lebensphasen dem Eisprung oder der Menstruation eine wichtigere innere Bedeutung. Die wohlsten Tage, kurz nach der Menstruation, in denen alle Möglichkeiten wieder offen sind, dauern nur kurz, bevor die nächste Runde beginnt. In Analysen mit jüngeren Frauen kann man diese sich ständig im Zusammenhang mit dem Zyklus wiederholenden Themen beobachten.

Durch das Ausbleiben der Menstruation in den Wechseljahren fällt dieser Kampf weg, aber auch die Möglichkeit des intensiven Erlebens, den die Zyklizität unbewußt ermöglicht.

Der Verlust der Sicherheit, einen guten, fruchtbaren Innenraum zu haben - als Repräsentanz der guten (Gebär-)Mutter - , führt nur über Trennungs- und Trauerprozesse zu einem integrierten Körperbild. Die Bedeutung der Überwältigung von Schuldgefühlen aufgrund nicht wiedergutzumachender böser Phantasien lassen sich vor allem in Psychotherapien und Analysen von Frauen nach einer Gebärmutteroperation beobachten.[8] Wenn diese Operation vor den Wechseljahren erfolgt, fällt die Zeit der Wechseljahre und damit die allmähliche Annäherung an die Menopause als Zeit der Umstellung weg und wird auch von daher traumatisch erlebt.

Beispiel: Eine 59jährige Frau kam nach zahlreichen Unterleibsoperationen (u.a. eine Gebärmutteroperation), die zu keinerlei Besserung der zum Teil unerträglich schmerzhaften Krämpfe geführt hatten, zu mir in Behandlung. Als älteste von mehreren Kindern war sie von ihrer künstlerisch tätigen Mutter kurz nach ihrer Geburt einem Kindermädchen übergeben worden. Ihren Vater liebte die Patientin als Kind sehr. Er sei immer sehr leidend gewesen und auf Grund großer Schmerzen tablettenabhängig geworden. Im Verlauf ihrer dreifachen Mutterschaft war die Patientin zwar psychisch sehr belastet, aber körperlich gesund, da sie sich immer wieder über ihren guten Innenraum Gewißheit verschaffen konnte. Erst als ihre einzige Tochter in der Adoleszenz durch eine Operation einer Eierstockzyste unfruchtbar wurde, begannen die Unterleibsbeschwerden der Patientin. Nun selbst im Alter ihrer Mutter, die mit 59 Jahren starb, wurde sie von schrecklichen Vorstellungen über ihren zerstörten Unterleib überfallen, die sich in den hartnäckigen Schmerzen manifestierten. Sie konnte nicht nur die unbewußten Schuldgefühle ihrer Mutter gegenüber nicht mehr besänftigen, sondern auch die ihrer Tochter gegenüber, an deren Unfruchtbarkeit sie sich ebenfalls schuldig fühlte.

5.3 These: Die späte Rache der Mutter

Destruktive Phantasien über die Mutter erhalten in der Pubertät neue Nahrung durch Rivalitätsgefühle und die Idee eines möglichen Sieges über die Mutter, die dann meistens in den Wechseljahren ist. Nach Langer (1988) können Klimakterium und Menopause unbewußt als späte Rache der Mutter für die "Sünden" gegen sie in der Pubertät erlebt werden. Schuldgefühle, die nicht durch ein "gesundes" Kind (s. 5.2) wiedergutgemacht werden können, verwandeln sich sozusagen in Erinnyen, die noch spät ihr Opfer finden und Depressionen herbeiführen können.

---

[8] Mir fällt auf, daß ca. 80 % der von mir behandelten Frauen eine Hysterektomie in der Vorgeschichte haben. Daher scheint dieses Thema hier eventuell überrepräsentiert.

Die Phantasie, diese mütterliche Rache überlebt zu haben, kann u.U. auch eine Versöhnung mit der Mutter möglich machen. Tochter und Mutter in der Postmenopause sind sozusagen "gleicher" als je zuvor. Die ödipale Rivalität kann sich auflösen, eine Wiederannäherung an die Mutter ohne große Schuldgefühle ist möglich, da die unbewußte Schuld gesühnt wird, indem der Tochter ein ähnliches Schicksal widerfährt wie der Mutter. In psychoanalytischen Behandlungen kann die Annäherung an die Mutter ohne eine Wiederholung desselben Schicksals möglich gemacht werden.

Beispiel: Eine 47jährige Frau kam nach einer Gebärmutteroperation in psychoanalytische Behandlung. Ihre Mutter und mehrere andere weibliche Verwandte sind in ihrem jetzigen Alter an Gebärmutterkrebs verstorben. Sie ist eine schöne Frau, die aber von ihrer wohl ebenso schönen Mutter in bezug auf ihr Äußeres immer abgewertet wurde, wodurch ihr Selbstwertgefühl gestört wurde. Ihre eigenen ödipalen Triumphgefühle in der Pubertät und später als junge Mutter haben wegen des frühen Todes der Mutter zu starken unbewußten Schuldgefühlen geführt. Selbst nun in diesem Alter, mußte sie befürchten, daß sie diese Phase sozusagen gerechterweise nicht überleben soll. In der Analyse gelang es, sich in der Übertragung einer nicht neidischen Mutter anzunähern und zum ersten Mal in ihrem Leben eine nicht rivalisierende Beziehung zu erleben. Sie verstand die Gebärmutteroperation als "Opfer" und konnte sich innerlich mit der Mutter aussöhnen.

5.4 These: Die erneute "Be-Grenzung"

Die Vorstellung der unbegrenzten Geschlechtlichkeit erfährt eine erneute "Be-Grenzung". Dies kann zu einer gestärkten Identität führen.

Erläuterung:
Nach der These der Geschlechterdifferenzierung (Fast, 1991) kann das Klimakterium eine neue notwendige Differenzierungsphase in Gang setzen. Die vorübergehende Aufhebung der geschlechtlichen Begrenztheit mit frühen narzißtischen androgynen Vollkommenheitsphantasien durch eine Schwangerschaft ist nicht mehr möglich. In der Krise der Anerkennung der Grenzen kann es wiederum zu Rückgriffen auf ältere narzißtische Vorstellungen kommen, die dann - an der Realität gemessen - zu Depressionen und narzißtischen Kränkungen führen können. Diese innere Krise kann durch äußere Faktoren verstärkt werden, da die sozialen Rollenvorgaben und Normen Frauen in dieser Zeit eher einschränken. Eine Anerkennung der geschlechtlichen Begrenztheit bei gleichzeitiger Transzendenz (Benjamin, 1993) der starren Geschlechterrollen könnte hingegen zu einem gestärkten Identitätsgefühl führen.

Beispiel: Ein Traumbild, das hier nur in seiner manifesten Symbolbedeutung verwendet wird, macht diesen Aspekt anschaulich:

Eine 50jährige Frau träumt: "Ich steh in einem einfachen Haus, alles aus Holz, sehr licht. Es ist nichts in diesem Haus, keine Möbel, meine Kinder sind nicht da, mein Mann ist auch nicht da. Nur ich, und die Türen stehen offen, es kommt Sonne herein, alles ist friedlich."

Das Fehlen aller Vollkommenheitsphantasien ermöglicht im Traum eine neue Identität.

Möglicherweise spielen bei diesem Prozeß der Identitätssuche wie in den anderen Übergangskrisen (z.B. Adoleszenz) die Beziehungen zu gleichgeschlechtlichen Personen derselben Altersstufe eine wichtige Rolle.

Dies wird wiederum in einem Traum einer 53jährigen Frau deutlich, die sich bis zu Beginn der Analyse an keine Träume erinnern konnte und in deren Analyse nun in vielen Stunden die Traumanalyse im Vordergrund steht: "Ich bin mit einer Frauengruppe auf einem Dachboden. Ich erinnere mich an die Farben, nicht an Gesichter, sie sind warm, braun und orange. Wir machen etwas nicht direkt Verbotenes, aber Heimliches. Da kommt ein junger Mann mit einem Schlüssel zur Tür herein. Er ist weiß gekleidet. Ich werde böse, gehe zu ihm und sage: Die Frauen wollen nicht, daß Du den Schlüssel hast und hier einfach einbrichst. Er gibt mir den Schlüssel".

In diesem Traum wird - neben der hier nicht analysierten latenten Bedeutung - meines Erachtens durch den Erwerb des Schlüssels die Transzendenz der Geschlechterrollen symbolisiert.

5.5 These: Die Veränderung der "töchterlichen Existenz"

Die Phantasie, die ideale Partnerin für den Vater zu sein, die jünger ist als die Mutter und die ihm erneut ein Kind schenkt, muß aufgegeben werden. Mit dem Aufgeben des Inzestwunsches wird die Endlichkeit akzeptiert. Die Frau muß und kann spätestens jetzt ihre "töchterliche Existenz" (Rohde-Dachser, 1990, S. 303) bzw. sich als "Selbstobjekt des Vaters" (a.a.O., S. 312) aufgeben oder in der Freudschen Terminologie den "Hafen des Ödipus" verlassen, verlockt von der zu entdeckenden eigenen Welt draußen.

Erläuterung:
Die ödipale Beziehung des kleinen Mädchens zum Vater wird schon in der Phantasie der geschlechterübergreifenden Phase von weiblichen und männlichen Eigenschaften in einer Person vorbereitet (Fast, 1991). In der frühen Triangulierung (Abelin, 1975) ist eine Vorform der ödipalen Beziehung enthalten. Sobald das Mädchen in der Lage ist, seine Begrenztheit auf ein Geschlecht zu erkennen, entwickelt es zum Vater eine weibliche Beziehung mit allen Wünschen. Normalerweise wird es aber zwischen Mutter und Vater in seiner Liebe, seiner Identifikation und seiner Enttäuschung hin- und herpendeln. Ausschlaggebend für die weitere Entwicklung ist auch die Antwort des Vaters auf die Weiblichkeit seiner Tochter (Rohde-Dachser, 1990). Wird er ihren ödipalen Sieg über die Mutter eingrenzen und ihr damit eine schuldfreie Rückkehr zur Mutter ermöglichen, ohne ihre eigene Weiblichkeit zu entwerten? Wird er sie als Ersatzsohn in ihrer Weiblichkeit verunsichern? Wie kann sie sich im Laufe ihrer Entwicklung vom Vater trennen? - eine Frage, die seltener gestellt wird als die Frage nach der Trennung von der Mutter. Sie ist jedoch meines Erachtens in den Wechseljahren ebenso bedeutsam, da die Fixierung auf die "töchterliche Existenz" die Perpetuierung der Illusion von Jugendlichkeit und Gebärfähigkeit bedeutet. In den Phantasien und Träumen kann es weiterhin um diese Themen gehen (und tut es auch, wie in den Träumen meiner Patientinnen immer wieder deutlich wird), jedoch vergrößert sich die Diskrepanz zur Realität, so daß die Gefahr der narzißtischen Kränkung und der Depression

wächst. Sich in diesem Lebensalter "zu Hause" zu fühlen, fordert auch eine Neubelebung und Veränderung der ödipalen Beziehung zum Vater.

Der Hafen des Ödipus kann das Ziel sein, in das man einläuft, er kann aber auch zum Gefängnis werden. Mit dem Aufgeben der ödipalen Wünsche, in der Konkurrenz zur Mutter die Erfolgreichere zu sein, ist eine wesentliche Emanzipation und ein wichtiger Schritt zur Identitätsentwicklung möglich, da es nicht mehr um die Wünsche des Vaters oder die Kehrseite, den Protest dagegen, gehen muß.

Beispiel: Eine 45jährige Frau hat immer in bewußter rivalisierender Feindschaft zu ihrer Mutter und großer Liebe zu ihrem Vater gelebt. Alle Möglichkeiten, so zu werden wie die Mutter, indem sie selbst Mutter wurde, wurden von ihr u.a. mit mehreren Schwangerschaftsabbrüchen abgewehrt. Sie konzentrierte sich auf ihre berufliche Entwicklung, durfte aber auch da nicht so ganz erfolgreich sein, weil sie dann auch ihren Vater überrundet und damit ihre "töchterliche Existenz" aufgegeben hätte. Erst als sie sich in der Analyse ihrer Mutter mit allen ihren Schwierigkeiten innerlich annähern konnte, kamen starke Kinderwünsche auf, die nicht mehr allein etwas mit dem vorher phantasierten Kind vom Vater zu tun hatten. Sie wurden daher auch nicht als so bedrohlich erlebt. Nachdem sie ihre biologischen Grenzen in der Unmöglichkeit, noch schwanger zu werden, erkannt und betrauert hatte, gelangen ihr auch die beruflichen Erfolge.

Die für all diese Veränderungen notwendige innere Umstrukturierung braucht Zeit. Die dazu nötige Zeit bieten nach meinem Erachten die Wechseljahre: Mit den oft wechselnden Hormonveränderungen ist sozusagen eine allmählich immer bessere Annäherung an die Postmenopause möglich. Das Klimakterium ist auch eine Chance, die innerlich notwendige Trennungsarbeit im Sinne der Veränderung der Phantasietätigkeit zu leisten.

Literatur

Abelin, E.L. (1975): Some further observations and comments on the earliest role of father. Int. Journal of Psychoanal. 56, 293-302.

Barbach, L. (1994): The Pause. New York: Penguin Books.

Benedek, Th. (1950): Climacterium: a developemental phase. Psychoanal. Quart., Bd. 19, 1-27.

Benedek, Th. (1975):Depression during the Life Cycle. In: Anthony, E.J./Benedek, Th. (1975): Depression and human existence.Boston: Little, 337-367.

Benjamin, J. (1993): Phantasie und Geschlecht. Basel, Frankfurt/M.: Stroemfeld, Nexus.

Chasseguet-Smirgel, J. (1988): Zwei Bäume im Garten. München, Wien: Verlag Int. Psychychoanalyse.

Chodorow, N. (1994): Das Erbe der Mütter. München: Verlag Frauenoffensive.

Daimler, R. (1991): Verschwiegene Lust. Köln: Kiepenheuer und Witsch.

Deutsch, H. (1948): Die Psychologie der Frau: Bern.

Fast, I. (1991): Von der Einheit zur Differenz: Berlin, Heidelberg, New York: Springer.

Fenichel, O. (1934,1979): Weiteres zur präödipalen Phase der Mädchen. In: Laermann, K. (Hg): Otto Fenichel. Aufsätze. Bd. 1. Freiburg: Olten, zitiert nach: Fliegel, Z.O. (1992) a.a.O.

Fessler, L. (1950): The Psychopathology of climacteric depression. Psychoanal. Quart., Bd. 19, 28-42.

Fliegel, Z.O. (1992): Die Entwicklung der Frau in der analytischen Theorie: Sechs Jahrzehnte Kontroversen. In: Alpert, J.: Psychoanalyse der Frau jenseits von Freud. Berlin, Heidelberg, New York: Springer, 11-40.
Freud, S. (1931): Über die weibliche Sexualität. GW Bd. XIV, 515-537.
Freud, S. (1937): Die endliche und die unendliche Analyse. GW Bd. XVI., Frankfurt/M.: Fischer, 59-99.
Frick-Bruder, V. (1989): Veränderungen im Erleben von Klimakterium und Menopause bei heute fünfundvierzig bis sechzigjährigen Frauen (unveröffentl. Manuskript).
Frick-Bruder, V. (1991): Nicht Ende, sondern Neubeginn: Klimakterium. In: Sexualmedizin 20 (8), 355-358.
Gast, L. (1992): Libido und Narzißmus. Tübingen: Edition diskord.
Hettlage-Varjas, A., Kurz, Ch. (1995): Weibliche Identität in den Wechseljahren. Psyche, 9/10, 901-937.
Horney, K. (1923,1984): Die Psychologie der Frau. Frankfurt/M.: Fischer TB.
Hunter, M.S. (1990): Psychological and somatic experience of the menopause: A prospective study. Psychosom. Med. 52, 357-367, zitiert nach Sydow, K.v./Reimer, Ch. a.a.O.
Irigaray, L. (1980): Speculum. Spiegel des anderen Geschlechts. Frankfurt/M.
Jones, E. (1927): Die erste Entwicklung der weiblichen Sexualität. Int. Z. Psychoanal. 14, 11-25, zit. nach Fliegel, Z.O., a.a.O.
Jürgensen. O. (1995): Weibliche Lebensmitte als Psychologie der Östrogene. In: Schlesinger-Kipp, G. (Hg): Weibliche Identität und Altern. Psychosozial. Heft 60. Gießen: Psychosozial Verlag, 33-40.
Kestenberg, J. (1988): Der komplexe Charakter weiblicher Identität. Betrachtungen zum Entwicklungsverlauf. In: Psyche 42, 349ff.
King, P./Steiner, R. (1991): The Freud-Klein Controversies 1941-1945. London, New York: Tavistock/Routledge.
Klein, M. (1928, 1985): Frühstadien des Ödipuskonfliktes und der Über-Ich-Bildung. In: Frühstadien des Ödipuskonfliktes. Frühe Schriften 1928-1942. Frankfurt/M.: Fischer, 7-21.
Langer, M. (1988): Mutterschaft und Sexus. Freiburg: Kore Verlag.
Mankowitz, A. (1994): Auf neue Weise fruchtbar. München: DTV.
Mitscherlich-Nielsen, M. (1985): Die friedfertige Frau. Frankfurt/M.: Fischer TB.
Radebold, H./Rassek, M./Schlesinger-Kipp, G./Teising, M. (1987): Zur psychotherapeutischen Behandlung älterer Menschen. Freiburg: Lambertus.
Raguse-Stauffer, B. (1990): Psychoanalytische Überlegungen zu Klimakterium und Menopause. In: Psychoanal. Theorie und Praxis. Jg.5,Heft 4. 322-335.
Rohde-Dachser, Ch. (1990): Über töchterliche Existenz. In: Psychosom. Med. und Psychoanalyse. J. 36.Heft 4, 303-315.
Schlesinger-Kipp, G. (1995a): Geschlechtsspezifische Aspekte in der Übertragung und Gegenübertragung bei älteren Patienten. In: Schlesinger-Kipp, G. (Hg): Weibliche Identität und Altern. Psychosozial. Heft 60. Gießen: Psychosozial Verlag, 79-87.
Schlesinger-Kipp, G. (1995b): Psychotherapie mit älteren Patientinnen im Lichte der weiblichen Entwicklung in und nach der Menopause. In: Jovic, N.I./Uchtenhagen, A. (Hg.): Psychotherapie und Altern. Zürich: Fachverlag Zürich AG.
Shuttle, P./Redgrove, P. (1982): Die weise Wunde Menstruation. Frankfurt/M.: Fischer TB.
Sies, C./Nestler, V. (1992): Soll und Haben. Die Wechseljährige zwischen Illusion und Wirklichkeit. In: Psyche, Heft 4, 366ff.
Sydow, K.v./Reimer, Ch. (1995): Psychosomatik der Menopause: Literaturüberblick 1988-92. In: Psychother. med. Psychol. Heft 45, 225-236.

Benötigen wir eine psychoanalytische Sicht des Alterns und Alters?

Hartmut Radebold

Wenn jetzt - wie durch meinen Beitrag belegt - Psychoanalyse beginnt, sich mit dem Phänomen und den vielfältigen Aspekten des Alterns (d.h. mit über 60jährigen) zu befassen, so könnte man naheliegenderweise vermuten: Alter ist "in"; die Analytiker suchen offenbar neue Arbeits- und Forschungsmöglichkeiten; leiden sie an Patientenmangel? Ebenso ließen sich Vorwürfe eines bisherigen psychoanalytischen Desinteresses an Altersfragen (s. die kaum mehr erinnerten, aber unverändert wirksamen Aussagen von Sigmund Freud, Radebold, 1994) oder Hinweise auf unerlaubte Ausweitungen des Forschungsinteresses formulieren (z.B. über das mittlere Erwachsenenalter hinaus). Es stimmt, daß sich Psychoanalyse spät und auch jetzt erst allmählich mit theoretischen und therapeutischen Aspekten über 60jähriger beschäftigt.

Psychoanalyse umfaßt drei Aspekte (Kutter, 1989):

- die Erkundung unbewußter Prozesse,
- die Untersuchung von normalen und gestörten Entwicklungsprozessen mit entsprechender Theoriebildung und
- die psychoanalytische Behandlung von psychischen Störungen und Erkrankungen (wobei Behandlung gleichzeitig als Forschungsinstrument dient!).

Diese Zusammenfassung psychoanalytischer Aufgabenstellungen in Theorie und Praxis weist auf keine Altersvariable hin, weder im Sinne eines Gebotes, sich nur mit bestimmten Lebensphasen zu befassen, noch im Sinne eines Verbotes bestimmte Lebensphasen auszuklammern. Bekanntlich beschränkt sich aber bisher psychoanalytische Forschung und insbesondere Behandlung auf die Abschnitte von Kindheit, Jugend und das jüngere bis hin zum mittleren Erwachsenenalter. In Konsequenz befaßte sich Psychoanalyse daher lediglich mit bis zu 45-, höchstens 50jährigen Erwachsenen; darüber hinaus zählten alle als "alt" und wurden als für Forschung uninteressant und für Behandlung ungeeignet angesehen. Warum?

Zunächst möchte ich an einem *Erstinterview* verdeutlichen, warum eine psychoanalytische Sicht des Alterns und Alters benötigt wird und wo unsere Schwierigkeiten als Psychoanalytiker liegen, sich dieser Aufgabe zu stellen:

> Die vor mir sitzende Frau leidet aufgrund des psychopathologischen Befundes und ihres Berichts an einer schweren, schon Monate anhaltenden Depression. Erstarrt und damit völlig affektiv unbeteiligt beschreibt sie, wie sie sich kurz nach dem plötzlichen Tod ihres fast gleichaltrigen Mannes an einem Herzinfarkt veränderte. Sie zog sich zurück und kapselte sich ab. Sie kümmerte sich zunehmend weniger um Haushalt, Garten und sich selbst. Ohne Tränen vollzog sie alle Trauerrituale; dabei fiel ihr selbst auf, daß

das Bild ihres Mannes zunehmend verblaßte (sie hatte alle seine Fotografien weggepackt). In dieser Zeit verschlechterten sich ihr Herzleiden und ihre Zuckererkrankung, und sie litt seitdem an einem "offenen Bein", welches trotz vielfältiger Behandlungsversuche nicht abheilte. Zwischendurch zweimal stationär mit hohen Dosen von Psychopharmaka, insbesondere Antidepressiva in einer psychiatrischen Klinik erfolglos behandelt, sah sie keine Zukunftsperspektive und keinen Lebenszweck. Jetzt war sie auf Drängen ihrer Tochter an mich überwiesen worden.

Wäre diese Patientin 40 oder 50 Jahre alt gewesen, hätte wohl jeder psychoanalytisch denkende Therapeut eine pathologische Trauerreaktion i.S. einer Unmöglichkeit zu trauern, diagnostiziert. Er hätte versucht, sie psychodynamisch zu verstehen und entsprechend zu behandeln. Was verbot allen bisher professionell tätig Gewordenen diese Sichtweise? War es ihr Alter von 79 Jahren? Waren es die Macht und die Strenge, die diese vor mir sitzende, sehr beherrscht wirkende, schwarz gekleidete Frau unverändert ausstrahlte? Oder saß vor mir eine streng blickende "Mutter", die erstmals im Leben mit einem "Sohn" reden sollte (sie hatte keinen eigenen) und dazu über möglicherweise schwerwiegende Aspekte ihrer Ehe? Waren es ihre körperlichen Krankheiten wie Herzinsuffizienz, Hypertonie und Diabetes mit einem therapieresistenten Ulcus cruris? Verbanden sich diese Eindrücke und Kenntnisse zu einem (gewünschten?) Bild einer "sehr alten, körperlich schwer kranken Frau, die offensichtlich kurz vor ihrem Tode steht, diesen erwartet oder möglicherweise sogar herbeisehnt".

Diese Überlegungen weisen gleichzeitig auf *häufige gegenüber älteren und alten Menschen benutzte professionelle Sichtweisen* hin (Radebold, 1996):

Biologisch gesehen wäre bei dieser 79jährigen Frau seit mehreren Jahrzehnten von einer langsamen Abnahme physischer und auch psychischer Funktionen auszugehen, die wahrscheinlich jetzt nicht mehr ausreichend kompensiert werden kann.

Medizinisch und auch alterspsychiatrisch gesehen, besteht eine ausgeprägte Multimorbidität (d.h. das Nebeneinanderbestehen mehrerer schwerer Erkrankungen), die jetzt dekompensiert erscheint und sich offensichtlich als therapieresistent erweist. Aufgrund der deutlichen Risikofaktoren und einer zusätzlich erwähnten Netzhautablösung läßt sich eine generalisierte arteriosklerotische Erkrankung vermuten, die wahrscheinlich auch zu hirnorganischen Schädigungen (arteriosklerotische Demenz im Anfangsstadium?) geführt hat. Diese Sichtweise wird belegt durch die erfolglosen internistischen und psychopharmakologischen Behandlungsversuche. Bei dieser offensichtlichen Vergeblichkeit ärztlichen Handelns bleibt jetzt nur eine Heimaufnahme übrig.

Die 79jährige Patientin selbst sieht keine Lebensperspektive und wartet anscheinend auf ihr Sterben, damit sie dann wieder mit ihrem Mann vereint ist. Ist in dieser Situation eine psychotherapeutische Behandlung indiziert? Lohnt sie sich? Oder ist sie sogar kontraindiziert, damit nicht noch "etwas aufgewühlt" wird?

Aus psychoanalytischer Sicht ergibt sich ein anderes Bild:

Für die jetzt 79jährige, seit Jahrzehnten erprobte Erwachsene, bestand aufgrund ihrer bisherigen Fähigkeit zur Lebens- (und damit auch zur Krisen-) Bewältigung bis jetzt kein Bedarf an diesbezüglicher Hilfestellung. Jetzt leidet sie offensichtlich an einem unbewußten, in seiner Spezifität noch nicht verstehbaren, aber zu vermutenden Ambivalenzkonflikt gegenüber ihrem akut verstorbenen Mann. Abgesehen von der eher abgelehnten einzigen Tochter, stellte dieser idealisierte Ehemann die zentrale und mit dem Altern immer wichtiger werdende hochbesetzte Beziehung dar. Die vermutbaren schweren Vorwürfe ob ihres Alleingelassen- und damit Verlorenseins müssen u.a. dadurch abgewehrt werden, daß sie in immer größere innerliche Distanz zu ihrem Mann geht. Sich von ihm allmählich abzulösen, würde erfordern zu trauern. Trauern hieße, sich in einem längeren Trauerprozeß der vielfältigen ambivalenten Gefühle, einschließlich der Vorwürfe, bewußt zu werden, sich ihnen zur Klärung zu stellen, Abschied zu nehmen und sich schließlich (im günstigen Falle) zu versöhnen.

In dieser Situation des akuten Verlustes der zentralen, hochbesetzten Bezugsperson standen ihr ihre durch die Krankheiten geschädigten Ich-Funktionen (psychische Funktionen, aber auch allgemeine Leistungsfähigkeit, Geh- und Sehfähigkeit) nicht mehr ausreichend zur Verfügung. Damit fehlten die bisher vorhandenen Möglichkeiten der Lebens- und Krisenbewältigung. Die auch in dieser traumatischen Situation notwendige psychoanalytische Sicht geht von der These aus, daß auch 70-, 80- oder 90jährige primär psychosexuell und psychosozial erprobte Erwachsene sind, die selbstverständlich auch jetzt unter unbewußten, ungelösten, innerpsychischen wie auch intra- und intergenerativen Konflikten leiden können und gleichzeitig entsprechende Entwicklungsaufgaben zu lösen haben, d.h. hier Trauern zuzulassen und den Trauerprozeß zu durchleben. Diese Konflikte können sich mehrmals im Lebensablauf manifestieren - also auch während des Alterns. Sie können sich auch noch erstmaligem Auftreten in Kindheit und Jugendzeit danach erst wieder in der Alterssituation zeigen. Im Falle von unlösbar erscheinenden Konflikten oder unlösbar erscheinenden Entwicklungsaufgaben treten zunächst ein Moratorium, dann eine Krise, dann eine Regression im Dienste des Ich und schließlich eine pathologische Regression (wie bei dieser Patientin) auf; gelöst lassen sich progressive Entwicklungsschritte mit Rückbildung der Symptomatik erwarten.

Erst nach diesem eingeführten Primat psychoanalytischer Sichtweise ist es legitim und sogar notwendig, die Bedeutung der begleitenden Krankheiten, insbesondere auch für Lebenserwartung, Lebensqualität und Versorgung abzuklären.

Damit stellen sich zunächst folgende Fragen: Traut sich der Behandler zu, mit dieser 79jährigen an einer schweren Erstarrungsdepression leidenden Frau an ihren innerpsychischen Konflikten zu arbeiten und sie so zu deuten, daß ein Trauerprozeß beginnen kann? Traut sich der Behandler - in der Übertragungskonstellation eindeutig ein "nie gehabter Sohn" - mit der "Mutter" über sie und ihre Ehe zu reden? Dürfte er schwierige, konflikthafte und abzuwertende Seiten des "Vaters" kennenlernen? Darf er gemäß biblischem Gebot die "Blöße der Eltern" aufdecken? Traut er dieser Patientin trotz ihres Alters von 79 Jahren bei unübersehbaren Hinweisen auf das Sterben-Wollen ein lebenserhaltendes Interesse zu und sieht er eine weitere Lebensperspektive? Will er selbst diese "Mutter" am Leben erhalten oder darf er sie sterben lassen? (Meine eigene, noch einige Jahre älter als diese Patientin, war zu diesem Zeitpunkt seit mehreren Jahren schwer an einem Schlaganfall erkrankt und lebte pflegebedürftig zu Hause!)

Ich habe mich dann als Psychoanalytiker getraut, einen im Erstgespräch auftauchenden Anteil des vermuteten unbewußten Ambivalenzkonflikts mit den dazugehörigen Affekten anzusprechen, ebenso wie ihr Gefühl des Völlig-Verlassen-Seins. Ich war gleichzeitig davon überzeugt, daß diese 79jährige erwachsene Frau trotz ihrer begleitenden Erkrankungen in der Lage war, sich diesem unbewußten Konflikt und der Aufgabe des Trauerns zu stellen und daß sie gleichzeitig dafür genügend Kompetenz und erworbene Fähigkeiten mitbrachte - so war es auch. Die Patientin nahm trotz großer Skepsis mein Angebot für eine Behandlung an und begann, in der dritten Behandlungsstunde unter heftigem Weinen zu trauern. Sie konnte sowohl mit mir über lang zurückliegende als auch aktuell wichtige Gefühle, Wünsche und Erwartungen an, aber auch Enttäuschungen über ihren Mann und ihre tiefe Verlorenheit sprechen. Nach intensiver Trauerarbeit während des nächsten Vierteljahres (insgesamt 16 Behandlungsstunden einmal wöchentlich) hatte sich die schwere depressive Symptomatik völlig zurückgebildet; die Patientin nahm ihre Aufgaben und Pflichten wieder wahr und sah eine gewisse kurze Zukunftsperspektive zusammen mit ihrer Tochter. Zu unser beider großem Erstaunen stabilisierte sich die Krankheitssymptomatik weitgehend (Herzinsuffizienz, Hypertonie und Diabetes mellitus) und das bis dahin therapieresistent Ulcus cruris heilte völlig ab. Zwischenzeitlich wurde der Gesundheitszustand allerdings erneut durch eine weitere Netzhautablösung beeinträchtigt. Die Patientin lebte dann noch über zwei Jahre selbständig und psychisch stabil zu Hause. Sie verstarb nach einem Schlaganfall, dessen Folgen nur geringe Rehabilitationsmöglichkeiten zuließen. Vorher verdeutlichte sie mir in zwei weiteren, diesmal von ihr erbetenen, Gesprächen ihren Wunsch, jetzt sterben zu dürfen (Radebold, 1992).

Warum ist es wichtig, daß Psychoanalyse sich spätestens jetzt mit über 50jährigen befaßt und diese von mir beschriebene Sicht des Alterns und Alters einbringt?

Zunächst erzwingen die anstehenden *demographischen Veränderungen*, sich mit einer immer stärker anwachsenden Gruppe der Bevölkerung zu befassen. Im Jahre 2030 wird nach den Vorausberechnungen des Statistischen Bundesamtes die Gesamtbevölkerung unseres Landes ca. 70 Mio. Menschen umfassen, davon wird über ein reichliches Drittel (24,4 Mio.) über 60 Jahre alt sein. Die weitere demographische Entwicklung ist durch das "dreifache Altern" charakterisiert: Die absolute Zunahme Älterer, die relative Zunahme älterer Generationen im Vergleich zu jüngeren (1990 stellten die unter 20jährigen 21,7 % der Gesamtbevölkerung dar, 2030 werden es 17,7 % sein) und die Entwicklung der Hochaltrigkeit (von 1950 bis 1989 Zunahme der 60- bis 65jährigen um 45 %, der 80- bis 85jährigen um 250 %, der 86- bis 90jährigen um 405 % und der 91- bis 95jährigen um 720 %) (Naegele, Tews, 1993).

Schon das jetzige Altern, aber insbesondere das zukünftige, wird in unserer Gesellschaft charakterisiert sein durch die Ausweitung der Altersphase bei zunehmender Differenzierung des Alters (z.B. "jüngere" und "alte" Alte oder dritte und vierte Phase des Erwachsenenalters), durch frühe Entberuflichung sowie durch Feminisierung und Singularisierung aufgrund der Veränderungen der Familienstrukturen (Rosenmayr, 1992).

Weiterhin belegen auch inzwischen für die Bundesrepublik Deutschland vorliegende Untersuchungen zur *alterspsychiatrischen Morbidität*, daß die Psychiatrie des Alterns keine "Psychiatrie der Demenz" ist. Die Schätzungen gehen von einer Gesamtheit von ca. 24 % aller über 65jährigen mit psychischen Störungen und Erkrankungen im weitesten Sinne aus. Dabei stellt die

Gruppe der neurotisch, psychoreaktiv und psychosomatisch Kranken mit 10,2-10,8 % mit depressiver, phobischer und funktioneller Symptomatik oder Angstsymptomen eindeutig die größte Gruppe dar. Diese Aussage bezieht sich auf die Gesamtzahl aller psychisch Kranken nach dem 65. Lebensjahr; unter den nach diesem Zeitpunkt neu Erkrankten stellen allerdings die Patienten mit dementiellen Krankheiten die größte und mit dem zunehmenden Alter schnell anwachsende Gruppe (0,2-2 % bei 60- bis 65jährigen bis auf weit über 20 % bei den über 80jährigen) dar. Auch jenseits des 60. Lebensjahres hat die Gruppe dieser neurotisch, psychoreaktiv und psychosomatisch Erkrankten Anspruch auf psychische Gesundheit oder zumindestens Stabilität und damit auch auf diesbezügliche Behandlung. Geschätzt wird, daß neben allgemein-psychiatrischem Behandlungserfordernis für insgesamt 13 %, Notwendigkeit für Beratung/Soziotherapie für 5 % und für langfristige Psychotherapie für 2 % besteht.

Die sich rapide entwickelnden und weitreichenden Veränderungen der westlichen (aber auch der fernöstlichen) Industriegesellschaften forderten natürlich auch die wissenschaftlichen Einzeldisziplinen (in der Bundesrepublik im Vergleich insbesondere zu den englischsprachigen Ländern deutlich verspätet und immer noch reduziert) auf und heraus, sich mit Fragen des Alterns und Alters zu befassen. Entsprechend resultieren und dominieren bestimmte Sichtweisen, so soziologische bezüglich Strukturwandel und Lebenslagen (Naegele, Tews, 1993); psychologische (Entwicklung und Differenzierung, Erhaltung und Veränderungen von Plastizität, Intelligenz, Kompetenz etc., Lehr, 1991); biologische (z.B. Abnahme und Veränderung von physiologischen Funktionen) mit entsprechenden Auswirkungen auf die anwendungsorientierten Teildisziplinen, wie z.B. Geriatrie und Gerontopsychiatrie (auch noch immer weitgehend bestimmt durch eine eher defizitorientierte biologische Sicht!). Dazu treten demographische, historische, kulturgeschichtliche Sichtweisen. Alle insgesamt implizieren - mehr oder weniger bewußt - bestimmte Menschenbilder mit angenommenen Verhaltensweisen und davon ableitbaren Interventions-, Behandlungs- und Versorgungsverfahren (Radebold, 1992, 1996). In manchen Publikationen - unterstützt wohl durch die beschriebene monodisziplinäre Sicht mit zunehmender Verselbständigung der wissenschaftlichen Teilgebiete - wird immer wieder der Eindruck vermittelt, daß über 60jährige Menschen nicht mehr als erwachsen, sondern als andere (Abgebaute? Kranke? Weise/Abgeklärte? Asexuelle? Post-Erwachsene?) angesehen werden und damit die Abschnitte nach dem 60. Jahr nicht mehr als Teile des Erwachsenenlebens akzeptiert werden. Diese (möglicherweise vorbewußt von den Jüngeren erwünschte) Sichtweise könnte wiederum dazu dienen, die über 60jährigen auszugrenzen - sie damit auch den Spezialisten zur Behandlung und Versorgung zu überlassen. Dieses würde jetzt in einer Situation geschehen, wo diese Abschnitte aufgrund der durchschnittlichen Lebenserwartung dieser 60jährigen bereits mehr als ein Drittel der Erwachsenenlebenszeit umfassen.

Die psychoanalytische Sicht würde entscheidend dazu beitragen, über 60jährige als primär psychosexuell und psychosozial erprobte Erwachsene anzusehen, die jetzt in die Abschnitte des höheren und hohen Alters eintreten. Damit würde gleichzeitig die subjektive Bedeutung des Erlebens und Verarbeitens des Alterns unterstrichen. In Abgrenzung von biologischen, psychologischen und soziologischen Theorieansätzen würden entscheidende Aspekte von Gesundheit und Krankheit während des Alterns durch eine andere Perspektive zugänglich. Dazu ermöglichen psychoanalytische Konzepte ein breites Behandlungsspektrum auch für über 60jährige.

Für welche Bereiche der Psychoanalyse ist der begonnene Dialog sinnvoll, fruchtbar und notwendig?

Die systematische Begegnung mit Älteren (d.h. mit erkrankten und mit gesunden Älteren!) verhilft Psychoanalyse eindeutig zu einem besseren Zugang zu der Bedeutung der während des ganzen Lebenszyklus ablaufenden Entwicklung sowohl entlang unterschiedlicher Linien oder auf unterschiedlichen Feldern als auch in ihren gesunden und gestörten Ausprägungen. Zusätzlich würde uns möglich, viele unserer Konzepte - von deren dauerhafter Gültigkeit während des gesamten Lebensablaufes wir bisher überzeugt sind - hier genauer zu überprüfen, so bezüglich der psychodynamischen Gesetzmäßigkeiten, des Fortbestehens libidinöser, aggressiver und narzißtischer Impulse sowie der Zeitlosigkeit des Unbewußten. Weiterhin müssen wir die "Organisatoren", d.h. die spezifischen Bedingungs- und Einwirkungsfaktoren für die verschiedenen Altersphasen besser erforschen. Ebenso bedürfen wir differenzierterer Krankheitskonzepte, so z.B. für die unterschiedlichen depressiven Bilder in den verschiedenen Abschnitten des Alterns; dazu wurden die Behandlungsmöglichkeiten über 70jähriger (insbesondere bei gegebener Multimorbidität) kaum erforscht. Nur langfristige Psychoanalysen - bisher ebenso fehlend - erlauben uns Zugang zu ganz eindeutig unverändert ablaufenden (unbewußten) Entwicklungs- und Veränderungsprozessen. Wie verändert sich das Selbstbild? Wie beeinflußt die zunehmende Begrenztheit des Lebens die innerpsychische Auseinandersetzung mit den allmählich auftretenden und stärker werdenden physiologischen Altersveränderungen und wie geschieht die notwendige Adaptation? Schließlich haben wir uns bisher unter dem Ziel einer psychoanalytischen Gerontopsychosomatik kaum mit psychodynamischen Aspekten von erstmals im Alter auftretenden Krankheiten befaßt (z.B. der Demenz).

Die Beschäftigung mit Altersfragen würde Psychoanalyse spät - aber noch nicht zu spät - erlauben, sich angesichts der dargestellten demographischen Veränderungen an immer wichtiger werdenden Forschungsfragestellungen zu beteiligen und parallel zu einer allgemeinpsychologischen, einer psychiatrischen, psychosomatischen oder auch sozialwissenschaftlichen Sicht eben eine eindeutig psychoanalytische Sicht des Alterns und Altseins zu formulieren und nachdrücklich einzubringen. Diese Aufgabe erfordert eine mehrdimensionale Sichtweise, d.h. die Einbeziehung anderer Wissensdisziplinen und den Dialog mit ihnen. Damit müßten wir unsere Zurückhaltung gegenüber der allgemeinen Scientific Community aufgeben, die ich schon manchmal als selbstgewählte Isolierung ansehe. Immer wieder fiel mir bei psychoanalytischer Literatur zum Thema Altern und Alter auf, wie wenig Befunde anderer Wissensdisziplinen überhaupt zur Kenntnis genommen bzw. einbezogen wurden. Hierbei ist daran zu erinnern, daß die meistens gerontologischen, geriatrischen, gerontopsychiatrischen und gerontopsychosomatischen Forschungen - insbesondere auch Längsschnittstudien - ohne die Einbeziehung psychoanalyischer Fragestellungen, geschweige denn psychoanalytischer Mitarbeit, durchgeführt wurden. Bestimmt wollte man oft die psychoanalytische Sichtweise nicht; aber nach meinem Eindruck wurde oft auch psychoanalytischerseits kein Interesse signalisiert.

Schließlich würde uns der psychoanalytische Zugang auch ermöglichen, unserem für alle Altersgruppen bestehenden psychotherapeutischen Behandlungsauftrag, also auch für über 50-60jährige, gerecht zu werden, der bisher eindeutig von uns verweigert wird.

Warum fällt es uns als Psychoanalytiker so schwer, uns mit Älteren zu befassen?

Die dafür verantwortlichen Gründe lassen sich inzwischen besser beschreiben (Radebold, 1988, 1992, 1994). S. Freud als Begründer der Psychoanalyse erlebte bereits selbst erhebliche Schwierigkeiten mit der Thematik Altern und Alter. Selbst an einer Altersphobie leidend, stellt er in seinen wenigen diesbezüglichen Aussagen im Gesamtwerk Altern weitgehend als involutiven Prozeß dar. Unverändert hielt er bis zum Lebensende daran fest, daß "ein Alter in der Nähe des 5. Dezeniums" eine Kontraindikation für die psychoanalytische Behandlung darstelle, da der Abstand zu den prägenden Kindheitserlebnissen zu groß, das zu bearbeitende neurotische Material zu umfangreich sei und bei zunehmenden hirnorganischen Veränderungen auf seiten der Älteren kein Interesse an einer derartigen Behandlung bestehe. Offensichtlich hat er selbst kaum befriedigende Behandlungserfahrungen mit über 40jährige neurotisch Erkrankten machen können; den wenigen von ihm gesehenen Patienten bestätigt er einen ausgeprägten sekundären Krankheitsgewinn bei weitgehend fehlendem Leidensdruck. Psychisch Alterskranke kannte er aufgrund seiner klinischen Weiterbildung als Psychiater/Neurologe lediglich als alt gewordene Schizophrene und Demente (d.h. Kranke mit quartärer Lues oder mit einer Alzheimer-Demenz). Verständlicherweise richtete sich sein Interesse auf Kindheit und Jugendzeit, also auf die Genese neurotischer Erkrankungen. Auffallend ist jedoch, in welchem Umfang er Altern als Lebensphase und Prozeß abwehren mußte.

Die ersten Generationen seiner psychoanalytischen Schüler, vorwiegend Ärzte und insbesondere Psychiater, begegneten Alterskranken wiederum offenbar lediglich in der Form von stationär zu bewahrenden, alt gewordenen Schizophrenen und Dementen. Entsprechend dem allgemeinen vorherrschenden defizitorientierten Bild des Alterns ging man so psychoanalytischerseits bis Anfang der 70er Jahre noch von der These einer "Libidoinvolution" aus.

Dazu wurde und wird Entwicklung als ein Prozeß angesehen, der sich lediglich auf Kindheit und Adoleszenz erstreckt, keinesfalls jedoch weiterhin während des gesamten Lebens stattfindet.

Viele dieser aufgeführten Gründe lassen sich historisch verstehen und lassen sich ebenso bei anderen Wissensdisziplinen beobachten. Auffallend ist jedoch, daß die Psychoanalyse - ganz im Gegensatz zur Wissenschaftsentwicklung in der Gerontologie mit ihren zahlreichen Subdisziplinen sowie Geriatrie und Gerontopsychiatrie - weitgehend unverändert, sogar fast rigide, an ihren Positionen festhält. So viele Thesen und Aussagen von S. Freud wurden im Laufe der letzten 100 Jahre hinterfragt, modifiziert oder sogar verworfen; seine Aussagen über das Altern und und insbesondere die Behandelbarkeit Älterer haben bis heute sowohl für die Psychoanalyse als interessanterweise auch, mehr oder weniger bewußt, für alle psychotherapeutischen Schulrichtungen Gesetzescharakter[1]. Offensichtich müssen *weitere* (mehr vorbewußte bis unbewußte) *Gründe* für diese so starre Einstellung verantwortlich sein.

Bei der Behandlung von in Relation älteren und damit häufig chronologisch älteren Patienten begegnen die Behandler - dargestellt an dem Erstinterview - aufgrund der dadurch anfänglich "umgekehrten" Übertragungskonstellation unbewußt ihren Eltern und Großeltern und damit beunruhigenden, bedrohlichen, aber auch ebenso verführerischen Übertragungen und Gegenübertragungen, die z.B. durch Nicht-Behandlung vermieden werden; dazu ist man als Jüngerer aufgrund seiner Ansichten über die eigenen Eltern von ihrer Starrheit und damit von der (therapeutischen) Unbeeinflußbarkeit Älterer überzeugt. Außerdem kann die Begegnung mit Älteren zusätzlich frühere eigene traumatische Erfahrungen reaktivieren. Gleichzeitig fordert sie dazu auf, sich den Vorstellungen über das eigene Altern und Alter zu stellen.

Dazu spricht man diesen Älteren oft aufgrund der eigenen Vorstellungen (und auch Wünsche!) Triebbedürfnisse und entsprechende Triebkonflikte ab und reduziert somit auftretende Symptome auf einen ausschließlich organischen bzw. hirnorganischen Ursprung. Gleichzeitig vermeidet man als Professioneller, dadurch gerade den die Situation des Alterns und Alters prägenden Einflüssen zu begegnen, so den vielfältigen Bedrohungen und Verluste (an älteren, gleichaltrigen und jüngeren Beziehungspersonen, an Rolle, Status und sicherer Umwelt), den Veränderungen und physischen und psychischen Krankheiten des Körpers, der narzißtischen Kränkung durch das Älterwerden und der Begrenztheit des Lebens mit Sterben und Tod. Diese Begegnung kann schon für Erwachsene zwischen 30 und 40 (also in der Assistenten- und Ausbildungssituation) bedrohlich sein; sie ist es aber erst recht für Behandler im mittleren und höheren Alter, die sich nicht ständig und intensiv bei gleichaltrigen oder älteren Patienten mit den problematischen, schwierigen, beunruhigenden und bedrohlichen Seiten des Älterwerdens befassen möchten. Dazu tritt die mögliche narzißtische Kränkung, daß Behandlungserfolge aufgrund neu auftretender Krankheiten und sich verkürzender Lebenszeit möglicherweise nur relativ kurzzeitig anhalten (s. bei meiner beschriebenen 79jährigen Patientin nur zwei Jahre) oder eine erneute Hilfestellung erforderlich wird.

Diese dargestellte Fokaltherapie soll und darf nicht den Schluß nahelegen, daß sich Psychotherapie Älterer nur mit den Fragen von Krankheit wie auch Sterben/Tod (also der letzten Lebensphase) zu beschäftigen hat. In den allermeisten Fällen handelt es sich um die Aufarbeitung lange zurückliegender Konflikte und Bearbeitung von aktuellen Krisensituationen von 60- bis 80jährigen; wobei erstere manchmal auch einer Langzeit-Psychoanalyse bedürfen (Radebold, 1992, Radebold/Schweizer, 1996). Auch in diesen Altersphasen lassen sich langfristig anhaltende Erfolge katamnestisch belegen. Es wäre fatal, die Phasen des Alterns lediglich unter der Perspektive des Lebensendes und damit der Vorbereitung auf Sterben/Tod zu sehen.

Weiterhin repräsentierten in Deutschland (und auch Österreich) die bisherigen Kohorten Älterer (heute also die über 80jährigen) die für das Dritte Reich und seine schrecklichen Folgen Verantwortlichen.

---

[1] Wie die Weiterbildungsrichtlinien der meisten psychoanalytischen Fachgesellschaften belegen, die - zumindestens bis vor kurzem - von einer Altersgrenze von 40 Jahren ausgingen. Entsprechend introjizierten die zukünftigen PsychoanalytikerInnen quasi mit der "psychoanalytischen Muttermilch" unhinterfragt dieses Gebot, welches auch in keinem Seminar reflektiert wird.

Ungeachtet dessen benötigen wir eine psychoanalytische Sicht des Alterns und Alters. Diese könnte sich auch für uns persönlich als wichtig herausstellen, daß wir so frühzeitig aufgefordert werden, uns mit allen Aspekten des Lebenszyklus auseinanderzusetzen und die anstehenden Entwicklungsaufgaben des mittleren, höheren und hohen Lebensalters kennenlernen.

Bisher mußten sich die im Altersbereich tätigen Psychoanalytiker immer wieder gegen die Frage verteidigen, warum sie überhaupt über 50jährige behandelten. Jetzt ist der Zeitpunkt gekommen, umgekehrt alle Kolleginnen und Kollegen zu fragen, warum sie nicht selbstverständlich parallel zu Erwachsenen im jüngeren und mittleren Lebensalter auch Erwachsene im höheren und zukünftig auch im hohen Lebensalter behandeln.

Literatur

Kutter, W. (1984): Moderne Psychoanalyse, Internationale Psychoanalyse, Stuttgart.

Lehr, U. (1991): Psychologie des Alterns, 7. Aufl., KTB, Heidelberg.

Naegele, G./H.J. Tews (1993): Lebenslagen im Strukturwandel des Alters, Westdeutscher Verlag, Opladen.

Radebold, H. (1988): Warum behandeln wir als Psychoanalytiker keine Älteren? psychosozial 11, 44-53.

Radebold, H. (1992): Psychodynamische Sicht und Psychotherapie Älterer, Springer, Heidelberg.

Radebold, H. (1994): Freuds Ansichten über die Behandelbarkeit Älterer, Z. psychoanal. Theorie und Praxis 9, 247-259.

Radebold, H. (1996): Psychosomatische Sicht Alternder, in: v. Uexküll, Th. (Hg.), Psychosomatische Medizin, 5. neubearb. Aufl., Urban & Schwarzenberg, München, 1162-1182.

Radebold, H./R. Schweizer (1996): Der mühselige Aufbruch. Psychoanalyse im Alter, Fischer, Reihe "Geist und Psyche", Frankfurt/M.

Rosenmayr, L. (1992): Sexualität, Partnerschaft und Familie älterer Menschen, in: Baltes, P.B., J. Mittelstraß (Hg.), Zukunft des Alterns und gesellschaftliche Entwicklung, Walter de Gruyter, Berlin, 461-491.

Spuren der Frühgeschichte im heutigen Diskurs der Psychoanalyse

Gerhard Wittenberger

Anfang der 80er Jahre begann in der Bundesrepublik eine intensive und öffentliche Auseinandersetzung um die organisierte Psychoanalyse in Deutschland während der Naziherrschaft. Aus zahlreichen historischen Arbeiten von Analytikern der Nachkriegsgeneration (z. B. Brainin, E. u. a., 1982; Brecht, K. u. a., 1985; Lockot, R., 1994, 1995 u. ö.) geht hervor, daß die Spaltung der organisierten Psychoanalyse Deutschlands in zwei psychoanalytische Gesellschaften (DPG und DPV) u. a. auch aus einem Verdrängungsprozeß der "Schuldthematik" herrührte, den die deutschen Psychoanalytiker - als Teil des deutschen Volkes, das einem Hitler zujubelte - zur Bewältigung ihrer Vergangenheit 'benötigten'. Ich meine dies durchaus im Sinne der Abwehr als Ich-Leistung. Diese Besonderheit der deutschen psychoanalytischen Organisationen ist ein ungelöstes Problem. Auf der konkret-politischen Ebene ist das ein singulärer historischer Vorgang, der sich nicht einfach mit anderen Spaltungsvorgängen vergleichen oder gar gleichsetzen läßt. Und dennoch weist der Vorgang als 'Spaltung' darauf hin, daß bestimmte, nicht akzeptierte Aspekte der geschichtlichen Realität von den an der Spaltung beteiligten Akteuren selbst zum nichtintegrierbaren Teil ihrer Geschichte "gemacht" wird. Diese Aspekte wirken nun als Teil des tabuisierten institutionell Unbewußten auf die Mitglieder der Organisationen destruktiv, indem sie als nicht zu akzeptierende Selbstanteile bei den "Anderen", den "Abtrünnigen", untergebracht werden. Diese werden nun ebenfalls zu Tätern und Opfern. indem sie zur Aufrechterhaltung ihrer Gruppenidentifikation und in Abgrenzung zum "Gegner" eigene theoretische und strukturell-organisatorische Positionen ausarbeiten. Dabei geht es scheinbar um die Rettung des "reinen Goldes" der Psychoanalyse - in Wirklichkeit jedoch um die Aufrechterhaltung eines "guten" Selbstbildes, das einem "bösen" Fremdbild gegenübersteht.

Diese Thematik aufzuarbeiten, würde möglicherweise zur Konsequenz führen, die gegenwärtige organisatorische Spaltung als überflüssig zu erkennen. Dazu gibt es derzeit keinen äußeren Anlaß und deshalb auch keine ernsthafte institutionelle Unternehmung.

So stellt sich die Vermutung ein, daß solche Unternehmungen erst dann möglich sein werden, wenn bestimmte Annäherungsprozesse zwischen den Menschen im ehemals geteilten Deutschland begonnen haben. Ich denke dabei an die Auflösung so entscheidender Identifikationsangebote, wie sie die jeweilige Seite ihren Staatsbürgern als antifaschistische resp. demokratische Tradition anbot. Daß in solchen 'Angeboten' der historischen Wahrheit nur eine relative Bedeutung zukommt, versteht sich von selbst.

Wenn Analytiker sich nicht als Teil gesellschaftspolitischer Entwicklungen sehen, ist es auch unnötig, ihren organisatorischen Anachronismus einerseits und ihr "inneres" Problem andererseits als ein politisches Thema zu verstehen. Dies könnte ein Hinweis auf jenen Mechanismus sein, dem Parin (1978) nachzuspüren suchte, als er die Frage stellte, "warum Psychoanalytiker so ungern zu brennenden Zeitproblemen Stellung nehmen". Dies läßt die skeptische Frage laut werden, warum Politiker etwas zustande bringen sollten, wozu Analytiker nicht in der Lage wären. Die Frage stellen, heißt sie beantworten: Die wirklich innovativen und kreativen Ideen, die einen Fortschritt bedeuten würden, konfrontieren die bestehenden Institutionen, die ihrem Wesen nach konservativ sind, und mobilisieren jenes Szenarium, das als Machtkampf imponiert.

Unabhängig von dieser "deutschen Besonderheit" sind die Spuren von Spaltungsprozessen in der Geschichte der psychoanalytischen Organisation von ihren Anfängen an zu beobachten. Freud (1914d) hat selbst von den "Abfallbewegungen" geschrieben und dabei einen scharfen Trennungsstrich zwischen jenen, die Psychoanalytiker sind, und denen, die sich nicht als solche bezeichnen sollten, gezogen. Diese Abgrenzung ist stets durch Argumentation oder Polemik erfolgt, nie rechtlich, obwohl die Frage, ob die Bezeichnung 'Psychoanalyse' als "Patent" anzumelden und durch ein "Diplom" zu erwerben sei, in den 20er Jahren im "Geheimen Komitee" diskutiert wurde.

Das "Geheime Komitee" selbst ist Ergebnis eines Spaltungsprozesses. Als sich C. G. Jung - der Präsident der 1910 in Nürnberg gegründeten "Internationalen Psychoanalytischen Vereinigung" - von Freud trennte und dieser, auf Vorschlag aus seinem engsten Mitarbeiterkreis, eine kleine Gruppe um sich scharte, um die drohende Gefahr eines Auseinanderfallens der eben erst gegründeten IPV zu verhindern, ereignete sich modellhaft jener institutionelle Spaltungsprozeß, der sich in vielen verschiedenen Orten und Ländern in der organisierten Psychoanalyse wiederholte. Eine ganze Reihe solcher Spaltungen wurden auf einem Kongreß, der sich expressis verbis mit diesem Thema beschäftigte, genannt und in einem Kongreßband veröffentlicht (Hermanns, 1995).

Zu der Zeit, da Freud noch allein die Psychoanalyse vertrat, war er seinen Gegnern als Person ausgesetzt und mußte um seine persönliche und wissenschaftliche Integrität kämpfen. Als Mitglied einer Organisation war dieser Kampf nicht mehr nur ein persönlicher, auch wenn er nie "die Sache" - wie Freud seine Entdeckungen nannte - als reine "Sache" betrachten konnte. Dazu war sein persönliches Opfer und sein Einsatz zu eng mit seinem privaten und beruflichen Leben verwoben.

Mit der Gründung des "Geheimen Komitees" 1912 entschied sich Freud für die Errichtung eines neuen, jetzt kollektiven Kampfes gegen den oder die Gegner der Psychoanalyse. Damit wurde nicht nur eine neue Szene gegen Jung etabliert, der spätestens zu diesem Zeitpunkt von Freud nicht mehr als Vertreter der bisher gemeinsam getragenen "Sache" gesehen wurde, sondern nun auch innerhalb der eigenen Organisation, denn Jung war noch deren Repräsentant und hatte innerhalb der IPV Anhänger.

Die Mitglieder des Komitees bildeten mit Freud eine eindrucksvolle Gruppenzusammensetzung. Eine Charakterisierung dieser Mannschaft ist nur schwer möglich, dennoch ist ein Aspekt hervorzuheben: Unter den Mitgliedern war weder eine Frau noch ein Mann vom Range und Alter Freuds!

Einige Zahlen und Stichworte zu den Personen sollen dazu genannt werden: Zwischen 1905 und 1908, seinem 49. und 52. Lebensjahr, lernte Freud die späteren Mitglieder des Geheimen Komitees kennen: Hanns Sachs (1905) war

24 Jahre, Otto Rank (1906) 22, Karl Abraham (1907) 30, Max Eitingon (1907) 26, Ernest Jones (1908) 29 und Sandor Ferenczi (ebenfalls 1908) 35 Jahre.

1912, bei der Gründung des Komitees, war Freud (1856-1939) 56 Jahre alt. Ferenczi (1873-1933) 39 Jahre, Abraham (1877-1925) 35, Jones (1879-1958) 33, Sachs (1881-1947) 31 und Rank (1884-1939) 28 Jahre. Eitingon war 31 Jahre, kam aber erst 1920, nach dem Tod Anton von Freunds, hinzu.

Als sich Adler von Freud trennte (1911), war er 41 Jahre, Stekel trennte sich 1912, 44jährig, und Jung 1914 - 2 Jahre nach der Gründung des Komitees, von der er nichts wußte - 39jährig. Die Gründung des Komitees ist das Produkt einer Krise, die bei den Protagonisten als Krise des mittleren Lebensalters gesehen werden kann.

Das für den gruppendynamischen Prozeß des Komitees und seiner krisenhaften Entwicklung entscheidende Jahr war das Jahr 1923 - Freud ist 67 Jahre alt und an Krebs erkrankt.

Ferenczi ist 50jährig, nach vielen hypochondrischen Krankheiten - wie er selbst schrieb - endlich mit Gizella verheiratet und mit dem Aufbau einer eigenen Ortsgruppe befaßt und engagiert mit unzähligen Aktivitäten und immer wieder krank.

Abraham, 46jährig, ist ehrgeizig und erfolgreich beim Aufbau der Berliner psychoanalytischen Projekte tätig. Gleichzeitig ist er im ständigen Konflikt mit dem Direktor des Psychoanalytischen Verlages, Otto Rank.

Rank, 39jährig, seinerseits ehrgeizig und verängstigt, als er von der Erkrankung Freuds hörte - eine Deutung, die ihm Freud selbst anbot und die er, wahrscheinlich allzu bereitwillig, angenommen hatte. Er war ein verschlossener, introvertierter Mann, auf den noch näher einzugehen sein wird.

Eitingon, 42jährig, scheint die "Graue Eminenz" der ganzen Bewegung gewesen zu sein. Sein Einfluß auf Freud war möglicherweise größer als der Ferenczis. Sein Gesundheitszustand und der seiner Frau ließen es nicht zu, daß er sich Anfang der 20er Jahre in der Bewegung öffentlich mehr engagierte als in Berlin. Darüber hinaus scheint er ein zurückhaltender bis schüchterner Mann gewesen zu sein, der auf Grund eines Sprachfehlers (er stotterte) gewissen Hemmungen unterlag. Er übernahm erst dann eine öffentlich führende Position in der Bewegung, als Abrahams Tod 1925 ein Führungsvakuum hinterließ. Vereinspolitisch war die Rivalität zwischen Wien und Berlin gegen Ende der 20er Jahre aus vielen Gründen problematisch für die IPV geworden. Ein Grund war der Streit um die Kinderanalyse zwischen Anna Freud und Melanie Klein, dessen Heftigkeit zunahm. Ein weiterer Grund war der Konflikt mit den Amerikanern um die Laienanalyse und den damit zusammenhängenden Fragen der Ausbildung und Organisation. Unabhängigkeitsbestrebungen der Amerikaner, die darauf gerichtet waren, den institutionellen Einfluß Freuds und seines "Clans" einzuschränken, bedurften dringend einer Lösung.

Jones, 44jährig, wurde Anfang der 20er Jahre von Freud als "Staatskanzler" bezeichnet, was darauf hinweisen sollte, daß er, allein durch seinen Wohnort London, die einzige Garantie für die Bewegung, im Westen Fuß zu fassen, war. Freud hielt nicht viel von den Amerikanern, besonders von Frink, Oberndorf, Coriat und anderen Schülern, die er in Analyse hatte. Jones hatte eine sogenannte "Westorientierung" (vgl. Freud/Abraham, 1980, S. 273) der psychoanalytischen Organisation befürwortet, was vor allem mit der Geldentwertung in den 20er Jahren zu tun hatte.

Schließlich Sachs, 42jährig, von dem Freud bereits in den Jahren 1924 und 1926 meinte, daß er nicht ins Komitee gehöre. Von ihm erzählt man, er sei ein blitzhäßlicher Charmeur mit ungezählten Frauengeschichten gewesen. Als ausgezeichneter Erzähler und Vortragender war er wesentlich an der Gestaltung populärer Vortragsreihen in Berlin beteiligt. Er war der erste Vollzeit-Lehranalytiker und als Nicht-Mediziner mit Rank viele Jahre befreundet.

Alle Mitglieder des Komitees waren im mittleren Lebensalter. Freud hatte keinen engen Freundeskreis, der vom Alter und vom sozialen Status her ihm ebenbürtig war. Solche Freundschaften waren bereits zu einem frühen Zeitpunkt zerbrochen oder nicht zustande gekommen. Ich denke an Fließ und Bleuler, aber auch an Iwan Bloch oder Havelock Ellis und andere, zu denen Freud stets in respektierender Distanz blieb.

Ich vermute, daß eine Art "Generationskonflikt" zwischen Freud und den Mitgliedern des Komitees bestand, der allen Beteiligten bewußt war, ohne daß sie aus diesem Wissen Konsequenzen ziehen konnten. Vielmehr agierten sie diesen Konflikt auf dem Hintergrund von "Totem und Tabu", was in ihren Briefen immer wieder bezugnehmend angedeutet wird.

Mit der Gründung der IPV hatte sich die Psychoanalyse zu einer "Bewegung" gewandelt und hörte auf, ein Zirkel Gleichgesinnter zu sein. Freud (1993) kommentierte dies in einem Brief an Ferenczi aus psychoanalytischer Sicht: "Mit dem Nürnberger Reichstag schließt die Kindheit unserer Bewegung ab; das ist mein Eindruck. Ich hoffe, jetzt kommt eine reiche und schöne Jugendzeit." Soziologisch war die Psychoanalyse aus einer informellen Gruppe zu einer öffentlichen Organisation geworden. Die Folgen der IPV-Gründung hatte Freud in seinem Wiener 'Zirkel' gruppendynamisch zu spüren bekommen. "Seine Wiener" fühlten sich abgeschoben und übergangen, da er Jung als seinen Nachfolger bestimmt hatte und zum Präsidenten der neuen Organisation wählen ließ. Diese - aus der Sicht der Wiener Gruppe - "autokratische" Entscheidung, provozierte eine Gruppendynamik mit weitreichenden Folgen. Die Ebene der personalen Rollen (Nachfolger und Präsident) gab auf der Organisationsebene die strukturelle Basis ab, auf denen sich Rivalitäts- und Abspaltungskonflikte entwickeln konnten. Das affektive Klima des Nürnberger Kongresses beschrieb Wittels (1924, S. 124) - ein Teilnehmer dieses Kongresses - so: "Am Nachmittag dieses denkwürdigen Tages [der Wahl Jungs zum Präsidenten, Erg. G.W.] versammelten sich die Wiener Herren in einem Seitensaale des Grand Hotels zu Nürnberg, um die unerhörte Situation zu beraten. Auf einmal erschien Freud uneingeladen unter ihnen. Er war in großer Erregung, wie ich ihn niemals gesehen habe, und sagte: 'Ihr seid zum größten Teile Juden und deshalb nicht geeignet, der neuen Lehre Freunde zu erwerben. Juden müssen sich bescheiden, Kulturdünger zu sein. Ich muß den Anschluß an die Wissenschaft finden; bin alt, will nicht immer nur angefeindet werden. Wir alle sind in Gefahr.' Er faßte seinen Schlußrock beim Revers: 'Nicht einmal diesen Rock wird man mir lassen', sagte er. 'Die Schweizer werden uns retten. Mich und Sie alle'."

Ein neuer Gruppenbildungsprozeß begann, und die Adlerianer trennten sich von den Freudianern. Solche Schulenbildungen sind in der Wissenschaftsgeschichte Tradition. Die Rekrutierung von Schülern um eine Lehrerpersönlichkeit war bereits bei den alten Griechen üblich. Sie kennzeichnen die Gründungen von Philosophen-Schulen und philosophischen Traditionen. Auch aus der Medizingeschichte kennt man solche Meister-Schüler-Beziehungen noch bis zum Mittelalter. Sogar die Tradition der Vermittlung von Wissen in geschlossenen, d. h. geheimen Gruppierungen, zur Festigung der wissenschaftlichen Positionen, sind bis ins 18. und 19. Jahrhundert bekannt. Philosophischer Streit und geheimbündlerische Traditionen zur Sicherung der eigenen Theorien hatten dort eine soziale Isolierung zur Folge, wo aufkeimende Ideen ihren Nährboden nicht in den vorgegeben gesellschaftlichen, d. h. institutionellen Strukturen fanden. Der intellektuellen Trennung folgten in der Regel auch institutionelle durch Gründung eigener Schulen.

Daß solche Trennungen immer auch auf dem Hintergrund theoretischer Unterschiede begonnen und begründet werden, dient sowohl der jeweiligen Ausarbeitung und Differenzierung wissenschaftlicher Positionen als auch der Ideologiebildung und Polemik. Zur Festigung der jeweiligen Binnenstruktur der Gruppen bedurfte es einer Sprachregelung, die - wie im Falle Adlers - die Unterschiede zwischen Individualpsychologie und Psychoanalyse hervorhob.

Wie sehr die Psychoanalytische Bewegung mit solchen Bedingungen zu kämpfen hatte, wurde auch in späteren Jahren in den Diskussionen um die Integration oder Ausgrenzung von Aufnahmebewerbern deutlich, bei denen eine sichere, institutionelle und psychoanalytische Anbindung nicht gegeben zu sein schien. In solchen Fällen mahnten Freud und Rank, "daß eine gewisse Gefahr darin lieg[e], wenn [wie im diskutieren Falle] die Berliner Gruppe sich durch Intoleranz gegenüber von Aufnahmebewerbern den Ruf der zugeknöpften Geheimsekte verschaff[e] und so schließlich auch ernsthafte und wertvolle Bewerber abschreck[e]" (Rundbrief [40/W] vom 11.12.1920).

Mit der Tendenz zur institutionellen Abschottung gegenüber gesellschaftlichen, d. h. äußeren Realitäten - die auf dem Hintergrund der psychoanalytischen Praxis als eine Form einer *déformation professionnelle* verstehbar ist - bietet die Psychoanalytische Bewegung die Angriffsfläche, die den Ruf der "zugeknöpften Geheimsekte" zu legitimieren scheint. Gleichzeitig ist dieser institutionelle Selbstschutz bis zum heutigen Tage die Voraussetzung zur Bewahrung psychoanalytischer Identität und Kreativität.

Diese Identität war bei der Jungschen Trennung gravierender und gefährlicher bedroht als bei der Adlers, weil mit Jung institutionell größere Hoffnungen und eine bedeutsamere Öffentlichkeit verbunden war. Vielleicht ist es deshalb auch nicht zufällig, daß von nun an kein Einzelner mehr Freuds 'Hoffnungsträger' wurde, sondern ein Gruppe von Männern, die sich allerdings als ebenso instabil erwies wie die Hoffnung, die Freud mit dem 'Vorgänger im Amt' verband.

Mögen die inhaltlichen Gründe der Trennungen Adlers und dessen Anhänger sowie Jungs und seiner Anhänger von Freud und der Psychoanalyse auch sehr unterschiedlich sein - als Phänomene weisen sie mehrere Gemeinsamkeiten auf:

1. Die Repräsentanten dieser Schismen standen in hoher emotionaler Beziehung zur "Sache", die ihnen Antworten auf existentielle Fragen und Interessen gab.

2. Die "Sache" war zunächst die Sache Freuds, und daraus ergab sich eine Intensität der Beziehungen zu ihm, die zwar als Übertragungs- und Gegenübertragungsverhältnisse erkannt wurden, aber zur Lösung solcher institutionellen Verhältnisse gab es kein Modell.

3. Die z. T. beruflich und privat durchmischten Beziehungen Freuds zu seinen Analysanden und Kollegen und deren Beziehungen zu ihren Analysanden

stellten ein gruppendynamisches Szenario dar, das Freud (1912) bereits in seiner Schrift "Totem und Tabu" analysierte, jedoch ohne daraus abzuleitende Handlungskonsequenzen aufzuzeigen.

4. Die libidinösen und destruktiven Kräfte in einem solchen Organisationszusammenhang vermögen einerseits die Gruppenkohäsion zu erhöhen, um den Kampf um soziale Anerkennung durchstehen zu können. Andererseits läßt gerade dieser Kampf um gesellschaftliche Anerkennung die Spaltung 'innerer Zusammenhalt versus äußerer Feind' nicht zu, da auch im Binnenverhältnis der Gruppe zentrifugale Kräfte entstehen, die bis zum Auseinanderbrechen sozialer Gebilde reichen können. Und so erzwingt die Anerkennung durch "die Gesellschaft" die Umorganisation libidinöser und aggressiver Kräfte der Gruppenmitglieder untereinander. In der Folge kam es auch im "Geheimen Komitee" zu gruppendynamischen Konflikten, die sich zunächst an internen Machtthemen, dann an Themen wie der therapeutischen Effektivität, rekonstruieren lassen (Wittenberger, 1995a).

Indem Freud das Komitee gründete, wiederholte er einen Gruppenbildungsprozeß, der eher an die Zeit der "Mittwochs-Gesellschaft" erinnern läßt als an eine Organisation, in der bestimmte Rollen zu besetzen und Führungsebenen einzurichten sind, um sie am Funktionieren zu halten. Wie sinnvoll und notwendig für Freud dieser Schritt auch immer gewesen sein mag (Schröter, 1995) - er gibt Anlaß, darüber nachzudenken, ob die Identifikation mit der "Sache" *und* mit Freud nicht auch immer zugleich jenen Habitus hervorbringt, als müsse eine einheitliche Interpretation, was die richtige Psychoanalyse und ihre Organisation ist und wer Psychoanalytiker sei, vorhanden sein. Sollten sich dabei doch kritische Facetten ergeben, wird ein hyperkritischer bis nörgelnder Unterton (Páromo-Ortega, 1996) diagnostiziert. Genau dieses affektive Klima kennzeichnete schon die Gruppendynamik des "Geheimen Komitees" - z. B. 1921/22, als die Themen 'Laienanalyse' und 'Mitgliedschaft' durch scheinbar nichtige Anlässe zu bedeutsamen Positionsbestimmungen führten.

Konnte Freud für sich zu Recht noch in Anspruch nehmen, Definitionen zu geben und zu ändern, so war das bereits unter den Komitee-Mitgliedern nicht mehr ohne kollektive Absprachen möglich. Später - gegen 1924 - wurde es auch für Freud schwer, sich gegen den Gruppenprozeß des Komitees durchzusetzen - ein Vorgang, der sich in der Frage der Laienanalyse am deutlichsten institutionell und in der Theorieentwicklung auswirkte.

Den institutionellen Hintergrund gaben Entwicklungen in der Berliner "Ortsgruppe" um 1920 ab. Eine psychoanalytische Institution wurde aufgebaut, die Poliklinik, und im Zuge dessen gab es einen enormen Zulauf zur Ausbildung in Psychoanalyse. Die nun mehr und mehr institutionalisierte psychoanalytische Ausbildung wurde ab 1923 in Berlin durch "einen ständigen Unterrichtsausschuß ... der einen bestimmten Lehrgang der Psychoanalyse als obligatorisch festsetzt" (Rundbrief [255/B] vom 17.2.1923) geregelt. Der Berliner Curriculumsentwurf ist nicht als ein Unabhängigkeitspapier von Freud und dem Komitee zu sehen, sondern als Versuch der Vereinheitlichung der bis dahin 'freien' Ausbildungslandschaft, die - auf sehr unterschiedlichem Niveau - das Erscheinungsbild der Psychoanalyse in der Öffentlichkeit prägte. Der neue "Lehrplan" wurde unter Einbezug von Ratschlägen Freuds und in Kenntnis des Komitees beschlossen (Rundbrief [277/B] vom 2.6.23). Abgesehen von der Notwendigkeit institutioneller Regeln, die Willkür und Chaos vermeiden sollen, wird nun als Strukturvorgabe ein "Lehrplan" eingeführt, der jede institutionelle Flexibilität eingeschränkt und ganz auf seiten des potentiellen Bewerbers die Fähigkeit voraussetzt, mit den institutionellen Bedingungen 'gekonnt' umgehen zu können, außer - und das ist die Ausnahme von der Regel - es bestehen exklusive Beziehungen zu Vertretern dieser Institution. Dies wurde im Falle Ranks und seiner Position besonders deutlich. Er wurde von Abraham deshalb als Analytiker ohne Lehranalyse akzeptiert, weil er "die glänzendste direkte Schulung in Wien empfangen" habe (Rundbrief [120/B] vom 1.7.1921) und sich deshalb mit anderen, z. B. von Pfister Analysierten, nicht vergleichen könne.

Die Entwicklung eines Curriculums hatte große institutionelle Bedeutung. Berlin war zum psychoanalytischen Zentrum geworden und hatte ein Niveau erreicht, das erst noch von den anderen psychoanalytischen Zentren (in Budapest und London) einzuholen war. Wenn Wien, durch Freuds Gegenwart, auch ein Sonderfall war, so spricht doch viel dafür, daß zwischen der Wiener und Berliner Vereinigung rivalisiert und große Anstrengungen unternommen wurden, um bei der Entwicklung und Festigung der psychoanalytischen Organisation eine führende Rolle beizubehalten. So wurde in Anlehnung an das Berliner Modell der Poliklinik nur zwei Jahre später (1922) beschlossen, ein Ambulatorium zu gründen. Unabhängig von der organisatorischen Entwicklung in der Wiener Vereinigung besaß Freud dort und in den europäischen Ländern uneingeschränkte wissenschaftliche Autorität, so daß die soziale Rivalität zwischen den Vereinigungen unterhalb dieser Autoritätsschwelle ausgetragen wurde. Über die individuellen Motive der jeweiligen Protagonisten dieser Rivalitätskämpfe läßt sich derzeit nur spekulieren - es sind noch zu viele Dokumente unveröffentlicht. Was aus den bisher zugänglichen Quellen zu ersehen ist, ist u. a. der Wunsch, Freuds Zukunftssorgen um die Psychoanalyse zu mildern, dazu mit besonderen wissenschaftlichen, organisatorischen oder materiellen Leistungen beizutragen und so die eigenen Zukunftssorgen durch Identifikation mit einem "Ideal" zu meistern.

Im Gegensatz zu Wien und Berlin verlor Ferenczi in Budapest seine kreativsten Mitarbeiter an die Berliner, so daß er seine Vereinigung gleichsam einem "Aderlaß" ausgesetzt sah. Daneben gab es polemische Angriffe in Zeitungsberichten gegen die Psychoanalyse und ihn als Person. Ähnlich war es in London, wo Jones einige öffentliche Kampagnen auszustehen hatte, die durch Zeitungsberichte über die Psychoanalyse inszeniert wurden. Die Entwicklungen der amerikanischen Psychoanalytiker wurden mit großer Skepsis beobachtet. Freud hielt von seinen ersten amerikanischen Analysanden, die nach Wien kamen, um Analyse zu lernen, wenig. Auch die Entwicklungen in Rußland, der Schweiz und anderen Ländern liefen nicht immer im Sinne der Komitee-Mitglieder. So einigte man sich z. B. im Blick auf die Moskauer Gruppe darauf, daß man als IPV die ernsthaften Bemühungen einzelner Analytiker unterstützen wollte, aber neue Gruppenbildungen nicht. Weiter einigte man sich im Komitee darauf, daß neue Gruppen oder Einzelmitglieder schon deshalb besser großzügig akzeptiert werden sollten, weil nur dann Patienten, Öffentlichkeit und die eigene Organisation vor den Gefahren "wilder Analyse" geschützt sein würden. Denn "im Allgemeinen stehen wir hier (in Berlin, Zusatz G.W.) auf dem Standpunkt, daß man solche Leute - wenn nicht sehr dringende Gegengründe vorliegen - besser *in* der Vereinigung hält, wo man immerhin einige Kontrolle über sie hat. Außerhalb der Organisation verstekeln solche Leute allzu leicht" (Rundbrief [301/B] vom 17.12.23).

Das solidarische Bemühen um Abgrenzung zu Adler, Jung und - wie im letzten Zitat gezeigt - zu Stekel einigte die Komitee-Mitglieder. Bei äußeren Konflikten war dieses Gemeinschaftsgefühl uneingeschränkt. Erst als es um die Führungsaufgaben im psychoanalytischen Verlag und seine Publikationspolitik ging, führten Mißverständnisse zu Mißtrauen und Konflikten. Daneben entwickelte sich bereits der eigentliche entscheidende Konfliktherd: Die Probleme der psychoanalytischen Technik und der damit zusammenhängende Versuch, die Therapien zu verkürzen! [Die Frage der therapeutischen Effizienz ist für die Psychoanalytiker also nicht neu, wie sie in der öffentlichen Debatte im Zusammenhang mit der Stundenfrequenz aufgeworfen wurde.] Ferenczi und Rank (1924) äußerten sich zunächst dazu nicht im Komitee, sondern veröffentlichten ihre Ideen, bevor sie ihre "Entwicklungsziele der Psychoanalyse" dem "Freundeskreis" bekanntgaben. Jones reagierte auf diesen 'unsolidarischen' Akt, warnte einen seiner Kollegen in England vor der in Budapest praktizierten "Technik"und meinte, der Kollege solle lieber nicht zu Ferenczi gehen; "dessen 'aktive Technik' sei eine gefährliche Neuerung, die er nicht erlernen sollte" (Rundbrief [259/Bp] vom 1.3.23). Natürlich erfuhr Ferenczi von diesem Kollegen, der zu ihm in Nachanalyse gehen wollte, was Jones zu seinen Experimenten gesagte haben soll.

War dieser Punkt noch diskutierbar, so war der gravierendere Konflikt, der schließlich zum Scheitern des Komitees führte, der Rivalitätskampf zwischen Abraham und Rank. Auf dem Hintergrund der von Rank (1924) vertretenen "Geburtstrauma"-Theorie sah Abraham eine ähnliche Positionsveränderung im Blick auf den Ödipuskomplex als Kernkonflikt der Neurose wie bei Jung und schrieb an Freud: "Nach sehr sorgfältigem Studium muß ich sowohl in den 'Entwicklungszielen' wie im 'Trauma der Geburt' die Äußerungen einer wissenschaftlichen Regression erkennen, die sich bis in kleine Einzelheiten mit der Jungschen Abkehr von der Psychoanalyse und ihrer Symptomatik deckt" (Freud/Abraham, a.a.O., S. 326). Rank rückte die "Mutter-Übertragung" in das Zentrum seiner theoretischen Überlegungen und glaubte, damit nicht nur ein wesentliches Stück neuer theoretischer Ergänzung gefunden zu haben, sondern auch zu schnelleren und gründlicheren Therapieerfolgen zu kommen. Sein Verhängnis war, daß er auf Grund seiner besonderen Beziehung zu Freud seine Position weder im Komitee noch in der Beziehung zu Freud klären konnte (Wittenberger, 1995b). Er mußte den "Vater" aufgeben, um eine "eigene Schule" gründen zu können.

Literatur

Brainin, E. und I. J. Kaminer (1982): Psychoanalyse und Nationalsozialismus. In: Psyche, 36, 989-1012.

Brecht, K., V. Friedrich/L. M. Hermanns/I. J. Kaminer/D. H. Juelich (Hg.) (1985): "Hier geht das Leben auf eine sehr merkwürdige Weise weiter ...". Zur Geschichte der Psychoanalyse. Hamburg (M. Keller).

Ferenczi, S. und O. Rank (1924): Entwicklungsziele der Psychoanalyse. Zur Wechselbeziehung von Theorie und Praxis. Leipzig/Wien/Zürich (Intern. Psychoanal. Verlag).

Freud, S. (1912/13): Totem und Tabu. GW IX.

Freud, S. (1914d): Zur Geschichte der psychoanalytischen Bewegung. GW X.

Freud, S. (1965a/1980): Sigmund Freud/Karl Abraham. Briefe 1907-1926, hg. von H. C. Abraham und E. L. Freud, 2. Aufl. Frankfurt/M. (Fischer).

Freud, S. und S. Ferenczi (1993): Briefwechsel, Bd. I/1, 1908 bis 1911, hg. von E. Brabant, E. Falzeder und P. Giampieri-Deutsch unter wiss. Leitung von A. Haynal, Transkr. I. Meyer-Palmedo. Wien/Köln/Weimar (Böhlau).

Hermanns, L. M. (Hg.) (1995): Spaltungen in der Geschichte der Psychoanalyse. Tübingen (edition diskord).

Lockot, R. (1994): Ein Versuch über die unbewußte Darstellung von Schuld und ihrer Abwehr - dargestellt am Beispiel der Deutschen Psychoanalytischen Gesellschaft. In: LUZIFER-AMOR, 7. Jg., Heft 13, 121-135.

Lockot, R. (1995): Mißbrauch, Disqualifizierung und Spaltung statt Entsühnung. Stationen der Deutschen Psychoanalytischen Gesellschaft im Umfeld des Züricher Kongresses von 1949. In: Hermanns, L.M. (1995).

Páramo-Ortega, R. (1996): Überlegungen zu Freud-Biographik und Meister-Schüler-Beziehung. In: Weiß, H. und Lang, H. (Hg.): Psychoanalyse heute und vor 70 Jahren. Tübingen (edition diskord).

Parin, P. (1978): Warum die Psychoanalytiker so ungern zu brennenden Zeitproblemen Stellung nehmen. Eine ethnologische Betrachtung. In: Psyche, 32, 385-399.

Rank, O. (1924/1988): Das Trauma der Geburt und seine Bedeutung für die Psychoanalyse. Frankfurt/M. (Fischer Tb).

Schröter, M. (1995): Freuds Komitee 1912-1914. Zur Soziologie psychoanalytischer Gruppenbildung. In: Psyche, 49, 513-563.

Wittels, F. (1924): Sigmund Freud. Der Mann. Die Lehre. Die Schule. Leipzig/Wien/Zürich (E. P. Tahl & Co.).

Wittenberger, G. (1995a): Das "Geheime Komitee" Sigmund Freuds. Institutionalisierungsprozesse in der Psychoanalytischen Bewegung zwischen 1912 und 1927. Tübingen (edition diskord).

Wittenberger, G. (1995b): Gruppendynamik und Spaltungsprozesse im "Geheimen Komitee". Versuch einer Analyse zur Rolle Otto Ranks. In: Hermanns, L.M. (Hg.) (1995).

Canetti und Freud als Leser von Schrebers "Denkwürdigkeiten eines Nervenkranken"

Mario Erdheim

1. Canettis Ambivalenz

Canetti hielt nicht viel von Freuds Theorien und schon gar nichts von Freuds Schreber-Lektüre. Er warnte sogar davor und erklärte, wer sich mit Schreber beschäftige, solle "allerdings von einer Schrift absehen, die Freud 1911 über Schreber veröffentlichte. (...) Er hat nur einen geringeren Teil des Materials in Betracht gezogen, und selten hat er sich in seiner Deutung so vergriffen. Man kann sich nur davon überzeugen, wenn man die 'Denkwürdigkeiten' wirklich kennt" (Canetti, 1976, 35). Canetti betonte immer wieder seine Distanz zu Freud und der Psychoanalyse: "Es gab kaum ein Gespräch, in dem der Name Freud nicht auftauchte", erinnerte er sich an die 20er Jahre in Wien (1980, 137), und beschrieb, wie er die Obsession, mit der sich alle auf den Ödipus-Komplex beriefen, unausstehlich fand. Es kam ihm vor, als ob sie damit nur entschuldigen wollten, wie mörderisch und grausam sie im Krieg gehandelt hatten: "Die Banalität des kollektiven Zwangs, unter dem sie gestanden hatten, spiegelte sich in der Banalität der Erklärung. Es war schon merkwürdig, mitanzusehen, wie harmlos jeder wurde, der seinen Ödipus abbekam. In seiner Vertausendfachung verflüchtigt sich das furchtbarste Schicksal zum Stäubchen" (a.a.O., 139). Sich von Freud und der Psychoanalyse abzugrenzen, bedeutete für Canetti in diesem Zusammenhang, einer bloßen Modeströmung Widerstand zu leisten. Aber es gab da noch eine andere, verborgene Tendenz in Canettis Verhältnis zu Freud.

Eine der Quellen von 'Masse und Macht' war für Canetti eine Erfahrung, die er mit einem Ausdruck aus dem religiösen Bereich bezeichnete. Er hatte nämlich im Winter 1924/25 eine 'Erleuchtung': "Ich muß es 'Erleuchtung' nennen, denn ihr Erlebnis war mit einem besonderen Licht verbunden, es kam sehr plötzlich über mich, als ein heftiges Gefühl von Expansion (...) Ich habe nie vergessen, was in dieser Nacht geschah. Wie ein einziger Augenblick ist sie mir gegenwärtig geblieben, nach 55 Jahren, solange ist es genau her, empfinde ich sie als etwas Unausgeschöpftes. Wenn der gedankliche Inhalt dieser Illumination so einfach und gering ist, daß ihre Wirkung unerklärlich ist, so habe ich doch daraus wie aus einer Offenbarung die Kraft bezogen, 35 Jahre meines Lebens, davon 20 ganz, an die Aufklärung dessen zu setzen, was Masse eigentlich ist, wie Macht aus Masse entsteht und wie sie auf sie zurückwirkt." (a.a.O., 140) Canetti beschrieb hier ein Erlebnis, das für ihn zu einer wegweisenden Erfahrung werden sollte. Den Mut, zu diesem Erlebnis zu stehen und immer wieder darauf zurückzukommen, gab ihm aber rätselhafterweise Freud: "Es war mir damals nicht bewußt, wieviel ich bei der Art dieses Unternehmens der Tatsache verdankte, daß es einen Menschen wie Freud in Wien gab, daß von ihm so die Rede war, als könne man selbst, durch eigenen Willen und Beschluß, auf die Erklärung von Dingen kommen. Da seine Gedanken mir nicht genügten und das mir Wichtigste unerklärt ließen, war ich der ehrlichen, wenn auch naiven Überzeugung, daß es etwas anderes, völlig Unabhängiges war, was ich unternähme. Es war für mich klar, daß ich ihn als Gegner brauchte, Daß er mir aber auch als eine Art von Vorbild diente, davon hätte mich damals niemand überzeugen können." (ebenda) Was Canetti an Freud beeindruckte, war offensichtlich die Souveränität seines Denkens. Es gab also jemanden in Wien, der allein, unabhängig, ohne irgendwelche Institutionen im Rücken, nur kraft seines Willens bestimmte Phänomene auf neue Art wahrzunehmen und zu erklären wagte. Auch wenn Canetti jeweils weder Freuds Wahrnehmung noch seine Erklärungen für gut befinden konnte, wurde ihm Freuds souveräne Art zu denken dennoch zum Vorbild.

2. Freud, der Gegner

In 'Die Fackel im Ohr' (1980) erinnert Canetti sich, wie er 1925 Freuds 'Massenpsychologie und Ich-Analyse' (1921) voller Widerstreben las und sich ein vernichtendes Urteil darüber bildete. Diese Abstoßung wurde für Canetti zu einer Art geistigen Unabhängigkeitserklärung: "So erlernte ich während der zehn Vormittage im Sellrain die Wachsamkeit des Lesens. In diese Zeit vom 1. bis 10. August setze ich den eigentlichen Beginn meines unabhängigen geistigen Lebens. Die Abgrenzung gegen Freud stand am Anfang der Arbeit an dem Buch ('Masse und Macht', M.E.), das ich erst 35 Jahre später, im Jahre 1960, der Öffentlichkeit übergab" (a.a.O., 170).

Solche Unabhängigkeitserklärungen haben es an sich, daß die Macht, von der man sich abstößt, eine negative Präsenz beibehält, ähnlich wie die alten Kolonialmächte in den souverän gewordenen Staaten. Die negative Präsenz von Freud kommt zum Beispiel zum Vorschein, wenn Canetti in jedem Interview auf sein Verhältnis zu Freud angesprochen wurde und jedesmal sagen mußte, er könne mit Freud nichts anfangen.

Freuds Theorie der Masse schien Canetti 'völlig unzulänglich' (a.a.O., 139), und zwar auch deshalb, weil sie ein Erlebnis der Masse nicht fassen konnte, das er selbst einst in Frankfurt hatte: "Die Erinnerung an diese erste Demonstration, die ich bewußt erlebte, blieb stark. Es war die physische Anziehung, die ich nicht vergessen konnte, daß ich so sehr dazugehören wollte, wobei es gar nicht um Überlegungen oder Erwägungen ging und es auch keineswegs Zweifel waren, die mich vom letzten Sprung hinein abhielten. Später, als ich nachgab und mich wirklich in der Masse fand, kam es mir vor, als ginge es hier um etwas, das in der Physik als Gravitation bekannt ist" (a.a.O., 93f). Canetti wehrte sich gegen die Psychoanalyse, weil er fürchtete, sie könnte eine ihm wesentliche Erfahrung zum Verschwinden bringen. "In Freuds Abhandlung fehlte mir vor allem die Anerkennung des Phänomens (der Masse, M.E.). Es schien mir nicht weniger elementar als Libido und Hunger. Es ging nicht darum, es aus der Welt zu schaffen, indem man es auf besondere Konstellationen der Libido zurückführte. Es ging im Gegenteil darum, es voll ins Auge zu fassen, als etwas, das immer bestanden hatte, aber jetzt mehr als je bestand, als eine Gegebenheit, die von Grund auf zu erforschen, nämlich erst zu erleben und dann zu beschreiben war, deren Beschreibung ohne ihr Erlebnis eine Art von Irreführung war" (a.a.O., 169).

Wovor sich Canetti fürchtete, wird vielleicht noch deutlicher, wenn wir seine Diskussionen mit Hermann Broch verfolgen. Broch wurde von Canetti hoch geachtet, obwohl er sich der psychoanalytischen Begriffe bediente. "Er stand übrigens so sehr zu Freud", schrieb Canetti im zweiten Band seiner Lebensgeschichte, "daß er auch gar nicht davor zurückscheute, dessen Termini in ihrer vollen, unangezweifelten Bedeutung in einem ernsten und spontanen Gespräch zu verwenden." (1985, 42) Bekannt war auch, daß Broch sich bei einer Frau (Dr. Schaxl) analysieren ließ. Canetti nahm das vor allem negativ wahr, weil Broch nämlich immer wieder mitten in einem interessanten Gespräch aufzustehen pflegte und erklärte: "'Ich muß zur Frau Dr. Schaxl.' Das war seine Analytikerin, er war seit Jahren in Analyse, und da er es so einrichtete, daß wir uns unmittelbar vorher trafen, hatte ich den Eindruck, daß er jeden Tag in Analyse ging. Ich empfand es wie einen Schlag auf den Kopf, je freier und offener ich zu ihm gesprochen hatte - jeder Satz, der von ihm kam, hatte meinen Schwung gesteigert - , je wissender und bohrender seine Antworten waren, um so tiefer empfand ich den Schnitt, auch fühlte ich mich durch den lächerlichen Namen Schaxl beleidigt. Da waren zwei Leute in einem solchen Gespräch, er, der eine von ihnen, nach dessen Worten ich mich sehnte, der ein Werk wie die 'Schlafwandler' geschrieben hatte, erhob sich, unterbrach sich mitten im Satz und rannte davon, um wieder wie jeden Tag (so dachte ich) zu einer Frau zu sprechen, die Schaxl hieß und Analytikerin war. Ich war sehr betroffen und schämte mich für ihn und wagte kaum, mir vorzustellen, daß er sich da auf eine Couch legen müsse und daß er ihr Dinge sagen würde, die sonst kein Mensch zu hören bekam, die er vielleicht nicht einmal aufschrieb. Man muß den Ernst, die Würde, die Schönheit seines Sitzens und Zuhörens gekannt haben, um zu begreifen, wie demütigend es einem vorkam, daß er sich zum Sprechen niederlegte und niemanden dabei mit seinen Augen sah." (a.a.O., 41f).

Viele Regungen kamen da bei Canetti zusammen: Zunächst eine gewisse Eifersucht auf die Analytikerin, später auch das Gefühl, Broch habe seine, Canettis, Intensität nicht ausgehalten und deshalb die Begegnungen so arrangiert, daß sie unterbrochen werden mußten. Ich vermute, daß Canettis Ärger noch aus einer zusätzlichen Quelle gespeist wurde. Brochs Verhältnis zu seiner Analytikerin erinnerte Canetti nämlich auch an seine Beziehung zu seiner Mutter, und diese Verknüpfung ließ alte Wunden aufbrechen. Broch schien zu seiner Psychoanalytikerin[1] in eine ähnliche Abhängigkeit geraten zu sein, wie sie Canetti einst zu seiner Mutter verspürt hatte. Über die intensiven Gespräche mit seiner Mutter schrieb Canetti: "Ich kann diese Gespräche nicht mehr im einzelnen wiedergeben, denn ich bestehe zum guten Teil aus ihnen. Wenn es eine geistige Substanz gibt, die man in frühen Jahren empfängt, auf die man sich immer bezieht, von der man nie loskommt, so war es diese. Ich war von blindem Vertrauen zur Mutter erfüllt, die Figuren, über die sie mich befragte, über

[1]Wie solche Abhängigkeiten wahrgenommen wurden, geht auch aus dem Tagebuch E. von Alleschs, der Gefährtin Hermann Brochs, hervor: "Meine Meinung (...) ist, daß H. verloren ist - wenn ein Mensch in einem derartigen Ausmaß solchen Vereinsphilistern erliegt - überhaupt einer 'Idee', die gar keine ist - und vor allem nicht 'seine' Idee (...). So ein Mensch (kann) gar keine wirkliche geistige Substanz besitzen, sondern nur Widerschein und Abklatsch von Ideen, die da sind. Wenn er sein Geld behält, wird er vielleicht irgend ein Buch schreiben, das sein Selbstgefühl beruhigen wird - wenn aber nicht, wird er ein armseliges Hascherl werden, das er eigentlich immer war und ist" (zit. nach Lützeler, 1986, 104).

die sie dann zu mir sprach, sind so zu meiner Welt geworden, daß ich sie nicht mehr auseinandernehmen kann." (1977, 126)

Es ist aufschlußreich, daß Canetti selber seine Abgrenzung zu Freud mit der Abgrenzung zu seiner Mutter verknüpfte, als er schrieb: "Die Tage vom 1. bis 10. August 1925, an denen ich ganz allein gewesen war, an denen ich meine Grenzen gegen Freud abgesteckt, aber mich auch gegen die Anklagen der Mutter gerechtfertigt hatte - ... - als ich erst in den Wind sprach, tagsüber, was ich abends niederschrieb, diese kurze Zeit der Freiheit, von der ich ein Leben lang zehrte, bliebe mir schon darum immer gegenwärtig, weil ich mich jederzeit, was auch geschah, auf sie bezog." (1980, 184) Canetti wußte von seinen Abhängigkeitswünschen, und es war sinnvoll, wie er sich davor schützte. Wenn er, wie zum Beispiel bei Karl Kraus, in Abhängigkeit zu geraten drohte, verknüpfte Canetti seine Beziehungen mit Distanz, einem Odysseus ähnlich, der nur aus der Ferne und fest angebunden den verlockenden Stimmen der Sirenen zu lauschen wagte.

3. Eine Parallelaktion

Canettis Grenzziehung gegenüber Freud und der Psychoanalyse schuf den Raum, in welchem er seiner Erleuchtung - "daß es einen Massentrieb gab, der immer im Widerstreit zum Persönlichkeitstrieb stand, und daß aus dem Streit der beiden der Verlauf der Menschheitsgeschichte sich erklären lasse" (1980, 141) - nachgehen konnte. Er schrieb: "An den Tendenzen zur Masse hin und von ihr weg hatte ich keinen Zweifel, sie schienen mir so stark und so blind, daß ich sie als Trieb empfand und so benannte. Was die Masse aber selbst wirklich war, das wußte ich nicht, es war ein Rätsel, das zu lösen ich mir vornahm, es schien mir das wichtigste Rätsel, jedenfalls das vordergründigste unserer Welt." (ebenda) Was sich Canetti hier vornahm, hat etwas von einer "Parallelaktion" zum Freudschen Unternehmen. So wie Freud das Es und das Unbewußte erkundete, so wollte Canetti Masse und Macht erforschen.

Broch versuchte Canetti von der Unmöglichkeit einer Massenpsychologie zu überzeugen und griff ihn heftig an: "Da ist alles vage und ungewiß. Sie sind auf einem falschen Weg. Sie können keine Gesetze für die Masse finden, weil es keine gibt. Es ist schade um die Zeit, die Sie daran wenden. Sie haben mir schon einige Male gesagt, daß Sie das als Ihre eigentliche Lebensaufgabe betrachten, daß Sie fest entschlossen sind, Jahre, Jahrzehnte, ja wenn es sein muß, Ihr ganzes Leben daran zu wenden. Es wäre ein vergeudetes Leben. Schreiben Sie lieber Ihre Dramen. Sie sind ein Dichter. Sie können sich nicht einer Wissenschaft widmen, die keine ist und nie eine sein wird." (Canetti 1985, 47) Aber Canettis Entschluß war gefaßt: "Mit seiner Meinung machte er mir nicht den geringsten Eindruck, und so sehr ich ihn als Dichter und Mensch verehrte, so sehr und so vergeblich ich mich auch um seine Zuneigung bemühte, so wäre mir nicht im Traum eingefallen, ihm aus Respekt in diesem Punkt recht zu geben. Ich trachtete im Gegenteil, ihn davon zu überzeugen, daß man auf ganz neue Dinge kommen könne, daß es da Zusammenhänge gebe, die merkwürdigerweise noch nie bedacht worden waren." (a.a.O., 48)

Ein Werk, das unter solchen Umständen entstand, ist schwer einzuordnen. Jean Améry schrieb 1973: "Hier (in 'Masse und Macht', M.E.) war nun etwas ganz Neues und Unerhörtes. Aus Visionen war eine Anthropologie geworden, die ohne Referenzen an andere Gedankengebäude in voller Selbständigkeit sich entfaltete. Begriffe, die in der philosophisch-anthropologischen Tradition keine Wurzeln hatten, rückten nicht ohne Gewalttätigkeit an mich heran: Der triumphal 'Überlebende', eine 'Masse', von der weder Le Bon noch Ortega y Gasset noch die modernen amerikanischen Soziologen sich etwas einfallen ließen. (...) Das war kein wissenschaftliches Buch, wenngleich es auf profunde mythengeschichtliche Kenntnis sich berufen durfte." (1985, 218) Hans Heinz Holz interpretierte 'Masse und Macht' als einen religionsphilosophischen Entwurf: "Die Arten von Massen (...) und Meuten (...) werden nicht aus einem sie konstituierenden Prozeß abgeleitet ...; sondern sie erscheinen als besondere Ausprägungen einer gleichsam metaphysischen Idee der Masse oder der Meute, die ihre Realität auch noch jenseits der historischen Verwirklichungen besitzt, in denen sie sich spiegelt." (1982, 10) Laut Holz geht es in diesem Werk nur vordergründig um Soziologisches: "Das Grundthema, Tod und Überleben, ist ein religiöses, seine Gestalt ist die der Mythologie; ... Die Archetypen von Masse und Macht sind die Konstanten dieses Mythos, aber im Grunde geht es um eins, die Utopie vom ewigen Leben. (...) Die Utopie und ihre Auflösung heißt: Alle werden überleben oder niemand. Dieser Utopie gilt 'Masse und Macht' als ein religionsphilosophisches Werk." (a.a.O., 11f) Piel (1988) hingegen bezog sich insbesondere auf Canettis Satz von 1942: "Wer die Menschen mit einem Mythos zu erfüllen vermag, hat mehr ausgerichtet als die kühnsten Erfinder", um 'Masse und Macht' als ein mythologisches Werk zu bezeichnen, das sich nicht einem wissenschaftlichen, sondern einem mythischen Denken verdanke.

Wir geraten hier zunehmend in neblige Zonen. Die Wiederbelebung des mythischen Denkens erfolgt nämlich in der Regel von seiten der Gegenaufklärung, zu der Canetti nicht gezählt werden kann. Wie also kann der unklare Status von 'Masse und Macht' zwischen Wissenschaft und Mythos interpretiert werden? Ich denke, er ist das Resultat von Canettis innerem Widerstreit zwischen Abgrenzung und Bewunderung in bezug auf Freud. Wäre es Canetti lediglich um eine Abgrenzung von Freud gegangen, dann hätte er sich entweder auf die Literatur oder auf die Traditionelle Wissenschaft zurückziehen müssen. Es war aber die Bewunderung für Freud, die Canetti in ein ähnliches Gebiet eindringen ließ, wie dieser es sich erobert hatte. Insofern ist es auch nicht erstaunlich, daß Canetti mit Freud ein ähnliches Schicksal teilen mußte: Beiden wurde nämlich immer wieder die Wissenschaftlichkeit abgesprochen.

Hinzu kommt noch ein weiterer Aspekt: Broch hatte Canetti geraten, er solle die Massenpsychologie sein lassen und sich der Literatur widmen, er sei doch ein Dichter. Tatsächlich hatte Canetti einst weitreichende literarische Pläne. Nach seiner Rückkehr aus Berlin geriet er 1929, im Alter von 24 Jahren, in eine sehr agitierte schöpferische Phase: "Ich war voll von Fragen und Chimären, Zweifeln, bösen Ahnungen, Katastrophenängsten, aber auch von einem unheimlich starken Willen, mich zurechtzufinden, die Dinge auseinanderzunehmen, ihre Richtung zu bestimmen und sie dadurch zu überschauen." (1980, 349) Seine Erlebnisse bedrängten Canetti "wie die Teufel Grünewalds" (ebenda). Es fiel ihm immer schwerer, Kontrolle und Übersicht zu bewahren: "Von irgendwelchen Gezeiten, über die ich keine Macht hatte, hing es ab, was auf Wellen vor mir auftauchte und von anderen Wellen beiseite geschoben wurde. Immer spürte man die Weite und Erfülltheit dieses Meeres, das von Ungetümen brodelte, die man alle erkannte. Das Erschreckende daran war, daß alles sein

Gesicht hatte, es sah einen an, es öffnete den Mund, es sagte etwas oder es wollte etwas sagen. Die Verzerrungen, mit denen es einen bedrängte, waren berechnet, sie hatten ihre Absicht, sie quälten einen mit sich, die brauchten einen, man empfand den Zwang, sich zu stellen." (a.a.O., 350) Es fand etwas Ähnliches wie ein Urknall statt: "Die eigentliche Tendenz der Dinge war eine zentrifugale, sie strebten auseinander, mit größter Geschwindigkeit voneinander weg. Die Wirklichkeit war nicht im Zentrum, wo sie wie an Zügeln alles zusammenhielt, es gab nur noch viele Wirklichkeiten, und sie waren außen. Sie waren weit voneinander entfernt, es bestand keine Verbindung zwischen ihnen, wer einen Ausgleich zwischen ihnen herzustellen versuchte, war ein Fälscher." (ebenda)

Canetti versuchte, sich in dieser Situation zu helfen, indem er die Verhältnisse zu analysieren begann und die neuen Wirklichkeiten dabei wie Scheinwerfer benützte, "um das Chaos auseinanderzunehmen" (a.a.O., 351). "Eine Verringerung war es, Menschen und Verhaltensweisen so zu zeigen, wie sie einem erschienen waren, ohne zugleich zu übermitteln, was aus ihnen werden mußte. Die Potentialität der Dinge, die immer mitschwang, wenn man mit Neuem konfrontiert wurde, die unausgesprochen blieb, obwohl man sie auf das Stärkste empfand, ging eben in den Darstellungen, die als genau galten, vollkommen verloren. In Wirklichkeit hatte alles eine Richtung, und alles nahm überhand, Expansion war eine Haupteigenschaft von Menschen und Dingen, um etwas davon zu fassen, mußte man die Dinge auseinandernehmen." (ebenda) Canetti versuchte sich auch zu beruhigen, indem er lange Spaziergänge in ruhigen Wiener Quartieren unternahm. "Es sollte ein Gehen sein, das mir nicht den Kopf herumriß, nicht nach rechts, nicht nach links, kein Veitstanz des Schauens, ... - ein gehendes Wesen der Vorzeit, das wollte ich sein, ein Geschöpf, das vor nichts davonrennt, (...) das nirgends sein muß, das Zeit hat, für nichts, das sich ganz besonders davor hütet, eine Uhr bei sich zu haben. Aber je vollkommener die Leere war, die ich mir bereitet hatte, je unbeschwerter und unbefangener ich begann, um so unabweisbarer kam der Überfall: Ein Schlag auf die Augen, ein Stein auf den Kopf, unabweisbar, denn es kam von innen." (a.a.O., 352) Gestalten tauchten auf, die Canetti packten und jagten. "Ich fand mich außer Atem auf der Auhofstraße, die ich um ihrer Harmlosigkeit und Unbelebtheit willen gewählt hatte, besessen, wie auf der Flucht, die Gefahr, der ich nicht entrinnen konnte, auf den Schultern. Ich war in Angst und war mir doch dessen bewußt, daß das einzige geschah, was mich aus dem Chaos, das ich mitgebracht hatte, retten konnte." (ebenda)

Allmählich gelang es Canetti, das, was er erlebt hatte, festzuhalten: "Heft und Bleistift waren gleich zur Hand, das Verzeichnen begann, was in der Bewegung passiert war, setzte sich um in geschriebene Worte." (a.a.O., 353) Er gab den Gestalten, die ihn bedrängten, Bezeichnungen und arbeitete an ihnen. "Ich hatte nichts, absolut nichts bewältigt von dem, was mich seit Berlin mit Entsetzen und schrecklichen Ahnungen erfüllte. (...) Ich empfand das Erbarmungslose dieses Lebens: Daß alles aneinander vorbeilief, daß nichts sich wirklich mit dem anderen auseinandersetzte. Es war in die Augen springend, nicht nur, daß niemand den anderen verstand, sondern auch, daß keiner den anderen verstehen wollte. Ich versuchte mir zu helfen, indem ich Stränge bildete, wenige einzelne Züge, die ich an Menschen band, wodurch etwas wie eine beginnende Überschaubarkeit in die Masse des Erlebten kam." (a.a.O., 355)

Canetti bezeichnete diese Zeit als das reichste und ausschweifendste Jahr seines Lebens. "Mir war zumute, als trüge ich mich mit einer 'Comédie Humaine', und da die Figuren bis zu einem äußersten Extrem gesteigert und gegeneinander abgeschlossen waren, nannte ich es eine Comédie Humaine an Irren." (ebenda) Beim Schreiben hatte Canetti immer Wiens psychiatrische Klinik Steinhof, "die Stadt der Irren" (a.a.O., 261), vor Augen: "... die Stadt bestand aus vielen Pavillons, die aus der Ferne wie Villen wirkten. (...) Es war nicht eigentlich nah, schien aber doch sehr deutlich, ich versuchte mir einzubilden, daß ich zu den Fenstern in die Säle hineinsehen konnte." (ebenda) In dieser Stadt stellte sich Canetti nun auch seine Irren vor: "Die Mauer von Steinhof wurde auch zur Mauer meines Unternehmens. Ich bestimmte den Pavillon, den ich am deutlichsten sah, und stellte mir einen Krankensaal dort vor, in dem meine Figuren sich schließlich beisammen finden würden ... Keiner von ihnen war der Tod als Ende zugedacht. (...) Als Abschluß schwebte mir vor, daß sie zueinander sprächen. Aus ihrer Abgeschiedenheit heraus würden sie Sätze füreinander finden, und diese, in ihrer Absonderlichkeit, hätten einen ungeheuren Sinn. Es schien mir als eine Entwürdigung für sie an Heilung zu denken. Keiner von ihnen sollte in die Belanglosigkeit irgend eines Alltagslebens zurückfinden. Eine Anpassung an uns käme nur ihrer Verringerung gleich, dafür waren sie mir in der Einzigartigkeit ihrer Erfahrungen zu kostbar. Aber von hohem, von unerschöpflichem Wert erschien mir ihre Reaktion aufeinander. Wenn die Inhaber dieser Einzelsprachen einander etwas zu sagen fänden, das für sie sinnvoll würde, so bliebe auch für uns gewöhnliche Menschen, denen die Dignität des Irreseins abging, Hoffnung." (a.a.O., 356)

Aus dem Kampf mit diesen Krisen entstand 1931 Canettis Roman 'Kant fängt Feuer', der 1935 unter dem Titel 'Die Blendung' erschien. Bedenkt man die Tiefe dieser Krisen, so kann man sich vorstellen, daß für Canetti das Interesse an der Massenpsychologie und die Aufarbeitung entsprechender Theorien, trotz des in diesen Materialien enthaltenen psychischen Elends, etwas Beruhigendes an sich haben mußte. So wie Perseus Medusas furchtbares Haupt nur im Spiegel seines Schildes betrachten konnte, gelang es Canetti, die Schrecken von Masse und Macht nur zu untersuchen, indem er sich mit den Zeugnissen anderer Zeiten und fremder Völker befaßte. Ist diese Hypothese richtig, so hatte Canettis Arbeit an 'Masse und Macht' den Charakter eines Kompromisses: Er konnte sich einerseits mit seinen angsterregenden Erfahrungen beschäftigen, diese aber andererseits durch die Quellen, die er las, auch bannen.

4. Schreberlektüre

Daniel Paul Schrebers 'Denkwürdigkeiten eines Nervenkranken' erschienen 1903. Fachleute nahmen die Publikation zwar zur Kenntnis (Israëls, 1980, 156), aber erst durch Freuds Aufsatz von 1911 'Psychoanalytische Bemerkungen über einen autobiographisch beschriebenen Fall von Paranoia (Dementia paranoides)' wurde das Buch bekannt. Besorgt um ihren guten Ruf, hatte Schrebers Familie wahrscheinlich auch versucht, möglichst viele Exemplare der "*Denkwürdigkeiten*" aufzukaufen, um die Verbreitung des Buches zu verhindern, so daß es bereits zu Freuds Zeiten zu einer bibliophilen Rarität geworden war.

Schreber beschrieb in den 'Denkwürdigkeiten' den Verlauf seiner Krankheit und den Inhalt seines Wahns. Er erklärte: "Ich bin zweimal nervenkrank gewesen, beide Male infolge von geistiger Überanstrengung: Das erstemal (als Landgerichtsdirektor in Chemnitz) aus Anlaß einer Reichstagskandidatur; das zweite Mal aus Anlaß der ungewöhnlichen Arbeitslast, die ich beim Antritt des mir neuübertragenen Amtes eines Senatspräsidenten beim Oberlandesgericht Dresden vorfand." (1903, 93) Schreber litt unter einer quälenden Schlaflosigkeit, die ihn schließlich dazu bewog, in die Klinik des damals bekannten Hirnforschers Paul Emil Flechsig einzutreten, wo sich sein Zustand schnell verschlechterte. Er litt unter Gesichts- und Gehörtäuschungen, hielt sich für tot, angefault und pestkrank, saß oft stundenlang völlig starr und unbeweglich da und unternahm verschiedene Suizidversuche. Seine Wahnvorstellungen wurden zunehmend religiös; er glaubte, direkt mit Gott zu verkehren, während Flechsig ihm als "Seelenmörder" erschien.

Im Anhang zu seinem Buch publizierte Schreber das gerichtsärztliche Gutachten von Dr. Weber, der Schrebers Wahninhalte folgendermaßen darstellte: "Das Wahnsystem des Patienten gipfelt darin, daß er berufen sei, die Welt zu erlösen und der Menschheit die verlorengegangene Seligkeit wiederzubringen. Er sei, so behauptet er, zu dieser Aufgabe gekommen durch unmittelbar göttliche Eingebungen, ähnlich, wie dies von den Propheten gelehrt wird; gerade aufgeregtere Nerven, wie es die seinigen so lange Zeit hindurch gewesen seien, hätten nämlich die Eigenschaft, anziehend auf Gott zu wirken, es handle sich dabei aber um Dinge, die sich entweder gar nicht oder sehr schwer in menschlicher Sprache ausdrücken lassen, weil sie außerhalb aller menschlichen Erfahrung lägen und eben nur ihm offenbart seien. Das Wesentlichste bei seiner erlösenden Mission sei, daß zunächst seine Verwandlung zum Weibe zu erfolgen habe. Nicht etwa, daß er sich zum Weibe verwandeln wolle, es handle sich vielmehr um ein in der Weltordnung begründetes 'Muß', dem er schlechterdings nicht entgehen könne, wenn es ihm persönlich auch viel lieber gewesen wäre, in seiner ehrenvollen männlichen Lebensstellung zu verbleiben, das Jenseits sei aber nun einmal für ihn und die ganze übrige Menschheit nicht anders wieder zu erobern als durch eine ihm vielleicht nach Ablauf vieler Jahre oder Jahrzehnte bevorstehenden Verwandlung in ein Weib im Wege göttlicher Wunder." (a.a.O., 379) Dr. Weber hob weiter hervor, daß diese wahnhaften Ideen "... mit bemerkenswerter Klarheit und logischer Schärfe entwickelt und motiviert werden" (a.a.O., 380). Er hätte dem noch hinzufügen können, daß Schreber auf der Höhe der Bildung seiner Zeit stand. Elisabeth Schreiber ist in ihrem Buch 'Schreber und der Zeitgeist' (1987) den Bildungsinhalten in Schrebers Wahn nachgegangen. Sie schrieb: "Der Geist dieses spätbürgerlichen Konglomerats scheinbar disparatester Gedankenströmungen, sei's in wilhelminisch-gründerzeitlicher oder in rassistischer Verbrämung, in naturwissenschaftlich-technizistischem, spiritistischem oder idealistischem Gewand, lehrt das Fürchten. Mit diesen Produkten der 'neueren deutschen Ideologie' gingen auch Schrebers 'Denkwürdigkeiten' eine enge Verbindung ein." (a.a.O., 12)

Canetti las Schrebers 'Denkwürdigkeiten' 1949. In seinen Aufzeichnungen erklärte er: "Was habe ich alles bei ihm gefunden! Belege für einige der Gedanken, die mich seit Jahren beschäftigten: So den unlöslichen Zusammenhang zwischen Paranoia und Macht." (1973, 155) Aber die Lektüre berührte Canetti tiefer und evozierte auch seine eigenen Ängste vor dem Wahnsinn: "Diese Befassung mit Paranoia hat ihre Gefahren. Nach wenigen Stunden packt mich ein quälendes Gefühl des Eingesperrtseins, und je überzeugender das Wahnsystem ist, um das es sich handelt, um so stärker wächst meine Angst. Zweierlei kommt hier zusammen: Einmal die Fertigkeit und Abgeschlossenheit des Wahns, die ein Entrinnen sehr schwierig macht; nirgends Türen, alles fest verschlossen; vergeblich hält man nach etwas Flüssigem Ausschau, in das man untertauchen kann, mit dem man forttreiben könnte (...), alles ist wie Granit; alles ist wie Granit; alles ist finster, und wie natürlich geht diese harte Finsternis auf einen über. (...) Hier ... hat einer als seinen Wahn gerade das gedacht, was mir das leichteste wäre, was ich spielend, ohne Anstrengung zustande bringen könnte. Nie fürchte ich mich mehr vor mir selbst als in der Fertigkeit und Abgeschlossenheit eines fremden Wahnes, den ich begreife." (1973, 155f) Angesichts dieser Furcht war es naheliegend, daß Canetti die Strategie der ethnologischen Verfremdung, die er bei der Verarbeitung der Problematik von Masse und Macht entwickelt hatte, auch bei der Lektüre von Schreber beizubehalten versuchte.

Canetti las Schrebers Buch gleichsam als Ethnologe. Er benützte die Aussagen des gewesenen Gerichtspräsidenten wie die eines Informanten aus einer fremden Kultur, der ihn über die Wirkungsweise der Macht sowie über die Bilder und Vorstellungen, die sie produziert, informieren sollte.[2] Canetti war aber kein unbeteiligter Beobachter; er war selbst ein Überlebender, der Schrebers Buch vermutlich studierte, um einen zwar wahnhaften, aber doch verwandten Versuch, die Welt besser zu verstehen, kennenzulernen und andererseits die Genese der nationalsozialistischen Katastrophe in den Köpfen der Menschen nachzuvollziehen. In einem Gespräch mit Horst Bienek erklärte Canetti 1965: "Meine Hauptarbeit in dieser Zeit war doch die Untersuchung der Wurzeln des Faschismus, das war der Sinn von 'Masse und Macht'. Um zu begreifen, was geschehen war, und zwar nicht bloß als Phänomen der Zeit, sondern in seinen tiefsten Ursprüngen und weitesten Verzweigungen, hatte ich mir jede literarische Arbeit verboten. Und die 'Aufzeichnungen' waren ja nur ein Nebenprodukt dieser Arbeit. Wer in ihnen das Wort Faschismus vermißt, der braucht nur den größeren Band (d.h. 'Masse und Macht', M.E.) aufzuschlagen, und obwohl auch da das Wort nicht vorkommen wird, so sind's doch immerhin 600 Seiten, die eigentlich von nichts anderem handeln." (Canetti, 1972, 98)

Freud las Schrebers 'Denkwürdigkeiten' gleichsam als Psychiater, der den Erklärungswert seiner neuen, im Bereich der Neurosen entwickelten Theorie nun auf die Psychosen erweitern wollte. Seine Lektüre von 1911 ist in dem Sinne naiv, als er, sich in der Sicherheit der Vorkriegszeit wiegend, gar nicht auf die Idee kam, die politischen Wahninhalte (etwa den Rassismus) als Vorboten einer schrecklichen Realität einzuschätzen. In seiner bisherigen Arbeit hatte Freud die von der Gesellschaft gezogenen Grenzen zwischen 'normal' und 'pervers' bzw. 'gesund' und 'krank' immer wieder überschritten. In den 'Drei Abhandlungen zur Sexualtheorie' (1905) schrieb er zum Beispiel: "Bei keinem Gesunden dürfte irgendein pervers zu nennender Zusatz zum normalen Sexualziel fehlen und diese Allgemeinheit genügt für sich allein, um die Unzweckmäßigkeit einer vorwurfsvollen Verwendung des Namens Perversion

[2]Wobei es hier sicher von Interesse ist, daß Schrebers Wahn ausbrach, bevor der die machtverleihenden Stellen annahm. Es scheint, daß Schreber die Macht, die auf ihn zukam, nicht ertragen konnte und sich in der Klinik davor zu schützen versuchte.

dazutun." (1905, 60) In seiner letzten Arbeit "Abriß der Psychoanalyse" (1938) hob Freud diese Relativierungen nochmals hervor: "Wir haben erkannt, daß die Abgrenzung der psychischen Norm von der Abnormalität wissenschaftlich nicht durchführbar ist, so daß diesem Unterschied trotz der praktischen Wichtigkeit nur ein konventioneller Wert zukommt. Wir haben damit das Anrecht begründet, das normale Seelenleben aus seinen Störungen zu verstehen, was nicht gestattet wäre, wenn diese Krankheitszustände, Neurosen und Psychosen, spezifische nach der von Fremdkörpern wirkende Ursachen hätten." (a.a.O., 125f)

Wer neue Theorien erdenkt, bewegt sich oft selbst an den Grenzen des Wahnsinns, und mir scheint, daß Freuds Schreber-Lektüre etwas mit seinem Bedürfnis zu tun hatte, sich zu vergewissern, daß die Psychoanalyse keinen Wahn darstelle. Etwas von Freuds diesbezüglichen Zweifeln kommt am Schluß seiner Schreber-Arbeit zum Vorschein, wenn er schreibt: "Die durch Verdichtung von Sonnenstrahlen, Nervenfasern und Samenfäden komponierten 'Gottesstrahlen' Schrebers sind eigentlich nichts anderes als die dinglich dargestellten, nach außen projizierten Libidobesetzungen und verleihen seinem Wahn eine auffällige Übereinstimmung mit unserer Theorie. (...) Es bleibt der Zukunft überlassen, zu entscheiden, ob in der Theorie mehr Wahn enthalten ist, als ich möchte, oder in dem Wahn mehr Wahrheit, als andere heute glaublich finden." (1911, 315)

Es ist also der Versuch, zwischen dem eigenen und dem Schreberschen Wahn eine Verbindung herzustellen, welcher zwischen Freuds und Canettis Lektüre einen gemeinsamen Nenner schafft. Canetti und Freud waren beide selektive Leser; es ist daher leicht, ihnen vorzuwerfen, was sie übersehen haben, und es ist um so leichter, wenn man mit den Augen des einen die Lektüre des anderen kritisieren möchte.

Canetti fuhr bei seinen Betrachtungen zu Schreber auf der diskursiven Schiene der Ethnologie: Er entfaltete das Thema "Herrschaft und Paranoia" zunächst am Beispiel der afrikanischen Könige, dann an dem des Sultans von Delhi und schließlich am Fall Schreber. Freud hingegen ordnete sich in den psychiatrischen Diskurs ein und begründete seinen Bezug auf Schrebers Buch (anstatt auf die Behandlung eines eigenen Patienten) damit, daß an Paranoia Erkrankte psychoanalytisch nicht behandelbar seien, und er als Psychoanalytiker daher an solches Material nicht herankomme.

Man kann Psychiatrie und Ethnologie als zwei Denk- und Beobachtungssysteme betrachten; wer sich in sie hineinbegibt, fühlt den Zwang, auf eine bestimmte Art und Weise zu denken und wahrzunehmen. Es kann dann leicht geschehen, daß Ethnologie und Psychiatrie die Forscher lediglich benutzen, um das Denken in vorgegebenen Bahnen zu bestätigen.

5. Psychiatrie und Ethnologie als Abwehrformen

Es wäre naiv zu glauben, die Ethnologie sei das Ergebnis des Nachdenkens über das, was Wissenschaftler in fremden Kulturen erfahren, und die Psychiatrie Ergebnis davon, was Psychiater bei und mit Geisteskranken herausgefunden haben. Dann wären Ethnologie und Psychiatrie nämlich zwei grundverschiedene Disziplinen. Die beiden Wissenschaften sind jedoch auf eine untergründige Art und Weise miteinander verbunden. Paul Parin nennt sie zu Recht

"Zwillingswissenschaften": Von der einen könne man das erfahren, was die andere verschweige, und umgekehrt. Man könnte auch sagen: Die Psychiatrie ist eine Ethnologie unserer eigenen Kultur; sie beschreibt die verdeckten, 'dunklen' Seiten unserer Gesellschaft. Die Ethnologie hingegen ist eine Psychiatrie fremder Kulturen in dem Sinn, als sie Einsichten in jene Prozesse vermittelt, durch welche diese von unserer Kultur zerstört worden sind.

Der Begriff des 'Wilden' ist aus den europäischen Phantasien über das fremde Andere herausgewachsen. So verwandelte sich zum Beispiel der gewaltige aztekische Gott Huitzilopochtli in den Kinderschreck Vitzliputzli. Was einst die Spanier so erschreckt hatte, diente nun der alltäglichen Disziplinierung der Kinder und legte bei ihnen die ersten Weichen, um der Furcht vor dem Fremden eine Gestalt zu geben. Ein Produkt der europäischen Phantasien ist auch das Bild des 'Indianers', das in unzähligen Kinderspielen inszeniert und realisiert wurde und immer wieder mächtige Sehnsucht nach Reisen und Robinsonaden wachrief. In diesem Bild verdichtete sich die Faszination, die das Fremde auf uns ausüben kann. Die Vorstellung des 'edlen Wilden' ging ebenso in Philosophie und Dichtung ein wie die Gestalt des Barbaren, die all das verkörperte, was die Europäer an sich selbst nicht wahrzunehmen wagten. All diese Phantasien verwoben sich also mit der Realität, die der ethnologische Diskurs beschreiben sollte. Und es ist deshalb nicht erstaunlich, daß die ethnologischen Begriffe zu einem nicht geringen Teil aus dem gleichen Stoff wie diese Phantasien bestehen - man denke nur an den Begriff des Matriarchats.

In der Psychiatrie können wir ähnliche Strategien erkennen: Die Psychiater umgarnten den 'Wahnsinn' auf ähnliche Weise mit Phantasien, wie die Ethnologen die 'Wilden'. Der 'Wahnsinn' galt als 'Offenbarung Gottes', aber auch als 'Teufelsbesessenheit' oder als unheimliche Folge der Onanie. Den Kindern wurde der 'gelbe Wagen', der die Erkrankten in die Anstalt bringt, als drohendes Schicksal beschrieben, und bei den Erwachsenen verbreitete der wahnsinnig gewordene Dr. Seltsam oder Dürrenmatts Fräulein Dr. Mathilde von Zahnd Furcht und Zittern vor einer nicht mehr zu kontrollierenden Wissenschaft.

'Wahnsinn' und 'Wildheit' verweisen auf Erfahrungen, die das rationale Denken offenbar nicht verarbeiten kann, ohne einen beträchtlichen Rest übrig zu lassen. Die Vernunft vermag den Schrecken, den sie in dem von ihr angeleiteten zivilisatorischen Prozeß unbewußt verbreitete, offenbar nicht zu fassen. Die Phantasien über die 'Wilden', seien es nun die dem Untergang geweihten edlen oder die zu bekehrenden barbarischen, stellen ebenso wie die Phantasien über die 'Irren' eine Art Kommentar zu dem dar, was die europäische Kultur aus dem Menschen gemacht hat.

Der Begriff des 'Wilden' baut auf einer bestimmten Reihe von Gegensätzen auf: Natur-Kultur, zivilisiert - unzivilisiert, entwickelt - unterentwickelt. Dasselbe gilt auch für den Begriff des 'Irren': Hier heißen die Gegensatzpaare Vernunft - Unvernunft, normal - anormal, gesund - krank. Zivilisierung bezeichnet den Übergang von der Natur zur Kultur, 'Heilung' den von der Unvernunft zur Vernunft. 'Wild' und 'irr' sind diejenigen, die diese Übergänge nicht zustande bringen. Eine Ethnologie bzw. eine Psychiatrie, die sich an dieser Form des Paradigmas orientiert, wird jenen 'Fakten' besondere Aufmerksamkeit schenken, welche die Unmöglichkeit der Zivilisierung bzw. der Heilung beweisen. Diese 'Beweise' werden in der Regel zweifach konstruiert: Einerseits durch die Herstellung einer Realität, zum Beispiel in Irrenanstalten, Minen oder Sklavenplantagen, die solche 'Fakten' liefert, und andererseits durch eine Zuordnung der Phänomene zu einem Bereich jenseits der Kultur, etwa durch einen theologischen Bezug auf eine von Gott geschaffene Ordnung (die Auserwählten und die Verworfenen) oder mit biologistischen Theorien (intelligentere und dümmere Rassen).

Interessant ist, daß diese Denkmodelle untereinander austauschbare Werte aufweisen. Kultur und Vernunft, Natur und Unvernunft, zivilisiert und normal, unzivilisiert und anormal sind nämlich fast Synonyme. So kommt es, daß der die Unvernunft beschreibende Diskurs über den Irren Aussagen über die Kultur und deren Entwicklung enthält, während umgekehrt der Kulturelles darstellende Diskurs über den Wilden Aussagen über Unvernunft, Anormalität und Krankheit impliziert. Was im einen Text manifest und lesbar ist, ist im anderen versteckt, und umgekehrt. Die Ethnologie, die sich über die Wilden äußert, sagt also unbewußt etwas über die Irren in Europa aus, und die Psychiatrie, die von den Irren spricht, stellt unbewußt diejenigen dar, die unter extremen Lebensbedingungen aus der Zivilisation ausgeschlossen und so zu Wilden gemacht wurden. Von seiner unbewußten Struktur her ist der Begriff des Wilden also ein psychiatrischer, während der des Irren ein ethnologischer ist.

In 'Angst und Methode in den Verhaltenswissenschaften des Menschen' (1967) zeigte Georges Devereux auf, wie die Methode in den Dienst der Abwehr des Wissenschaftlers gestellt werden kann: Dieser benützt die Methode nicht, um der Wahrheit näherzukommen, sondern um seine Angst vor der Realität zu beruhigen. Devereux' These kann erweitert werden: Nicht nur die Methode, auch die Wissenschaft selbst kann eingesetzt werden, um sich die angsterregenden Anteile der Realität gleichsam vom Leibe zu halten.

6. Jenseits der Abwehr

Die untergründige Verwandtschaft zwischen Ethnologie und Psychiatrie erlaubt uns, Canettis und Freuds Lektüren von Schreber aufeinander zu beziehen. Für Canetti war Paranoia "im buchstäblichen Sinne des Wortes, eine Krankheit der Macht. Eine Untersuchung dieser Krankheit nach allen Richtungen führt zu Aufschlüssen über die Natur der Macht, wie sie in dieser Vollständigkeit und Klarheit auf keine andere Weise zu erlangen sind" (1960, 516). Freud hingegen erklärte: "Wir befinden uns also im Falle Schreber auf dem wohlvertrauten Boden des Vaterkomplexes. Wenn sich dem Kranken der Kampf mit Flechsig als ein Konflikt mit Gott enthüllt, so müssen wir diesen in einen infantilen Konflikt mit dem geliebten Vater übersetzen, dessen uns unbekannte Einzelheiten den Inhalt des Wahns bestimmt haben." (1911, 291)

Liest man bei Freud nur diese Stelle, so könnte man glauben, es gehe ihm hier, wie angeblich immer, um den Ödipuskomplex. Man würde dabei aber das Neue übersehen, das, was auch Canetti an Freud bewundert hat, nämlich seinen Versuch, die Psychose, die als das schlechthin Wahnsinnige und demnach Unverständliche galt, zu verstehen. Freud machte sich an die "Übersetzungsarbeit" und behandelte die Paranoia wie einen zu deutenden Traum. Er beschäftigte sich auch mit Schrebers Vorstellungen einer kosmischen Katastrophe, die er als einziger Mensch überlebt hatte, und interpretierte diese als Produkt eines Zerfalls der Libidobesetzung: "Der Kranke hat den Personen seiner Umgebung und der Außenwelt überhaupt die Libidobesetzung entzogen, die ihnen bisher zugewendet war; damit ist alles für ihn gleichgültig und beziehungslos geworden (...). Der Weltuntergang ist die Projektion dieser innerlichen Katastrophe; seine subjektive Welt ist untergegangen, seitdem er ihr seine Liebe entzogen hat." (1911, 307)

In gewisser Hinsicht kann man sagen, die Weltuntergangsphantasie von Schreber sei das Abbild eines lautlosen Verdrängungsprozesses: "(...) der eigentliche Verdrängungsvorgang besteht in einer Ablösung der Libido von vorher geliebten Personen - und Dingen. Er vollzieht sich stumm; wir erhalten keine Kunde von ihm, sind genötigt, ihn aus den nachfolgenden Vorgängen zu erschließen. Was sich uns lärmend bemerkbar macht, das ist der Heilungsvorgang, der die Verdrängung rückgängig macht und die Libido wieder zu den von ihr verlassenen Personen zurückführt. Er vollzieht sich bei der Paranoia auf dem Wege der Projektion." (1911, 308)

Nach Freud besteht die Krankheit also in einem Libido-Rückzug; die Wahnbildung hingegen betrachtet er als Heilungsversuch, als Rekonstruktion. "Diese gelingt nach der Katastrophe mehr oder minder gut, niemals völlig (...). Aber der Mensch hat eine Beziehung zu den Personen und Dingen der Welt wiedergewonnen, oft eine sehr intensive, wenn sie auch feindlich sein mag, die früher erwartungsvoll zärtlich war." (ebenda)

Canetti beurteilte Schrebers Situation völlig anders, indem er seine Weltuntergangsvisionen aus der Perspektive der Machtproblematik zu begreifen versuchte. Schreber sah sich als Überlebender, die ganze Menschheit war bereits untergegangen: "Der einzige, der lebte, war er", erklärte Canetti. "Man hat nicht den Eindruck, daß diese Katastrophen sehr gegen den Willen Schrebers über die Menschheit hereingebrochen sind. (...) Die ganze Menschheit wird bestraft und ausgerottet, denn man hat sich erlaubt, gegen ihn zu sein. (...) Schreber bleibt als der einzige Überlebende zurück, weil er es selber so will. Er will der einzige sein, der auf einem riesigen Leichenfeld noch lebend steht, und dieses Leichenfeld enthält alle anderen Menschen. Darin erweist er sich nicht nur als Paranoiker; es ist die tiefste Tendenz in jedem 'idealen' Machthaber, als der Letzte am Leben zu bleiben." (1960, 510) Im Gegensatz zu Freud vermochte Canetti das Leiden von Schreber nicht zu erkennen. Ich meine, daß dies auch die Folge seines ethnologischen Diskurses ist, bei dem sich der Unterschied zwischen dem, der krank, in der Klinik und eben nicht an der Macht ist, und dem, der über andere herrscht und an der Macht bleiben will, verwischt hat.

Wenn man Canettis Schreber-Lektüre mit derjenigen von Freud vergleicht, so stellt man fest, daß der eine etwas ins Zentrum rückt, was der andere nur am Rand erwähnt oder gänzlich verschweigt, und umgekehrt. So ist in Freuds Diskurs von der Macht nur beiläufig, im Zusammenhang mit den narzißtischen Allmachtsphantasien, die Rede. Bei Canetti hingegen verschwindet die Sexualität und taucht lediglich in Form einer Negation auf. "Man hat diesen Fall im einzelnen und dann auch die Paranoia überhaupt auf verdrängte homosexuelle Anlagen zurückzuführen gesucht. Ein größerer Irrtum ist kaum möglich", erklärt Canetti. "Aber auch gesetzt den Fall, daß man Schrebers homosexuelle Veranlagung als erwiesen betrachtet, wichtiger als sie selbst erscheint die besondere Verwendung, die sie in seinem System findet. (...) Um Gott zu entwaffnen, hat er sich in ein Weib verwandeln wollen: Sein Weibsein war Schmeichelei und Unterwerfung unter Gott, so wie andere vor ihm knien, bot er sich selber zum Genusse dar. Um ihn auf seine Seite zu ziehen, um sich seiner zu bemächtigen, hat er ihn unter falschen Vorspiegelungen in die Nähe gelockt." (1960, 518) Canetti spricht hier von Schreber wie die frühen Ethnologen über die zügellosen Kannibalen.

Freud hingegen setzte in seiner Interpretation bei Schrebers sexuellen Vorstellungen ein, bei dem, was Schreber selbst 'Seligkeit' nannte und als 'Zustand ununterbrochenen Genießens' im 'jenseitigen Leben' beschrieb, wobei er zwischen männlicher und weiblicher Seligkeit unterschied: "Die männliche Seligkeit stand höher als die weibliche Seligkeit, welch letztere vorzugsweise in einem ununterbrochenen Wollustgefühle bestanden zu haben scheint." (1911, 262) Schreber betrachtete, wie Freud erklärte, die himmlische Seligkeit letztlich als "Steigerung und Fortsetzung der irdischen Sinneslust" (1911, 263). In Vorwegnahme der himmlischen Seligkeit machte sich Schreber die Pflege der Wollust zur Pflicht und hoffte, sich auf diese Weise mit Gott zu versöhnen und seine Konflikte zu beenden. Der Wahn führte ihn also zu einer Abkehr von seinen früheren Zweifeln an Gott und von seiner einstigen Neigung zur Askese. Was auf den ersten Blick wie eine Verschärfung des Konflikts anmutet, erweist sich bei genauerer Betrachtung als eine Vorbereitung für seine Lösung. Indem Schreber Gott in seinen Wahn einbezog, wurde es ihm nämlich möglich, seine Homosexualität zu akzeptieren. Die Entmannung, vor der er sich so fürchtete, erschien dem Autoritäts- und Gesetzesgläubigen nun "kein Schimpf mehr, sie wird 'weltordnungsgemäß', tritt in einen großen kosmischen Zusammenhang ein (...). Das Ich ist durch den Größenwahn entschädigt, die feminine Wunschphantasie aber ist durchgedrungen, akzeptabel geworden. Kampf und Krankheit können aufhören", erklärte Freud (1911, 283f).

Canettis anthropologischer Zugang zur Problematik der Masse, also seine Bestimmung dessen, was zur 'Natur' des Menschen gehöre, ging von einer prinzipiellen Berührungsfurcht aus. Die Masse ziehe das Individuum deshalb so an, erklärte er, weil sie allein es von der Berührungsfurcht erlösen könne (vgl. 1960, 12). Es fällt auf, daß Canetti nicht auch die sexuelle Anziehung als Chance in Erwägung zog, um die Berührungsfurcht zu überwinden. Wie wir bereits gesehen haben, blendete Canetti von Anfang an die Möglichkeit aus, die Libido bei seiner Theorie der Masse zu berücksichtigen. Er wäre dadurch wohl in allzu große Nähe zu Freud geraten. Der psychiatrische Diskurs von Freud hat jedoch auch seine Mängel, indem er seine Betrachtungsweise allzu sehr auf Schrebers Krankheit einschränkte. Canettis Lesart lädt demgegenüber dazu ein, die *"Denkwürdigkeiten"* auch als kulturelles und damit als ethnologisch interessantes Zeugnis zu betrachten und es mit anderen entsprechenden Werken zu vergleichen. Im gleichen Jahr wie Schrebers 'Denkwürdigkeiten' erschien zum Beispiel Otto Weiningers 'Geschlecht und Charakter', ein Werk mit außerordentlicher Wirkung, das Leser wie Karl Kraus und Wittgenstein faszinierte. Von der Struktur der Theorie her läßt sich bei diesem Werk kaum ein Unterschied zu Schrebers Wahn erkennen, so daß sich die Frage aufdrängt, weshalb Schrebers Buch als psychopathologisches Zeugnis galt, während das von Weininger als philosophisch ernstzunehmendes Werk über das Geschlechterverhältnis interpretiert werden konnte.

Es ist ein charakteristisches Merkmal der damaligen Epoche, daß Theorie und Wahn sich nicht mehr so ohne weiteres unterscheiden ließen. Dies war unter anderem eine Folge der Entgrenzungstendenzen (vgl. Koopmann, 1977) - zu denen ja auch die Psychoanalyse gehörte - , welche die traditionellen theoretischen und praktischen Aufteilungen der Welt infrage gestellt hatten. Canetti erwähnte in diesem Zusammenhang eine "zentrifugale Tendenz der Dinge", und Musil sprach von "Jahren ohne Synthese", in denen so viele Strömungen zusammenträfen, daß sich gar nichts mehr bewege. "Die gegenwärtigen Jahre", schrieb er, "dürften durch eine solche Interferenz der Wellen gekennzeichnet sein, die sich gegenseitig auslöschen, wie die Beteiligten mit einigem Staunen bemerken" (1926, 694). Musil diagnostizierte 1923 auch eine bereits länger wirkende regressive Tendenz: Man suche Heilung in einer 'Abkehr von der Gegenwart': "Dem entbundenen Menschen werden die alten Bindungen empfohlen: Glaube, Vorwissenschaftlichkeit, Einfachheit, Humanität, Altruismus, nationale Solidarität, staatsbürgerliche Unterordnung: Preisgabe des kapitalistischen Individualismus und seiner Geistesart. Auch der Sozialismus ist voll davon. Man glaubt einen Verfall heilen zu müssen. Ganz selten wird erkannt, daß diese Erscheinungen ein neues Problem darstellen, welches noch keine Lösung gefunden hat; ich kenne kaum eine Darstellung, welche diese Problematik der Gegenwart einmal als ein Problem, ein neues auffassen würde und nicht als eine Fehllösung." (1923, 35)

Ähnlich wie Freud erkannte auch Canetti deutlich die Neigung der Paranoia zur Konstruktion von Theorien: "Vielleicht die extremste Tendenz der Paranoia ist die zu einem kompletten Ergreifen der Welt durch Worte, so als wäre die Sprache eine Faust und die Welt läge darin. Es ist eine Faust, die sich nie wieder öffnet. Aber wie bringt sie es fertig, sich zu schließen? Da muß man nun auf eine Kausalitätssucht verweisen, die sich als Selbstzweck setzt und die man in diesem Maße sonst nur bei Philosophen findet. Es geschieht nichts ohne Grund, man muß nur danach fragen. Man findet immer einen Grund. (...) Hinter der Maske des Neuen steckt immer ein Altes, man muß sie nur ohne jede Scheu durchschauen und herunterreißen. Das Begründen wird zur Passion, die man an allem übt. (...) Schreber ist das Demaskieren gewöhnt; wo es niemand und nichts zu entlarven gibt, hängt er in der Luft. Der Vorgang der Demaskierung und Entlarvung ist für den Paranoiker - und nicht nur für ihn - von fundamentaler Bedeutung. Von ihm leitet sich auch die Kausalitätssucht ab; alle Gründe werden ursprünglich in Personen gesucht. (...) Seinen Feind findet er in den verschiedensten Gestalten wieder. Wo immer er eine Maske wegzieht, steckt sein Feind dahinter. Um des Geheimnisses willen, das er hinter allem vermutet, um der Demaskierung willen, wird ihm alles zur Maske. Er läßt sich nicht täuschen, er ist der Durchschauer; das viele ist eins. Mit der zunehmenden Starrheit seines Systems wird die Welt an anerkannten Figuren arm und ärmer, es bleibt nur übrig, was ins Spiel seines Wahns gehört. Alles ist auf dieselbe Weise ergründbar und wird zu Ende ergründet. Schließlich ist nichts mehr da, als er und was er beherrscht." (1960, 521f) Canetti entwarf hier ein Bild von Schrebers Theorie, in dem man nicht nur das Denken Weinigers, sondern ebenfalls Züge der Psychoanalyse und nicht zuletzt auch seine eigenen Ansätze (etwa überall Massen zu finden) wiedererkennen kann.

Diese Annäherungen des Denkens an den Wahn bzw. die Denkbewegungen an den Grenzen zwischen dem, was bisher als Theorie, und dem, was bisher als Wahn galt, waren notwendig, um die damaligen großen kulturellen Veränderungen erfassen zu können. Daß das Denken zuweilen die Grenzen überschritt und sich im Wahnhaften verlor, oder umgekehrt sich am Bisherigen ängstlich festhielt und den neuen Problemen ratlos gegenüberstand, war in dieser Situation unvermeidlich.

7. Die Macht der Bilder

Canettis Werk 'Masse und Macht' fasziniert durch die völlig verblüffenden Einblicke, die es in das Wesen der Gewalt und der Macht vermittelt. Die Verblüffung entsteht nicht zuletzt dadurch, daß man plötzlich merkt, daß es auch andere, bessere Bilder von dem geben könnte, was Macht ist. Die Bilder von der Macht beeinflussen und bestimmen, was wir wahrnehmen dürfen und zu Theorien verarbeiten können. Gaston Bachelard hat in seiner 'Psychoanalyse des Feuers' bereits 1938 auf die Bedeutung der unbewußten Bilder hingewiesen: "Man kann nur erforschen, was man vorher geträumt hat. Die Wissenschaft entwickelt sich viel eher auf einer Träumerei als auf einer Erfahrung, und es bedarf sehr vieler Erfahrungen, um die Nebel eines Traumes zu zerstreuen." (a.a.O., 41f) Es wäre in der Tat ein spannendes Unterfangen, den Träumen von Ethnologen, Soziologen, Ökonomen und Psychologen nachzugehen, insbesondere dann, wenn sie sich in ihren wissenschaftlichen Theorien mit Gewalt, Macht und Herrschaft auseinandersetzen. Vermutlich gilt oft das als wissenschaftlich, was am besten die dahinterliegenden Träume kaschieren kann: Je blasser die Sprache, angereichert mit Metaphern aus Naturwissenschaft oder Technik und mit mathematischen Formeln oder Tabellen bestückt, je rigoroser die Gliederung und die Anmerkungen, desto besser können letztlich die Träume von Macht und Herrschaft, denen die Wissenschaftler selbst nachhängen, unbewußt gehalten werden.

Am Beispiel von Freuds 'Massenpsychologie und Ich-Analyse' (1921) könnte man auch Freuds Phantasmen der Macht rekonstruieren. Canetti hatte mit seiner Kritik an der Freudschen Massentheorie gewiß recht. Die 'Massen' Kirche und Heer, die Freud in seinem Buch beschrieb, sind nämlich nicht Massen, sondern hochstrukturierte Institutionen. Liest man das Buch aber als 'Institutions-Psychologie und Ich-Analyse', erweist sich Freuds Theorie als ausgezeichnetes Instrument, um zu erkennen, was mit Individuen im Rahmen von Institutionen geschieht, zumal dann, wenn sie in der Hierarchie aufsteigen. Freud selbst und die Mehrzahl der Psychoanalytiker versteiften sich indessen, dieses Werk als Theorie über das Wesen der Massen zu interpretieren und versuchten mit seiner Hilfe sogar den Nationalsozialismus theoretisch zu begreifen. Daß Freud hier den Gegenstandsbereich seiner Theorie verkannte, hängt vermutlich damit zusammen, daß die für den psychoanalytischen Prozeß und die Theoriebildung notwendige Selbstreflexion beim Verfassen dieses Werks zu wenig zum Tragen kam. Vielleicht wäre Freud sonst aufgefallen, daß das Problem, das ihn damals beschäftigte, der Aufbau und Zerfall von Institutionen war und nicht das der Massen. Würde sich die Institutionalisierung der Psychoanalyse bewähren und eine weitere Entfaltung der Psychoanalyse auch nach seinem Tod gewährleisten, in einer Zeit, da die großen Institutionen wie Staat, Monarchie, Kirche und Familie auseinanderfielen? Wer Institutionen gründet, strebt nach Unsterblichkeit - war es dieser Traum, der sich hinter Freuds 'Massenpsychologie' verbarg? Und war es nicht ein Alptraum, wenn man berücksichtigt, daß diese Unsterblichkeit (gemäß "Totem und Tabu") mit der Ermordung des Gründers und Stifters, in diesem Fall Freud selbst, erkauft werden müßte? Unsterblichkeit, Gewalt und Institution waren also die Bilder bzw. Phantasmen, die Freud daran hinderten, zu begreifen, was ihn eigentlich beschäftigte. Diese Phantasmen wirkten sich wie Magnetfelder aus, die seine Gedanken in eine ganz falsche Richtung lenkten.

Canettis Werk regt dazu an, den Bildern, die durch die 'wissenschaftlichen' Definitionen abgewehrt werden müssen, nachzuspüren: Zum Beispiel auch bei Max Weber. Die bekannte Webersche Definition der Macht lautet: "Macht bedeutet, jede Chance innerhalb einer sozialen Beziehung den eigenen Willen auch gegen Widerstreben durchzusetzen, gleichviel worauf diese Chance beruht. Herrschaft soll heißen die Chance, für einen Befehl bestimmten Inhalts bei angebbaren Personen Gehorsam zu finden; Disziplin soll heißen die Chance, kraft eingeübter Einstellung für einen Befehl prompten, automatischen und schematischen Gehorsam bei einer angebbaren Vielheit von Menschen zu finden." (1956, 38) Liest man hier vergleichsweise Canettis Überlegungen zum Befehl, so taucht eine zusätzliche Dimension der Macht auf. "Die Handlung, die unter Befehl ausgeführt ist", schreibt Canetti, "ist von allen anderen Handlungen verschieden. Sie wird als etwas Fremdes empfunden. (...) Der Ursprung des Befehls, der ein Fremdes ist, muß aber auch als Stärkeres anerkannt sein. Man gehorcht, weil man nicht mit Aussicht auf Erfolg kämpfen würde." (1960, 349) Canetti thematisiert hier das, was die *Chance* ausmacht, Gehorsam zu finden, nämlich Ohnmacht und Gewalt. Man gehorcht, weil man unterlegen ist: "Die Macht des Befehls muß unangezweifelt sein; hat sie nachgelassen, so muß sie bereit sein, sich durch Kämpfen wieder zu bewähren. (...) Siegreiche Kämpfe leben in Befehlen weiter; in jedem befolgten Befehl wird ein alter Sieg erneuert" (ebenda). Obwohl Max Weber als Begründer der verstehenden Soziologie gilt, machte er sich nie große Gedanken darüber, daß auch das Verstehen seinen sozialen Ort hat. Der Herrschende versteht und beachtet nämlich anderes als der Beherrschte. Bei Max Weber war die Identifikation mit der Herrschaft ganz fraglos. Canetti hingegen versuchte, die Herrschaft vom sozialen Ort des Beherrschten her zu verstehen, und eine Entdeckung, die er dabei machte, war 'der Stachel': "Jeder Befehl besteht aus einem Antrieb und einem Stachel. Der Antrieb zwingt den Empfänger zur Ausführung, und zwar so, wie es dem Inhalt des Befehls gemäß ist. Der Stachel bleibt in dem zurück, der den Befehl ausführt. Wenn Befehle normal funktionieren, so wie man es von ihnen erwartet, ist vom Stachel nichts zu sehen. Er ist geheim, man vermutet ihn nicht; vielleicht äußert er sich, kaum bemerkt in einem leisen Widerstand, bevor dem Befehle gehorcht wird." (a.a.O., 350) Max Weber interessierte sich nicht dafür, was im Individuum passiert, wenn es "prompten, automatischen und schematischen Gehorsam" leistet, und was es bedeutet, wenn, wie er in "Wirtschaft und Gesellschaft" schreibt, dem Befehl gehorcht wird, so "als ob (der Gehorchende) den Inhalt des Befehls um dessen selbst willen zur Maxime seines Verhaltens gemacht habe, und zwar lediglich um des formalen Gehorsamsverhältnisses halber, ohne Rücksicht auf die eigene Ansicht über den Wert oder Unwert des Befehls als solchen" (1956, 159). Hier setzte Canetti mit seinen Betrachtungen ein: Jeder befolgte Befehl, das heißt jede Handlung, die man auf Geheiß eines anderen und ohne eigene Einsicht ausführte, hinterläßt im Individuum einen Stachel, der es zwingt, immer wieder gleich einsichtslos zu handeln. Kein Befehl geht laut Canetti je verloren; "nie ist es mit seiner Ausführung wirklich um ihn geschehen, er wird für immer gespeichert. Die Befehlsempfänger, denen am gründlichsten mitgespielt wird, sind Kinder. Daß sie unter der Last von Befehlen nicht zusammenbrechen, daß sie das Treiben ihrer Erzieher überleben, erscheint wie ein Wunder. Daß sie es alles, nicht weniger grausam als jene, später an ihre eigenen Kinder weitergeben, ist so natürlich wie Beißen und Sprechen. Aber was einen immer überraschen wird, ist die Unverletzlichkeit, mit der sich Befehle aus der frühesten Kindheit erhalten haben: Sie sind zur Stelle, sobald die nächste Generation ihre Opfer vorschickt. (...) Die Kraft, mit der das Kind Befehle empfängt, die Zähigkeit und Treue, mit der es sie bewahrt, ist nicht ein individuelles Verdienst (...). Jedes, auch das gewöhnlichste Kind, verliert und vergibt keinen der Befehle, mit denen es mißhandelt wurde" (1960, 350).

Canetti eröffnet mit seinem Werk den Zugang zu einer Welt von Bildern, die bereits in den Wissenschaftlern wirken, bevor sie sich an ihre Arbeit machen. Wer sich heute mit Macht und Herrschaft auseinandersetzen will, sei es nun im Bereich der Geschichte, Soziologie, Psychologie oder in Ökonomie und Biologie, muß zu 'Masse und Macht' greifen, um die Phantasmagorien kennenzulernen, die die Herrschaft umranken, verbergen, verleugnen oder auch geisterhaft ins Mythische vergrößern. Man müßte zum Beispiel mit Canettis Augen Ernst Jünger lesen.

Literatur

Améry, J. (1973): Begegnungen mit Elias Canetti. In: Améry, J. (1985): Der integrale Humanismus. Klett-Cotta, Stuttgart: 215-222.

Bachelard, G. (1938): Psychoanalyse des Feuers. Schwab, Stuttgart, 1959.

Canetti, E. (1960): Masse und Macht. Claaßen, Hamburg

Canetti, E. (1972): Die gespaltene Zukunft. Hanser, München.

Canetti, E. (1973): Die Provinz des Menschen. Aufzeichnungen 1942 - 1972. Hanser, München, Wien.

Canetti, E. (1976): Das Gewissen der Worte. Hanser; München, Wien, 1983.

Canetti, E. (1980): Die Fackel im Ohr. Lebensgeschichte 1921 - 1931. Hanser, München, Wien.

Canetti, E. (1985): Das Augenspiel. Lebensgeschichte 1931 - 1937. Hanser, München, Wien.

Devereux, G. (1967): Angst und Methode in den Verhaltenswissenschaften des Menschen. Hanser, München, 1973.

Freud, S. (1905): Drei Abhandlungen zur Sexualtheorie. In: GW V, 27 - 159.

Freud, S. (1911): Psychoanalytische Bemerkungen über einen autobiographisch beschriebenen Fall von Paranoia (Dementia paranoides). In: GW VIII, 239-320.

Freud, S. (1921): Massenpsychologie und Ich-Analyse. In: GW XIII, 71-161.

Freud, S. (1938): Abriß der Psychoanalyse. In: GW XVII, 63-138.

Holz, H.H. (1982): Canettis "Masse und Macht" als religionsphilosophischer Entwurf. In: Text + Kritik, Zeitschrift für Literatur, Heft 28/1982, München, 10-27.

Israëls, H. (1980): Schreber: Vater und Sohn. Eine Biographie. Verlag Internationale Psychoanalyse, München, Wien, 1989.

Koopmann, H. (1977): Entgrenzung. In: Bauer, R. et al. (Hg.): Fin de siècle. Zu Literatur und Kunst der Jahrhundertwende. Klostermann, Frankfurt/M., 73-93.

Lützeler, P.M. (1986): Hermann Broch. Eine Biographie. Suhrkamp, Frankfurt/M.

Musil, R. (1923): Der deutsche Mensch als Symptom. Rowohlt, Reinbek bei Hamburg, 1967.

Musil, R. (1926): Bücher und Literatur. In: Musil, R. (1955): Tagebücher, Aphorismen, Essays und Reden. Rowohlt, Hamburg, 688-698.

Parin, P. (1976): Anthropologie et psychiatrie. In: Psychopathologie africaine, XII, 1, 91-107.

Piel, E. (1988): Im Gehäuse der Hörigkeit läßt sich nicht leben. In: Pattillo-Hess, J. (Hg.): Canettis Masse und Macht oder Die Aufgabe des gegenwärtigen Denkens. Bundesverlag, Wien 1988, 52-66.
Schreber, D.P. (1903): Denkwürdigkeiten eines Nervenkranken. Leipzig.
Schreiber, E. (1987): Schreber und der Zeitgeist. Matzker, Berlin.
Weber, M. (1956): Wirtschaft und Gesellschaft. Kiepenheuer & Witsch, Köln, Berlin 1964.
Weiniger, O. (1903): Geschlecht und Charakter. Wien und Leipzig, 1920.

Die "Unerzählbarkeit der Welt" in Robert Musils Roman "Der Mann ohne Eigenschaften" - eine psychoanalytische Interpretation

Hildegard Lahme-Gronostaj

Der Titel setzt voraus, daß ein *wesentliches* Thema in Robert Musils großem Erzählwerk, seinem über 1000 Seiten und 171 Kapitel umfassenden unvollendeten Roman, gerade die *Unerzählbarkeit* ist. Ich hoffe, im folgenden zeigen zu können, daß diese Paradoxie geradezu als eine Entstehungsbedingung des Romans und als dessen Gestaltungsprinzip aufgefaßt werden kann, und wie verschiedene Bedeutungsebenen dieser Widersprüchlichkeit psychoanalytisch deutbar sind. - Die Gedanken von Ulrich, der zentralen Romanfigur, auf seinem nächtlichen Heimweg - zu Hause wird er die Nachricht vom Tode seines Vaters bekommen - führen den Leser an einem Wendepunkt des Romangeschehens in die Paradoxie hinein:

> Und als einer jener scheinbar abseitigen und abstrakten Gedanken, die in seinem Leben oft so unmittelbare Bedeutung gewannen, fiel ihm ein, daß das Gesetz dieses Lebens, nach dem man sich, überlastet und von Einfalt träumend, sehnt, kein anderes sei als das der erzählerischen Ordnung! Jener einfachen Ordnung, die darin besteht, daß man sagen kann: "Als das geschehen war, hat sich jenes ereignet!" Es ist die einfache Reihenfolge, die Abbildung der überwältigenden Mannigfaltigkeit des Lebens in einer eindimensionalen, wie ein Mathematiker sagen würde, was uns beruhigt; die Aufreihung alles dessen, was in Raum und Zeit geschehen ist, auf einen Faden, eben jenen berühmten "Faden der Erzählung", aus dem nun also auch der Lebensfaden besteht. Wohl dem, der sagen kann, "als", "ehe" und "nachdem"! Es mag ihm Schlechtes widerfahren sein, oder er mag sich in Schmerzen gewunden haben: sobald er imstande ist, die Ereignisse in der Reihenfolge ihres zeitlichen Ablaufes wiederzugeben, wird ihm so wohl, als schiene ihm die Sonne auf den Magen. Das ist es, was sich der Roman künstlich zunutze gemacht hat: der Wanderer mag bei strömendem Regen die Landstraße reiten oder bei zwanzig Grad Kälte mit den Füßen im Schnee knirschen, dem Leser wird behaglich zumute, und das wäre schwer zu begreifen, wenn dieser ewige Kunstgriff der Epik, mit dem schon die Kinderfrauen ihre Kleinen beruhigen, diese bewährteste "perspektivische Verkürzung des Verstandes" nicht schon zum Leben selbst gehörte. Die meisten Menschen sind im Grundverhältnis zu sich selbst Erzähler. (...) Und Ulrich bemerkte nun, daß ihm dieses primitiv Epische abhanden gekommen sei, woran das private Leben noch festhält, obgleich öffentlich alles schon unerzählerisch geworden ist und nicht einem "Faden" mehr folgt, sondern sich in einer unendlich verwobenen Fläche ausbreitet.
> (Robert Musil, 1978, Der Mann ohne Eigenschaften. Hg. von A. Frisé, 1981, S. 650, im folgenden abgekürzt MoE)

Was treibt den "Bildungsroman" - nicht eines Menschen, sondern "einer Idee" - (Musil, in A. Frisé (Hg.), 1955, Tagebücher, Aphorismen, Essays und Reden, S. 572) an, wodurch kann das "Primitiv-Epische" überwunden werden, worunter Musil auch das kaum überwindbare, tiefe Bedürfnis nach ordnender Klarheit versteht, das den Menschen dazu verführt, sich im erklärenden Verhältnis zu sich selbst und zur Welt sicher zu fühlen, das Konstruiert-Zurechtgelegte darin nicht mehr spürend? Die Idee, deren Bildung im Roman nicht abgeschlossen wurde bzw. nicht abschließbar ist, drückt sich in Musils Versuch aus, im Schreiben selbst die engen Grenzen der "erzählerischen Ordnung" - und, darüber hinaus, die "sprachliche Verfaßtheit" - durch eine an die "Sprachgrenze" vorangetriebene stilistische und Gedanken-Arbeit zu überwinden. (Vgl. auch P. Henninger, 1981, Der Text als Kompromiß.)

Im Zentrum dieser Arbeit steht die psychoanalytische Deutung der Art und Weise, wie die Frage nach den spezifisch dichterischen Erkenntnismöglichkeiten im Roman entfaltet wird. Voranstellen möchte ich eine Reflexion der Möglichkeiten und Grenzen der psychoanalytischen Deutung eines Romans.

1. Faszination und Schwierigkeit der psychoanalytischen Literaturinterpretation

Kunst und Literatur sind mit dem Beginn der Psychoanalyse auf vielfältige Weise verbunden. So war der menschliche Erfahrungsbereich, dem Freud wissenschaftliche Würde verleihen wollte, zuvor Gegenstand von Kunst und Literatur, was die literarische Romantik aufgrund der bereits stattgefundenen Polarisierung zwischen Psychologie und Literatur in besonders eindrucksvoller Weise bezeugt. Zudem näherte sich die Psychoanalyse auch methodisch einer literarisch-künstlerischen Erkenntnisweise an: Freud erkannte den novellistischen Charakter seiner Fallgeschichten, "... und daß sie sozusagen des ernsten Gepräges der Wissenschaftlichkeit entbehren. Ich muß mich damit trösten, daß für dieses Ergebnis die Natur des Gegenstandes offenbar eher verantwortlich zu machen ist als meine Vorliebe ..." (Freud 1895, Studien über Hysterie, GW Bd. I, S. 227) Und nicht zuletzt lag eine besondere Herausforderung darin, Reichweite und Stimmigkeit der neu begründeten Deutungskunst gleichsam an der Literatur zu überprüfen: Bereits in der "Traumdeutung" taucht eine kurze Deutung von Shakespeares "Hamlet" als dramaturgische Gestaltung einer spezifischen ödipalen Komplikation auf. (Vgl. Freud, 1900, Die Traumdeutung, GW Bd. II/III, S. 270ff.)

Freuds wiederholte Reverenzen an die Dichter sind bekannt, gleichwohl wurde seine Abgrenzung, die er zwischen der neu entstehenden Wissenschaft und dem künstlerisch-literarischen Erkenntniszugang vornahm, zunehmend strikter. Er sah mit Bedauern die Grenzen der Psychoanalyse in diesem benachbarten Bereich: "Leider muß die Analyse vor dem Problem des Dichters die Waffen strecken" (Freud, 1928, Dostojewski und die Vatertötung, GW Bd. XIV, S. 399), und er bestand zugleich auf der Eigenständigkeit des psychoanalytisch-wissenschaftlichen Zugangs zum Unbewußten.[1]

Freud hatte selber bereits verschiedene methodische Zugänge zur Deutung von Kunst und Literatur entwickelt und angewandt, zunächst die sogenannte

[1] Hier scheint der widersprüchliche Charakter im wissenschaftlichen Status der Psychoanalyse auf: Der aufklärend-entmythologisierende Zugang zum Unbewußten bedient sich einer metapsychologischen Sprache, die selber als Mythopoiesis auftritt (vgl. auch Starobinski, 1973, Psychoanalyse und Literatur, S. 100ff.).

traum-analoge Interpretation. Nach diesem Ansatz gelten für die im Kunstwerk geleistete Phantasiearbeit ähnliche Gesetzmäßigkeiten wie für die Traumarbeit (Verdichtung, Verschiebung, Verkehrung ins Gegenteil, Rücksicht auf Darstellbarkeit, sekundäre Bearbeitung, Darstellung durch Symbole etc.). Der Text wird als ein kompromißhaftes Gebilde verstanden, das unbewußte Triebimpulse in entstellter, abgewehrter Form ausdrückt. Eine der bekanntesten frühen Darstellungen dieser Methode ist die Abhandlung "Der Dichter und das Phantasieren" (Freud, 1908, GW Bd. VII). - In "Der Wahn und die Träume in W. Jensens Gradiva" (Freud, 1907, GW Bd.VII) nutzt Freud das literarische Werk zur Illustration und Bestätigung seiner wissenschaftlichen Konzepte und klinischen Erfahrungen, sozusagen als allgemein zugängliches Fallmaterial. Dieser Deutungsansatz, der das Werk und die Entwicklung der Figuren wie eine klinische Fallstudie auffaßt, hatte vor allem in den Anfängen der Analyse eine gleichsam legitimatorische Bedeutung.

Bei beiden Ansätzen steht die Dialektik von befriedigender Phantasie und begrenzender, enttäuschender Realität, intrapsychisch die Dynamik von Trieb und Abwehr im Zentrum. Häufig wurde das den Text konstituierende Zusammenspiel von Inhalt und Form so verstanden, daß die latente Bedeutung (z.B. eine sexuelle Triebbefriedigung oder die Erfüllung eines aggressiven Wunsches) durch die Wirkung der künstlerischen Formelemente verdeckt wird und im manifesten Inhalt nur noch entstellt auftaucht, die Form also der Abwehr dient, ähnlich wie im Traum die Instanz der Traumzensur bzw. die von dieser "motivierten" Wirkung der Traumarbeit. Der ästhetische Genuß, auch das Lustvolle beim Lesen hätten somit ihre Quelle in dem geheimgehaltenen "verbotenen" "Stoff"; die formal-ästhetische Seite des Werks dient neben der "ästhetischen Vorlust" (Verlockungsprämie) der Abwehr von Schuld und Scham, sie ist damit die Bedingung der Möglichkeit, sich dem konflikthaften und angstauslösenden zugrundeliegenden Material zuzuwenden, macht es akzeptabel und genießbar. (Vgl. dazu auch N. Holland, 1973, Poems in Persons. An Introduction to the Psychoanalysis of Literature, und C. Pietzcker, 1983, Einführung in die Psychoanalyse des literarischen Kunstwerks)

Das die literarischen Ausdrucksmöglichkeiten m.E. vereinfachende traumanaloge Deutungsmodell gewinnt an Komplexität, wenn unter Berücksichtigung literaturwissenschaftlicher und insbesondere rezeptionsästhetischer Gesichtspunkte nicht schlicht vorausgesetzt wird, daß der zu deutende "Traum-Text" der einer Figur sei, oder der des Autors. Es kommt der Leser hinzu, der im Akt des Lesens den Text nicht nur "aufnimmt", sondern ihn auf charakteristische Weise in seiner inneren Repräsentanzenwelt aufleben läßt, mit einer spezifischen affektiven Resonanz. Des weiteren ist an die Textinstanz des "impliziten Lesers" zu denken, gleichsam ein vom Text geforderter Leser, der imstande ist, angemessen - d.h. bei einem literarischen Text keineswegs eindeutig - in sich den Text in seinem manifesten und latenten Bedeutungsgehalt zu aktualisieren. (Vgl. W. Iser, 1972, Der implizite Leser - Kommunikationsformen des Romans von Bunyan bis Beckett; derselbe 1976, Der Akt des Lesens; und H. R. Jauß, 1982, Ästhetische Erfahrung und literarische Hermeneutik.)

Ein weiterer Deutungsansatz, der pathographische oder pathobiographische, entsteht durch die radikale Konzentration oder auch Reduktion auf den Autor und seine Biographie, dessen berühmt gewordenes Vorbild Freuds Arbeit "Eine Kindheitserinnerung des Leonardo da Vinci" ist. (Freud, 1917, GW Bd.

XII) Vor allem an dieser Interpretationsmethode hat sich die weitverbreitete Kritik von seiten der Literaturwissenschaft festgemacht, deren Reduktionismusvorwurf sich auf die vermeintliche - und in manchen Strömungen m.E. auch wirklich wahrnehmbare - psychoanalytische Neigung, Kunstwerk und Subjektivität des Künstlers gleichzusetzen, bezieht, aber auch auf die häufig als "undialektisch" apostrophierte Auffassung von Form und Inhalt. Ein wichtiger weiterer Kritikpunkt macht sich an der Vernachlässigung des zeitlichen und kulturellen Deutungsabstandes, sobald es sich nicht um zeitgenössische Literatur handelt, fest. (Vgl. zu den methodischen Fragen und Problemen auch H. Breuer, 1985, Freuds kunstpsychologische Methoden, in: Psyche, 39. Jg., S. 577-591)

Eine wesentliche Ursache für die produktive Weiterentwicklung in der psychoanalytischen Literaturdeutung ist m.E. das Ernstnehmen der kritischen literaturwissenschaftlichen Einwände. So ist es tatsächlich ein Problem, wenn beispielsweise zwischen dem Resumé einer Fallgeschichte über einen Jugendlichen mit einer schweren adoleszenten Entwicklungskrise und der Interpretation von Kafkas "Brief an den Vater" kein Unterschied bestünde. Das Desiderat eines psychoanalytischen Beitrags zum Verständnis der spezifisch ästhetischen Qualitäten eines Textes, der nur unter Berücksichtigung von Formelementen gelingen kann, hat bereits vor 20 Jahren die französische Psychoanalytikerin J. Chasseguet-Smirgel aufgezeigt und ihrerseits einen Arbeitsansatz für das Fehlende dargelegt. Sie faßt die Formelemente - bezogen auf einen Text sind darunter z.B. die Erzählsituation bzw. gerade ihre Brüche, der Stil, die Zeitstrukturen u.v.m. zu verstehen - als Niederschlag von Objektbeziehungsstrukturen auf, deren Valenz und Struktur die Deutung erkennbar zu machen habe. Dabei sei immer davon auszugehen, daß die realen Objektbeziehungen bzw. deren Repräsentanzen beim Autor durch den schöpferischen Akt selber in einer einzigartigen Weise verwandelt werden. Diese unverwechselbare Bearbeitung eines ansonsten, wie die Psychoanalyse ja annimmt, ubiquitären Konflikts - so kann der Ödipuskomplex sowohl im "Hamlet" als auch in irgendeinem Schwank aufgedeckt werden - ist für die Deutung das Entscheidende. (Vgl. J. Chasseguet-Smirgel, 1972, Letztes Jahr in Marienbad. Zur Methodologie der psychoanalytischen Erschließung des Kunstwerks. In: A. Mitscherlich (Hg.), Psychopathographien I.) Gleichzeitig nähern wir uns damit dem Bereich des eigentlichen Geheimnisses des Dichters, von dem Freud annahm, daß es psychoanalytisch nicht aufklärbar sei. Vielleicht hilft hier vorläufig die Annahme weiter, daß es sich mit dem "Geheimnis des Dichters" womöglich ähnlich wie mit unbewußten Prozessen verhält: Obwohl deren Aufklärung ebenfalls nicht vollständig möglich ist, werden lange Analysen unternommen, und die zugänglich gewordenen Einsichten sind für die Beteiligten am psychoanalytischen Prozeß trotz ihrer Begrenztheit einzigartig und wertvoll.

Auf der einen Seite ist m.E. der interdisziplinäre Austausch mit Textwissenschaftlern unersetzlich, zum einen, um die Andersartigkeit, die Besonderheit des Literarischen erkennen und anerkennen zu können; zum anderen, um die externe Kohärenz (vgl. C. Strenger, 1991, Between Hermeneutics and Sciene. An Essay on the Epistemology of Psychoanalysis) einer Deutung zu gewährleisten. Auf der anderen Seite spiegelt sich in der aktuellen psychoanalytischen Literatur-Interpretation die genuine Entwicklung der Psychoanalyse in Theorie und Praxis wider, wobei mir bezüglich der hier interessierenden Methodenfragen vor allem drei miteinander verflochtene Linien wesentlich zu sein scheinen:

1. Die Entwicklung hin zu einer "Radikalisierung" der Verwendung des Übertragungs-Gegenübertragungs-Konzepts in der Behandlungssituation, wodurch die aktuelle interpersonelle Dynamik eine entscheidende Bedeutung bei dem Versuch, die Dynamik unbewußter Prozesse zu verstehen, bekommt. 2. Die Ausdehnung der psychoanalytischen Forschung auf früheste Entwicklungsabschnitte und deren Störungen, und 3. - damit verbunden - eine Erweiterung der Kenntnisse über die Entwicklungslinien von Selbst und Objekt bzw. von Selbst und Objekt "in Beziehung" - mithin über die Bedingungen, die den Aufbau objektaler Beziehungen ermöglichen.

Hinsichtlich der psychoanalytischen Literaturinterpretation wirken sich die genannten Entwicklungstendenzen zunächst vor allem produktiv auf den methodischen Zugang aus. Neuere Arbeiten[2] zeigen, auf welche Weise das Gesamt der eigenen Reaktionen auf den Text - in ihren emotional-affektiven und gedanklich-assoziativen Dimensionen bis hin zu Körperempfindungen - zu einer produktiven Deutungsgrundlage werden und mit den text- und inhaltsanalytischen Interpretationselementen integriert werden können. Einen Eindruck von dieser Vorgehensweise möchte ich an Musils Roman vermitteln; voranstellen werde ich einige Bemerkungen zu den biographischen Entstehenszusammenhängen.

2. Der Schriftsteller Robert Musil

Die Vertiefung in Robert Musils Texte und in seine Biographie hat nach meiner Erfahrung etwas Verstrickendes: Alles droht auszuufern, Gefühle von Desorientierung und Unzulänglichkeit treten auf - und intensivieren den Wunsch nach einem zumindest partiellen Verstehen. Möglicherweise teilt sich der Leserin, dem Leser etwas von Musils schmerzlichem Erleben des Unvermögens mit, das ihn angesichts seines nicht geringen Ziels, die geistige Verfassung des Menschen in seiner Zeit zu begreifen und im Roman zu gestalten, immer wieder quälte und seine Kreativität bedrohte. (Vgl. J. Cremerius, Robert Musil. Das Dilemma eines Schriftstellers vom Typus "poeta doctus" nach Freud. In: Psyche, 33. Jg., S. 733-772) Womöglich war es für Karl Corino, einer von Musils wichtigsten Biographen, eine vergleichbare Herausforderung: Er hat 20 Jahre in den Archiven Westeuropas geforscht, um hinter die scheinbare "Eigenschaftslosigkeit" des zurückgezogen lebenden Schriftstellers zu kommen, um aufzudecken, was diese, wie er meint, schützende Eigenschaftslosigkeit wohl verbirgt. Er schreibt zum Einstieg in sein umfangreiches und beeindruckendes Werk:

[2]Stellvertretend möchte ich hier zwei Arbeiten nennen, bei denen jeweils ein Roman von Elfriede Jelinek im Zentrum steht: Annegret Mahler-Bungers, Der Trauer auf der Spur - Zu Elfriede Jelineks 'Die Klavierspielerin'. In: Masochismus in der Literatur, Freiburger literaturpsychologische Gespräche Bd. 9, 1988; und "Psychoanalytische Überlegungen zu Elfriede Jelineks 'Lust'", Kurzvortrag von Marianne Leuzinger-Bohleber auf der 19. Arbeitstagung Literatur und Psychoanalyse am 10./11.2.95 in Freiburg, erscheint 1996. - An dieser Stelle möchte ich auf Freuds Abhandlung über "Das Unheimliche" (1919, GW Bd. XII) hinweisen, die deshalb besonders "modern" erscheint, weil er dort die Analyse der unheimlichen Wirkung, die von der Lektüre der Novelle "Der Sandmann" von E.T.A. Hoffmann auf ihn ausging, zur Inhaltsdeutung nutzt.

"Robert Musil war ein Mann mit vielen Eigenschaften, Männern gegenüber (vor allem überschätzten Kollegen) schneidend scharf, Frauen gegenüber von geradezu altväterischer Verbindlichkeit; er war hilfsbedürftig und undankbar; er war wohl der gelehrteste Autor seiner Epoche und nannte sich vielseitig ungebildet. Er trainierte seinen Körper bis zum Schluß mit militärischer Disziplin und war von seinem 45. Lebensjahr an ein schwerkranker Mann. Er war Schriftsteller und schrieb nicht gern, wenngleich leidenschaftlich. Er war nicht redselig und konnte plötzlich übersprudeln. Er war ein Moralist, und er hatte das Leben seiner Gefährtin Hermine Dietz auf dem Gewissen. Er plädierte für die böse-experimentelle Gesinnung und lebte wie ein kleiner Beamter. Er war von der Untauglichkeit des Kapitalismus und des Bürgertums überzeugt, ohne sich je vorbehaltlos für ihre politischen Gegner zu entscheiden. Er hielt es für wichtiger, ein Buch zu schreiben, als ein Reich zu regieren, und war nicht in der Lage, sein Hauptwerk zu vollenden. Er klagte über seine verpfuschte Kunst und war überzeugt von seinem Nachruhm." (Karl Corino, Musil. Leben und Werk in Bildern und Texten, 1988, S. 10)

Musil wurde 1880 in Klagenfurt als einziger Sohn des Ingenieurs Alfred Musil und seiner Frau Hermine geboren. Eine Schwester starb mit 11 Monaten, etwa 4 Jahre, bevor Robert geboren wurde. In die ersten Lebensjahre fallen einige Umzüge, bereits mit 12 Jahren kam er in die Kadettenanstalt in Eisenstadt, wohl auch, weil er als schwer lenkbar galt, es kam häufig zu erbitterten Auseinandersetzungen mit seiner Mutter, die in seinen Lebensschilderungen als depressiv, dann unberechenbar in Wut oder Überschwang ausbrechend, erscheint. Etwa ein Jahr nach seiner Geburt gab es einen ständigen Hausfreund, der die Musils überallhin begleitete; auf offiziellen Familienfotos sieht man, wie die 4 Personen gruppiert sind: Der Freund, Heinrich Reiter, ist im Zentrum, die Mutter neben ihm, der Sohn Robert an ihn geschmiegt, der Vater Alfred steht im Hintergrund, er galt als liebevoll, weich, nachgiebig.[3]

Musil bricht 18jährig die für ihn vorgesehene militärische Laufbahn ab, allerdings entdeckt er bei der Beschäftigung mit dem Artilleriewesen seine technischen Fähigkeiten und Interessen. Er studiert Maschinenbau an der Technischen Hochschule in Brünn, dort war sein Vater - der immer wieder in seinen Lebensschilderungen als so unbedeutend hingestellt wird - immerhin seit 1890 Professor. In dieser Zeit beginnt er, sich neben dem Studium dem Schreiben zu widmen. 1903, als Assistent an der Technischen Hochschule in Stuttgart, beginnt er den Törleß-Roman, der 1905 fertig ist. Er studiert bis 1908 Philosophie und experimentelle Psychologie in Berlin, holt zwischendurch die Reifeprüfung nach (er war Realschüler). Er promoviert 1908 in Philosophie, Physik und Mathematik mit der Arbeit: "Beiträge zur Beurteilung der Lehre Ernst Machs". Er verzichtet auf die angebotene Möglichkeit zur Habilitation zugunsten des freien Schriftstellerberufs; fast die ganze Zeit seines Lebens wird er künftig Probleme haben, seine materielle Existenz für sich und seine Ehefrau Martha zu sichern. An seinem Hauptwerk wird er über 20 Jahre arbeiten, ohne es jedoch abzuschließen. 1938 werden seine Bücher in Deutschland und Österreich verboten, er übersiedelt nach Genf. Unter schwierigsten finanziellen Bedingungen und in menschlicher Vereinsamung arbeitet er bis zu seinem Todes-

[3] Heinrich Reiter war offenbar das Vorbild von Onkel Hyazinth, der Geliebte der Mutter des Helden in der Novelle "Tonka", über den es dort heißt: "Er war nicht wirklich ein Verwandter, sondern ein Freund beider Eltern, einer jener Onkel, welche die Kinder vorfinden, wenn sie die Augen aufschlagen ..." (Robert Musil 1957, Frühe Prosa und aus dem Nachlaß zu Lebzeiten, S. 263).

tag, dem 15.4.1942, weiter an seinem Roman. (Vgl. Karl Corino, a.a.O., und W. Berghahn, 1963, Robert Musil)

3. Das Schreiben der Unerzählbarkeit oder die Vereinigung der Diskurshälften

Musil beginnt 1921 mit der Arbeit an dem Roman, zuvor hatte er das Projekt schon jahrelang unter verschiedenen Arbeitstiteln - "Der Teufel", "Der Spion", "Die Zwillingsschwester" - mit sich herumgetragen. - Ich versuche, das Romangeschehen, soweit es in der von Musil autorisierten Fassung vorliegt, in der gebotenen Kürze zusammenzufassen. Dabei werde ich die Aspekte hervorheben, die mit dem Topos "Unerzählbarkeit" bzw. mit Musils Versuch, im Schreiben die engen Grenzen des Erzählbaren zu überschreiten, zusammenhängen.

Der Roman beginnt in Wien an einem schönen Augusttag des Jahres 1913, an seinem Ende läuft alles - auch in Kakanien, also in der KuK-Monarchie - auf den 1. Weltkrieg zu. Vor allem in den beiden ersten Teilen des Romans bildet die sogenannte "Parallelaktion" den Handlungsrahmen. In das Jahr 1918, so der fiktive Hintergrund, fiele zugleich das 70jährige Dienstjubiläum des Habsburger Monarchen Franz Joseph und das 35jährige des deutschen Kaisers Wilhelm II, Anlaß für Feierlichkeiten, die mit viel Sinn für Größe und zugleich mit Fingerspitzengefühl vorbereitet werden müssen. Sekretär des Vorbereitungskomitees für die Parallelaktion wird nach längerem Zögern Ulrich, der "Mann ohne Eigenschaften", "geschult am besten Wissen seiner Zeit, an Mathematik, Physik, Technik" (K. Corino, a.a.O., S. 12). Er trifft in dieser Tätigkeit mit einer ganzen Bandbreite von Repräsentanten der österreichischen Gesellschaft zusammen. Eine Reihe von Kapiteln besteht aus Gesprächen im Salon von Ermelinda Tuzzi, von Ulrich "Diotima" genannt, u.a., weil sie wie die Diotima im Gastmahl von Aristoteles die Liebe als Sehnsucht nach dem Schönen verkündet; er weist mit dem Namen auch ironisch auf Diotimas "hohe Gesinnung" hin, die in ihrer zur Schau getragenen Idealität etwas Gespreiztes, auch Leeres hat. Die Gespräche drehen sich um die altösterreichische Idee, wie ein Zusammenleben der ganzen Welt nach dem Muster der Monarchie unter dem Friedenskaiser vorstellbar und zu verwirklichen sei; Variationen über "die Rolle des Dichters in unseres Zeit" klingen teils prätentiös, teils ironisch, aber auch leidenschaftlich an.

Musils Erfindung und Ausgestaltung der "Parallelaktion" ermöglicht, daß sein Romanheld in Kontakt kommt mit Vertretern höchst unterschiedlicher geistiger und politischer Strömungen: Mit dem Grafen Leinsdorf, der für die Idee eintritt, einen Ausgleich zwischen Adel und Sozialismus herbeizuführen; mit dem preußischen Großindustriellen Arnheim, "Exponent der Idee von Macht auf Grund technischer Vollkommenheit, zugleich ästhetisch gebildet, Verehrer von Intuition und Mystik, ein neuer uomo universale, Objekt der Haßliebe für Ulrich." (K. Corino, a.a.O., S. 12) Dieser, beständig zwischen Anziehung und Ekel schwankend, bewahrt trotz allen intellektuellen Engagements und Kenntnisreichtums bezüglich der verschiedenen Geistesströmungen - man könnte auch sagen, zu der Ideenpsychologie bzw. der spezifischen Ideenpathologie der Vorkriegszeit - einen quasi diagnostischen Abstand, ja mehr als das, er scheint im Kern (außer kurzfristig durch Ekel) bei diesen Salongesprächen nicht wirklich berührt zu werden und spürt seine Andersartigkeit als Entfremdungszustand, den einer von Ulrichs Vorgängern, der Held der Novelle "Tonka", so beschrieb:

> "Aber alle diese Dinge hatten etwas Schiefes, Vornübergeneigtes, fast Fallendes in ihrer Aufrechtheit, sie erschienen ihm unendlich und sinnlos. Er drückte seine Augen, sah umher, aber es waren nicht die Augen. Es waren die Dinge. Von ihnen galt, daß der Glaube an sie früher da sein mußte als sie selbst; wenn man die Welt nicht mit den Augen der Welt ansieht und sie schon im Blick hat, so zerfällt sie in sinnlose Einzelheiten, die so traurig getrennt voneinander leben wie die Sterne in der Nacht." (Musil, 1957, S. 279)

Charakteristisch für den ganzen Roman ist die Mischung bzw. das Abwechseln von höchst unterschiedlichen Schreibstilen und damit verbunden Tönen und Tonarten. In den ersten Teilen dominieren Satire, Ironie und die essayistische Entwicklung, Brechung und der erneute Ansatz von Gedanken. Zwischen Ulrichs oder Musils Gedankenstrom - der jeweilige Sprecher ist aufgrund der Kontamination von Essayismus und fiktionaler Erzählung nicht immer zu benennen - zwischen den geistreichen und spöttischen, zuweilen auch höchst amüsanten und ironischen Kommentaren wird bei allen Vorbehalten einem Inhalt, einem Ideal, oder eben, einer *Eigenschaft* gegenüber, doch eine *Leidenschaft* für eine Utopie spürbar, die zunächst in Ulrichs Forderung an den Grafen Leinsdorf gipfelt: "Gründen Sie im Namen Seiner Majestät ein Erdensekretariat der Genauigkeit und Seele; alle anderen Aufgaben sind vorher unlösbar oder nur Scheinaufgaben!" (MoE 597) - Der 2. Teil endet, nachdem Ulrich die Nachricht vom Tod seines Vaters erhalten hat, in einem von diesem selbst verfaßten Brief: "Setze dich von meinem erfolgten Ableben in Kenntnis!" Ulrich ist tief befremdet von dem spontanen Gedanken: "Ich bin nun ganz allein auf der Welt - ein Ankertau ist zerrissen - ich steige auf!" - Der Tod des Vaters - wie bedeutungslos dieser auch zu seinen Lebzeiten aus der Perspektive des Sohnes dargestellt worden sein mag - bildet einen Wendepunkt im Roman.

Die Vision der Vereinigung von Ratio und Mystik, das Erreichen einer "taghellen Mystik" - auch "Anderer Zustand"[4] genannt - steht im 3. Teil des Romans, der mit der Rückkehr des Helden in sein Elternhaus, das er zum Begräbnis des Vaters aufsucht, und dem Wiederfinden der "vergessenen Schwester" beginnt, im Zentrum der Gespräche zwischen den Geschwistern, und der Erzählstil sowie der Ton ändern sich zunehmend auf subtile Weise. Zunächst beeindruckt (und befremdet) in ihren Gesprächen - zu der Kristallisation ihrer spezifischen Amoralität[5] passend - die Kühle und Spitzfindigkeit; doch allmählich entsteht in ihrem Sprechen ein poetischer, sich eindringlich ins Lyrische steigernder Ton.

---

[4]Die Sekundärliteratur zu diesem Topos ist sehr umfangreich, vgl. u.a. U. Karthaus (1965): Der andere Zustand. Zeitstrukturen im Werke Robert Musils. Berlin.

[5]Nach dem Tod des Vaters beginnt für die Geschwister eine "Überwindung" der überkommenen Moralgrenzen; Ulrich hatte zuvor die Moral des Vaters in ihrer inneren Entleertheit und Haltlosigkeit "durchschaut", weshalb auch sein letzter Wille verfälscht werden darf. Wichtiger als der materielle Vorteil ist dabei die "Erhebung" über moralische Maßstäbe, die sie als Ent-Bindung, als Fort-Schritt voreinander darstellen. Vgl. die Kapitel "Sie tun Unrecht", MoE 701-707, und "Das Testament, S. 792-802.

Dem ursprünglichen Konzept nach sollte das Romangeschehen mit der Begegnung zwischen den Geschwistern beginnen. In den veröffentlichten Teilen wird dieser Zeitpunkt immer weiter hinausgeschoben, während gleichzeitig mit jedem vollendeten Kapitel das noch unvollendete Projekt anwuchs und sich immer weiter von der "Reise ins Paradies", einem aus den 20er Jahren stammenden Kapitel, in dem es zum Inzest zwischen den Geschwistern kommt, entfernte.[6] In der vorliegenden Fassung umfaßt der Anteil mit Agathe, der Schwester, gerade ein gutes Drittel des Romans. Musil hatte sich gleichsam festgelegt, wie der Roman enden sollte, er konnte sich anscheinend weder von der Lösung, die ihm zunehmend unzulänglich vorkam, trennen, noch sich zu ihr stellen.

War Ulrich bis dahin Zuschauer, Registrator und Reflektorinstanz des Lebens als "Parallelaktion" gewesen, verliert er nun die letzten inneren Bindungen an die vom Vater repräsentierte Lebensordnung, die in engem Zusammenhang zu der obsoleten erzählerischen Ordnung steht. - Solange der Vater lebte, hatte Ulrich auch nicht zu seiner Schwester, die er seine "verlorene Eigenliebe" nennt, finden können; die traditionelle Begräbnisordnung, die Männer und Frauen trennt, ist das letzte symbolische Hindernis, das die väterliche Ordnung zwischen ihm und seiner Schwester aufrichtet. Während dieses Begräbnisses kommt es nun in Ulrichs Erleben zu einer letzten Überwindung der Illusion, daß es in der Ordnung des Vaters, die für das gleichgültige "Seinesgleichen geschieht" steht, irgendetwas von Wert und Bedeutung gäbe. Ihm fällt, während er hinter dem Leichenwagen hergeht, plötzlich ein, daß der Leichnam gestern noch in der Anatomie war:

> ... da rollte also hinter den Glasscheiben, die Ulrichs Bild zurückwarfen, ein unordentlich vernähtes Ding als Mittelpunkt der großen, schönen, feierlichen Einbildung mit (...) und so lösten die Einwände der Gegenwart sein Empfinden wieder in viele Einzelheiten auf, nachdem es sich einen Augenblick lang fast zu der glatten Schale eines lebenden Traums (des Traums, der Nachfolger des angesehenen Vaters zu sein, doch zur Generationenfolge zu gehören, eine Vorstellung, die sonst Ekel in ihm ausgelöst hatte - H. L.-G.) gerundet hatte. Er fühlte nur noch das Absurde, wirr sich Wiegende der menschlichen Ordnung und seiner selbst. (MoE 711)

Diese "letzte Loslösung" - hin auf dem Weg zur angestrebten Eigenschaftslosigkeit und zur "taghellen Mystik" - ist begleitet von einer im Roman bis dahin nicht vorhandenen Beziehungsqualität: In den Gesprächen zwischen den Geschwistern deutet sich an, daß der bis dahin unberührbar scheinende Held berührt ist; die Möglichkeit, tief ergriffen zu sein, wird im Sprechen über die Schriften von Meister Eckard erwogen (vgl. D. Goltschnigg, 1974, Mystische Tradition im Roman Robert Musils); die Gefahr, das endlich zu ahnende authentische Erleben wieder zu verlieren, wird gleichzeitig spürbar:

"Es war Frühling. Die Luft wie ein Netz. Dahinter etwas, was das Geflecht durchbog. Aber nicht hervorzubrechen vermochte. Sie kannten es beide und trauten sich nicht mehr davon zu sprechen. Sie wußten, im Augenblick, wo sie Worte dafür suchen würden ... wäre es tot. (...) Dann kam die liebende Angst

[6] Vgl. für die Auseinandersetzung um die Frage, ob Musil an dem Kapitelentwurf festgehalten hätte, wenn er den Roman zu Ende geschrieben hätte, u.a. A. Schöne und W. Rasch, in: Robert Musil. R. v. Heydebrand 1982 (Hg.).

über sie. Sie suchten einen Scherz, ein zynisches Wort; nur irgend etwas Gleichgültiges und Wirkliches; etwas, das im Leben häuslich und heimatberechtigt ist. Es ist einerlei, wovon man spricht. Jedes Wort fällt in die Stille, und im nächsten Augenblick blinken rings darum andere Wortleichen auf, wie die toten Fische massenhaft emporsteigen, wenn man Gift ins Wasser wirft. Die Ordnung der Worte in einen Zusammenhang der Wirklichkeit zerstört den tiefen Spiegelglanz, mit dem sie unausgesprochen über dem Unsagbaren liegen, und man kann ebensogut gleich vom Rechtsanwalt sprechen, statt von der Philosophie." (MoE 1639f.)

Diese Stelle vermittelt - stellvertretend für viele andere - einen Eindruck von dem intensiven Sog der Sehnsucht nach etwas Unaussprechlichem, umschreibbar als ein Erleben des mystischen "Innewerdens des Seins in der Unmittelbarkeit", das von der distanzierenden Sprache zerstört wird. - Das Geschehen außerhalb von Haus und Garten wirkt wie jenseits eines Schleiers, undeutlich und nicht mehr entscheidend für den Fortgang des Romans, vielleicht spielt es aber doch eine vergleichbare Rolle wie im Zitat "Scherz", "zynisches Wort", "Wirkliches" und "Gleichgültiges": Zwar ist es banal, aber doch ein Mittel, an der Wirklichkeit festzuhalten, nicht in einer Unio mystica den Kontakt zur Welt zu verlieren.

4. Das Texterleben als spezifische Deutungsmatrix

Durch die intensive Auseinandersetzung mit Musils Novelle "Tonka" (Musil, 1957, S. 251-287) war ich in gewisser Weise auf starke emotionale Reaktionen beim Lesen vorbereitet: Das dort auf stilistisch subtile Weise gestaltete latente Thema, daß es keinen festen Boden gibt, keine Verankerung, keine klare Perspektive, die es ermöglicht, irgendetwas zu erkennen, war mir auf irritierende Weise zunächst dadurch zugänglich geworden, daß manche Stellen ein körperliches Schwindelgefühl auslösten[7], verbunden mit Angst und dem Impuls, mich von dem Text abwenden und Halt in einem außertextlichen Erklärungsansatz suchen zu wollen.[8] Im Unterschied zu dieser Lektüreerfahrung war diejenige beim Roman "Der Mann ohne Eigenschaften" vor allem von starken Schwankungen gekennzeichnet, zwischen Faszination, Hineingezogenwerden und Mitfühlen auf der einen Seite und befremdender, manchmal geradezu hämischer Kritik, Distanzierung und Enttäuschung auf der anderen Seite, und immer wieder auch von belastenden Schuld- und Schamgefühlen, die damit zusammenhingen, dem Roman beim Lesen und schon gar Verstehenwollen nicht gerecht werden zu können - obwohl mir bewußt war, daß Verstehen und Deuten eines literarischen Textes angesichts der Unabschließbarkeit der Bedeutungen grundsätzlich begrenzt und unzulänglich bleiben. So erschien mir die er-

[7]Eine Art Erkenntnisverfall kommt in bezug auf die tief berührende Frage von sexueller Treue z.B. dadurch zustande, daß die grundlegenden Täuschungsmöglichkeiten, etwas Eingebildetes für wirklich und etwas Wirkliches für nur eingebildet zu halten, durch die Verbindung mit "und" ineinsgesetzt werden. Dadurch gelingt es Musil, eine Verwirrung von innen und außen, zwischen psychischer und äußerer Realität in der Sprache stattfinden zu lassen, ohne ihr gleichsam "psychotisch" zu erliegen.

[8]Vgl. dazu ausführlicher H. Lahme-Gronostaj 1989, Einbildung und Erkenntnis bei Robert Musil und im Verständnis der "Nachbarmacht" Psychoanalyse, Würzburg.

wähnte Kritikneigung auch wie ein Schutz vor dem besonders gesteigerten Gefühl des Ungenügens.

Um meine emotionalen und gedanklichen Reaktionen auf den Roman teilweise analysieren und für die Deutung einiger Bedeutungsaspekte nutzen zu können, erschienen mir bestimmte grundsätzliche literaturwissenschaftliche Überlegungen über die Funktionsweise von Texten hilfreich. Üblicherweise rührt die Illusion des "Wie wirklich" beim Lesen eines fiktionalen Textes aus der scheinbaren Präsenz des Sprechers bei einer Er-Erzählung; formal gehört der Roman zu dieser Textkategorie. Diese "Präsenz" muß nicht eigens ausgestaltet oder vorgespiegelt werden, etwa in einer expliziten Erzähler-Figur; für das Funktionieren des Erzähltextes reicht es aus, daß die Abwesenheit des Erzählers nicht benannt wird. Die erzählerische Ordnung, deren Einhaltung "den eigentümlich schwebenden Charakter des Mimetischen und die ambivalente Haltung des Lesers, der das Geschilderte nicht für wahr nimmt und sich dennoch davon ergreifen läßt, als nähme er's für bare Wirklichkeit," (P. Henninger, 1976, Schreiben und Sprechen, S. 87) erzeugt, nötigt dem Autor u.a. eine Einteilung in Er- oder Ich-Erzählung auf. Er muß sich gleichsam entscheiden, ob seine Figuren als Besprochene (Er-Form) oder Besprechende (Ich-Form) erscheinen. (Vgl. ders. 1981, Der Text als Kompromiß, S. 405; und T. Todorov, Poetik, in: F. Wahl, Hg., 1973) Wir erzeugen als Leserin und Leser ständig und unbemerkt - wenn die Illusion nicht zunichte gemacht wird - die Imagination einer "Person", die uns etwas mitteilt und in einem geschriebenen Text die konkrete sprechende Person ersetzt.[9]

Stiluntersuchungen zeigen, daß Musil wohl in keinem seiner Texte die übliche Einteilung in Erzählsituationen durchgängig einhält. (Vgl. P. Henninger, 1981) Im Roman ist es die abwechselnde und häufig unentwirrbar verquickte Verwendung von essayistischem Stil (der Modus des Besprechens eines Themas) und traditioneller Er-Erzählform (der Modus des Besprochenwerdens durch eine imaginäre Erzählinstanz), die systematisch ein gerade entstandenes Gefühl des "Wie wirklich", das Grundelement der erzählerischen Ordnung, zerstört. Hierdurch wird nahezu durchgängig eine Doppeldeutigkeit erzeugt: Die Leserin, der Leser fühlt sich in einem Moment unmittelbar mit der imaginierten Person "Robert Musil" (als Essayist) konfrontiert, verliert die in der inneren Vorstellungswelt zuvor entstandenen fiktionalen Figuren, um gleich darauf - beim Wiedereinsetzen der Romanhandlung - bei dem Versuch, die komplizierte Gedankenwelt des Autors (oder auch eines impliziten Ich-Erzählers) zu verstehen, wieder unterbrochen bzw. verwiesen zu werden. Diese beständigen Brüche im Erzählen lassen immer wieder spürbar werden, daß der Aussagevorgang, das Romanschreiben selber, zum eigentlichen Thema geworden ist; das Heimisch-Werden in der erzählten Welt - "der ewige Kunstgriff der Epik, mit dem schon die Kinderfrauen ihre Kleinen beruhigen", (MoE 650) wird verwehrt.

[9] Wie zwingend diese Voraussetzung ist, um nicht aus dem fiktionalen Geschehen "auszusteigen", wird deutlich, wenn wir in Musils Erzählung "Die Amsel" - R. Musil 1957, S. 366-380 - von Tatbeständen erfahren, die der Ich-Erzähler nicht wissen kann, und auch keine auktoriale Rahmenerzählung diese "Textanomalie" auffängt: Die Fiktionalität bzw. der "Glaube" an das "wie wirklich" ist plötzlich gestört, wenn es nicht beim Leser zu einer unbemerkten Textreparatur kommt. Wie häufig letzteres der Fall ist, zeigt P. Henninger z.B. detailliert an Übersetzungen von Musil-Texten, wo solche "Normalisierungen" häufig stattfinden. (1976, bes. S. 62ff.)

Wie gesagt, wird die Abwesenheit eines Sprechers in der Erzählform verleugnet. Man kann die genannten "Textanomalien" bei Musil als Ausdruck der "produktiven Unfähigkeit" oder auch Weigerung, diese Verleugnung aufrechtzuerhalten, auffassen: Die Einsamkeit dessen, der schreibt, wird unerbittlich deutlich, je mehr der tröstliche Schein - *von* jemandem/über etwas *zu* jemandem zu sprechen - vergeht; in diese Einsamkeit und in die Brüchigkeit der Möglichkeit, etwas/sich zu verstehen, wird der Leser hineingezogen.

Wir können bei Musil eine gesteigerte Sensibilität für die Stellen im Erzählerischen annehmen, an denen gemeinhin Lücken und Risse gnädig verhüllt werden, um Ordnung, Sinn und die "Illusion" der Erkennbarkeit und der grundsätzlichen Möglichkeit, sich über das Erkannte zu verständigen, herzustellen. Seine spezifische Weise, essayistischen Stil und Er-Erzählung ununterscheidbar ineinanderzuschreiben, ist Teil der Verwirklichung seines bewußten Zieles, bis zu den Grenzen der Sprache vorzudringen. Dabei ist die Differenz zwischen Dargestelltem und Darstellung, zwischen Signifikat und Signifikant, nicht aufhebbar; intrapsychisch bedeutet eine Aufhebung dieser Differenz einen Verlust der Symbolisierungsfähigkeit bzw. einen psychotischen Zusammenbruch. Der Doppelcharakter der sprachlichen Verfaßtheit - zum einen ein beglückendes Erlebnis benennen und sprachlich festhalten zu können, gleichzeitig aber die Trennung vom "Sein in der Unmittelbarkeit" zu dokumentieren (vgl. P. Widmer, 1984, Zum Problem des Todestriebes, Psyche, 38. Jg., S. 1059-1082), bedeutete für Musil eine schmerzliche, zeitweilig unerträgliche Spannung: Der immer bleibende unaussprechbare Rest wuchs für ihn mit jedem geschriebenen Wort, und seine bewußte Annäherung an den Grenzwert der Sprache diente dem Wunsch nach Überwindung der trennenden Sprach-Grenze.

In seiner Studie "Ohne Eigenschaften" legt J. Schmidt (1975, hier S. 46-53) dar, daß eine sich an Meister Eckart anlehnende mystische Theorie den Roman durchzieht. Dem Eigenschaftslos-Werden als Loslösungsprozeß entspricht im Formalen die fortlaufende Aufhebung der Repräsentanz-Funktion, das Unterlaufen der sich eben bildenden "Vorstellungswelt" im Text. Die allgemeine Tendenz des Lebens, unerzählerisch-abstrakt zu werden und die Auflösung des Sinn-Fadens können nach Musil nicht aufgehalten werden, sondern in ihrer radikalen Annahme und Steigerung liegt die Möglichkeit zum Sein im "anderen Zustand": Die "Reise an den Rand des Möglichen" (MoE 761), welche in die inzestuöse Liebe führt. Der Geschwister-Inzest kann als Symbol für das angestrebte Jenseits der erzählerischen Ordnung bzw. für die vollkommene Vereinigung der getrennten Diskurshälften, die für Ratio und Mystik, für Wirklichkeits- und Möglichkeitssinn, stehen, aufgefaßt werden. Das mystische "Sehen ohne Licht" und das "Hören ohne Laut" (vgl. MoE 752) wäre in der Literatur die *absolute* Darstellung, ein vollkommenes Medium,

> das die Vermittlung ohne mediale Beimischung zu leisten vermag. Die absolute Darstellung ist gewissermaßen eine Membran ohne Trägheitsfaktor und ohne Widerstand, die dem "erkennenden" Gefühl den reinen Durchgang in den idealen Bereich der "wirklichen Wirklichkeit" gestattet. (J. Schmidt, a.a.O., S. 83)

Der Inzest als Symbol für eine vollkommene Kongruenz von Aus-Sprechen und Inne-Werden des Seins käme einer Diskurs-Einstellung (Ent-Sprechung) gleich, würde somit zugleich aufheben, was er symbolisiert. Musils Skepsis dieser Beendigung gegenüber ist wohl eine der Ursachen für die Unvollendetheit des Romans; gleichzeitig scheint er in seinem Verlauf fortwährend vorangetrieben zu werden von einer in der Geschwisterbeziehung auftauchenden Utopie von einem Leben jenseits aller Vorspiegelungen, einer Neuerfindung des Menschen, der in der Wahrheit und der Liebe zugleich ist, dessen Denken und Fühlen eins sind. Nebeneinander stehen so eine aufs Äußerste gesteigerte Sensibilität für falsche Vorspiegelungen von Sinn, Ordnung, auch Glück - und die sehnsüchtig-intellektuelle Suche nach dem Leben in der Wahrheit.

Mit einem abschließenden Gedanken komme ich noch einmal auf das Verhältnis von Literatur und Psychoanalyse zurück im Hinblick auf den Einfluß, den es auf Musil gehabt haben mag. Es ist fast tragisch zu nennen, wie nachhaltig sich Musil durch die hellsichtig erkannte Affinität seiner Forderung nach "Genauigkeit in Fragen der Seele", die er in seinem Roman erfüllen wollte, zur "finster lockenden und drohenden Nachbarmacht" Psychoanalyse in den ihm eigenen poetischen Erkenntnismöglichkeiten hat verunsichern lassen:

> "Heute schon sagt man mir mit den paar Worten asthenischer, schizothymer Typus mehr als mit einer langen individuellen Beschreibung. Die Literatur wird um diese Abkürzung nicht herumkommen (...) Die Wissenschaft nimmt ihr Terrain ab, die Psychoanalyse ist nur so lange finster drohende und lockende Nachbarmacht für den Dichter als er wenig von ihr versteht und sie ein Durcheinander von wissenschaftlicher Genialität und Journalismus bildet. Sobald ein psychologisches Gebiet erklärt ist, wird es ebensowenig dichtbar sein wie eine umständliche Beschreibung der Wunder einer Elektrisiermaschine." (GW II, S. 1404)

Möglicherweise hat die erdrückend empfundene Nähe bewirkt, daß er sich im Vergleich zu seiner sonstigen Arbeitsweise ungewöhnlich fragmentarisch mit der Psychoanalyse auseinandergesetzt hat. In den Jahren seiner peinigendsten Arbeitsstörungen (1926/27) machte er eine Art Verhaltenstherapie bei dem Adler-Schüler Dr. Hugo Lukács. Dabei hatte er im Tagebuch notiert, daß er immer deutlicher spüre, daß seine Hemmungen in den Bereich der Psychoanalyse fallen. (Vgl. J. Cremerius, 1979 und Karl Corino, 1988, S. 338ff.) Er konnte auf diese Weise weder ein realistisches Bild von dem damaligen Theoriestand der Psychoanalyse entwickeln, noch selbst von ihren Erkenntnissen therapeutisch profitieren.

Musil hat sich die nachträgliche Würdigung, die er von psychoanalytischer Seite bekommen hat, sicher nicht träumen lassen. Vielfach ist betont worden, daß er Tiefenschichten des Erlebens von Menschen in seinem Roman gestaltet, bei denen Psychoanalytiker heute eine narzißtische Persönlichkeitsstörung mit den spezifischen Störungen im Erleben von sich selbst und anderen, die tiefgreifende Störungen in der Beziehungsfähigkeit verursachen, diagnostizieren würden; ihm ist eine facettenreiche Innenschau gelungen zu einer Zeit, als die Konzepte der Entwicklung des Narzißmus noch in den Anfängen steckten. (Vgl. u.a. J.-P. Cometti, 1985, Psychoanalyse und Erzählung; Cremerius, a.a.O.: P. Dettmering, 1981, Narzißtische Konfigurationen in Robert Musils "Der Mann ohne Eigenschaften", in: Psyche, 35. Jg., S. 1122-1134; H. Lahme-Gronostaj a.a.O.)

Gerade in den letzten Jahren hat sich in der Psychoanalyse das Interesse am Zusammenhang von Denken und Fühlen und damit an einer "psychoanalytischen Erkenntnistheorie" intensiviert, was sich auch in einer gesteigerten Rezeption der Strömung in der englischen Psychoanalyse zeigt, die zumeist als

Weiterentwicklung der Freudschen und Kleinianischen Psychoanalyse aufgefaßt wird und mit den Theorien von W. R. Bion verknüpft ist.[10] Musils besonderes Interesse galt den subjektiv-persönlichen Bedingungen der Möglichkeit, etwas als "wahr", stimmig, überzeugend, wirklich zu erleben. Er macht auf den Aspekt aufmerksam, daß sich kein Gefühl für Echtheit und Sinn entwickeln kann, "wenn man die Welt nicht mit den Augen der Welt ansieht und sie schon im Blick hat ..." (Musil, 1957, S. 279). Das Erleben der Getrenntheit ist, wie auch immer mit Schmerz verbunden, nur zu ertragen, wenn zuvor die affektiv-subjektiv "wahre" Illusion entstehen konnte, zur Sphäre des primären Objekts zu gehören, und wenn zuvor die eigenen Affekte aufgrund gelungener Spiegelungs- und Austauscherfahrungen sowohl als "wirklich" als auch als erträglich erlebt werden konnten, durch die Containing-Funktion der Mutter, die das Kind nach und nach verinnerlichen kann. (Vgl. dazu die Theorie zur Entstehung des Denkens und der Erkenntnisfähigkeit bei Bion, z.B. in "Learning from Experience" 1962 bzw. "Lernen durch Erfahrung" 1990; "Elements of Psycho-Analysis" 1963 bzw. "Elemente der Psychoanalyse" 1992; ders. in Elizabeth Bott Spillius, 1990 (Hg.), Melanie Klein heute, Eine Theorie des Denkens, S. 225-235) Die desillusionierende Bezogenheit der Mutter auf einen Dritten ist ebenfalls nur unter diesen Voraussetzungen wirklich annehmbar. Musil ermöglicht einen besonderen Einblick in die innere Verfassung seines Helden, die von einer großen Sehnsucht nach und gleichzeitig Angst vor seinen eigenen, als wirklich erlebten Gefühlen und als überzeugend empfundenen Gedanken geprägt ist, und von einer großen Einsamkeit hinter der intellektualisierenden Distanz. Erst das Erleben, in einer fundamentalen Weise "wirklich" zu sein, sich zu spüren, ermöglicht das Aufgeben eines absoluten Anspruchs auf Erkenntnis, die im Roman als Vision von einer unio mystica aufschien, und damit das Zulassen der kränkenden Erkenntnis, daß in allem Erkennen ein Nichterkennen enthalten ist - die Position der depressiven Position bei Melanie Klein, oder auch schon viel älter, bei Sokrates.

Literatur:

Berghahn, W. (1963): Robert Musil. Reinbek bei Hamburg: Rowohlt, 1973.

Bion, W.R. (1962): Learning from Experience. Deutsch 1990, Lernen durch Erfahrung. Frankfurt/M.: Suhrkamp.

Bion, W.R. (1963): Elements of Psycho-Analysis. Deutsch 1992, Elemente der Psychoanalyse. Frankfurt/M.: Suhrkamp.

Bott-Spillius, E. (Hg., 1990): Melanie Klein Heute. Entwicklungen in Theorie und Praxis. Band I: Beiträge zur Theorie.

Breuer, H. (1985): Freuds kunstpsychologische Methoden. In: Psyche, 39. Jg., 577-591.

---

[10] Eine bereits 1973 in englischer Sprache publizierte Einführung in das Werk von W. R. Bion wurde erst kürzlich in deutscher Sprache veröffentlicht: Léon Grinberg, Dario Sor, Elizabeth Tabak de Bianchedi 1993, W.R. Bion. Eine Einführung. Stuttgart/Bad Cannstatt (fromann-holzboog).

Chasseguet-Smirgel, J. (1972): Letztes Jahr in Marienbad. Zur Methodologie der psychoanalytischen Erschließung des Kunstwerks. In: Mitscherlich, A. (Hg.), Psychopathographien I, Frankfurt/M., 182-213.
Cometti, J.-P. (1985): Psychoanalyse und Erzählung. In: Musil-Studien 13, hg. von Josef und Johann Strutz, München.
Corino, K. (1988): Musil. Leben und Werk in Bildern und Texten. Reinbek bei Hamburg: Rowohlt.
Cremerius, J. (1979): Robert Musil. Das Dilemma eines Schriftstellers vom Typus "poeta doctus" nach Freud. In: Psyche, 33. Jg., 733-772.
Dettmering, P. (1981): Narzißtische Konfigurationen in Robert Musils "Der Mann ohne Eigenschaften". In: Psyche, 35. Jg., 1122-1134.
Freud, S. (1895): Studien über Hysterie, GW Bd. I, 99-312.
Freud, S. (1900): Die Traumdeutung, GW Bd. II/III.
Freud, S. (1907): Der Wahn und die Träume in W. Jensens Gradiva, GW Bd. VII, 29-125.
Freud, S. (1908): Der Dichter und das Phantasieren, GW Bd. VII, 211-223.
Freud, S. (1917): Eine Kindheitserinnerung des Leonardo da Vinci, GW Bd. XII.
Freud, S. (1919): Das Unheimliche, GW Bd. XII, 227-268.
Freud, S. (1928): Dostojewski und die Vatertötung, GW Bd. XIV, 397-418.
Goltschnigg, D. (1974): Mystische Tradition im Roman Robert Musils. Martin Bubers "Ekstatische Konfessionen" im "Mann ohne Eigenschaften". Heidelberg.
Grinberg, L., Sor, D., Tabak de Bianchedi, E. (1973): W. R. Bion. An Introduction. Deutsch Stuttgart/Bad Cannstatt: fromann-holzboog, 1993.
Henninger, P. (1976): Schreiben und Sprechen. Robert Musils Verhältnis zur Erzählform am Beispiel von "Drei Frauen" und "Die Amsel". In: Modern Austrian Literature. Heft 3 und 4, 57-99.
Henninger, P. (1981): Der Text als Kompromiß. Versuch einer psychoanalytischen Textanalyse von Musils Erzählung "Tonka" mit Rücksicht auf Jacques Lacan. In: Psychoanalytische und psychopathologische Literaturinterpretation. Hg. Bernd Urban und Winfried Kudszus, Darmstadt 1981.
Heydebrand, Renate von (Hg.): Robert Musil. Darmstadt 1982.
Holland, N. (1973): Poems in Persons. An Introduction to the Psychoanalysis of Literature. New York.
Iser, W. (1972): Der implizite Leser - Kommunikationsformen des Romans von Bunyan bis Beckett. München: Uni-Taschenbücher 163.
Iser, W. (1976): Der Akt des Lesens - Theorie ästhetischer Wirkung. München: Uni-Taschenbücher 636.
Jauß, H. R. (1982): Ästhetische Erfahrung und literarische Hermeneutik. Frankfurt/M.: Suhrkamp, 1984.
Karthaus, U. (1965): Der andere Zustand. Zeitstrukturen im Werke Robert Musils. Berlin
Lahme-Gronostaj, H. (1989): Einbildung und Erkenntnis bei Robert Musil und im Verständnis der "Nachbarmacht" Psychoanalyse, Würzburg: Königshausen + Neumann.
Leuzinger-Bohleber, M. (1995): Psychoanalytische Überlegungen zu Elfriede Jelineks "Lust". Kurzvortrag auf der 19. Arbeitstagung Literatur und Psychoanalyse am 10./11.2.95 in Freiburg, erscheint 1996.
Mahler-Bungers, A. (1988): Der Trauer auf der Spur - Zu Elfriede Jelineks "Die Klavierspielerin". In: Masochismus in der Literatur, Freiburger literaturpsychologische Gespräche Bd. 9, Würzburg: Königshausen + Neumann.
Musil, R. (1955): Tagebücher, Aphorismen, Essays und Reden. Gesammelte Werke in Einzelausgaben, Hg. Adolf Frisé, Hamburg.
Musil, R. (1957): Frühe Prosa und aus dem Nachlaß zu Lebzeiten, Hamburg: Rowohlt Verlag, 1983.
Musil, R. (1978): Der Mann ohne Eigenschaften. Bd. 1 und Bd. 2, Sonderausgabe. Hg. Adolf Frisé. Reinbek bei Hamburg: Rowohlt Verlag, 1984.
Musil, R.: Gesammelte Werke Band 1 und Band 2, Hg. Adolf Frisé.

Pietzcker, C. (1983): Einführung in die Psychoanalyse des literarischen Kunstwerks. Würzburg: Königshausen + Neumann.

Rasch, W. (1982): "Der Mann ohne Eigenschaften". Eine Interpretation des Romans. In: Robert Musil. Hg. von Renate von Heydebrand. Darmstadt.

Schmidt, J. (1975): Ohne Eigenschaften. Eine Erläuterung zu Musils Grundbegriff. Tübingen.

Schöne, A. (1982): Zum Gebrauch des Konjunktivs bei Robert Musil. In: Robert Musil. Hg. von Renate von Heydebrand. Darmstadt.

Starobinski, J. (1973): Psychoanalyse und Literatur. Frankfurt/M..

Strenger, C. (1991): Between Hermeneutics and Sciene. An Essay on the Epistemology of Psychoanalysis. New York: Int. Univ. Press.

Todorov, T. (1973): Poetik. In: Einführung in den Strukturalismus. Hg. von F. Wahl, Frankfurt/M..

Widmer, P. (1984): Zum Problem des Todestriebes. In: Psyche, 38. Jg., 1059-1082.

Ethnische Homogenität und Gewalt. Zur Psychoanalyse von Ethnozentrismus, Fremdenhaß und Antisemitismus.[1]

Werner Bohleber

1. Einleitung

Die aktuelle Debatte um Fremdenfeindlichkeit und die politische Integration von Ausländern scheint derzeit, nach der oft fahrlässig angeheizten Auseinandersetzung um die Asylfrage, eher in eine Phase des Desinteresses überzugehen. Im Wahljahr 1994 trat die Politik aus Sorge vor einer erneuten Eskalation fremdenfeindlicher Gewalt und dem Wahlverhalten der Bürger mehr oder weniger den Rückzug aus den explosiven Themenbereichen von Migration, Integration und Minderheiten an. Die Bürger hatten eine irrationale Angst vor den Fremden und die Politiker vor einem nach rechts abdriftenden Wahlverhalten der Wähler (Bade, 1994).

Die Öffentlichkeit hat sich mehr und mehr an die fremdenfeindliche Gewalt gewöhnt. Was bis vor kurzem noch Entsetzen ausgelöst hat, wird heute in der Berichterstattung eher beiläufig wie eine Unfallstatistik registriert. Obwohl seit über einem Jahrzehnt deutlich geworden ist, daß die Bundesrepublik gesellschaftlich und kulturell ein Einwanderungsland neuen Typs geworden ist, sucht die offizielle Politik diese Realität weiterhin mit der Formel zu verleugnen, die Bundesrepublik sei kein Einwanderungsland. Mittels einer Sicherheitspolitik der Abschottung versucht man, das Problem unsichtbar zu machen, indem das Elend der Flüchtlinge an den Ostgrenzen oder auf dem Flughafen in Frankfurt abgefangen wird. Unmenschliche Abschiebepraktiken beschäftigen kaum noch die Öffentlichkeit.

Aber ungelöste oder verdrängte Probleme steigern eher die latente Angst und die Aggressivität. Der Migrationswissenschaftler Klaus Bade hat kürzlich darauf hingewiesen, daß bei all den vielen wissenschaftlichen Deutungen von Fremdenangst und Fremdenfeindlichkeit oft das Kernproblem nur am Rande vorkam, nämlich die politische Gestaltung von Einwanderung, Integration und Minderheitsfragen. Weil politische Lösungsansätze ausblieben, habe die Desorientierung der Bevölkerung in diesem Bereich zugenommen. Die greifbare Realität der Einwanderung bei gleichzeitiger Tabuisierung dieser Tatsache verschärfte die Ängste der Menschen und lähmte Weiterentwicklungen.

Abgesehen von den aktuellen Verursachungen gründen diese Ängste und Abwehrhaltungen der Bevölkerung ebenso wie die politische Immobilität in einer lange bestehenden kollektiven Mentalität. Im Grunde gilt es derzeit ein Problem zu lösen, das seit ca. 200 Jahren besteht. Die völkisch romantische Auffassung von der deutschen Nation im frühen 19.Jahrhundert stellte den

---

[1] Vortrag an der Gesamthochschule Kassel am 28. Juni 1995.

Ethnos des Deutschen gegen den von der Französischen Revolution geprägten republikanischen Demos.

Das Mißlingen der politischen Emanzipation und die Enttäuschung demokratischer Hoffnungen in der ersten Hälfte des 19. Jahrhunderts entpolitisierte die Nationauffassung in Deutschland und verschaffte einem naturalisierten und biologisierten völkischen Nationalismus die Oberhand.

Im späten 19. Jahrhundert verschärfte sich der Nationalismus zu einer nationalistischen und antisemitischen Agitation gegen das Fremdartige. Im Nazi-Reich eskalierte er zu einer Vernichtung des "Artfremden". Dieses belastende Erbe bildet den Untergrund für die heutige Debatte. Die Bundesrepublik erbte als ein liberaler Verfassungsstaat zugleich die von den Nazis erst über Ahnenpässe, Vertreibung und Holocaust geschaffene ethnisch homogene Abstammungsgemeinschaft der Staatsbürger. Staatsverständnis und Staatsbürgerrecht der Bundesrepublik wurden weit völkischer eingefärbt als zuvor in Weimar oder im zweiten Kaiserreich (Oberndörfer, 1994). So erwachsen auch heute noch Xenophobie aber auch Xenophilie auf dem Boden eines historisch gestörten Verhältnisses gegenüber den Fremden.

Diese einleitenden Bemerkungen sollten auch verdeutlichen, daß eine angemessene psychoanalytische Erforschung der Xenophobie beide Dimensionen im Auge behalten muß, einerseits das psychologisch Allgemeine des Verhältnisses von Eigenem und Fremden, andererseits die historische Erbschaft des völkischen und rassistischen Nationalismus. Sie wird individuell über die transgenerationellen Identifizierungen und kollektiv im gesellschaftlichen Unbewußten weitervermittelt. In meinem Beitrag versuche ich, beiden Dimensionen Rechnung zu tragen.

Das Verstehen der unbewußten Gründe des eigenen und fremden Seelenlebens bildet die Basis, aus der die Beiträge der Psychoanalyse erwachsen. Fremdenhaß, Antisemitismus und Nationalismus sind komplexe, vielfach determinierte Phänomene, die einer interdisziplinären Kooperation bedürfen, um angemessen verstanden zu werden. Die Psychoanalyse muß die Eigenständigkeit des Sozialen beachten, was aber ihr Vermögen nicht schmälert, die Anziehungskraft, die Rassismus und Nationalismus auf den einzelnen ausübt, und die außerordentlich starken Affekte, die mit ihm und dem Fremdenhaß verbunden sind, auf unbewußte Faktoren zurückzuführen und psychologisch zu erklären. Bei der Erklärung von nationaler Identität und Nationalismus hatten die Historiker und Politologen bisher die Affekte kaum berücksichtigt. Jedoch die politischen Umwälzungen der letzten Jahre bieten eine reichhaltige Anschauung dafür, daß kollektive Emotionen ein bedeutender politischer Faktor sind. Der Pogrom fängt bekanntlich in den Köpfen an. Leon Poliakov schreibt über den Rassismus: "Sie (die Rassenidee, W.B.) muß tiefgreifende Wurzeln in unserem Unbewußten haben, weil es so schwierig ist, überhaupt nie rassistisch zu denken, und weil bekanntlich im allgemeinen kein vernünftiges Argument das Rassenvorurteil überwinden kann"(1976, S.180).

Darüber hinaus gibt uns die Verbindung von Nationalismus und Fremdenhaß weitere Fragen auf. Nicht nur die Verankerung von Fremdenhaß und Rassismus in der privaten Psyche ist zu klären, sondern auch der Zusammenschluß von Menschen mit diesen Vorurteilsstrukturen zu einem homogenen Kollektiv und die Destruktivität, die dadurch entsteht. Auf der psychologischen Ebene ist die entscheidende Frage, welche Dynamik es ermöglicht, solche Kräfte gewaltiger Aggression gegen andere Menschen zu mobilisieren.

Die Psychoanalyse erforscht die unbewußten Kräfte im Menschen, und eine tiefer schürfende Analyse legt offen, daß in den Vorurteilen gegen Fremde und in nationalen Symbolwelten, die zudem durch geschichtliche Ereignisse mit Bedeutung überladen sind, archaische Wünsche und unbewußte Phantasien Ausdruck finden. Weil sich in ihnen Impulse und Bedürfnisse manifestieren, die allen Menschen gemeinsam sind, haben sie eine solch starke Anziehungskraft.

Meine Überlegungen gehen von der individuellen Psyche aus, darauf aufbauend werde ich mich dann mit der Gruppenpsychologie und der Analyse kollektiver Symbolwelten beschäftigen. Ich beginne mit der Dynamik von Eigenem und Fremdem, um dann einige der wichtigsten kollektiven unbewußten Phantasien zu beschreiben, die wir im Zusammenhang von Fremdenhaß und Nationalismus vorfinden.

2. Fremdenangst

Die seelische Basisdynamik des Erlebens von Eigenem und Fremdem entsteht schon früh im menschlichen Leben. Anders als die Ethologie, die in der Fremdenfurcht eine angeborene anthropologische Konstante sieht, verbindet die Psychoanalyse die Fremdenfurcht des Säuglings mit der Beziehung zur Mutter. Wie Beobachtungen zeigen, entwickeln Säuglinge unterschiedlich intensive Angst vor Fremden. Der Fremde ist einerseits jemand Neues, Interessantes und damit anziehend und begehrenswert, andererseits aber auch verunsichernd und furchterregend. Welche der beiden Regungen vorherrscht, hängt sehr eng von der Qualität der Bindung an die Mutter ab. Schon die klassischen Untersuchungen von René Spitz haben diesen Zusammenhang klar aufgezeigt: "Wenn jedoch ein Fremder sich dem acht Monate alten Kind nähert, wird es in seinem Wunsch enttäuscht, die Mutter wieder zu haben. Die auftretende Angst ist also nicht eine Reaktion auf die Erinnerung an eine unangenehme Erfahrung mit einem Fremden; sie ist eine Reaktion auf die Wahrnehmung, daß das Gesicht nicht mit den Gedächtnisspuren vom Gesicht der Mutter übereinstimmt" (1965, S. 172). Das Kind vergleicht und der Fremde bekommt zu spüren, daß er nicht die vertraute Mutter ist. Margret Mahler und ihre Mitarbeiter (1975) haben diese Forschungen bestätigt. Verläuft die Beziehung zur Mutter befriedigend, so wendet sich das Kind mit einer vertrauensvollen Erwartung der Umwelt zu und erforscht den Fremden mit Neugier und Verwunderung. Zwischen Urvertrauen und Fremdenangst besteht eine reziproke Beziehung. Ein fremdelndes Kind scheint sich des inneren vertrauten Bildes der Mutter nicht sicher zu sein. Die frühe Fremdenfurcht ist somit im Kern Trennungsangst und Angst vor Objektverlust.

Dieser Ursprung des Erlebens von Eigenem und Fremdem bestimmt die weitere Ausformung der Fremdenrepräsentanz im Laufe der seelischen und sozialen Entwicklung. Vor allem in der Adoleszenz wird diese ursprüngliche Dynamik wieder seelisch aktualisiert. Der Jugendliche ist vor die Aufgabe gestellt, sich von der eigenen Familie zu lösen. Dabei repräsentiert der Fremde und seine Welt für den Jugendlichen das, was er in der Zukunft vor sich hat. Der Fremde verschafft ihm eine Vorstellung von dem Anderen, Neuen, das er erreichen will und wirkt anziehend und faszinierend. Aber auf der anderen Seite verschärft die Erfahrung des Fremden auch die adoleszente Trennungsangst. Ein labiles inneres Gleichgewicht und eine unsichere Selbst-Identität werden eine intensive Fremdenangst zur Folge haben. Die Ursachen von Fremdenhaß sind demnach nicht in den Fremden zu suchen, sondern eigene Probleme führen zur Abwehrreaktion gegen ihn. Später wird der Fremde den Erwachsenen unbewußt daran erinnern, daß er etwas verloren hat, nämlich die narzißtische Vereinigung mit der frühen Mutter. In der kollektiven Imagination ist dies mit dem Begriff der Heimat verknüpft. Dessen affektive Konnotationen führen genau in diese unbewußte Wunschwelt zurück, mit der Mutter vereint zu sein. Heimat ist insofern psychologisch eine raumzeitliche Vorstellung des Verlustes (D. Claussen), die mit Sehnsucht besetzt als regressiv-imaginäres Phantasma eine mächtige Anziehungskraft entfalten kann.

3. Die seelische Entlastungsfunktion des Fremden

Im Laufe der Entwicklung lernt das Kind, welche seiner eigenen Wünsche und Strebungen es als zu sich gehörig betrachten will und welche nicht. Die abgewiesenen, aus dem bewußten Innenraum vertriebenen Vorstellungen und Regungen siedeln sich im Unbewußten als einer Art innerem Ausland an. Lebensgeschichtlich erhält das Fremde somit die Bedeutung des verdrängten Eigenen. Sigmund Freud (1919) beschreibt in seiner Arbeit über "Das Unheimliche", wie das Heimlich -Heimelige in Unheimliches übergehen kann. Die Heimat ist kein sicherer Hort gegen alles Fremde. Das Fremde wird ausgestoßen, weil es sonst das Heimatgefühl zu überwältigen droht. Freud hat allerlei überwundene Vorstellungen des Kulturmenschen, verdrängte infantile Komplexe und abgelegte primitive Überzeugungen aus dem Unheimlich-Heimeligen hervorgezogen. Während die Verdrängung sie fremd und unheimlich gemacht hat, droht die Begegnung mit dem realen Fremden diese Abwehr zu schwächen und die eigenen festen Grenzen aufzulösen. Der Fremde stellt somit einen Angriff auf das seelische Gleichgewicht dar. Anstatt diese Labilisierung zu ertragen, neigen wir dazu, den Fremden dafür verantwortlich zu machen.

Wir mißtrauen dem Fremden, weil er seine angestammte Ordnung und Heimat verlassen hat. Er erinnert uns an unser eigenes inneres Ausland. Indem wir ihn unbewußt in einen grenzüberschreitenden gefährlichen Repräsentanten des Chaotischen und Archaisch-Wilden verwandeln, schieben wir ihm all das zu, was uns in uns selbst nicht genehm ist. In seiner Gestalt finden wir für unsere eigenen, nie ganz domestizierten Triebwünsche einen äußeren Repräsentanten. Wir entlasten dadurch unser Seelenleben und verwandeln einen inneren Konflikt wieder in einen äußeren.

Diese Zusammenhänge können vielfach in psychoanalytischen Behandlungen studiert werden. Evans Holmes (1992) hat anhand klinischen Materials gezeigt, wie die Hautfarbe auf einer narzißtischen Ebene häufig dazu benutzt wird, um Verachtung und Minderwertigkeitsgefühle darauf zu projizieren.

Der Fremde und der Ausländer sind ein hervorragend geeignetes Symbol, um unangenehme und nicht akzeptable Wünsche und Vorstellungen der Selbstwahrnehmung zu entziehen und sie in seiner Gestalt projektiv zu verfremden. Schon immer diente der Fremde oder eine fremde Ethnie dazu, gesellschaftliche und politische Konflikte zu verschieben und ihre wahren Ursachen unbewußt werden zu lassen.

Vor allem die Fremden, die sich im Aussehen stark unterscheiden, eignen sich leicht als Verschiebungsersatz für alles, was als entwertet, anal, kastriert und nicht akzeptabel erlebt wird. So werden diese Fremden bezichtigt, faul und dreckig zu sein, gierig und schmarotzend, auf Kosten anderer zu leben, andere zu betrügen, sexuell verführend und gewalttätig zu sein. Gelingt es uns erfolgreich, Abkömmlinge dieser Wünsche aus unserer Innenwelt zu verbannen und das Unannehmbare in der Figur des Fremden zu lokalisieren, können wir es in ihm verfolgen und kontrollieren und sind selbst frei davon. Das Ergebnis ist ein Gefühl narzißtischer Integrität und ein inneres Wohlbefinden. Beides fordert allerdings einen hohen Preis, denn die realistische Wahrnehmung der Wirklichkeit und der eigenen Innenwelt geht verloren.

Ist dieses Empfinden narzißtischer Integrität das Produkt solcher projektiver Prozesse, so ist es in der Regel mit einem illusionären Hochgefühl und einem Gefühl der Allmacht verknüpft. Eine genaue klinische Analyse ergibt, daß dieses narzißtische Hochgefühl in Wahrheit eine unbewußte Identifizierung bzw. Vereinigung mit einem archaischen idealisierten inneren Objekt darstellt. Diese Identifizierung verbindet sich mit Gefühlen von Omnipotenz und Glorifizierung. Ein solches idealisiertes Objekt stellt auf der kollektiven Ebene das Volk oder die Nation dar. Es ist ein fiktives Subjekt, eine kollektive Imagination, die die Grenzen des individuellen Selbstgefühl ungemein erweitert. Die psychoanalytische Großgruppenforschung (Anzieu, 1975; Bion, 1961; Jaques, 1981; Money-Kyrle, 1951; Turquet, 1977). hat gezeigt, daß sich im Bewußtsein der Gruppenmitglieder ein solches fiktives Subjekt der Gruppe bildet und Macht über sie gewinnt. Die Einzelindividuen unterliegen einem regressiven Sog und verschmelzen mit einem Teil ihres Selbst mit der Gruppe. Es ist eine gegenseitige narzißtische Identifizierung, die zum illusionären Ersatz für das erste verlorene Objekt, die Mutter der Frühzeit, wird. Die Mitglieder erleben sich untereinander als gleich und blenden die Unterschiede aus. Insofern ist diese narzißtische Identifizierung an das Ideal einer homogenen Gemeinschaft sowie an die aggressive Ausgrenzung alles Störenden und Fremden gebunden.

4. Ubiquitäre unbewußte Phantasien im Zusammenhang von Ethnozentrismus und Fremdenhaß

Fremdenangst und Fremdenhaß sind zunächst individuelle Gegebenheiten. Erst in der sozialen und politischen Sphäre verleiht ihnen der Mechanismus der Projektion eine solch gefährliche Stärke. Das Bild, das sich Menschen von gesellschaftlichen Ereignissen oder Institutionen machen, hat oft mehr mit ihren individuellen oder kollektiven Phantasien zu tun als mit der gesellschaftlichen Realität. Wie Jaques (1981) beschrieben hat, eignen sich politische Ideologien und gesellschaftliche Institutionen ganz allgemein dazu, externalisierte Ängste und Konflikte in sich aufzunehmen, wodurch der Einzelne versucht, ihrer Herr zu werden. Das Individuum entwickelt "fantasy relationships" zu diesen Institutionen, wodurch die individuelle Abwehr entlastet wird.

Im folgenden werde ich die drei wichtigsten ubiquitären unbewußten Phantasiesysteme beschreiben, die sich meiner Meinung nach in dem gegenwärtigen Geflecht von nationalen Vorstellungen, Fremdenfeindlichkeit und Gewalt manifestieren. Ich stütze mich dabei auf mein eigenes klinisches Material, sowie auf die Analyse sozialwissenschaftlicher Interviews und die Analyse von politischen und zeitgeschichtlichen Texten.

4.1 Fremdenhaß und Versorgungsphantasien

Die Zuwanderung von Fremden führt zu einem Anwachsen eines latenten Mißtrauens in der einheimischen Bevölkerung, das durch gesellschaftliche Konflikte und sozialen Streß jederzeit ausbrechen kann. Der Fremde wird zum Eindringling, der die Ortsansässigen ihrer legitimen Rechte zu arbeiten, ihren Besitz zu genießen und ihres Eigentums zu berauben droht. Zur Veranschaulichung möchte ich einen bestimmten Typus von Zuschreibungen und Vorurteilen darstellen, in denen der Fremde als Konkurrent und Rivale erscheint.

Gegenwärtig kann man in Deutschland immer wieder den pauschalen Vorwurf hören, Ausländer mißbrauchten das soziale System der Bundesrepublik. Die Flüchtlinge bekämen Jobs, Geld, lebten auf unsere Kosten und nutzten uns aus. In einer Gruppendiskussion mit Jugendlichen waren vor allem folgende Argumente über Fremde und Asylsuchende zu hören: "Sie arbeiten nichts und bekommen alles"; "sie nehmen den Deutschen die Wohnungen weg, und die Deutschen müssen wegen der Asylsuchenden ausziehen"; "wenn die hier wählen und bestimmen dürfen, dann haben die Deutschen bald im eigenen Land nichts mehr zu sagen" (Leiprecht, 1990, S. 268). Ein gewaltorientierter 17jähriger Lehrling begründet seine Türkenfeindschaft so: "Na ja, wir haben nach dem Krieg hart gearbeitet, haben verzichtet und uns zurückgehalten und uns angestrengt. Die Türken könnten das doch bei sich zu Hause auch tun. Aber sie sind zu faul. Es ist für sie einfacher, statt dessen zu uns zu kommen und hier das auszunützen, was wir erarbeitet haben" (Steinert, 1993). Eine Ladenbesitzerin beschimpft Asylsuchende, daß sie Sozialhilfe "abkassierten": "Diese Scheiß-Kakerlaken kommen hierher und halten die Hand auf. Meine Eltern mußten sich auch alles hart erarbeiten." (taz, 9.4.92) Eigentümlicherweise identifizieren sich die zuletzt zitierten Personen mit der Eltern-Generation und projizieren ihre eigenen oralen Wünsche, ihre Gier und ausbeuterischen Impulse auf die Fremden, die als angenommene Kinder vom Staat versorgt und vermeintlich bevorzugt werden.

Was sich hier als Vorstellungswelt entfaltet, ist eine Versorgung ohne eigene Anstrengung. Gleichzeitig liefern diese zitierten Äußerungen Hinweise auf eine anderen unbewußte Wurzel der Fremdenhasses, nämlich die Feindseligkeit gegen die Geschwister. Wir wissen aus psychoanalytischen Behandlungen, daß Todeswünsche gegen Geschwister auf der individuellen Ebene stets eine unbewußte mächtige Quelle bilden, aus der sich Fremdenhaß speist. Die Fremden erwecken als unbekannte und fremdartige Wesen tiefsitzende primitive, ungelöste Feindseligkeiten, die ursprünglich gegen jüngere Geschwisterfiguren oder gegen jeden gerichtet waren, dem unterstellt wurde, in die als rechtmäßiges Eigentum empfundene Sphäre eindringen zu wollen (Arlow, 1992). Fremde werden in Karikaturen oder in politischen Metaphern nicht selten als gefräßige Insekten dargestellt. Insekten und kleine Tierchen verkörpern als Symbole des Unbewußten in Träumen oft jüngere Geschwister. Auch rechtsextreme Propaganda greift auf diese unbewußte Vorstellungswelt zurück, wenn sie z.B. die Metapher von Deutschland als einer gebratenen Taube benutzt, die den Fremden wie im Schlaraffenland in den Mund fliege.

Didier Anzieu (1975) hat beschrieben, wie in Gruppen in den Teilnehmern eine unbewußte orale Vorstellung von der Gruppe als einer versorgenden, aber auch verschlingenden personalen Einheit wirksam ist. Die Dynamik innerhalb der Gruppe aktiviert oral-sadistische Phantasien und läßt sie ins Bewußtsein der Gruppenteilnehmer vordringen und löst Angst vor dem Verlust der persönlichen Identität aus. Oral-aggressive Phantasien sind in verschiedenen Kulturen den Fremden zugeschrieben worden, so z.B. wenn sie als primitive Wilde und Kannibalen imaginiert wurden (Kohl, 1987; Loycke, 1992). Fremdenhaß wird aus vielen Phantasiesystemen gespeist, aber bei ethnischen Konflikten wird in den Gruppenphantasien immer auch die unbewußte Phantasie einer mächtigen, Sicherheit und Nahrung spendenden, aber auch verschlingenden und ausstoßenden kollektiven Mutter aktiviert. Oraler Neid und Phantasien oral-sadistischer Vernichtung sind ebenso präsent, wie der Wunsch, die Fremden auszustoßen oder zu verschlingen, d.h. sie ihrer eigenen Identität zu berauben und sie zu assimilieren (E. Simmel, 1945; 1946; Taguieff, 1991). Diesen aus der Biologie stammenden Begriff der Assimilation hat sich die politische Begriffssprache angeeignet. Zygmunt Baumann (1991) hat gezeigt, wie dieser Terminus sich hervorragend für die neue soziale Semantik eignete, die sich im Zuge des entstehenden Nationalismus im 19. Jahrhundert entwickelte. Der Nationalismus brachte einen Drang nach Homogenität zur Herrschaft und eine Intoleranz gegenüber Differenz und Abweichung. Dahinein paßte der Begriff der Assimilation, denn er bezeichnet in der Biologie einen Umwandlungsprozeß in eine Substanz von der eigenen Natur, wobei der assimilierende Körper erhalten und konstant bleibt. Dieser Vorgang wird in der unbewußten Vorstellungswelt der Menschen als ein oral-anales Verschlingen und Verdauen aufgefaßt, das die Fremden in gleichartige und homogene Partikel verwandelt und zu identischen Gliedern einer Nation macht. Die soziale Eingliederung von Fremden wird auf diese Weise symbolisch zu einem Vorgang archaischer Aggression. Die Sprache spiegelt dies wider, wenn z.B. von einem "Franzosenfresser" oder "Judenfresser" die Rede ist.

4.2 Reinheitsvorstellungen und Fremdenhaß

Die Fremden haben gruppenpsychologisch eine andere Funktion als die Feinde. Die Gruppe der Feinde ist klar definiert und begrenzt. Von ihnen kann man sich distanzieren, gegen sie opponieren und sich in Abgrenzung zu ihnen definieren. Dadurch stabilisiert sich die eigene Identität. Die Fremden stellen keine solche abgegrenzte Gruppe dar, sondern sie dringen in die eigene Gruppe ein und vermischen sich mit ihr, wenn sie nicht davon abgehalten werden. Unterschiede zwischen der eigenen vertrauten Art und der fremden drohen ausgelöscht zu werden, und die Gruppe fühlt sich in ihrer Identität aufgeweicht und verwässert. Die eigene Identität wird nicht wie gegenüber Feinden durch Akte der Distanzierung gesichert, sondern durch die Entfernung oder Auslöschung der Fremden. So dient die Angst vor dem Fremden in anderer Weise als der Feind der inneren Stabilisierung in einer Gruppe oder in einem gesellschaftlichen Verband.

Die Abwehr des Fremden sichert einen homogenen Zustand im Inneren, der als heile Welt erlebt wird. In denen, die so sind wie wir selbst, können wir uns spiegeln und uns auf diese Weise unserer Identität versichern. Es ist leicht verstehbar, daß diese Art der narzißtischen Identifizierung sehr labil und störbar ist und sich durch Andersartiges und Widersprüchliches in Frage gestellt und bedroht fühlt. Bedürfnisse nach Homogenität und Reinheit halten diese narzißtische Dynamik in Gang, sie sind aber stets mit einer leicht auslösbaren heftigen Aggression verkoppelt. Reinheit hat auf dieser seelischen Ebene eine enge Verbindung mit Identität. Das Andere und das Fremde taucht hier als das Verunreinigende auf, als das, was vermischt und verwässert. Kommt diese Vorstellung zur Herrschaft, so zwingt sie die ethnische Gruppe sich abzuschließen, um rein zu bleiben. Vor allem im rassistischen Antisemitismus ist die wahnhafte konkretistische Vorstellung vom reinen Blut und vom reinen Volkskörper der Inbegriff dieses Denkens. Nun ist aber der Jude in diesem antisemitischen Vorurteil nicht nur der Unreine, sondern auch der Fremde, der das Vieldeutige und Zwiespältige repräsentiert. Otto Weininger formulierte dies 1903 so: "Innerliche Vieldeutigkeit...ist das absolut Jüdische, Einfalt das absolut Unjüdische" (zit. nach von Braun, 1995). Im Antisemitismus wird Eindeutigkeit als Befreiung von Zweifel und von der Vieldeutigkeit erlebt und als "Reinheit" idealisiert. "Durch Reinheit zur Einheit" war eines der Schlagworte des Antisemiten Georg von Schönerer (zit. bei von Braun, 1995). Mit diesem Rückgriff auf antisemitische Vorstellungen wollte ich eine affektive Dimension nationaler Vorstellungen freilegen, die für das Verständnis des Fremdenhasses unerläßlich ist.

Ich möchte dies durch einige Bemerkungen zur *geistigen Welt von Rechtsradikalen* ausführen. Ein primitiver Hunger nach Gemeinschaft und eine Sehnsucht nach Verschmelzung mit dem kollektiven Ganzheitsobjekt der Nation kennzeichnet die rechtsextreme Ideenwelt. Rechtsextreme sind auf der Suche nach nationalen symbolischen Objekten, die sie geradezu verschlingen, um sich mit ihrem Glanz und ihrer Stärke zu identifizieren. Das individuelle, sich schwach und isoliert fühlende Selbst wird dadurch ungemein erweitert und narzißtisch aufgebläht (Bohleber, 1992). Es ist eine vereinheitlichende narzißtische Identifizierung, die alle als Deutsche durch die Teilhabe am mütterlichen Objekt der Nation zu identischen Gliedern macht. In der Ideenwelt über die Nation herrschen Wünsche vor, etwas zusammenzufügen und Zerrissenheiten und Isolierungen zu überwinden. Geradezu substantiell ist der Einzelne Teil des idealisierten Objektes "Deutschland" und kann nicht ausgeschlossen werden. Dabei sind Spaltungsprozesse wirksam: Die Nation erbt die Wünsche nach narzißtischer Verschmelzung, die Fremden und Ausländer bekommen die destruktiven und bedrohlichen Selbstanteile zugeschoben und werden mit einem abgespaltenen Haß verfolgt. Die Herrschaft dieser Vorstellungswelt macht auch verständlich, weshalb Interessenkonflikte und gesellschaftliche Antagonismen geleugnet werden müssen: Sie spalten das Ganze und zeigen innere Risse, die nicht zu kitten sind.

Es ist eine Strategie der Vereinheitlichung bzw. Homogenisierung, die brutal durchgesetzt wird und nichts Anderes oder Abweichendes duldet. Die Angst vor Vermischung mit den Fremden ist eine Hauptangst aller rassistischen Fremdenfeinde. Vermischung wird als Bedrohung der persönlichen Identität erlebt, da sie die Abwehr der Spaltung aufzulösen droht. Durch Vermischung verschwindet das projektiv aufgeladene Objekt, dessen abgegrenzte und fern gehaltene Realität benötigt wird, um sich seiner eigenen Identität zu versichern. Die Vermischung löst eine unerträgliche Angst davor aus, das projizierte Eigene wieder in sich zu haben. Es ist eine archaische Angst vor Fragmentierung des Selbst, die man bei Rechtsradikalen spüren kann, wenn sie befürchten, durch Einwanderung Fremder werde ein einheitliches Ganzes "zersprengt" oder "zersplittert". Paranoide Ideen gelangen dann zur Herrschaft und lösen eine massive verfolgende Aggression aus. Zugehörigkeit zu einem idealen Objekt und verfolgende Gewalt schaukeln sich gegenseitig auf. Eine heftige Intoleranz gegenüber Ambivalenz, sowie seelischen Schwierigkeiten und sozialen Konflikten steht dahinter. Alles, was stört und anders aussieht, soll weggeschafft, niedergeknüppelt oder vernichtet werden. Ein "psychischer Totalitarismus" (Adorno) ist hier am Werke. Die schmerzhafte Spannung, welche die Gegenwart eines Fremden erzeugt, erinnert an eigene Unsicherheit und Schwäche und bringt eine unerträgliche Spannung im Inneren an die seelische Oberfläche, die davor durch Abspaltung oder Projektion des Störenden beseitigt worden ist. Wenn alles weiß sein soll und man selbst sich als Teil davon empfindet, so stört das Farbige, denn es bringt den Zustand einer narzißtischen Selbstvergewisserung und das Empfinden von Einheitlichkeit zum Kippen. Auf diese Weise stört die bloße Gegenwart anders aussehender Menschen die äußere und innere Idylle und wird mit einem blindwütigen Haß beantwortet. Äußerungen wie "das Pack muß weg" leiten wohl so manchen mörderischen Angriff auf Fremde und Flüchtlinge ein. Die Einheit ist zum Fetisch und zu einem totalitären Anspruch geworden.

Psychoanalytisch ist es die Vorstellung der Kastration, die die Differenz ins Seelenleben einführt und an der die Allmachtsphantasien zerschellen. Erfahrungen mit Patienten, die symbiotische Zustände suchen und Gleichheitsideologien vertreten, zeigen deren Funktion als Abwehr gegen die Kastrationsangst und als Ausweichen vor der Auseinandersetzung mit der Welt des ödipalen Vaters. Für diese Menschen befindet sich auf der einen Seite die Welt der großen symbiotischen Einheit und davon abgespalten auf der anderen Seite die Welt der Rivalität, der Konkurrenz und der Pluralität. So sind oft soziale und psychische Unangepaßtheit mit totalitärer Ideologie verschwistert. Der Fremde als der Andere weist überdeutlich auf Grenzen und auf Unterschiede hin sowie auf das, was man nicht ist. Unterschiede bedeuten Ungleichheit und deshalb stellt der Fremde einen Angriff auf die eigene Allmacht dar, die nicht in Frage gestellt wird, solange man sich mit narzißtischen Gleichheitsvorstellungen umgeben kann. Der Satz "Und willst du nicht mein Bruder sein, so schlag ich dir den Schädel ein", beschreibt diese Mischung von Gleichheit und Gewalt, die durch den phantasierten Angriff des Fremden auf die eigene Vollkommenheit ausgelöst wird.

4.3 Nationale Einheitsvorstellungen und Fremdenhaß

Moderne Definitionen sehen im Nationalismus ein umfassendes kulturelles und symbolisches System (Kaschuba, 1993). Gesellschaften werden durch ein komplexes Netz indirekter Beziehungen ihrer Mitglieder zusammengehalten. Das daraus erwachsende Gemeinschaftsgefühl speist sich aus der Erfahrung eines langdauernden Zusammenlebens und eines gemeinsamen politischen Schicksals sowie aus kulturellen Überlieferungen und einer gemeinsamen Sprache. Aber um von dieser kulturellen Gemeinschaft eine einheitliche Vorstellung zu bekommen, bedarf es einer ganzheitlichen Idee. Die Nation erscheint in dieser Sicht als eine imaginäre Gemeinschaft und kann mit religiösen Gemeinschaften verglichen werden (Anderson, 1983)

Diese modernen Nationalismustheorien bieten für die Psychoanalyse wichtige Anknüpfungspunkte. Daß das Bild von der Nation eine Mischung von "fact und fiction" ist, wurde in der Nationalismusforschung immer wieder festgestellt. Aber eine genaue Analyse des imaginären Gehaltes der nationalen Vorstellungswelt unterblieb und damit auch die Beantwortung der Frage, was diesem Phantasma der Nation eine solche Anziehungskraft auf die Menschen verschafft.

Die ganzheitliche Idee, die für die Einheit der nationalen Gemeinschaft unabdingbar ist, bildet sich in Analogie zu individuellen Vorgängen (Hoffmann, 1992). Konkrete individuelle Erfahrungen des Einzelnen werden auf den Bereich kollektiver Ideen übertragen. So wird die Nation zu einem einheitlichen Subjekt, einem "Körper" und dessen Angehörige zu "Gliedern", wobei der Begriff einer kollektiven Identität als Phantasma nicht in Erscheinung tritt, sondern als eine reale substantialistische Gegebenheit imponiert. Es entsteht die Vorstellung einer einheitlichen Gesellschaft, die aus einer Wurzel stammt. Diese Symbolwelt wurde z.B. bei der deutschen Vereinigung wieder ins Bild gesetzt, als vom "Zusammenwachsen" die Rede war, und damit der Mythos eines von Natur aus zusammengehörenden Volkes beschworen wurde.

Neben den Körperphantasien spielen die Familienmetaphern eine große Rolle, vor allem um Zugehörigkeiten zu symbolisieren. Ursprünglich ist die Nation ein sozialer Verband. Wird die Zugehörigkeit ethnisch definiert, erhält sie den Charakter einer natürlichen Bindung. Die nationale Vorstellungswelt verknüpft sich dann elementar mit der Beziehungswelt der Primärfamilie. Auf diese Weise erlangt die Nation als Vater- bzw. Mutter-Land ihre imaginative und emotionale Kraft. Das Heimatland ist, psychoanalytisch gesehen, für den Einzelnen immer auch das Mutterland und wird in kollektiven Phantasien mit mütterlichen und jungfräulichen Attributen ausgestattet.

Körper- und Familienmetaphern werden dazu benutzt, politisch-nationale Auseinandersetzungen zu symbolisieren und sie damit imaginativ tiefgreifend zu verankern. Insbesondere ethnische Konflikte bringen diese Metaphorik ins Spiel und aktualisieren damit beim Individuum eine fundamentale Identitätsebene, die ganz andere Ängste und Bedrohungen entstehen läßt, als z.B. bei ökonomischen Interessenkonflikten unterschiedlicher gesellschaftlicher Gruppen.

Dies tritt vor allem ein, wenn die Gruppenidentität labil ist und die gesellschaftliche Realität stark von Harmonie- und Einheitsvorstellungen bestimmt wird. Dann wird die eigene Gruppe sehr stark idealisiert und die Sehnsucht nach Einheitlichkeit dominiert. Heterogenität sowie Anwesenheit von Fremden, die ambivalente Gefühle hervorrufen und eine innere Spannung erzeugen, erscheinen nicht erträglich. "Innen" und "Außen" werden affektiv mit "gut" und "böse" verquickt. Gut ist alles, was zur eigenen Gruppe gehört, das Böse und Schlechte wird in den Ausgeschlossenen, den Fremden lokalisiert. Der Ausländer wird dann zum Negativbild und sichert die kollektive Identität.

Politische Konzepte, die sich eine "innere Einheit" zum Ziel setzen und eine nationale Schicksalsgemeinschaft beschwören, haben in Deutschland eine unheilvolle Tradition. Sie provozieren in den Köpfen der Menschen eine geistige Welt, in der Ideen, die Verschiedenheit, Brüche, Inkohärenzen und soziale Konflikte betonen, als störend empfunden werden. Der differente Andere wird entwertet und als bedrohlich erlebt.

5. Zusammenfassung

Die Gestaltung von multikulturellem Zusammenleben bedarf nicht nur sozialer Regelungen. Sie scheitert, wenn sie nicht die imaginäre Verführungskraft solcher ethnisch-nationaler Vorstellungswelten berücksichtigt. Die Überwindung homogener nationalistischer und partiell völkischer Ideen stellt die große Herausforderung für die deutsche Gesellschaft in den nächsten Jahren dar. Anders als etwa in Frankreich ist die Nation in Deutschland als eine ethnokulturelle Abstammungsgemeinschaft in einem romantisch biologisch-organismischen Vorstellungsraum des 19. Jahrhunderts entstanden. Das deutsche Staatsbürgerrecht und die Teilhabe am nationalen Gemeinwesen ist bekanntlich auf dem Boden dieser Ideen bis heute nach dem ius sanguinis organisiert. Deutscher Staatsbürger ist, wer deutschen Blutes ist. Im Nationalsozialismus wurde das ius sanguinis durch eine zusätzliche rassistische Ethnifizierung verschärft. Die Erfahrung mit dem Nationalsozialismus zeigt, daß solche Homogenitäts- und Reinheitsvorstellungen eine mächtige Anziehungskraft haben können und auch noch heute nicht überwunden sind. In einer Umfrage des Spiegels im Jahr 1992 stimmten 40 % der Befragten der Behauptung zu, "wir sollten das deutsche Volk rein erhalten". In den kollektiven Tiefenschichten der deutschen Gesellschaft verankert, bildet dieses Phantasma der reinen homogenen Gemeinschaft einen Resonanzboden für die gegenwärtigen ablehnenden und feindseligen Einstellungen und Affekte gegenüber Fremden und Flüchtlinge sowie für einen wieder aufbrechenden Antisemitismus.

Bei der Frage, was ist das Besondere am Fremdenhaß in Deutschland, sind wir unmittelbar mit der Vernichtung der Juden im Nazi-Reich konfrontiert. Die Tendenz bei vielen Deutschen, den Holocaust zu vergessen und nicht mehr daran erinnert werden zu wollen, ist einerseits ein Ausdruck der Last des Schuldgefühls, das man los sein will, aber andererseits ist sie auch mit der Weigerung vieler Deutscher verknüpft, sich in das Schicksal von Bürgerkriegsflüchtlingen und Asylsuchenden einzufühlen. Sich in das Schicksal der Flüchtlinge einzufühlen, ihre Bedrohung durch politische Verfolgung, Krieg und Terror ernst zu nehmen, hieße in einem inneren Kontakt mit der Geschichte zu stehen. Wird die Erinnerung an die Verbrechen des Nationalsozialismus, an die Verfolgung und Vernichtung von Juden, Zigeunern und anderen Mißliebigen nicht abgewehrt, so bringt sie eine Einfühlung in die Situation der Fremden mit sich und hält sie lebendig. Sie wäre ein Akt der Wiedergutmachung. Einerseits bliebe die Erinnerung lebendig erhalten, andererseits könnte konkret geholfen werden, was zwar die vergangenen Verbrechen nicht mehr wiedergutmachen kann, aber durch das praktische Handeln wird das Bewußtsein kollektiver Verantwortung gestärkt und das Schuldgefühl gemindert. Die Abwehr der Erinnerung an den Holocaust macht dagegen hartherzig und mitleidlos und fixiert viele Deutsche auf eine paranoid-schizoide Weltsicht, in der die Opfer zu Tätern gemacht werden. Anstatt den Rechtsbrüchen gegenüber den Fremden zu widerstehen, ist in den Verlautbarungen vieler Politiker doch insgeheim ein Zugeständnis enthalten gewesen, daß die Angriffe auf die Fremden eine gewisse Berechtigung haben und daß in der Person der Flüchtlinge selbst das Problem läge. Sie seien selbst schuld, daß es in Deutschland eine Fremdenfeindlichkeit gebe. Indem den Flüchtlingen die Schuld gegeben wird, wehrt man die Erinnerung an die eigene Schuld und die Verbrechen der Vergangenheit ab. Der Fremde muß dann verschwinden, um diese Verleugnung aufrecht zu erhalten. Die Folge ist ein verstärkter Fremdenhaß.

So wurden durch die Änderung des Asylrechts, durch die Abschottung der Wohlstandsfestung Deutschland, durch die harte politische Haltung gegenüber Bürgerkriegsflüchtlingen und durch die fortbestehende Weigerung der Politik, ein Einwanderungsgesetz zu schaffen, wieder Möglichkeiten nicht genutzt, der heillosen Geschichte mit der ethnischen Homogenität in Deutschland endlich ein Ende zu setzen.

Literatur

Adorno, Th.W. (1973): Studien zum autoritären Charakter. Frankfurt/M. (Suhrkamp) 1973.

Anderson, B. (1983): Die Erfindung der Nation. Zur Karriere eines folgenreichen Konzepts. Frankfurt/M./New York (Campus) 1988.

Anzieu, D. (1975): The Group and the Unconscious. London (Routledge & Kegan Paul) 1984.

Arlow, J.A. (1992): Aggression und Vorurteil: Psychoanalytische Betrachtungen zur Ritualmordbeschuldigung gegen die Juden. Psyche, 46, 1122-1132.

Bade, K. (1994): "Was man tabuisiert, kann man nicht gestalten." Frankfurter Rundschau, 21. November 1994.

Balibar, E. (1988): Die Nation-Form: Geschichte und Ideologie. In: Balibar, E./Wallerstein, I.: Rasse - Klasse - Nation: Ambivalente Identitäten. Hamburg - Berlin (Argument-Verlag) 1990, 107-130.

Baumann, Z. (1991): Moderne und Ambivalenz. Das Ende der Eindeutigkeit. Hamburg (Junius) 1992.

Bohleber, W. (1992): Nationalismus, Fremdenhaß und Antisemitismus. Psychoanalytische Überlegungen. Psyche, 46, 689-709.

Deutsch, K.W. (1966): Nation und Welt. In: Winkler, H.A. (Hg.): Nationalismus. Königstein/Ts. (Athenäum) 2. Aufl. 1985, 49-56.

Evans Holmes, D. (1992): Race and Transference in Psychoanalysis and Psychotherapy. Int. J. Psycho-Anal., 73, 1-11.

Freud, S. (1919): Das Unheimliche. GW XII, 227-268.

Hoffmann, L. (1993): Die Konstitution des Volkes durch seine Feinde. In: Jahrbuch der Antisemitismusforschung. Frankfurt/M. New York (Campus Verlag) Bd.2, 13-37.

Jaques, E. (1981): Social Systems as a Defense against Persectuory and Depressive Anxiety. In: G.S. Gibbard; J.J. Hartmann; R.D. Mann (Hg.): Analysis of Groups. San Francisco (Jossey Bass), 277-299.

Kaschuba, W. (1993): Volk und Nation: Ethnozentrismus in Geschichte und Gegenwart. In: H.A. Winkler u. H. Kaelble (Hg.): Nationalismus-Nationalitäten-Supranationalität. Stuttgart (Klett-Cotta).

Kohl, K.-H. (1987): Abwehr und Verlangen. Zur Geschichte der Ethnologie. Frankfurt/M. New York (Edition Qumran im Campus Verlag).

Leiprecht, R. (1990): "...da baut sich ja in uns ein Haß auf..." Zur subjektiven Funktionalität von Rassismus und Ethnozentrismus bei abhängig beschäftigten Jugendlichen - eine empirische Untersuchung. Hamburg/Berlin (Argument-Verlag).
Loycke, A. (1992): Der Gast, der bleibt. In: Dies. (Hg.): Der Gast, der bleibt. Dimensionen von Georg Simmels Analyse des Fremdseins. Frankfurt/M. New York (Campus Verlag).
Mahler, M./Pine, F./Bergmann, A. (1975): Die psychische Geburt des Menschen. Frankfurt/M. (Fischer) 1978.
Money-Kyrle, R.E. (1951): Psychoanalysis and Politics. New York (Norton).
Oberndörfer, D. (1994): "Deutschheit darf für die Zugehörigkeit zur Republik kein Kriterium sein." Frankfurter Rundschau, 15. Oktober 1994.
Poliakov, L. u.a. (1976): Rassismus. Über Fremdenfeindlichkeit und Rassenwahn. Hamburg/Zürich (Luchterhand Literaturverlag) 1992.
Simenauer, E. (1878): Doppelhelix. Einige Determinanten der Fortdauer des Nazismus. In: Ders.: Wanderungen zwischen den Kontinenten. Gesammelte Schriften zur Psychoanalyse. Bd. 2, 463-476. Stuttgart (Frommann-Holzboog) 1993.
Simmel, E. (1945): Selbsterhaltung und Todestrieb. In: Ders.: Psychoanalyse und ihre Anwendungen. Ausgewählte Schriften. Hg. von L.M. Hermanns u. U. Schultz-Venrath, Frankfurt/M. (Fischer) 1993
Simmel, E. (1946): Antisemitismus und Massenpsychologie. In: Ders. (Hg.): Antisemitismus. Frankfurt/M. (Fischer) 1993.
Spitz, R. (1965): Vom Säugling zum Kleinkind. Stuttgart (Klett) 1972.
Steinert, H. (1993): Rechtsradikalismus und die Angst vor einer neuen totalitären Herrschaft. In: L. Böllinger/R. Lautmann (Hg.): Vom Guten, das noch stets das Böse schafft. Frankfurt (Suhrkamp), 318-328.
Taguieff, P.-A. (1991): Die Metamorphosen des Rassismus und die Krise des Antirassismus. In: U. Bielefeld (Hg.): Das Eigene und das Fremde. Neuer Rassismus in der Alten Welt? Hamburg (Junius).
Turquet, P. (1977): Bedrohung der Identität in der großen Gruppe: Phänomenologie der Erfahrungen des Individuums bezüglich eines wechselnden Mitgliederstatus in einer großen Gruppe. In: Kreeger, L. (Hg.): Die Großgruppe. Stuttgart (Klett), 81-139.

Unbewußte Identifizierungen mit nationalsozialistisch geprägten Verhaltensstrukturen. Ein transgenerationelles Fallbeispiel

Christian Schneider und Cordelia Stillke

Wenn sich deutsche Wissenschaftler der jüngeren Generation heute mit dem Nationalsozialismus beschäftigen, dann folgt ihre Forschung fast immer einem Erkenntnisinteresse, das letztlich politisch begründet ist. Die theoretische Frage: "Was muß man wissen, wenn man den Nationalsozialismus, seine Entstehung und sein Funktionieren begreifen will?" ist mit der praktischen verknüpft, was zu tun sei, um eine "Wiederholung" zu vermeiden. Der Terminus "Wiederholung" ist im Feld der Geschichte ohne Zweifel problematisch[1] und doch müssen wir nur einen Blick auf die deutsche Realität der letzten Jahre - das Wiederaufleben gewaltsamer Fremdenfeindlichkeit und neonazistischer Aktivitäten - werfen, um zu wissen, wie aktuell diese praktische Frage ist.

Die *theoretische* Frage nach dem Wesen des Nationalsozialismus ist von den Forschergenerationen vor uns aus den verschiedensten Perspektiven gestellt und bearbeitet worden; von der Soziologie und der Politikwissenschaft, von Geschichtswissenschaftlern und Ökonomen, natürlich auch von der Psychologie und der Psychoanalyse. Viele bemerkenswerte Antworten sind formuliert worden. Den meisten liegt das Bemühen zugrunde, dem Kriterium der "Objektivität" zu genügen. Dazu gehört nach gängigem Verständnis, daß die Behandlung des Forschungsgegenstands möglichst vollständig von jedem Affekt getrennt ist. Das ist wohl wissenschaftliche Tradition, entspricht aber auch einem Wunsch: Dem Wunsch, sich nicht in grauenhafte, emotional unerträgliche Dinge affektiv verwickeln zu lassen. Vom Bemühen um Objektivität zur Fetischisierung möglichst subjektferner Erkenntnismodelle ist freilich nur ein Schritt.

George Devereux hat in überzeugender Weise dargestellt, daß ein Großteil des Objektivitätsfetischismus in den Wissenschaften dazu dient, mit methodischen Mitteln die *Ängste* abzuwehren, die insbesondere verhaltenswissenschaftliche Daten erregen. Es ist keine Frage, daß diese Ängste sich bei einem Gegenstand wie dem Nationalsozialismus potenzieren.

Wenn Forscher unserer Generation sich die Frage "Wie war es möglich?", "Wie konnte sich das Nazi-System etablieren?" stellen, dann haben sie sowohl Grund, Angst zu haben, als auch diesen Ängsten aus dem Weg zu gehen. Denn in der Regel waren ihnen nahestehende Personen - Familienmitglieder, Verwandte, Lehrer - an den Verbrechen des Nationalsozialismus in irgendeiner Weise beteiligt.

Gerade wegen ihrer Nähe zum Schuldzusammenhang der Elterngeneration können sie dieser Frage dann nicht allein in rein objektiver Einstellung begegnen, wenn sie den in ihr immer mitenthaltenen selbstreflexiven und zugleich ta-

---

1 Vgl. Jan Philipp Reemtsma, 1992.

buierten Kern begreifen wollen, der notwendig über die Vergangenheitsform hinausreicht. Es geht um einen latenten "Potentialis der Gegenwart", dessen letzter Grund immer in der empirischen Person des Fragenden liegt. Hinter der Frage "Wie war es möglich?" verbirgt sich die radikalere "Was wäre *mir* möglich (gewesen)?" Nach unserer Ansicht speist sich aus ihr das wirkliche, aber tabuierte und verschwiegene Erkenntnisinteresse, das unsere Generation bewegt.

Die Frage: "Was wäre mir möglich gewesen?", also: "Wozu bin ich imstande, wenn die Verhältnisse es fordern oder fördern?" hat sich wohl insgeheim jeder halbwegs reflexionsfähige Mensch unserer Generation gestellt. Wer ihr auf dem Felde der Wissenschaft nachzugehen versucht, eröffnet möglicherweise einen Weg für die Rückkehr des ausgebürgerten Affekts ins eigene wissenschaftliche Handeln.

Folgt man Freuds Annahme, derzufolge die Aufspaltung von Vorstellung und Affekt Kennzeichen des neurotischen Abwehrvorgangs ist, so wäre aus dieser Sicht ein Großteil der bisherigen Forschung im Bereich des Nationalsozialismus von einer "neurotischen" Einschränkung bestimmt. Damit wollen wir die hier geleistete Arbeit keineswegs entwerten, zumal noch ganz unklar ist, ob und inwieweit dieses Stück Neurose für uns überwindbar sein wird.

Wie pessimistisch auch immer die Antwort eines Tages ausfallen wird, die Frage, ob sich die für den wissenschaftlichen Umgang mit der NS-Vergangenheit bisher charakteristische und wohl auch notwendige Trennung von Vorstellung und Affekt heute relativieren läßt, steht auf der wissenschaftlichen Tagesordnung. Wir haben deshalb versucht, in unsere Erforschung der Frage, ob es über die Generationen weiterwirkende Dispositionen gibt, deren Ursprung im Nationalsozialismus liegt, das Problem der wissenschaftlichen Affektabspaltung selbst miteinzubeziehen.

In der Studie, der die folgende Falldarstellung entstammt, haben wir eine sehr spezielle Klientel untersucht: Absolventen der "Nationalpolitischen Erziehungsanstalten", der sogenannten "Napolas". Dabei handelte es sich um während des Nationalsozialismus eingerichtete Internatsschulen, die dem Vorbild der englischen public schools und der wilhelminischen Kadettenanstalten folgend, die künftige Elite des 3. Reiches produzieren sollten. Sie waren nicht als Kaderschmieden der NSDAP, der SS oder der Wehrmacht gedacht, sollten keine Partei- oder Kriegerelite, sondern die zivile Funktionselite des 1000jährigen Reiches schaffen. Produziert werden sollte eine Elite als Trägerschicht eines "spezifischen Verhaltenskanons" nach den Prinzipien des Nationalsozialismus. Es ist kaum übertrieben zu sagen, hier sollte der neue nationalsozialistische Mensch systematisch herangezogen werden, der neue Führertypus zumal, der, wohin immer er gestellt würde, auch in der Lage sein sollte, das nationalsozialistische Führerprinzip praktisch zu repräsentieren und durchzusetzen.

Wir haben es bei unserer Klientel also mit einer Personengruppe zu tun, die, ohne im engeren Sinne der NS-Tätergeneration anzugehören, in der intensivsten Weise der nationalsozialistischen Indoktrination ausgesetzt gewesen ist. Wenn irgend von so etwas wie einer "Prägung" durch den Nationalsozialismus die Rede sein kann, dann ist sie bei dieser Klientel zu erwarten.

Tatsächlich kann man feststellen, daß die ehemaligen Napola-Schüler in gewisser Weise den an sie ergangenen Erziehungsauftrag erfüllt haben: Überdurchschnittlich viele Absolventen der Napolas haben Karriere gemacht, haben gesellschaftliche Schlüsselpositionen einnehmen können - nur eben nicht im 1000jährigen Reich, sondern sie gehören zur Funktionselite der Bundesrepublik, und man muß sie zur prägenden Aufbaugeneration des neuen "Modells Deutschland" rechnen.

Dieser Umstand legt die Frage nahe, was von der NS-Prägung, die sie auf den Napolas erfahren hatten, möglicherweise allen Formen der Neubesinnung, der Re-Education, der politischen Aufklärung widerstanden und als ein unbewußtes Dispositiv das historische Ende des Nationalsozialismus überdauert haben könnte. Diese Frage, was denn möglicherweise an ubw (unbewußten) Dispositionen weiterwirkt, haben wir in unserer Forschung darauf zugespitzt, ob, und wenn, wie, dieses Erbe zwischen den Generationen weitergegeben wird. Wir haben deshalb nicht nur mit ehemaligen Napola-Schülern, sondern auch mit ihren Kindern und in einigen Fällen Enkeln Interviews geführt, die sich methodisch an psychoanalytische Verfahren anlehnen und von Psychoanalytikern supervidiert wurden. Diese von uns gewählte Untersuchungsform schien uns die geeignetste, uns selber als Untersuchungssubjekte nicht zu neutralisieren, sondern unsere Subjektivität gezielt einzusetzen. Zentral ist für uns die Analyse der Gegenübertragung. Sie scheint uns der Königsweg, um die Lücke zwischen Vorstellung und Affekt zu schließen, die nach unserer Meinung gerade bei der Erforschung des Nationalsozialismus eine so große Rolle spielt.

In der Psychoanalyse umfaßt der Begriff der Gegenübertragung alle bewußten und unbewußten Reaktionen des Psychoanalytikers auf seinen Patienten, speziell auf dessen Übertragung. Unter Übertragung versteht man bekanntlich die Reinszenierung kindlicher Konfliktmuster durch den Patienten im analytischen Prozeß. Natürlich kann man unsere Gespräche nur begrenzt mit der analytischen Situation vergleichen. Tatsache ist jedoch, daß es in diesen intensiven Interviews in der Regel zu lebhaften Übertragungsbeziehungen kommt. Wenn wir in diesem Zusammenhang von Gegenübertragung reden, so meinen wir damit

- *zum einen* die Summe von Gefühlen, Affekten und Motiven, die wir - als Interviewer - unmittelbar in der Gesprächssituation erleben;
- *zum anderen* aber auch unsere "sekundären" Reaktionen: Die Gefühle und Motive, die in der nachträglichen Deutung des verschrifteten Gesprächstexts durch das Forscherkollektiv virulent sind. Wir begreifen sie - ebenso wie die dabei auftretenden Kontroversen - als Teil und Ausdruck einer generationstypischen Gegenübertragung.
- *Schließlich* rechnen wir zu den Gegenübertragungsphänomenen selbst noch die theoretischen Konzepte, mit denen wir unsere Erfahrungen zu verallgemeinern suchen.

Mit dem Mittel der Übertragungs- und Gegenübertragungsanalyse zu arbeiten heißt bei einer biographiebezogenen, generationengeschichtlichen Forschung, die in die NS-Zeit hineinreicht, auch, die oben genannten Ängste vorm "Objekt" als Teil einer generationstypischen Projektion zu begreifen. Gerade wenn es um Wirkung und Folgen einer nationalsozialistischen Prägung geht, die die eigene lebensgeschichtliche Aktualität tingiert, ist es notwendig, die eigenen

Affekte auf allen Ebenen der Forschung möglichst plastisch werden zu lassen, um sie in die methodische Selbstreflexion einbeziehen zu können. Auf die damit zusammenhängenden methodischen Probleme können wir hier freilich nicht detailliert eingehen[2]. Im folgenden wollen wir zunächst in aller Kürze skizzieren, welche Konsequenzen die Napola-Erziehung für ihre Schüler hatte. Danach wollen wir an einem Fallbeispiel exemplarisch zeigen, welche Rolle die Prägung durch das System der Napola für die folgenden Generationen spielt.

Wenn man die Wirkung der Napola-Erziehung auf eine einfache Formel bringen wollte, so könnte man sagen: Sie steckt wie ein Implantat in jenen, die ihr ausgesetzt waren. Viele der ehemaligen Schüler haben sich im Laufe ihres weiteren Lebens vollständig von den alten Erziehungszielen getrennt, sind gute Demokraten geworden, verfügen über ein differenziertes Geschichtsurteil. Und trotzdem gibt es keinen, der die Wirkung der Anstalt ganz tilgen konnte: Irgendwo in seinem Verhalten taucht sie auf, manchmal wie ein Fremdkörper in einem ganz anders strukturierten Gewebe. Tatsächlich ist die Anstalt in einem bestimmten Sinne in ihnen "unsterblich" geworden, denn sie hat einmal einen Teil ihres Selbst besetzt. Kern dieser Erziehung ist eine körperliche Zurichtung, ein Drill, der die Körper der Disziplin der Anstalt unterwirft, der die Zöglinge buchstäblich ihrer Körper enteignet und diese in den Dienst der Schule stellt. Die Napola-Schüler werden durch die Anstalt zur "Selbstlosigkeit" erzogen. Wie ihre Körper der minutiös funktionierenden Anstaltsmaschinerie unterworfen werden, so ihr Verstand der ideologischen Indoktrination. "Du bist nichts, Dein Volk ist alles." ist eine der Parolen, die ihnen gebetsmühlenartig eingehämmert wird. Sie sind also nichts - eine Erfahrung, die sie im Schulalltag tatsächlich dauernd machen. Aber sie sind dann doch plötzlich wieder etwas ganz Besonderes. "Ihr seid besser" - "Ihr seid die Elite des Volkes", das ist eine andere Parole, die widersprüchlich dagegensteht, aber genauso befolgt und verinnerlicht werden muß. In diese widersprüchliche Welt werden die 10jährigen ausgesetzt: Schmerzhaft getrennt von ihren Familien und ausgeliefert an eine totale Institution, suchen sie Halt in der Gruppe der Gleichaltrigen. Diese ist der eigentliche Familienersatz, aber sie ist selber auch Teil der Anstalt: Sie folgt den Gesetzen der Meute, sie kann gnadenlos mit denen sein, die diese Gesetze verletzen, aber sie untersteht der Regie der Napola. Die Gruppe ist zentraler Teil der Erziehung, denn sie fördert die "Selbstlosigkeit" ihrer Mitglieder. Die 10jährigen, die - idealtypisch - bis zum 18. oder 19. Lebensjahr auf der Napola bleiben werden, die also ihre ganze Adoleszenz hier verleben, haben ein eigenartiges Individuationsschicksal. Die großen Aufgaben der Adoleszenz: Die Trennung von der Familie, die Entwicklung eines reifen Ich, die Individuation, die Entfaltung der Sexualität unterstehen alle der Anstaltsregie. Die Napola ist es, die sich die Bildbarkeit dieser Lebensperiode, die in ihr virulenten psychischen Strebungen wie einen Rohstoff aneignet und für ihre Zwecke einsetzt. Pointiert kann man sagen, die Napola schafft die Adoleszenz im herkömmlichen Sinne ab: Die Trennung von der Familie erfolgt zwangsweise bereits mit zehn Jahren. Der Konflikt mit den Eltern wird in eine Praxis der Denunziation umgeformt. Jede wirkliche Individualität wird unterdrückt,

---

2 Vgl. dazu Ch. Schneider, C. Stillke, B. Leineweber: Das Erbe der Napola. Versuch einer Generationengeschichte des Nationalsozialismus, Hamburg, 1996.

jede Form der Sexualität verpönt. Die Napola-Schüler entwickeln kein adoleszentes Ich, sondern etwas anderes, das sie ihr Leben lang prägen wird: Ein Gruppen-Ich. Es entsteht aus der kollektiven Unterwerfungssituation unter die Gewalt der paramilitärischen Erziehung und die totale Macht der Anstalt. Das desintegrierte und in seiner Entwicklung traumatisch behinderte Ich der einzelnen sucht, was es an innerem Zusammenhalt einbüßt, im Außen: In der Gleichaltrigengruppe. Deren psychische Repräsentanz wird zur Grundlage einer kollektiven Abwehrformation, die auf wechselseitigen Identifizierungen untereinander beruht und wesentliche Orientierungsleistungen übernimmt. Das Gruppen-Ich ist verbunden mit einer Gruppenphantasie, die die Gruppe als einen einzigen, allen gemeinsamen mächtigen Körper imaginiert. Eben dieses Gruppen-Ich ist es, was die Napola-Schüler lebenslänglich an die Anstalt bindet. Auch wenn sie es geschafft haben, ein Stück autonomer Ich-Entwicklung nachzuholen, sitzt dieses später erworbene Ich gleichsam auf dem archaischen Gruppen-Ich auf. In Konfliktsituationen erfolgt häufig eine Regression auf diese psychische Formation. An ihm findet alle spätere Differenzierung eine Grenze.

Fritz Baumann, Jahrgang 1928, ist in unserer Klientel ein Ausnahmefall: Wahrscheinlich derjenige der von uns befragten ehemaligen Napola-Schüler, der den reflektiertesten Umgang mit seiner schulischen Vergangenheit pflegt; jedenfalls der, der eine ursprüngliche Antipathie gegenüber dem Schulsystem, dem Drill, dem militärischen Zuschnitt des Ganzen glaubhaft machen kann. In der Darstellung seiner Lebensgeschichte erscheint die Napola-Zeit als ein einziges Entwicklungs*hindernis*: Während der gesamten Internatszeit blieb er ein Außenseiter, ein, wie er es selber ausdrückt "zartes Bübchen", das eigentlich in keiner Hinsicht den Anforderungen der Eliteschule entsprach.

Nach der Napola hat sich Fritz Baumann dann zu einem differenzierten Menschen entwickelt. Von entscheidender Wichtigkeit für diese Entwicklung war - wir können das hier nur summarisch anmerken - die Tatsache, daß er es verstand, die in der Napola-Erziehung "eingefrorene" Adoleszenzentwicklung nach dem Kriege ein Stück weit nachzuholen und damit die psychischen Reintegrations- und Bildungschancen dieses Lebensabschnitts noch einmal in eigene Regie nehmen zu können. Heute hat er eine einflußreiche Position im Medienbereich inne. Mit seinen publizistischen Mitteln ist er als ausgewiesener Fachmann in einem Feld, das unmittelbar öffentliche Bedeutung hat, durchaus in der Lage, auch politische Entscheidungsprozesse zu beeinflussen.

Fritz Baumanns Erinnerungen an die Internatszeit weisen diese als eine "Zeit der Leiden" aus. Im Gegensatz zum Gros seiner Mitschüler ist bei ihm von Nostalgie, einer verklärenden oder beschönigenden Erinnerung an die Jugend nichts zu verspüren. Politisch wäre er angemessen als Linksliberaler charakterisiert und seine liberale, demokratische Einstellung prägt auch seine Privatsphäre, also etwa, was für unsere Untersuchung besonders wichtig ist, Fragen der Kindererziehung. Gerade auf dem Hintergrund dieser positiven lebensgeschichtlichen Entwicklung, die Fritz Baumann vollständig von den Prinzipien und Maximen seiner schulischen Erziehung entfernt hat, ist es interessant, den Spuren nachzugehen, die diese trotzdem hinterlassen hat, und die sich transgenerationell weiterverfolgen lassen.

Fritz Baumann und seine Frau, die einer sozialdemokratischen, traditionell antifaschistischen Familie entstammt, und die während des Nationalsozialismus deshalb mit realen Nachteilen konfrontiert war, haben 3 Kinder, einen Sohn und zwei Töchter, die mittlerweile alle das fünfte Lebensjahrzehnt erreicht haben. Wir haben mit allen dreien Interviews durchgeführt. Hier wollen wir uns auf einen bestimmten Aspekt der Beziehung zwischen Fritz Baumann und seiner jüngsten Tochter, Sabine, konzentrieren. Es geht dabei um ein scheinbar belangloses Detail, das sich aber wie ein roter Faden durch die Familiengeschichte zieht.

Fritz Baumann, der detaillierter als andere die alltäglichen Quälereien und Drillrituale der Anstalt erzählt, spricht an einem Punkt auch von dem, was er "Opposition" nennt: "Es gab ja dann auch so kleine Oppositionen. Also z.B. war vorgeschrieben, für den Haarschnitt Streichholzlänge. Natürlich versuchte man das zu ignorieren, und es gab einen Friseur, also der machte es maßvoller. Aber es gab dann einzelne Lehrer, unter denen einer sich besonders hervortat, der kam dann mit so einer Stichschere und fuhrwerkte einem in den Haaren rum und schnitt einem da Büschel raus, aber natürlich auch immer vor versammelter Mannschaft."

Die "kleine Opposition" des Halbwüchsigen endet in einem demütigenden Ritual. In der Erzählung des über 60jährigen wird noch einmal der ursprüngliche Affekt spürbar: Die Scham und die Wut darüber, als Delinquent der Schulöffentlichkeit ausgeliefert zu sein. Ganz zutreffend führt der Erzähler seine noch heute auftretende Scheu vor öffentlichen Situationen auf die demütigenden Prozeduren der Napola zurück: Das ist der Sinn des "immer vor versammelter Mannschaft". Fritz Baumanns Außenseitertum und die öffentliche Demütigung gehören für ihn zusammen und sind in der geschilderten Szene verdichtet.

Fritz Baumanns Tochter Sabine leitet das Interview mit der Sorge ein, daß ihre beiden älteren Söhne, die zum Zeitpunkt des Interviews 11 und 10 Jahre alt sind, solange sie zurückdenken kann, Außenseiter seien und von Gleichaltrigen oder Älteren verprügelt würden. Auf die Nachfrage des Interviewers ergibt sich, daß sie - wie er sich bald danach auch in der Realität überzeugen kann - ein auffallendes äußeres Merkmal haben: Schulterlange Haare, die speziell Skinheads reizen, und die immer wieder der Anlaß für Prügeleien sind.

Sabine macht das Angst: Sie hält, aufgrund der Erzählungen ihres Vaters, das Außenseitersein für ein unausweichliches Schicksal ihrer Familie. Aber sie hat keine Ahnung, *wie* dieses Außenseitertum schicksalhaft werden konnte. Jedoch erinnert sie sich daran, wie sie ihren eigenen Außenseiterstatus in der Schulzeit gehaßt hat. In ihrer Erinnerung ist diese Außenseiterposition mit einem Mangel verknüpft: "Man möchte mit dazugehören, ist ja klar, und dann hatt' ich als Mädchen - ich war nun mal ein Mädchen - immer ganz kurze Haare, weil das ja so praktisch war, ne? Und die anderen Mädchen aus meiner Klasse, fand ich immer ganz toll, die hatten Zöpfe, die saßen dann in der Schule und lutschten so auf ihren Haaren, das fand ich ganz toll, also auch lange Haare, das war schon reizvoll." Sie nennt den Wunsch nach langen Haaren ein "Grundbedürfnis", das ihr verwehrt wurde und das sie lange Zeit durch das Verfertigen von Perücken zu befriedigen suchte. Und sie erzählt - nebenbei -, daß es "Vater war, der ja immer so dekadent in bezug auf Mode (war), und denn hat er mir mal, haben die mir mal Ponys geschnitten so richtig. Ich mein, sah vielleicht ganz gut, ganz interessant aus, aber für'n Kind ist es gar nicht so witzig."

Mit dem Haareschneiden wiederholt Fritz Baumann im Familienkreis aktiv den Vorgang, dem er in der Napola passiv ausgesetzt war; den er als die größte Schmach in Erinnerung behalten hat. Diese kompensatorische Wiederholung geschieht im Zeichen der Extravaganz: Einer Orientierung an der neuesten Mode, die nicht etwa (wie es sich eigentlich gehört) von der neuen Generation provokativ gegen die alte gewendet wird, sondern die die alte den Jungen auferlegt. Sabine redet von Dekadenz - und tatsächlich ist der ganze Vorgang für sie letztlich nichts anderes als ein "interessantes" Experiment mit Menschen, als dessen Opfer sie sich fühlt. Für Sabine ist die väterlich erzwungene Kurzhaarfrisur nicht minder traumatisch als für ihren Vater seinerzeit die öffentliche Bloßstellung: Für sie ist sie das äußere Zeichen einer problematischen, nach ihrem Verständnis von der Familie, insbesondere dem Vater verhinderten Geschlechtsidentität. Ihr "Grundbedürfnis", lange Haare zu haben, ist für sie gleichbedeutend mit der Anerkennung als Frau, die sie sich, kaum daß sie die Familie verlassen hat, auf ihre Weise verschafft, indem sie - sie sagt es im Interview wörtlich so - "Kinder fabriziert" (wohinter sich die Tatsache verbirgt, daß sie sich von einem Partner hat schwängern lassen, der keine Kinder wollte, und dem sie die Schwangerschaften verschwieg). Sabine selber nennt ihr Vorgehen "berechnend" , hält es aber wegen ihres starken Bedürfnisses nach Anerkennung als Frau für legitim.

Ihr Vater hat in seiner Kindheit und Jugend dasselbe Problem gehabt. Auch er war in seiner Geschlechtsidentität unsicher. Für ihn bedeutete das seinerzeit eine immerwährende Bedrohung auf der Napola: Eine weitere Möglichkeit, als von der Norm abweichend aufzufallen und bloßgestellt zu werden. Das freundlich-paternale "Modediktat", das er über seine Kinder ausübte, hängt wahrscheinlich damit zusammen. Nach den Erzählungen Sabines versuchte er insbesondere seinen beiden Töchtern das "zeitgemäße" Outfit aufzudrängen: Von der Frisur bis hin zu extravaganten Kleidungsstücken, die er ihnen schenkte - wohl in der Erwartung, damit den Zeitgeist zu treffen, und ohne wahrzunehmen, daß er mit diesem Diktat mindestens die scheue und verunsicherte Sabine nur noch mehr von der - völlig unextravaganten - Normalität ihrer Altersgenossinnen entfernte. "Meine Eltern", sagt sie, "meinten das natürlich gut, aber ich glaub', kein Kind fühlt sich so wohl, weil, es fällt auf, es fällt raus, es ist so, das würd' ich keinem Kind antun." Und in Anspielung auf den von ihr als Angriff auf ihre Weiblichkeit erfahrenen Kurzhaarschnitt und ihre Bewältigungsversuche: "Also, wenn mein Sohn sich 'ne Perücke machen würde mit kurzen Haaren, dann würd' ich mir auch mal Gedanken machen."

Eine Kurzhaarperücke hat sich wohl keiner ihrer Söhne jemals aufgesetzt. Aber - und damit springen wir in die 3. Generation - im Gespräch mit Sabines ältestem Sohn erzählt er die Geschichte, wie nicht nur heute ein Großteil seiner Klassenkameraden, sondern schon vorher der ganze Kindergarten gegen ihn Partei nahm, weil er "anders als die anderen" war. Worin bestand dieses Anderssein? Darin, daß er nicht als er selber erschien, sondern mit großem Ernst eine Rolle spielte: In der Kindergartenzeit die von "Schneewittchen": "Da habe ich immer", sagt Sebastian, "ein rotes, ein langes T-Shirt von meiner Mutter und eine schwarze Perücke aufgehabt. Und da bin ich überall mit hingegangen. (...) Ich habe gedacht, scheißegal, was die anderen über mich denken: Ich bin so."

Dieses auffällige Außenseitertum, das für Sebastian ständige Hänseleien und Bedrohungen zur Folge hatte, ist seiner Mutter *nicht* aufgefallen: Er hat ja - was ihr aufgrund ihrer Lebensgeschichte ein Alarmzeichen gewesen wäre - keine Kurzhaarperücke getragen, sondern eine, die ihm offenbar dazu diente, seine Mutter zu imitieren, die, wie Schneewittchen, lange schwarze Haare hat.

Auffallend ist bei dieser intergenerationellen Sequenz nicht nur die Mechanik der Wiederholung, sondern insbesondere der fast totale Ausfall der Einfühlung in die jeweils folgende Generation. Als der Interviewer im Gespräch mit Sabine die offensichtliche kompensatorische Wiederholung in der Frage der Haartracht anspricht, stößt er auf ein tiefes Nichtverstehen: Die langen Haare bei den Jungs seien doch "niedlich".

Um zu verstehen, welche Rolle in diesem intergenerationellen Geschehen die Napola spielt, müssen wir einige ihrer Eigentümlichkeiten wenigstens skizzieren. Die Napola hatte als totale pädagogische Institution in einem totalen, auf rassistischen Anschauungen gegründeten Staat auch einen totalen Zugriff auf die Lebensgestaltung ihrer Schüler. Dabei kommt dem pseudowissenschaftlichen Rassedenken, das unmittelbar ihre Erziehungspraxis bestimmte, eine entscheidende Bedeutung zu. Für jede Form des Rassismus ist kennzeichnend, daß er eine essentielle Differenz von Erwünschtem und Verpöntem, Gutem und Schlechtem behauptet und darauf eine "Politik der Differenz" gründet. Insofern folgt rassistisches Denken letztlich - gleichgültig wie sehr seine "wissenschaftlichen" Rationalisierungsformen sich um "Differenzierungen" bemühen mögen - einer binären Logik. Auch die Napola-Pädagogik nimmt gezielt die Differenz in Regie: Ihr wirkungsvollstes Herrschaftsmittel ist, die Furcht aufzugreifen und zu verwalten, die jeder einzelne vor seiner höchstpersönlichen "Abweichung" hat: Die Angst, dem Ideal nicht zu genügen, das ihnen als Identitäts-Verpflichtung vorgehalten wurde. Dieses Ideal ist freilich prinzipiell nicht zu erreichen - und darauf baut die Erziehung auf. Jedem einzelnen wird das Gefühl gegeben, ein "Unwürdiger" zu sein. Jedem wurden Anforderungen gestellt, die unerfüllbar waren, und jeder konnte scheitern. Jeder einzelne war damit beschäftigt, das Geheimnis seiner Abweichung zu verwahren.

Diese Abweichung ist freilich nicht nur ein "Schönheitsfehler", ein Makel, sondern mehr. Auf dem Hintergrund der NS-Rassenlehre, die den Napola-Schülern vermittelt wurde, bedeutete die Abweichung vom verpflichtenden Ideal letztendlich tatsächlich "Unwürdigkeit" und war unbewußt mit der Idee verknüpft, nicht zur "Herrenrasse" zu zählen. Auf dem Hintergrund der binären Logik des NS-Rassedenkens aber heißt das: Ein Untermensch sein. Auch wenn die Napola-Schüler wenig oder sogar nichts von der NS-Vernichtungspolitik gewußt haben mögen, so war ihnen allen klar, was das Schicksal von Untermenschen nur sein könne: Der Tod. Abweichung, das ist ihrem Ubw eingeschrieben, bedeutet Tod.

Die erste Probe davon, die sie im Anstaltsalltag erlebten, war der "soziale Tod", der Ausschluß aus der Gleichaltrigengruppe, der unter dem Namen "Verschiß" die am meisten gefürchtete Strafe war. Verschiß bedeutete, daß der

Bestrafte für eine bestimmte Zeit für seine Mitschüler "gestorben" war: Er durfte nicht angesprochen oder anderweitig kontaktiert werden.

Abweichung als tödliches Stigma zu erleben, ist das vielleicht am tiefsten sitzende psychologische Strukturmerkmal der Napola-Schüler. Und fast alle der von uns Befragten bringen auf die eine oder andere Weise ihre Kinder in bedrohliche Außenseitersituationen.

Fritz Baumann hatte als Schüler ein gutes Gespür für die Gefahr des "Andersseins". Tatsächlich war sie bei ihm rassisch vermittelt: Neben der unsicheren Geschlechtsidentität war es sein nicht sehr arisches Äußeres, seine - wie er es im Interview nennt: "Rassische Komposition" - , das ihn ängstigte und ihn zu einer - sehr geschickten - "Umdefinition" veranlaßte. Er selber stufte sich als "nordisch-dinarisch mit etwas ostisch" ein; geschickt deshalb, weil dies der rassischen Einordnung entsprach, die für Adolf Hitler galt. Er hat sich mit dieser Selbstetikettierung also dem Zentrum der Macht angenähert. Und diese Umdefinition hat ihn auch wirksam geschützt, hat seine Abweichung hinlänglich überdeckt. Anders im Falle der von ihm als "kleine Opposition" bezeichneten Abweichung der Haartracht. Hier ist ihm qualvoll demonstriert worden, was mit dem geschieht, der sich einen Habitus zulegt, der für Zivilität, Individualismus, Weichheit, ja sogar Weiblichkeit steht. Das Abschneiden war nicht der entscheidende Akt, sondern die Drohung, die Ankündigung einer anderen, radikaleren Demütigung. Das Abschneiden als symbolischer kastrativer Akt verweist auf das Stigma des Ausgestoßenen. Und es wiederholt eine Initiationserfahrung: Beim Eintritt in die Napola waren Fritz Baumann zuallererst die Winkel seines Hitlerjungenhemdes abgeschnitten worden, um ihm zu demonstrieren, daß das hier keine Geltung habe: Eine Degradierung als Eingangsprozedur.

Die "kleine Opposition" ist mit dem anderen wohlverwahrten "Geheimnis" Fritz Baumanns verknüpft, und die Lehre, die er aus der Affaire ziehen mußte, heißt in der Sprache des Unbewußten: Lange Haare sind tödlich. Um überleben zu können, braucht "man" kurze Haare. Diese unbewußte Botschaft ist gleichsam "geschlechtsblind". Fritz Baumann wird *allen* seinen Kindern kurze Haare verordnen, ohne Rücksicht darauf, daß zwei von ihnen Mädchen sind. Und er, der in Sport eine "Flasche" war und die Körpererziehung der Napola immer gehaßt hat, wird alle seine Kinder in Sportvereine geben und professionell, in zwei Fällen bis zur Meisterschaftsreife, trainieren lassen. Was er ihnen auf diesem Wege mitzugeben meint, sind *Überlebensvoraussetzungen*, Dinge die schlechterdings notwendig sind, um (die Napola) heil zu überstehen. Es ist einfach zu sagen, daß die Klammer nicht mehr gilt. Fritz Baumanns Ubw behandelt in einigen Punkten Napola und Welt immer noch als ein und dasselbe: Er will für seine Kinder - und so kommentieren diese es auch - nur "das Beste". Nur das Beste will auch Sabine: Daß ihre Jungs "niedlich" aussehen; und daß sie dürfen, was ihr versagt war: Lange Haare tragen. Sie fragt nicht, was das heute für Jungs bedeutet. Wie ihr Vater setzt sie sich über die Geschlechtsdifferenz hinweg.

Es ist, als ob die Identitätsfrage sich in das äußere Zeichen der Haartracht zurückgenommen hätte. Wie besetzt dieses narzißtische Signet ist, zeigt mir Sebastian, als ich ihn frage, ob er sich vorstellen könne, die Haare abzuschneiden. "Niemals" antwortet er mit Entschiedenheit und fügt hinzu: "Ich find das auch so schade, weil ganz viele Mädchen aus der Klasse haben oder hatten lange Haare und sie haben sie jetzt alle, weil es modisch ist abschneiden lassen. Das finde ich so schade, weil, es sieht echt gut aus, wenn man lange Haare hat." Auf die Frage des Interviewers, was er daran so schön finde, antwortet Sebastian: "Weiß nicht. Ich möchte halt immer anders sein als die anderen. Ja, das möchte ich einfach. Und ich möchte nicht total anders sein, nicht so rausproppen, so angeberisch. Ich möchte auch nicht besser aussehen als die anderen, es ist am besten, wenn man schlechter aussieht. Das find ich viel besser." Interviewer: "Findest Du besser, wenn man schlechter aussieht?" Sebastian: "Nicht schlecht aussehen, aber nicht so wie die anderen. Besser, das finde ich so angeberisch."

Es ist nicht nur so, daß Sebastian sich mit sich selber nicht mehr auskennt. Tatsächlich weiß er nicht nur nicht genau, ob er Junge oder Mädchen ist, sondern auch nicht, ob er nun wirklich anders sein möchte als die anderen. Die Konfusion, die er dadurch produziert, daß er reale Wünsche mit ihm aufgepfropften, nicht verstandenen Meinungen seiner Mutter vermengt, reproduziert im Kern etwas, das er gar nicht kennt; das ihm nicht bewußt vermittelt wurde, das aber in seiner Familie schon einmal da war. Sebastian *möchte* nicht anders sein als die anderen, er *ist* es in einem existentiellen Sinne. Anders zu sein, und auch besser, aber dann doch nicht besser und schon gar nicht angeberisch: Das war die verwirrende, für die jungen Zöglinge in ihrer Widersprüchlichkeit nicht faßbare Parole der Napola. Sie hatten ja beides zu lernen: Sich gemäß der Maxime "Ihr seid besser!" zu verhalten, aber auch den Spruch: "Du bist nichts, Dein Volk ist alles" zu beherzigen und dies im preußischen "Mehr sein als scheinen" zu integrieren. Geschafft hat das kaum einer. Nur eines war wirklich gewiß. Die Napola-Schüler waren *anders*. Sebastians wirre Rede spiegelt eine Konfusion der sozialen Selbstverortung, die ebensowenig nur die seine ist wie seine problematische Geschlechtsidentität. Beides hat eine Geschichte, die er nicht kennt. An ihr wirken Personen und Kräfte mit, die sich seinem Horizont entziehen. Sebastian wird an dieser Geschichte wohl sein Leben lang zu tragen haben. Und wir sind nicht sicher, ob er und seine Generation in der Lage sein wird, sie so zu verarbeiten, daß sie nicht selber dem Wiederholungsmechanismus der Vorfahren anheimfallen muß.

Wie drastisch und mechanisch auch immer die Angst vor Abweichung und Außenseitertum in der Familie Baumann zwischen den Generationen weitergegeben wurde: Sie hat gleichwohl bei Vater, Tochter und Enkel eine jeweils ganz unterschiedliche Bedeutung. Das läßt sich am Haar-Motiv gut zeigen.

1) Für Fritz Baumann hat die Haarlänge eine "subversive" Bedeutung: Als Merkmal einer anderen Kultur, die mit Weiblichkeit, Zivilität und Bildung assoziiert ist. Diese Welt zu erobern, war - wir können dies hier der Kürze halber nicht weiter erläutern - der Auftrag seiner Mutter und das längere Haar dessen Zeichen; ein doppeldeutiges allerdings: Es repräsentiert ein kulturelles Reich der Freiheit *und* die Abhängigkeit von der Mutter und dem Bündnis mit ihr. Es symbolisiert letztlich die narzißtisch-allmächtige Einheit mit der Mutter.

Die Napola läßt, wie wir sahen, das "kulturrevolutionäre" Motiv - und dessen Träger - nicht "ungeschoren". In der demütigenden Prozedur, die mit dem Tode droht, wird das wenige Zentimeter zu lange Haar zum Inbegriff des Abnormen, das am Elitemenschen zum Verschwinden gebracht werden muß. Daran ist entscheidend, daß die totale Institution Napola nicht nur das Abnorme austreibt, sondern daß sie es, um es austreiben zu können, systematisch an ihren Zöglingen produziert. Fritz Baumann wird in dieser Prozedur zum Träger eines von der Anstalt pervertierten Wunsches, der weiteren institutionell vermittelten Transformationsprozessen unterliegt. Diese lassen sich adoleszenztheoretisch beschreiben.

Moses und Eglé Laufer haben an schwergestörten Jugendlichen eine pathogene Dynamik beschrieben, derzufolge die zentrale Entwicklungsaufgabe der Adoleszenz, die Integration des mit der neuen genitalen Reife verbundenen spezifisch weiblichen oder spezifisch männlichen Körperbildes in die Selbstrepräsentanz, scheitert. Es kommt zur Ablehnung des neuen sexuellen Körpers, der als Quelle überwältigender präödipaler und ödipaler Phantasien und damit als Verfolger erlebt wird. Die Entwicklungskrise endet mit der Festschreibung des alten idealisierten Körperbildes der Kindheit und Latenz. Dessen Kern war die Phantasie eines allmächtigen Einsseins mit der Mutter, die ehedem das Kind gegen die schmerzlichen Erfahrungen der Trennung von ihr gesetzt hatte. Dieses Körperbild ist mit passiven präödipalen Phantasien verbunden, die nunmehr, mit seiner Fixierung im adoleszenten Rahmen, das autoerotische Geschehen bestimmen. Das wird vom Adoleszenten als eine Kapitulation und Niederlage gegenüber etwas Fremdem empfunden, das dem eigenen Geschlecht und Lebensalter unangemessen ist: Es entwickelt sich ein quälendes Abnormitätsgefühl, das abgewehrt werden muß.

Ohne daß wir hier auf alle Details der Analogie eingehen können, ist deutlich, daß die institutionelle Sozialisation in der Napola und speziell die Auslieferung ihrer Zöglinge an das alltägliche Drillritual eine vergleichbare pathogene Dynamik in Gang setzt:

- Mit jeder Unterwerfung unter das Diktat des Drills macht der Napola-Zögling die Erfahrung, daß sein Körper nicht ihm, sondern der Anstalt gehört.
- Er kann diese desintegrierende Passivisierung durch Phantasien des Einsseins mit der Anstaltsmacht kompensieren, die die imaginäre allmächtige Einheit mit der Mutter der Kindheit ablöst. Das Schema bleibt das gleiche.
- In diesem Arrangement hat der sich entwickelnde neue sexuelle Körper der Adoleszenz wenig Platz: Er kann, je nach psychosexueller Konstitution, schnell zum Inbegriff des anstaltstypischen Abnormen werden. Sein Ausschluß ist in jedem Fall vorprogrammiert: Alle mit ihm verbundenen Regungen können in der Konfrontation mit dem institutionell festgeschriebenen infantil-narzißtischen Körperbild zur Quelle quälender Abnormitätsgefühle werden, gegen die sich eine massive Abwehr richtet. Diese ist ab ovo institutionskonform.

Auf diesem Hintergrund kann das Motiv des langen Haars bei Fritz Baumann zum Bedeutungsträger für alle von der Institution ausgeschlossenen sexuellen Strebungen werden. Auf beiden ruht der rassistische Blick der Anstalt, der die langen Haare für ebenso dekadent, abnorm oder feminin erklärt wie die Sexualität, die die Anstalt zugleich verwirft und einer passivisierenden Deformation durchs Drillritual aussetzt.

Es gibt also für Fritz Baumann eine "kulturrevolutionäre" und eine sexuelle Bedeutung des Haars, die beide durch die rassistische Struktur gebrochen sind. Während er die erste im Interview selbst thematisiert, bleibt die zweite tief unbewußt und latent. Während die erste für die "kulturrevolutionäre" Lösung wichtig wird, die Fritz Baumann für sein Leben findet, ist die zweite Teil eines durch projektive Identifizierung in der intergenerationellen Übertragung abgewehrten Bedeutungszusammenhangs, dem wir bei den Kindern wiederbegegnen, in der destruktivsten Form bei Sabine.

2) Nach unseren Befunden haben viele Napola-Väter ihr unbewußtes Bild des Weiblichen und der Weiblichkeit unbewußt aus dem gebildet, was die Anstalt als "unmännlichen" und passivisierten Teil an ihnen gleichermaßen erzeugte und zum Verschwinden brachte. Und sie haben als Familienväter das, was sie davon in sich trugen und nicht durch Sublimierung umwandeln konnten, wo das möglich war, den weiblichen Mitgliedern ihrer Familie projektiv auferlegt. Die Träger dieses vom rassistischen Blick durchdrungenen "Minderwertigen" nun sind, wie der Urheber der Projektion unbewußt weiß, vom Tode bedroht: Sie müssen durch ein Überlebensdiktat, zu dem die kurzen Haare gehören, gerettet werden. Im Falle von Sabine heißt das, daß ihr gerade das Mittel streitig gemacht wird, das sie gegen das ihr auferlegte Abnormitätsgefühl setzen möchte. Das lange Haar bedeutet für sie im narzißtischen Sinne ganz *und* weiblich zu sein, d.h. über eine genitale Sexualität zu verfügen. Auch sie gibt den "minderwertigen", vom rassistischen Blick verfolgten Anteil auf zweierlei Weise projektiv weiter: An ihren Sohn und an die körperlich und geistig behinderten Kinder, mit denen sie als Sozialpädagogin arbeitet. Beide repräsentieren entwertete Teile ihres Selbst, die sie am anderen in altruistischer Weise hegen und pflegen kann.

3) Für Sebastian werden die Haare zum Fetisch, von dem er sich niemals trennen darf, auch wenn es ihm nur Prügel und Verachtung einbringt. Nur so kann er an der magischen Macht der Mutter, (die ihr das Haar verleiht), teilhaben und zugleich das tragen, was sie ihm auferlegt hat. "Er kann einfach nichts weitergeben, er ist ein guter Mensch", sagt seine Mutter von ihm. Für ihn ist die am Abweichenden haftende latente Todesdrohung manifest geworden. Seine Haare wecken bei den Skinheads gleichsam denselben rassistischen Blick, dem sein Großvater in der Anstalt begegnete und die langhaarigen protestierenden Studenten der späten 60er Jahre und 70er bei den Repräsentanten der Ordnung.

An diesem Punkt wird vielleicht wenigstens ansatzweise deutlich, welche Rolle déjà-vu-Phänomene, Identifikationen und Übertragungsprozesse im komplexen Geschehen der Generationendynamik spielen. In unserem Forschungsprozeß war es jedenfalls von großer Bedeutung, in den verschiedenen Generationsgestaltungen und -ausdrücken innerhalb unseres Samples eigene Imagines und Selbstanteile wiederzuerkennen. Der Forscher, der seine eigene affektive Resonanz und Verstrickung in dieses Geschehen ignoriert, wird Opfer einer Verleugnung, die unterm Banner "wissenschaftlicher Objektivität" zu schwerwiegenden Verzerrungen der Realität führen kann. Gerade in der generationengeschichtlichen Forschung ist die selbstreflexiv gewendete Frage "Wer spricht?" von entscheidender Bedeutung für die Sicherung und Kontrolle der erhobenen "Daten". Generationengeschichtliche Forschung ist nur möglich, wenn ihre *empirischen* Subjekte konsequent ins Spiel gebracht werden; wenn deren alltagspraktisch sedimentierten "Standorte" gegenüber den erforschten Phänomenen samt der vermeintlich kontingenten Ängste, Phantasien und Widerstände kenntlich werden. In vielen Fällen lassen sie sich als *typische*, d.h. generationsspezifische Phänomene, entschlüsseln. Auf diesem Hintergrund entfaltet sich auch ein neues Verhältnis zur "natürlichen Kontrollinstanz" der wissenschaftlichen Öffentlichkeit. In der Tat haben wir in Deutschland mehrmals bei Vorträgen die Erfahrung gemacht, daß unsere Forschungsergebnisse z. T. heftige Widerstände auslösen, und zwar insbesondere bei *unserer* Generation, also, grob gesagt, bei denjenigen, die heute zwischen Mitte 40 und Ende 50 sind; also bei den Angehörigen der Protestgeneration, die in den 60er und 70er Jahren einen schroffen Bruch mit der Elterngeneration vollzogen und diese radikal mit ihrer NS-Vergangenheit konfrontiert hat. Das ist, auf den zweiten Blick, nicht eigentlich verwunderlich, denn eine Forschung, die nachweist, daß es auf dem Wege der ubw Weitergabe psychisch wirksame Erbschaften *bei uns* gibt, vergeht sich an einem gehegten Mythos der Protestgeneration. Wir nennen ihn den "Mythos der politischen Parthenogenese". Er besagt, daß die Angehörigen dieser Generation durch die radikale Abwendung von den Eltern hinsichtlich politischer und sozialer Vorstellungen auch *psychologisch* vollständig von ihnen getrennt seien. Diese Vorstellung leugnet gleichsam die Herkunft: Jede Ähnlichkeit oder gar Verwandtschaft mit den Älteren. Sie sagt: *Wir* sind radikal *anders*. Die größte Angst, die Angehörige unserer Generation haben, ist eben die, etwas von den Eltern "mitbekommen" zu haben. Lange Zeit hat man sich als Modus der Trennung in eine Opferidentifikation geflüchtet - und, in der Tat, die ältere Generation hat ihr Teil dazu beigetragen, daß diese Opferidentifikation in einigen Punkten Realität werden konnte.

Zu sagen: Es gibt ubw Formen der Weitergabe von *Täterpsychologie* ist ein Sakrileg, denn es rührt an die zentrale Angst unserer Generation, insbesondere derjenigen ihrer Angehörigen, die sich als "politisch" im Sinne der Ideale der Protestbewegung verstehen. Es ist dann im Prinzip gleichgültig, daß es in unserem Projekt um eine bestimmte Gruppe wie die Napola-Absolventen geht. Jeder versteht die Botschaft: Tua res agitur.

Festzustellen, daß es Mechanismen der psychischen Weitergabe gibt, ist so problematisch, daß man uns allen Ernstes "psychologischen Rassismus" vorgeworfen hat. Für manche aus unserer Generation sind *wir* Täter. Wir werden, wenn wir psychische Verbindungen zwischen den Generationen *fest*stellen, so behandelt, als würden wir sie *her*stellen.

Vielleicht ist das noch nicht einmal so völlig falsch. Denn tatsächlich hat unser Forschungsprozeß etwas mit "Herstellen von Verbindungen" zu tun. Wenn wir Interviews mit den Napola-Absolventen und deren Nachkommen führen, dann spiegelt sich in den Gesprächsbeziehungen auch immer ein Stück des eigenen Affekts; dann haben wir es - psychologisch gesprochen - mit wiederauflebenden Eltern- und Geschwisterkonstellationen zu tun; dann erkennen wir an uns und unseren Reaktionen etwas wieder, was in der Dynamik der eigenen Familie vielleicht längst untergegangen oder zum unbefragten Stereotyp verkümmert ist.

Vielleicht wird damit ein wenig verständlicher, welche Bedeutung wir der Wiedereinbürgerung des Affekts in die Forschung über den Nationalsozialismus einräumen. Für uns und unsere Generation ist es von höchster Wichtigkeit, die Tatsache auch psychologisch zuzulassen, daß wir von Tätern abstammen, und zu wissen, daß man diese Realität sowenig verleugnen kann wie den Holocaust. In unserer Forschung stoßen wir tagtäglich auf diesen Tatbestand. Und wir meinen, in unserer Haltung als Forscher, die sich nicht einer affektiven Teilnahme enthalten, im Umgang mit *beiden* Generationen etwas *wiederzuerkennen,* das möglicherweise wichtig dafür werden kann, daß sich in der deutschen Geschichte etwas *nicht* wiederholt.

Freud hat, in seiner vom 1. Weltkrieg gleichermaßen erschütterten wie inspirierten Arbeit "Zeitgemäßes über Krieg und Tod" einmal fast beiläufig bemerkt, "daß wir von einer unendlich langen Generationsreihe von Mördern abstammen". Er hat nicht wissen können, daß sich dieser auf die Vor- und Frühgeschichte des Menschen beziehende Satz noch in seiner eigenen Lebenszeit in schrecklichster Weise aktualisieren sollte. Seitdem gibt es, wenn man so will, eine neue Abstammungslehre. Wir sind davon überzeugt, daß für die zukünftige Entwicklung in Deutschland viel davon abhängen wird, eben diese Herkunft anzuerkennen, ohne sie für normal zu halten.

Literatur

Devereux, G. (1984): Angst und Methode in den Verhaltenswissenschaften. Frankfurt/M.: Suhrkamp.

Freud, S. (1963): Zeitgemäßes über Krieg und Tod. GW X, Frankfurt/M.

Laufer, M. und E. (1989): Adoleszenz und Entwicklungskrise. Stuttgart: Klett.

Reemtsma, J.Ph. (1992): Was heißt eine Wiederholung von Auschwitz verhindern? In: Mittelweg 2, 66ff.

Schneider, Chr./Stillke, C./Leineweber, B. (1996): Das Erbe der Napola. Versuch einer Generationengeschichte des Nationalsozialismus. Hamburg: Hamburger Ed.

Mythen der Rechten - ihre Faszination für junge Frauen in der Adoleszenz

- dargestellt an einem Gespräch von Franziska Tenner

Ulrike Prokop

I

Die Berliner Journalistin Franziska Tenner führte 1994 mehrere Gespräche mit Frauen, die zum inneren Kreis der Rechten gehören. Sie gab sich als Sympathisantin der rechten Szene aus. Die Gespräche, mit Kommentaren und Bildern versehen, erschienen als Buch unter dem Titel "Ehre, Blut und Mutterschaft. Getarnt unter Nazi-Frauen heute."

Die Gespräche sind zu Ich-Erzählungen montiert. Die Fragen der Interviewerin, der Ablauf der Interviews und die Beziehungsdynamik im Interview sind nicht rekonstruierbar, was für eine Deutung gewiß ein Nachteil ist. Trotz dieser Einschränkung ist eine Interpretation der Mitteilungen von Anka H. (geb. 1970 in Cottbus) und Lisa W. (geb. 1971 in Frankfurt) sehr aufschlußreich. Im folgenden beziehe ich mich auf das Interview mit Anka H.

Bei der Lektüre entstehen einige theoretische Fragen: Wie läßt sich der Zusammenhang zwischen der Persönlichkeitsstruktur und der Politisierung nach rechts beschreiben? Berücksichtigt das Konzept der autoritären Persönlichkeit zureichend die Eigendynamik der politischen Ebene? Und: Wie weitgehend hängt die Politisierung von Zufällen und äußeren Bedingungen ab?

Die beiden Gespräche zeigen Züge von Modernität und von Protest, die nicht zum Bild der autoritären Persönlichkeit passen. Bei der Lektüre verflüchtigten sich die klaren Grenzen zwischen "rechter" und "linker" Politisierung. Die einfache Benennung von Personen - wie sie der Buchtitel vornimmt - machte mich nachdenklich. "Getarnt unter Nazi-Frauen heute" - das Titelbild zeigt ein martialisches Photo einer rechten Versammlung, besonders hervorgehoben ein junges Mädchen, das entschlossen die Hand zum Hitler-Gruß hebt. Die Photos der Befragten, die im Buch abgebildet werden, zeigen aber Individuen, die nicht einfach einzuordnen sind.

Das Wort Nazi-Frauen suggeriert, es handle sich um einheitliche Persönlichkeiten, die das Böse repräsentieren. Das findet weder in den Bildern noch in den Gesprächen eine eindeutige Entsprechung. Es geht in den Gesprächen um lebensgeschichtliche Konflikte, um widersprüchliche Gedanken und psychische Haltungen. In der Interpretation versuche ich, den Stellenwert der progressiven und der reaktionären Äußerungen zu verstehen. Was ist handlungsrelevant, und in welche Richtung weisen die tieferen Motive der Befragten?

Alle jungen Gesprächspartnerinnen gehören ganz deutlich zu einer "Protestkultur". So betont Anka H. ihre Vergangenheit als Punk in der DDR, während sich Lisa W. positiv auf das Erbe der 68er bezieht: "Die 68er haben schon was gebracht; es war ein radikaler Einschnitt ... (Tenner, 1994, 153), ich meine, es ist für uns durchaus positiv, wir profitieren, wir partizipieren davon. Ich muß zum Beispiel nicht, wenn ich mit einem Mann liiert bin, eine Beziehung haben, verlobt, verheiratet sein. ...Ich weiß auch nicht, ob das das Wahre ist, das Matriarchat. Ich bin mir da nicht so sicher. Ausprobieren würde ich es, wenn ich die Möglichkeit sehen würde, es selbst mitzuerleben." (a.a.O., 193)

In den Gesprächen ist "die Frauenfrage" ein zentrales Thema. Es geht um Fragen, die alle haben, wie Selbstverwirklichung, die Vereinbarkeit von Berufserfolg und Mutterschaft. Die jungen Frauen, die hier zu Wort kommen, verlangen Lohn für Hausarbeit, Aufwertung der Erziehungsarbeit; sie verknüpfen das mit Vorstellungen, die Deutschen seien kinderfeindlich. Die Karriereorientierung der Frauen und die geringe Unterstützung und Anerkennung der Mutterschaft würden schließlich zum Aussterben der Deutschen führen.

Zugleich wird deutlich, daß die Befragten nicht beabsichtigen, selbst viele Kinder zu bekommen. Das ist, wie sie sagen, wegen fehlender staatlicher Unterstützung nicht möglich. Vielmehr wird es die erste Gesprächspartnerin (Anka H.) bei einem Kind belassen. Die zweite möchte zunächst "beruflich ganz weit hinaus, studieren und mich weitmöglichst qualifizieren" (a.a.O., 194). Ideen, wie die eben vorgetragenen vom "Aussterben der Deutschen", sind also für sie nicht handlungsrelevant, was die eigene Lebensführung angeht. Da zählt eher das berufsorientierte Handeln, wobei die beiden Befragten nicht sicher sind, wie sie die Lebensbereiche Familie und Beruf leben sollen.

Hier liegt sicher nicht das eigentliche Motiv, sich rechten Gruppen zuzuordnen. Ich fand es interessant, daß diese Gedanken sich auf den ersten Blick gar nicht anders als die Sorgen linker Frauen ausnehmen.

Was irritiert, ist dagegen der "Volksgedanke". Was bedeutet "das Volk" und "die anderen"? Die Frauenproblematik wird ja in diese Thematik eingefädelt.

Einen ersten Hinweis gibt die Beschreibung des Politisierungsprozesses durch die Befragten. Hier zeigt sich: Die Politisierung hat nichts mit Ideen zu Frauenfragen zu tun, sondern sie wird als "Erweckungserlebnis" beschrieben. Das Ereignis der Politisierung wird als spontane Übereinstimmung, wie ein Wiedererkennen dargestellt. Wie es bei Anka H. heißt:

"... als ich Frank kennengelernt habe, da wußte ich von Anfang an, was er sagt und denkt. Das war genau meine Wellenlänge. Wenn ich es nicht gewollt hätte, dann hätte ich mich nicht mehr mit ihm getroffen. Aber ich wußte einfach, das ist genau mein Weg. Es gab in Cottbus nicht die Möglichkeit, darauf zu stoßen und es auch weiterzugeben. Vom ersten Tag an war mir klar, daß das genau das ist, was ich immer gedacht habe und worüber ich mich mit meiner Freundin unterhalten habe ... Ich bin relativ schnell zum ersten Treffen gefahren, zu Michael Kühnen ...Ich habe gleich gewußt: DAS ist es. Das war gleich klar. Ich war total fasziniert und beeindruckt ...ich wußte, hier möchte ich mich gerne engagieren, obwohl ich das bisher nie wollte. Da wollte ich es sofort. Das war für mich der richtige Weg." (a.a.O., 105)

Die Begeisterung richtet sich nicht auf Programme oder Inhalte. Zumindest werden diese nicht erinnert. Was zählt, ist das Gefühl, "angekommen zu sein" und bewundernd teilhaben zu dürfen. Politik ist personifiziert - in beeindruckenden Männern wie Michael Kühnen und Frank Hübner.

Ein zentrales Thema ist zum Beispiel das Muster des Helden im Kampf gegen die feindliche Übermacht, ein Schema, das sich in aller Klarheit im zweiten Gespräch wiederfindet.

"Das politische Bewußtsein bekam ich mit vierzehn. Am 24 Januar 1985, da hatten wir einen Fernsehabend gehabt, und ich bin die einzige gewesen, die wachgeblieben ist ...Da kamen dann die Nachrichten, die letzten Nachrichten, und da war Michael Kühnen zu sehen. Ich kannte ihn vorher überhaupt nicht. In den Nachrichten hieß es, daß dieser Mensch gerade verurteilt worden ist zu dreieinhalb Jahren. Da sagte ich mir dann, also irgend etwas stimmt hier an diesem System nicht. Nur weil der Mensch sagt, was er denkt, soll er jetzt vier Jahre hinter Gitter. Das sehe ich nicht ein. Ich spürte Rebellion in mir und tiefe Verachtung gegenüber dem System." (a.a.O., 173)

Man könnte das Erweckungserlebnis auch als Eintritt in eine aufregende Szene beschreiben. Es geht weniger um Programme als um den Zugang zu neuen sozialen Räumen.

Dieses Muster ist für die adoleszente Entwicklung typisch. Vor zwanzig Jahren wären es vielleicht linke Szenen und linke Helden gewesen?

II

Anka H. ist in Cottbus geboren und aufgewachsen. Zur Zeit des Gesprächs ist sie 22 Jahre alt. Ihr Ehemann Frank H. gehört zu den Führungsfiguren der rechten Szene. Ihre DDR-Vergangenheit ist geprägt von Protest, Wut und verschiedenen Formen von Provokation. Sie ging als Punk, verweigerte die Anpassung in der Schule wie in der Jugendorganisation. Gemeinsam mit ihrer Freundin demonstrierte sie ihren Protest und die Verachtung der Autoritäten, wo immer sich Gelegenheit bot. Auch zur Zeit des Gesprächs trug Anka H. ihren Nasenring, was die Interviewerin stark irritierte, weil es sozusagen ein Element der symbolischen Ordnung der "anderen Seite" darstellt. Als die DDR unterging, zog Anka H. nicht in den Westen - wie sie das immer wollte, sondern machte ihre Lehre als Köchin bis zum Abschluß zu Ende. Die Friedens- und Bürgerrechtsbewegung zur Wendezeit hat sie nicht angesprochen. Als sie Frank H. kennenlernte - zu der Zeit jobbte sie in einem Lokal - , wurde sie mit der Rechten bekannt. Frank H. nahm sie zu Versammlungen mit, bei denen er häufig als Redner auftrat. Wie sie berichtet, war sie sofort begeistert und engagierte sich für den Aufbau der Deutschen Alternative (dies war die mitgliederstärkste neonazistische Organisation der Bundesrepublik, die 1992 verboten wurde).

Anka H. gab ihre Berufsarbeit auf, weil sie sich als "Freundin eines Nazi" diskriminiert fühlte. Sie betont, daß sie es war, die die Heirat beschloß, als sie ein Kind erwartete. Ihr Mann war bei der Geburt dabei, weil sie es wollte, und ihr ist es wichtig, daß er sich aktiv um den Säugling gekümmert hat. Heute sei sie viel allein, da sie auf das Kind aufzupassen hat. Zur Zeit lebt sie als Hausfrau, kümmert sich um ihr Kind, macht vage Pläne für eine zukünftige Berufstätigkeit - zum Beispiel Justizvollzugsbeamtin fällt ihr als Möglichkeit ein. Sie betont, daß sie in ihrem Wohnviertel anerkannt ist, als die Frau von Frank H. Ihre politischen Äußerungen sind relativ wenige. Ihre Themen: In der gegenwärtigen Gesellschaft werden Mutterschaft und Familie abgewertet. Nur zweimal wird sie auffallend heftig: Ausführlich äußert sie sich zum Thema der Abtreibung. Sie lehnt die Beratungspflicht als Bevormundung von Frauen ab. Frauen sollen allein entscheiden, ob sie ein Kind wollen. Auffallend ist auch die Haltung zur.Gewalt. Zur Gewalt gegen Ausländer äußert sie sich ablehnend: Sie sieht darin unpolitische Aktionen, die den Rechten angehängt werden. Aber Verräter aus den eigenen Reihen leben gefährlich, denn diese wird ihre Strafe schon ereilen, "nicht mal von der obersten Schiene oder so, ... sondern vielleicht von irgendwelchen, auch wieder solchen, die Asylantenheime anbrennen..."

Zur inneren Struktur der Selbstdarstellung:

Ich beginne mit der Darstellung einiger Irritationen. Unter Irritationen verstehe ich unerwartete Muster in den Mitteilungen. Das erste unerwartete Muster ist die Verbindung von Aussteigertum und hoher Leistungsorientierung, die sich durch die gesamte Selbstdarstellung zieht. Der Kernsatz ist: "Ich habe immer extra gemacht, daß ich auffalle und daß ich nicht einverstanden bin mit den Dingen, die da so laufen." (a.a.O., 89)

Die Erzählerin definiert sich als eine, die immer anders sein wollte als die anderen, und sie führt als Beispiele vor allem die Auseinandersetzung mit Eltern, Schule und FDJ an. "Ich hab immer extra nicht gemacht, was alle von mir verlangt haben." (a.a.O., 90) Zum Wehrerziehungsunterricht erschien sie mit roten, bald darauf mit geschorenen Haaren. Der FDJ-Bluse trennte sie mal die Ärmel ab, "damit das ein bißchen modisch aussieht". Die Erzählerin abgeklärt, aber doch stolz: "Vieles war vielleicht auch im jugendlichen Leichtsinn: FDJ-Bluse vorne locker zusammengebunden." (a.a.O., 89) In der Erinnerung reihen sich die Szenen adoleszenten Protests, auf den sie erfreut zurückblickt - aber als auf etwas Abgeschlossenes. Zur Zeit des Gesprächs ist sie erst 22 Jahre alt; aber sie zieht eine deutliche Grenze zu dieser Vergangenheit. "Ich habe wirklich viel erlebt und meine Jugend ausgekostet. Jetzt haben wir Kinder und sind ruhiger geworden und vernünftig." (a.a.O., 98)

Die Beschreibung der oppositionellen Vergangenheit nimmt einen großen Raum ein. Sie provozierte damals, nach einiger Zeit gemeinsam mit ihrer Freundin, die selbstgerechte Brutalität der Erziehungsinstanzen, vor allem Schule und Jugendorganisation. Mut, Phantasie und Kreativität sind unübersehbar. Schließlich gewannen die beiden Mädchen sogar den ersten Preis mit ihrer eigenwilligen Wandzeitung über Brandschutz und Winterdienst unter dem Banner der SED. Noch einmal die Erzählerin mit ihrer Abgrenzung aus der Position der Gegenwart: "Wir haben uns über alles und jeden lustig gemacht. Da war immer etwas los. Uns durfte keiner angreifen, das hat sich auch keiner getraut wegen des Aussehens ... Keiner hat etwas gesagt." (a.a.O., 98) Die Verweigerung ging einher mit Schule schwänzen und heimlich nach Berlin fahren, sich nicht um die Lehrstelle kümmern, alles gemeinsam mit der sehr geliebten Freundin.

"Wenn ich sie nicht gehabt hätte, dann wäre alles anders gekommen, alles. Meine ganze Lebensentwicklung wäre anders gekommen, das weiß ich ganz genau." (a.a.O., 93)..."Sie haben immer gesagt: Ihr beide werdet nie etwas erreichen. Das haben sie uns prophezeit. ... Die haben gedacht, wir werden Punks oder Hausbesetzer oder irgend etwas Blödes, jedenfalls nichts Gescheites. Jetzt sind wir die beiden einzigen, die Familie und Kinder haben. Viele sagen immer: "Wieso hast du schon ein Kind? Du bist noch so jung. Jetzt hast du dir das Leben versaut." Darüber kann ich nur lachen. Was wir alles erlebt haben, da fangen die anderen jetzt erst an, und das ist nicht halb so schön wie das, was wir erlebt haben. Ich weiß auch nicht, was genau wir alles erlebt haben. Das kann man nicht so sagen." (a.a.O., 98)

Irritierend ist weniger die Tatsache der Verweigerung und des Ausstiegs als die Kombination dieser Motive mit dem Gegenläufigen, das sich durch den gesamten Text zieht. Es ist ein ausgesprochener Aufstiegswille vorhanden. Die Erzählerin definiert sich als eine, die daran gehindert wird, etwas zu leisten und weiterzukommen.

"Studium kam nicht in Frage, dann mußtest du in die Partei, sonst ging das nicht." (a.a.O., 90) "Wenn man politisch in der Schule nicht auf der richtigen Wellenlänge war, dann hat man auch die entsprechenden Noten dafür gekriegt. Egal, ob man sich angestrengt hat oder nicht. Wenn man das einmal merkt, strengt man sich nicht mehr an. Heute ärgere ich mich darüber. (a.a.O., 90) ...ich war sehr sportlich, und ich hatte auch immer gute Sportlehrer, die gesehen haben, daß ich Talent habe. Dafür habe ich mich interessiert ... ich wäre gut etwas geworden ... die haben damals schon in der 5. Klasse gesagt: 'Du gehst bestimmt einmal auf die Sportschule', aber da wußte ich, die Sportschule ist wieder so parteimäßig. Ich hatte auch nicht den Ehrgeiz gehabt. Ich wollte lieber rumrennen und jugendlich sein, aber die harten Anforderungen der Sportschule wollte ich nicht." (a.a.O., 92)

Die Mischung aus Verweigerung und Verhinderung läßt es im Unklaren, wie weit der Leistungswille und die Fähigkeiten wirklich gingen. Daß da Fähigkeiten sind, zeigt die Erzählerin zum Beispiel in ihrer Lehre als Köchin, "damals mein Traumberuf".

Protest und Opposition gegen die Autoritäten und auf der anderen Seite Aufstiegswille und auch ein Können, dessen sich die Erzählerin aber nicht ganz sicher fühlt. Es ist sozusagen nicht in ihrer Verfügung. Immer wieder heißt es, daß sie nicht lernen mag. "Ich war froh, daß die Schule vorbei war. Schule, dasitzen und irgendwas lernen, das war noch nie mein Fall. Ich habe mich auch nicht angestrengt." (a.a.O., 92) Zum Motiv der Aufstiegsorientierung gehört auch, daß die Erzählerin die Schichtzugehörigkeit ihrer Familie nach oben hin schönt.

"Mein Vater hat Gärtner gelernt, eben bürgerliche Mittelklasse. Meine Mutter hat Wirtschaftspflegerin gelernt. Damals gab es auf dem Dorf noch nicht so viel Auswahl. Den Beruf gibt's jetzt gar nicht mehr, der wird auch nicht mehr anerkannt. Jetzt arbeitet sie in der Küche." (a.a.O., 91)

Bei näherer Betrachtung der Textstelle wird deutlich, daß die Mutter Köchin war und der Vater Hausmeister. Von der Ex-DDR übernimmt die Erzählerin die verschönernde Berufsbezeichnung "Mein Vater macht heute Landschaftsgestaltung in einem Betrieb". (a.a.O., 91) Am Beispiel der Verleugnung der sozialen Herkunft zeigt sich sehr deutlich, wie sich innere Welt und äußere Realität verschränken. Die soziale Abwertung der Eltern als ungebildet und hilflos bis überfordert und auch die Unterwerfung der Eltern unter äußere Autoritäten lösen bei der Tochter Angst und Entwertungsgefühle aus.

Die Tochter erlebte die Eltern als angepaßt und unselbständig. Sie drängten das Mädchen zu Fleiß und ordentlichem Benehmen. Anka H. erinnert sich an elterliche Reden wie etwa: "Ist doch egal, was du denkst, Hauptsache, du sagst nach außen hin das Richtige. Wir arbeiten, zwar nur angestellt an der Parteischule, aber trotzdem, das ist doch wichtig!" Kommentar von Anka H.: "War ja auch so. Wenn du ein Studium machen wolltest, mußtest du in die Partei, sonst ging das nicht. Ich bin dann gar nicht mehr für ein Studium in Frage gekommen." (a.a.O., 90) Jedenfalls geht es um ein Konglomerat von Verlogenheit und Druck. Anka H. verweigerte ihren Eltern die Freude an einer vorzeigbaren Tochter. Aber die Auseinandersetzung führte dazu, daß sie nicht zu ihren eigenen Interessen fand. Für sie läßt es sich zum Beispiel nicht mehr feststellen, ob sie fähig gewesen wäre, ein Studium aufzunehmen.

Rebellion und autoritäre Fixierung

Eine Frage, die sich aus der Selbstdarstellung von Anka H. ergibt, lautet: Warum wird aus einer Protestlerin und Abweichlerin eine betont erwachsene, vernünftige Hausfrau? Und: Warum paßt sie sich in die rechte Szene ein? Welcher Art war ihr jugendlicher Protest?

Da ist in der Selbstdarstellung zunächst die Serie der Familienszenen. Es geht um das Leiden an der rigiden Kontrolle durch den Vater und zugleich um die Angst vor Gleichgültigkeit und Fallengelassenwerden. Beide Motive ziehen sich durch.

Die Mutter wird fast nie erwähnt. Die Auseinandersetzung wird mit dem Vater geführt. Der Vater kontrolliert die Schulleistungen der Tochter. Er ist aber nicht in der Lage zu sehen, was sie macht, sondern nur "ob sie was macht". Für das Erleben der Tochter ist die väterliche Autorität zwar kontrollierend und übergriffig, aber zugleich brüchig. Die Kontrollen des Vaters respektieren die Grenze der Persönlichkeit und die Eigenständigkeit der Tochter nicht. Der Vater durchsucht zum Beispiel den Nachttisch der Tochter und findet dort die Seiten aus dem Schulheft, die das Mädchen herausgerissen hatte, um die wenig guten Noten zu verbergen. Er zwingt sie noch in der Nacht aufzustehen und alle Schulhefte noch einmal neu von Anfang bis Ende abzuschreiben. Diese und andere unangemessene Erziehungsmaßnahmen kontrastieren mit dem Erleben, daß die Eltern "nichts sagen", daß sie schweigen und sich entziehen. Auf ein Photo blickend, das sie in der Protestphase mit kahlrasiertem Kopf zeigt, sagt die Berichtende mehrfach:

"Ich erschrecke über mich selbst, wie ich damals aussah, und frage mich: Da haben meine Eltern nichts dazu gesagt?" (a.a.O., 96)

Es ist auffallend, wie umständlich die Erzählerin sich vor Augen führt, warum die Eltern nichts gesagt haben. Die Eltern hätten aus ihrer Sicht etwas sagen müssen. Gegen alle Wahrscheinlichkeit behauptet die Berichtende, die Eltern hätten nichts gemerkt:

"Das ist wie bei meinem Kind. Mir fällt nicht auf, daß sie wächst. Aber jeder andere sagt: "Die ist aber groß geworden, hat sich verändert." Mir fällt es nur anhand der Fotos auf. So haben sich die Eltern wahrscheinlich auch daran gewöhnt (daß sie sich kahl rasierte, U.P.) Und außerdem: Was sollten sie sagen?" (a.a.O., 96)

Der Kontrast ist deutlich: Daß der Vater übergriffsartig zu kontrollieren versucht, um dann in der Kontrolle zu scheitern; daß die Eltern als streng beschrieben werden, aber daß sie sich zugleich entziehen, wenn sie sich nicht durchsetzen können.

Die Verunsicherung - ob die Eltern an ihr festhalten, und sei es bestrafend, oder ob sie die Tochter einfach fallenlassen - geht sehr tief. Immer wieder drückt sich die Sehnsucht nach Anerkennung aus, nach Anerkennung als einer eigenständigen Person. Ich deute die folgende Bemerkung als Ausdruck dieser Sehnsucht und als Trauer um das Scheitern. Schon als Neugeborene - so ihre Wahrnehmung - paßte sie nicht ins elterliche Modell:

"Ich sollte ein Junge werden, aber ich war ein Wunschkind, so wie ich das weiß. Ich bin leider kein Stammhalter geworden. Die Enttäuschung war ein bißchen groß, als ich ein Mädchen war, denn das Erstgeborene sollte eigentlich ein Junge werden." (a.a.O., 90)

Wenigstens ist sie ein Wunschkind, schließlich hätten die Eltern sie ja auch ganz ablehnen können. Es ist deutlich zu spüren, daß es Anka H.s tiefere Angst ist, von den Eltern gänzlich aufgegeben zu werden. Selbst die Kontrollwut des Vaters ist ein Zeichen für eine Beziehung, daß man etwas von ihr erwartet und daß sie wichtig ist.

Der Vater, die SED, die Schulautoritäten, die Lehrer bilden für das innere Erleben von Anka H. eine einzige Linie. Das Verhalten zu den nichtfamilialen Autoritäten steht ganz unter dem Zeichen des Vaterkonflikts. Der Vaterkonflikt ist dadurch gekennzeichnet, daß das Mädchen die Kontrolle loswerden will und dies zugleich als Verlassenwerden fürchtet. Sie kann sich nicht abwenden und ein eigenes Wertsystem aufbauen. Sie kann nur permanent gegen die kontrollierenden Übergriffe kämpfen. Und dieser Kampf stellt zugleich die Beziehung dar. Er kann also nicht aufgegeben werden. Es ist also nicht ein Kampf, der zu etwas führen soll, sondern ein Kampf, der, auf Dauer gestellt, die Beziehung repräsentiert. Da dieser Mechanismus auf alle "Vater-Erben", d.h. alle Autoritäten, übertragen wird, gerät die Jugendliche in eine permanente Rebellion, die nicht beendet werden kann.

In seiner Darstellung der Sozialpsychologie des autoritären Charakters unterscheidet Erich Fromm den Typus der Dauerrebellion vom wirklichen Kampf gegen ungerechte Autoritäten. Bei der Dauerrebellion besteht eine fortgesetzte Bindung an die Autorität. Fromm schreibt: "Es kommt nicht darauf an, ob eine Autorität vernünftig oder unvernünftig ist ... das Vorhandensein von Autorität überhaupt läßt diesen Charaktertypus sofort in eine rebellische Haltung geraten. Mit dem ..."revolutionären" Typ ist ihm, rein äußerlich gesehen, eine autoritätsfeindliche Haltung gemeinsam. Wenn der positiv-autoritäre Charakter die feindselige Seite seiner ambivalenten Gefühlseinstellung zur Autorität verdrängt, so verdrängt der rebellische, negativ-autoritäre seine Liebe zu ihr. Seine ganze Auflehnung ist nur oberflächlich. In Wahrheit hat er die gleiche Sehnsucht nach Liebe und Anerkennung der Mächtigen; er kämpft im Grund mit all seinem Trotz um die Liebe der Autorität ...."

In den Szenen, die Anka H. erzählt, wird dieses Erlebnismuster sichtbar. Schlimmer als die Bestrafung durch die Autorität wäre die Gleichgültigkeit. Diese kommt einer Vernichtung gleich. Entsprechend schwankt die Berichtende zwischen der Wut über die väterliche Kontrolle und der Furcht vor der Verlassenheit, wie wir gesehen haben.

Folgen wir den Szenen, die Anka H. im Gespräch ausbreitet, und deuten wir mit Fromm: Die Rebellion hat nicht ein Ziel, das gegen Widerstände erreicht werden soll, sondern sie ist auf Dauer gestellt und erfüllt mehrere Funktionen: Sie hält die Beziehung aufrecht durch ständige Wiederholung des Kampfes. Sie verhindert die Ablösung vom Vater durch permanente Inszenierung des Konflikts - verschoben auf die "Erben des Vaters" - auf alle Autoritäten. Als Habitus hat sich die Erzählerin die Rolle der "Entlarverin" zugelegt. Zwanghaft entdeckt sie überall Verlogenheit, Manipulation, Machtkampf. Wenn dies nicht offenkundig ist, sucht sie nach dem verborgenen Interesse der Gegenseite, um den Machtkampf aufzudecken, und das heißt, daß sie nach der Möglichkeit sucht, sich mit den Autoritäten anzulegen, um wenn schon nicht geliebt, dann wenigstens gehaßt zu werden.

Die These, daß der Protest nicht Kampf um ein anderes, selbstbestimmtes Leben, sondern Ausdruck einer sado-masochistischen Konstellation ist, macht ein zunächst unverständliches Motiv verstehbar. Vor der Wende ging alles Sinnen und Trachten auf den Ausbruch aus der Provinz nach Berlin. Diesen Traum teilte die Befragte mit ihrer Freundin.

"Für mich war klar, ich bleib nicht hier. Macht ihr doch, was ihr wollt! Ich mache nichts. Ich war noch ziemlich jung damals, und dann auf einmal kam schon die Wende, und alles hat sich geändert." (a.a.O., 102)

Nach der Grenzöffnung verliert sie an Berlin jedes Interesse. Dieses schlagartige Erlöschen des Interesses hat weniger mit rationalen Argumenten (Lehre abschließen) zu tun, als vielmehr mit der Tatsache, daß nun kein Gegner mehr da ist, der Protest keinen Adressaten mehr hat und daß die Leere sichtbar wird: Das fehlende Ziel oder der fehlende Inhalt des Protests - aus sich heraus dem Leben ein Ziel geben - ohne daß eine feindliche Autorität da ist. Sie erlebt die Stadt nach der Wende als diffuse Szenerie. Sie erlebt die Stadt nicht nur als Raum der Freiheit. Sie konstruiert vielmehr den Gegensatz: Geordnete Welt ("Cottbus") gegen das Fremde, Entgrenzte ("Berlin"). Die Heranwachsende bekommt Angst und bleibt zu Hause.

"Am dritten Tag nach der Grenzöffnung bin ich in Berlin gewesen. Aber als ich dort rumgelaufen bin, hatte ich das Gefühl, Mensch, das hast du alles schon gesehen, das kennst du alles irgendwie schon. Im ersten Moment, das ganze Licht und alles ist toll, und die Schaufenster, aber das ist schnell vergangen. Ich wollte dann hierbleiben, einfach nur noch hierbleiben, in Cottbus..." (a.a.O., 103)

Der Zusammenbruch der DDR-Institutionen ist bedrohlich, weil die Konstellation, die eine Ich-Kontur erzeugt hatte, nicht mehr gegeben ist. Das Selbsterleben über Negation und Protest hat kein Gegenüber mehr. Damit wird eine Neuorientierung erforderlich. Diese historische Situation tritt zum Ablösungskonflikt in der Adoleszenz hinzu. Die Lösung erfolgt schließlich als Politisierung nach rechts.

Frühe politische Motive

Anka H. spricht auffallend viel über ihre Elternbeziehung. Sehr viel mehr als über eigentlich "politische" Themen. Zu ihren frühen politischen Erfahrungen bringt sie drei Szenen, die alle mit dem Umgang mit dem Holocaust zu tun haben. In der ersten Situation geht es darum, daß sie bei der Klassenfahrt in das KZ Buchenwald mit ihrer Freundin herumalbert, statt ernst zu sein:

"Wir wollten immer eine Klassenfahrt nach Berlin machen. Nein, nach Buchenwald mußte gefahren werden. Da haben wir uns da lustig gemacht, aber das fanden die nun gar nicht lustig. .... Wir hatten das Buch gelesen (B. Apitz, Nackt unter Wölfen, U.P.), und da ging es auch um den Bunker. Dieser Mandrill, der hat in dem Bunker die Leute gequält, in diesem Bunker waren wir nun gerade. Wir haben uns den fetten Mandrill, den sie im Buch ausführlich beschrieben haben, vorgestellt, wie der durch den Bunker rennt und die Leute schikaniert. Da haben wir dann gelacht, und wenn ich mich jetzt manchmal mit Leuten unterhalte, die haben das auch gemacht, sie haben auch gekichert. Das ist, weil es aufgezwungen war, nur deshalb. Wir mußten dahin fahren. Du mußt da traurig sein, und du mußt jetzt gleich weinen .... " (a.a.O., 100)

Die zweite Szene betrifft den Vater, der seiner Tochter die antifaschistische Haltung vermitteln will.

"Mein Vater ist jedes Jahr mit mir prophylaktisch nach Buchenwald gefahren. Beim ersten Mal war ich vielleicht noch traurig, aber beim 20. Mal hatte ich den Mist dann über." (a.a.O., 100).

Die dritte Szene bezieht sich auf das Buch "Nackt unter Wölfen" über das KZ Buchenwald von Bruno Apitz. Dieses Buch hat sie, so Anka H. - trotz SED-Empfehlung - , gern gelesen. Nach einiger Zeit kamen ihr aber Zweifel. Sie konnte nicht mehr glauben, was in dem Buch steht.

"An dem Buch hat mir die Schreibweise gefallen, dieses Erzählen. Jetzt, im Nachhinein finde ich das Buch schwachsinnig. Es wird beschrieben, wie sie das Kind da verstecken. Damals hat mir das gefallen. Es hat mich ergriffen, wie sie das Kind versteckt haben. ... Das ist wirklich Blödsinn. Ich habe das auch schon einmal versucht. Wenn ich mal nicht die Tür aufmachen wollte, wenn es geklingelt hat und ich zu dem Kind gesagt habe, es soll jetzt still sein ... dann war das Kind nicht ruhig ... Über ein Jahr haben sie das Kind versteckt, ewig, bis zur Befreiung, das kann ich mir nicht vorstellen. Alles war angeblich so streng. 50 Mal wurde durchgegangen, und sie mußten zum Appell raustreten. Daß sie da kein Kind gefunden haben...... Blödsinn. Das Buch soll sich auf wahre Begebenheiten berufen, das ist für mich nicht nachvollziehbar. Vielleicht für einen Tag mal, aber nicht für solch eine Ewigkeit. Andererseits erklären sie wieder, daß du da nicht einmal eine Nadel verstecken konntest. Also kannst du auch kein Kind so lange verstecken." (a.a.O., 101)

Bei den drei Szenen geht es um das Thema der "echten" und "unechten" Gefühle. Zuerst hat Anka H. an die Geschichte von Bruno Apitz geglaubt. Jetzt ist sie überzeugt, daß sie betrogen worden ist. Das Kind wurde im KZ nicht versteckt und gerettet. Sie hat daran geglaubt, und es war nicht wahr. So wie auch sonst vieles unklar ist: Geht es bei den Besuchen in Buchenwald um Erinnerung und Trauer oder um Anpassung und Unterwerfung unter die DDR-Autoritäten? Man wird irgendwo hingeführt und soll jetzt traurig sein. Aber wer die passenden Gefühle produziert, wird manipuliert. Denn die ganze Veranstaltung ist nicht authentisch. Die Wut gegen den Betroffenheits-Kult mischt sich mit der Empörung über die Doppelmoral, die in ihrer Umgebung herrschte. Sie traf den Vater und die Lehrer empfindlich, wenn sie ihnen den Erziehungserfolg einer vorzeigbaren "antifaschistischen Jugendlichen" verdarb. Der Protest der Heranwachsenden ist gut nachvollziehbar. Es ist aber charakteristisch, daß aus der Rebellion keine eigenständige Position zum Faschismus entwickelt werden kann. Das Denken bleibt fixiert auf Entlarven und Destruieren.

Zugleich macht diese Szene aber noch etwas deutlich. Das Verhalten des Vaters zeigt neben dem Problem der Doppelmoral (Antifaschismus als Anpassung) seine unangemessene Kontrolle der heranwachsenden Tochter. Was bedeutet es, daß er das Mädchen immer wieder an diesen schrecklichen Ort führt und ihr Gefühle aufzwingen will? Er stellt eine unangemessene Nähe her, die diese Szene verbindet mit der Kontrolle des persönlichen Bereichs (dem Nachtschränkchen) und dem die Tochter "nachts" bestrafen. Ganz offensichtlich trägt der Vater in diesen Szenen Züge eines Verfolgers, der seine Annäherung als sadistische Kontrolle ausführt. Demgegenüber treten alle Inhalte (etwa der Antifaschismus) zurück. Alles wurde Teil des Themas "Manipuliertwerden" und "revoltieren". Wenn man so will: Die ganze Welt des Erlebens wird in die Dramatik des psychischen Konflikts hereingezogen.

Der Adoleszenzkonflikt

In der Phase der Neuorientierung sind unterschiedliche biographische Momente relevant: Die Beziehung zur Freundin löst sich - leider gibt das Interview keine Auskunft, warum. Das enge Freundschaftspaar geht auseinander. Die Gemeinschaft im Protest besteht nicht mehr.

"... es war auch der Einfluß. Wir waren nicht mehr so zusammen, ich und meine Freundin. Dann haben wir uns nicht mehr so gegenseitig ... Es war zwar immer da, aber nicht mehr so verstärkt." (a.a.O., 102)

Man hört einen gewissen Schmerz über die Entfremdung heraus, der aber nicht weiter benannt wird. In dieser Phase der Neuorientierung konzentrierte sich die Befragte auf die Arbeit. Sie schuf sich damit eine Struktur.

Danach - im März 1990 - verliebt sie sich in Frank H. 1991 heiraten sie. Sie gibt ihre Berufstätigkeit auf. Das "Erweckungserlebnis" der Politisierung wirkt wie eine Umpolung. Aus der Entlarverin wird eine Gläubige. Aus der Protestlerin eine reputierliche Ehefrau. Aus einer hektischen Protestaktivität geht sie über zur Delegation von Aktivitäten an den Mann, der Entscheidungen zu fällen hat.

Die Protestphase war zwar von einem undurchschauten Konflikt bestimmt. Dennoch bündeln sich im Rückblick der Erzählung Beschreibungen von Autonomie, von Glück und Freiheitserfahrungen in der Darstellung der gemeinsamen Taten der "Jugendzeit". Die Erinnerung beschwört immer wieder diese Züge von kreativer Eigenständigkeit, als sie alle anderen provozierte und manchmal dabei auch noch Erfolg hatte. Zu dieser Imagination der Selbständigkeit, die auf die Vergangenheit projiziert wird, steht die Beschreibung der Lebenshaltung nach der Politisierung in starkem Gegensatz.

Nun kommt es zur Ablehnung der Frauen, während Mutter und Freundin ihr in der Phase der Rebellion nahestanden. Sie wählte damals den Beruf der Mutter (Köchin). Und sie bildete mit der Freundin ein enges Paar gegen die feindliche Welt. Das Erleben im Kontext der neuen Fügsamkeit sieht anders aus. Dazu gehört diese Assoziation: "... und ich war immer lieber mit Männern zusammen, die gesagt haben: So und nicht anders, die wußten, wo es langgeht." (a.a.O., 106)

Von nun an wird sie von ihm belehrt. Er ist es, der bei den Versammlungen öffentlich als Redner auftritt, und sie hört ihm zu. Er ist es, der ihr sagt, was gelesen werden soll (a.a.O., 105). Er ist es, der entscheidet, welche Ideen wichtig sind oder nicht.

"Im Prinzip hat Frank alles gemacht, und ich bin mitgegangen, habe die Veranstaltungen besucht und mir alles angehört ...! (a.a.O., 106) "Ich freue mich, wenn irgend etwas reinkommt (in ein Flugblatt), was ich gesagt, daß er etwas mit hineinnimmt, was ich ihm geraten habe. Da bin ich stolz drauf." (a.a.O., 108)

Psychoanalytisch ist der Vorgang der Erweckung als eine adoleszente Neuauflage des Vater-Tochter-Dramas zu deuten. In der adoleszenten Krisensituation, die zudem durch den Zusammenbruch der äußeren Autoritäten (und damit des eingespielten Konfliktlösungsschemas) gekennzeichnet ist, kommt es zur Wiederherstellung des männlichen Ideals, oder man könnte auch sagen, zur Wiederherstellung des starken Vaters, den die Tochter verehren kann.

Anders gesagt: Bei dem Versuch, aus dem Schema von Manipulation und Revolte auszubrechen, eine neue Ordnung zu finden (die natürlich nicht die diskreditierte Vater-DDR-Welt sein kann), verfängt sich die Erzählerin im alten Konflikt. Wieder inszeniert sie die Vater-Tochter-Szene, nun mit dem Partner und in einer neuen Wendung. Sie erschafft sich eine Autorität, der sie sich unterwerfen kann, weil sie sich von dieser geliebt fühlt. Die Politik dient nur der Inszenierung des Vater-Mannes als großartig und in der Zukunft sozial mächtig und bedeutend.

Die Idealisierung des männlichen Partners, die Ausstattung dieses inneren Bildes mit den Insignien einer starken Macht wird deutlich. Zugleich verwandelt sich die Berichtende in den Szenen mit dem Ehemann in eine "schutzbedürftige" Frau, die von ihrem Mann getröstet werden muß, weil sie zusammenbricht, wenn die Polizei ins Haus kommt. Das revoltierende Mädchen, das sie war, ist verschwunden.

Der kontrollierend-aggressive Vater wurde zugleich als sozial niederrangig, unsicher und machtlos erlebt. Das Versagen des autoritären Vaters war schambesetzt und bedeutete eine tiefe Kränkung. Sie konnte ihm seine Schwäche nicht verzeihen. In der neuen Beziehung wird die Scham überwunden. Der Partner wird überhöht. Die Befragte tritt ihm gegenüber in die Rolle der Tochter ein, die dem bewunderten Führer den Platz der Aktivtität freigibt.

Das Bild des idealen Ersatzvaters muß nun von allem gereinigt werden, was an den Vater als Versager erinnert. Vor diesem Hintergrund bietet die Politik ein Szenario, das für grandiose Überhöhung geeignet ist. Eine normale Berufstätigkeit für ihren Partner lehnt Anka H. durchaus ab. Hier wäre das Risiko von Versagen viel zu groß. So erklärt sich die merkwürdige Bemerkung: "Für Frank als Bürokaufmann gab's damals keine Arbeit in Cottbus. Was sollte das sein ... Bürokaufmann und als Mann?" (a.a.O., 104) Mit Stolz vermerkt sie in diesem Zusammenhang, daß er keine Arbeit bekommt, weil man weiß, "wer er ist".

Ich deute also die Fixierung von Anka H. auf einen Mann aus der politischen Szene als ein Gegenbild zur angepaßten, erfolglosen, auf Überleben fixierten Vater-Situation. Statt dessen Männerbund, Redner, Politik-Szene, Gefahr und im Hintergrund auch Gewalt. Ihr Mann soll Führer und Politiker sein - jedenfalls kein (scheiternder) Geldverdiener.

Auch die Angst vor dem Männlich-Sadistischen, wie es der Vater repräsentiert, wird dadurch gebunden, daß der Partner auf einen Kanon von Werten verpflichtet ist. Sie kann sich auf etwas Gemeinsames berufen. Sie braucht sich nicht vor der Unberechenbarkeit des Amoralischen fürchten.

Es erstaunt in diesem Zusammenhang nicht, daß inhaltliche - politisch - programmatische Punkte für die Befragte nicht besonders relevant sind. Es geht um imaginäre Größe. Es gibt auch eine Lust an der Teilhabe an der männlichen Welt, aber nur im Bund mit dem mächtigen Vatererben. Sie greift selbst nicht ein. Sie hat nach der Verbindung zu Frank H. überhaupt keine eigene Kontur mehr, sondern segelt im Windschatten des Idols.

Es entsteht, wie das Interview deutlich zeigt, eine Wendung zur Passivität. Die etwas hysterisch dumme Ehefrau, als die sich die Erzählerin präsentiert, steht in schroffem Gegensatz zu dem intelligenten Mädchen mit seinen schöpferischen Einfällen. Die progressiven inneren Züge werden eingekapselt, sie werden zur Erinnerung umgeformt, von der eine sozusagen biologische Grenze trennt (die Jugend), sie werden also stillgestellt und sollen kein Motiv mehr bilden. Rituell bleibt die Vergangenheit präsent: im Nasenstecker.

Ich fasse zusammen: Psychisch gesehen stellten die Autoritäten der DDR den sadistisch-konturierenden Pol dar (als Erben der Vater-Autorität), gegen den angerannt wurde. Ohne dieses Gegenüber drohte die chaotische Überflutung durch destruktive Impulse, und das Gefühl der völligen Verlassenheit drohte bewußt zu werden. Die Regression bedeutet Wiederherstellung der frühen idealisierenden Vaterbindung. Die Regression wird als Erweckungserlebnis beschrieben. Der Vorgang stellt den Versuch dar, sich aus der quälenden Dynamik der Rebellion zu befreien.

Die Denkmuster der Rechten erlauben der Erzählerin, ihre Angst vor der psychischen Entstrukturierung - nach dem Zerfall der DDR-Autoritäten - zu bändigen. Halten wir fest, daß die Dauerinszenierung des Autoritätskonflikts in Schule und Elternhaus die Funktion der Selbstvergewisserung durch die Etablierung negativer Beziehungen hatte. Daneben bestand aber eine realitätsgerechte Wahrnehmung dieser gefährlichen Situation. Das Außenseitertum ohne Perspektive, die dauernde Rebellion konnte in das soziale Abseits führen. Der Eintritt in die rechte Szene verschafft der Adoleszenten nun eine Denkschablone, die ihr einen Lebenszusammenhang und einen Gegner anweist und zugleich soziale Einpassung ermöglicht. (Als Ehefrau von Frank H. ist sie wer.) Es ist ein Lebenszusammenhang - im Bund mit den anderen rechtsradikalen Jugendlichen (bedroht nur von rechtsradikalen Verrätern), die sie kennen und anerkennen und die nicht nur das alte Zuhause in Cottbus sind, sondern eine Jugendlichen-Gruppe - , in dem der Kampf gegen Autoritäten fortgesetzt wird. Dieser Kampf ist jetzt strukturiert gemäß ideologischen Konstrukten. Der Konflikt ist nicht mehr dem persönlichen Leiden und der ganz persönlichen Suche überlassen wie zuvor. Es gibt jetzt einen geschützten Innenraum: Die Partnerschaft und die Wir-Gruppe und einen Außenraum. Das heißt: Die Feinde. Scheinbar geht es "rational" zu. Die Jugendliche folgt einem allgemeinen politischen Diskurs. In Wahrheit wird aber das öffentliche von ihr familialisiert. Die ordnende väterliche Gewalt wird auf den Partner und auf den Staat der Zukunft verschoben. Der (rechte) Zukunftsstaat wird wie ein sorgender Vater die guten Kinder versorgen. Daß die Berichtende in ihrer Rede über allgemeinpolitische Ziele plötzlich in die Ich-Form verfällt, entspricht der Personalisierung der politischen Verhältnisse. "Sozial muß sich hier viel ändern. So geht es nicht, daß man hier immer der Looser ist."..."

"Im Sozialbereich muß eigentlich sehr viel verändert werden, fast alles, und nicht wieder so ein Gemuschel, so ein Demokratiegemuschel. Da muß schon ein Faden sein, ein fester Faden, eine Diktatur, eine Richtlinie ...Nicht zu viel verordnet, aber eine klare Linie, an der man sich orientieren kann. Halt sehr viel im Sozialbereich. Daß es mir besser geht, daß Kinder gefragt sind, gern gesehen sind. Daß ich vielleicht nur Hausfrau sein kann und dafür nicht behandelt werde wie: Die sitzt den ganzen Tag nur zu Hause. Vier, fünf Kinder und mich um den Haushalt kümmern, das würde ich gern wollen." (a.a.O., 112) Es geht hier nicht um Frauenrechte, sondern hinter dem Aufgreifen des politischen Themas verbirgt sich das regressive Versorgtseinwollen, das mit irrationaler Wut eingeklagt wird. Was eigene Leistungen angeht, so hat die Befragte entsprechend ihrer regressiven Linie einen neuen Berufswunsch entwickelt: "Justizvollzugsbeamtin habe ich mir angeguckt. Das würde mir gefallen. Aber ich glaube Beamter werde ich mit dem Mann wohl kaum werden können. Sonst habe ich keine Vorstellung, was ich dann mache." (a.a.O., 114)

Als "Gefängnisaufseherin" hat sie eine klare Rolle als Delegierte des Staates, Macht über Abhängige und, wie sie meint, "einen Beamtenposten". Einsprengsel von irrationaler Wut durchziehen den Text, sei es auf den Staat, der sie nicht versorgt, sei es auf die "Demokraten", die die eindeutigen Polarisierungen durch Gerede bedrohen und für die Befragte eine bedrohliche Verwirrung produzieren.

"Der ganze Demokratenquatsch, den wir dann gekriegt haben, das ist wieder nicht meine Sache. Wieder so ein Gequatsche, womit ich mich nicht identifizieren kann, überhaupt nicht, womit ich nicht klar komme, wo ich immer der Angeschissene bin, wo die, die Kinder haben, nicht weiterkommen." (a.a.O., 105)

Fragt man sich, wie hier der Adoleszenzkonflikt verlaufen ist, so fällt der Gegensatz zwischen progressiven und regressiven Tendenzen auf. Zu den progressiven Tendenzen zählen die im Zusammensein mit der Freundin gelernten Solidaritäts- und Konflikterfahrungen. Diese bilden eine eigene Ebene jenseits der problematischen Triebfedern, die zum Außenseitertum geführt hatten. Es kristallisieren sich hier Kompetenzen und Persönlichkeitsziele, die auf Kreativität und Autonomie gerichtet sind. Zu den progressiven Tendenzen gehört auch die Arbeitsfähigkeit und die Fähigkeit, das mütterliche Vorbild aufzunehmen und weiterzuführen. (Die Lehre beenden und gut sein in der Arbeit). Diesen Tendenzen stehen die regressiven Entwicklungen gegenüber, die schließlich über die Paarbildung zu einer neuen Lebensrealität geführt haben. Für die regressive Tendenz waren äußere und innere Vorgänge prägend. Dies ist der Vater-Tochter-Konflikt mit seiner sado-masochistischen Färbung.

Die Regression in der Adoleszenz bringt die Wiederherstellung der idealisierenden Vater-Bindung, verschoben auf den Partner. Die Politisierung stellt in diesem Kontext keine geistige Erweiterung dar. Die politische Szene wird als eine heile väterliche Welt erlebt, zu der sie nun Zugang hat, in Überwindung der entidealisierten Mutter. Die Delegation kämpferischer Aktivität an den Partner innerhalb des Paares gestattet den Ausstieg aus dem gefährlichen sado-masochistischen Rebellentum. Es kehrt Ruhe ein (Abgeklärtheit, Distanz von der "Jugendsünde"), zugleich führt auch die Paarbeziehung und die Teilhabe an der rechten Szene zur Lebenspraxis mit eigenen Strukturen, Handlungsfeldern und eigenständigen Motiven. Die Außenseiterin findet sich als eine anerkannte Ehefrau wieder, mit wenig Eigenständigkeit und mit geborgtem Selbstbewußtsein. In der Paarbeziehung wird die Kränkung der Kindheit zwar gemildert, aber um den Preis der Delegation der eigenen Aktivität an den Partner. Das innere Thema der Rebellion des Mädchens war (positiv gefaßt): Kampf um Anerkennung als die, die anders ist und doch geliebt wird; oder (negativ): Aggressive Entwertung des Anderen, dem ebenso die Anerkennung verweigert wird. Die regressive Wendung der Adoleszenz macht dieses Thema unbewußt. Die Rebellion ist zur Zeit beendet.

III

Formen des weiblichen Autoritarismus

Die Gespräche, die Franziska Tenner publiziert hat, zeigen ganz unterschiedliche Typen des Umgangs mit der öffentlichen Welt. Das hier interpretierte Gespräch zeigt den Weg in eine zunehmende Passivität und die Delegation weiblicher Aktivität an den Mann. Diese Form des weiblichen Autoritarismus könnte als "delegierender weiblicher Autoritarismus" gefaßt werden. Er funktioniert durch die narzißtische Übertragung weiblicher Aktivität an einen männlichen Stellvertreter. Charakteristisch ist die Handlungshemmung auf der Seite der Frau. Die Übernahme männlicher Kompetenzen in das weibliche Ich wird bei diesem Typus als räuberisch-zerstörerischer Akt erlebt. Schuldgefühle und unbewußte Hemmungen blockieren die Aneignung "männlicher" Kompetenzen. Es führt zu dem bekannten Muster "weiblicher Dummheit" als Habitus. Das zweite Gespräch, auf das ich hier nicht inhaltlich eingehen kann, zeigt einen ganz anderen Typus. Der männliche Partner hat im inneren Szenario nicht die Funktion des Stellvertreters für tabuierte weibliche Aktivität. Vielmehr hat "der andere" die Funktion, der Adressat der Inszenierungen zu sein. Er bildet die innere Instanz, vor der die autoritäre Frau sich darstellt. Ihre Aktivität ist keineswegs gehemmt. Es gibt keine Handlungshemmung im "männlichen Rollenbereich". Aber diese Intelligenz ist zeichenhaft, technokratisch.

Was bedeuten die rechtsgerichteten Stereotypen für das Individuum? Es geht einerseits um die Inhalte, andererseits auch um die Verbindung zu anderen Menschen, die über diese Gedankenwelt gestiftet wird. Mit der Frankfurter Schule gehe ich davon aus, daß solche Bindungen und Zustimmungen keine isolierten Äußerungen darstellen, sondern Teil einer Gesamtperspektive sind, die aus einer psychischen Grundkonstellation heraus generiert wird. Die autoritäre Persönlichkeit bildet rechte Deutungen aus bzw. gliedert sich in rechte Hierarchien mit ihrer Symbolik ein, weil sie in dieser Szene ihr persönliches Konfliktlösungsschema inszeniert findet, in dieses Spiel auf der politischen Bühne also wie in ein bekanntes Schema eintreten kann (Wiedererkennen im Erweckungserlebnis).

Das Konzept der autoritären Persönlichkeit ist geeignet, die Beziehung zwischen Persönlichkeitsstruktur und politischem Handeln zu verstehen. Der Übertritt individueller Dispositionen in politisches Agieren in Gruppen kommt aus der Perspektive des Einzelnen der Überwindung der Einsamkeit des neurotischen Konflikts gleich - durch Gruppenbildung. Zugleich werden Lösungen angeboten, die dem Einzelnen als Isoliertem so nicht oder nur begrenzt zur Verfügung stehen (für Vereinzelte existiert nur die soziale Rolle des Querulanten oder des Spinners; in den hier gegebenen Fällen der Versagerin und Außenseiterin). Das Ende der Einsamkeit in der Gruppenbildung ist eine Entlastung. Offensichtlich bedarf der Übergang vom individuellen Konflikt mit individueller Abwehr zur Gruppenbildung besonderer Bedingungen.

Es findet eine Symbolisierung des individuellen Konflikts auf abstrakterer Ebene statt - also eine Inszenierung im öffentlichen Raum, die entweder zweideutig ist oder so wahrgenommen wird. Im Politisierungsprozeß verbindet der oder die Autoritäre individuelle Abwehrstrategien mit bestehenden gesellschaftlichen Diskursen über kollektive Handlungsentwürfe, d.h. über Sinnfragen und Strategien. Dieser öffentliche Diskurs versteht sich als objektiv-rational bzw. folgt Plausibilitätserwägungen, und dieser Diskurs reagiert auf aktuelle Konfliktlagen, die zahlreiche Subjekte betreffen. Auf das autoritäre Individuum zurückgewandt erfolgt eine Vermengung dieses Diskurses und des zugrunde liegenden Realkonflikts (etwa soziale Ungleichheit) mit den inneren Bildern. Der politische Konflikt dient dann aus der Sicht des Einzelnen der Inszenierung des Persönlichkeitskonflikts mit der Folge, daß der Persönlichkeitskonflikt für das Bewußtsein verschwindet und objektiviert als politischer Kampf erlebt wird. Es kommt also zu einer Abschottung des Bewußtseins und zur Stagnation anderer Dimensionen der Persönlichkeit durch Starrheit der Abwehr. Die Persönlichkeit erlebt sich als "politisch", "konfliktfrei", "gut". Einsprüche von Selbstkritik und produktivem Zweifel verschwinden. Eine Abschottung mit Hilfe der Weltanschauung erfolgt. Zugleich wird das Denken gehemmt, da es dem immer gleichen unbewußten Konflikt verpflichtet ist.

Der Realkonflikt und die politische Szenerie haben eine dem Einzelsubjekt kontingente Seite. Das Einzelsubjekt hat keinen Einfluß auf diese Dimension. Die Konfliktlagen, die Diskurse im öffentlichen Raum, die Logik der Symbolisierung sind uns als Einzelnen vorgegeben. Aus der Perspektive des Subjekts mit autoritären Dispositionen kann jede Gruppenbildung und Idee benutzt werden - allerdings wird sie in diesem Fall immer bestimmte Schemata erfüllen müssen. Diese Schemata sind: Reduktion von Differenz auf Hierarchie und, was eng damit zusammenhängt, Eindeutigkeit in der Polarisierung Ich-Fremdes im Sinne einer ausschließenden Grenzziehung. Weiter: Gruppenformen, die Hierarchisierungen und sado-masochistische Strukturen ermöglichen. Dem entsprechen dogmatische Ideen und hierarchisch ritualisierte Organisationen von vornherein besser. Aber - wie die Geschichte sozialer Bewegungen zeigt, etwa der Arbeiter- oder Frauenbewegung - , Transformationen ins Autoritäre sind immer möglich.

Literatur

Lorenzer, A. (1970): Sprachzerstörung und Rekonstruktion. Frankfurt/M.: Suhrkamp.

Fromm, E. (1936): Sozialpsychologischer Teil in Max Horkheimer, Studien über Autorität und Familie, Paris.

Lorenzer, A. (1988): Das Konzil der Buchhalter. Frankfurt/M.: Fischer.

Tenner, F. (1994): Ehre, Blut und Mutterschaft. Getarnt unter Nazi-Fauen heute. Berlin: Aufbau-Verlag.

Zur Psychoanalyse schwerer Körperkrankheiten, insbesondere Aids

Dieter Ohlmeier

1. Dieses Thema stellt uns vor einige Schwierigkeiten: Denkhemmungen, emotionale Barrieren, Tabubildungen. Jedenfalls paßt es schlecht in unser geläufiges Denken, in dem körperliche Krankheit wie selbstverständlich den Vertretern der somatisch orientierten Medizin und ihren Forschungs- und Behandlungsmethoden zugeordnet wird. An psychische Faktoren wird dagegen, wenn überhaupt, überwiegend unter dem Aspekt der Erkrankungs*folgen* gedacht, der Erhaltung oder Verbesserung von Lebensqualität nach eingetretener Körperkrankheit und möglicher Rehabilitationsmaßnahmen. Unser Anliegen ist jedoch, über psychologische Verursachungsfaktoren körperlicher Krankheiten und über die Psychodynamik der an einer Körperkrankheit leidenden Persönlichkeit Aussagen zu machen. Herz- und Krebserkrankungen stehen in der Morbiditäts- und Mortalitätsstatistik in unserer Zeit und Gesellschaft an der Spitze und sind als gefährliche "Killer" gefürchtet. Das Bekanntwerden der HIV-Infektion und der Aids-Krankheit sorgte ebenfalls für großes öffentliches Aufsehen, für kollektive Ängste. Die anfangs heftig geführte öffentliche Diskussion, insbesondere auch über die psychischen und sozialen Aspekte der Aids-Erkrankung, ist mittlerweile deutlich abgeflaut, und dem entspricht das zunehmende Versiegen von Forschungaktivitäten und von öffentlichen Forschungsgeldern auf diesem Gebiet. Das Thema scheint einer zunehmenden Tabuierung anheimzufallen.

Diese Tabuierung, die durchaus als ein Totschweigen der ja nach wie vor hochakuten Fragestellungen nach den psychischen Implikationen bei Aids bezeichnet werden kann, zeigt sich auch in einer eher zunehmenden öffentlichen Verleugnung des Themas Tod und Sterben. Allerdings handelt es sich hier seit jeher um eine der "großen Verleugnungen" des Menschen, ja um die *zentrale Verleugnung*, welche z.B. die Abwehr libidinös-sexueller Triebäußerungen bei weitem an Gewichtigkeit und Nachdruck übertrifft. Sterben und Tod - und die darin liegenden Kränkungen und Beschämungen - stellen ein viel tiefer verankertes Tabu dar als jede "unerwünschte" Konfrontation mit Sexualität.

2. Zunächst berichte ich über einige Erfahrungen und Befunde aus einem Forschungsprojekt mit jüngeren Herzinfarkt-Patienten und stelle einige Probleme und Befunde zusammen, welche die Persönlichkeitsstruktur der Betroffenen kennzeichnen. Etwas ausführlicher gehe ich dann auf Erfahrungen ein, die ich im Rahmen eines Forschungsprojektes mit HIV-Positiven bzw. Aids-Kranken gemacht habe.

Was die *Herzinfarkterkrankung* betrifft, so könnten wir sie psychologisch in einer groben, aber sicherlich zutreffenden Art als die *Verleugnungskrankheit* bezeichnen. Ebenso können wir die *Krebserkrankungen* (in einer ebenfalls sehr vereinfachenden, aber deswegen nicht falschen Bezeichnung) als die Krankheiten der somatisierten Autoaggressivität, ja der *somatisierten Depression* bezeichnen.

Am Schluß meines Beitrags werde ich noch einmal darauf zurückkommen, daß ausgerechnet diese beiden Erkrankungen unter jüngeren Leuten (ich rede nicht von Alterserkrankungen) einen so hohen Stellenwert im Rahmen der Morbiditäts- und Mortalitätsrate einnehmen. Dies gibt uns einen Hinweis auf weitverbreitete psychische Strömungen, Phantasien und Persönlichkeitsformen unserer mitteleuropäischen Industriegesellschaft.

Für die *Infarktpatienten*, die ich in größerer Zahl im Rahmen einer psychosomatischen Klinik kennenzulernen, zu untersuchen und zu behandeln Gelegenheit hatte, ist bezeichnend, daß bei so gut wie allen keinesfalls die Idee aufgetreten ist, ihre Erkrankung könnte etwas mit psychischen Faktoren zu tun haben. Im Gegenteil, man könnte sie psychisch als "unheilbar Gesunde" bezeichnen, zumindest dann, wenn man ihren eigenen Beschreibungen ihres Selbst, ihrer Lebenssituation, zuhört und diese als Realität übernähme. Dabei ist es interessant, welche Persönlichkeitsfaktoren sich in der psychoanalytischen Psychotherapie feststellen lassen. Ich fasse einige charakteristische psychische Merkmale zusammen.

Zunächst muß die Rolle und die psychologische Bedeutung des Berufes, der beruflichen Tätigkeit der Patienten betont werden. Die Erfahrung mit Herzinfarktpatienten zeigt, daß die *Arbeit*, insbesondere chronisch überarbeitet zu sein, eine einzigartige Form des Schutzes darstellt, als eine Gelegenheit, um die menschliche Umgebung und die menschlichen Beziehungen, einschließlich des eigenen Selbst, zu kontrollieren. Die Arbeit, die berufliche Tätigkeit ist nicht nur eine Belastung oder Verpflichtung, sondern vor allen Dingen bietet sie einen festen Rahmen, ein bestimmtes Ausmaß an Sicherheit, in der menschliche Beziehungen (Objektbeziehungen) ihren vorgeformten und voraussehbaren, geradezu mechanisierten Platz haben. "Unnormalität" und Ungeplantheit dagegen erregen Angst und werden vermieden. Arbeitsunfähigkeit, aus welchen Gründen auch immer, fördert Unsicherheit, ja geradezu das Gefühl eines Identitätsverlustes bei diesem Personenkreis, bis zu dem Punkt, daß sie über sich sagen: "Ich fühle mich fast schon tot".

Das ist natürlich auch der Fall nach einem eingetretenen Infarkt. Der Herzinfarkt selbst und die daraus resultierende Arbeitsunfähigkeit (für eine Zeitlang zumindest, wenn er überlebt wird), schließt die Erfahrung ein, aus dem Arbeitsprozeß ausgeschlossen zu sein, unter Umständen ständig behindert, ja "verkrüppelt" sich fühlen zu müssen, bringt eine existentielle Bedrohung - im psychischen und nicht im ökonomischen Sinne - für die Patienten hervor. Es wird bei diesen Patienten nie vermißt, daß sie den Therapeuten als ein übermächtiges Objekt einschätzen, daß er nicht so sehr als ein Mensch, sondern als eine Art "Heilungsmaschine", eine Art lebender Droge, als eine Institution aufgefaßt wird, der persönliche - einschließlich der geschlechtlichen Identität als männlicher oder weiblicher - Eigenschaften nicht zugewiesen werden. Es handelt sich also, wie ich es nenne, um eine "Archaisierung" im Sinne einer Entindividualisierung und Desexualisierung des Übertragungsobjektes, also des Therapeuten oder der Therapeutin. Es erscheint mir dies als ein Charakteristikum bei diesen Patienten, die kaum die psychischen Möglichkeiten haben, andere Menschen in ihrer Vieldeutigkeit, ja auch Ambivalenz, in ihrer Besonderheit als Frau oder als Mann, wahrzunehmen, sondern diese sofort mechanisieren und funktionalisieren.

So dürfen wir zusammenfassend über die Persönlichkeit von Infarktkranken folgendes sagen: Es sind Menschen, bei denen die Verleugnung, also die Ausblendung der äußeren Realität (und ebenso der intrapsychischen Realität) einen Hauptabwehrmechanismus darstellt. Von besonderer Bedeutung in diesem Kontext ist, daß sie sehr starke oral-symbiotische, auf Verschmelzung bezogene Wünsche haben, nach Abhängigkeit auch, die in der Übertragungssituation der Therapie deutlich werden und bereits oft in der ersten oder zweiten Behandlungssitzung, sei es als Einzelbehandlung, sei es als Gruppenbehandlung, deutlich werden. Die Verschmelzung aber, diese Art der Abhängigkeit, ist nicht verbunden mit Selbstabgrenzung, sondern sie stellt gleichsam eine Vereinigung mit dem als "maschinell" und funktional erlebten Gegenüber dar, als eine Abhängigkeit und ein Sich-Eingliedern in einen funktionalen Zusammenhang, von dem dann Hilfe, Unterstützung, Rahmen und Abgrenzung erwartet werden. Dieses wichtige Element der Persönlichkeitsstruktur der Betreffenden ist sehr stark ich-synton, das heißt: Dies als etwas Fremdes oder auch als etwas Besonderes, was der Veränderung bedarf, zu erleben und zu verstehen, ist den Betreffenden kaum oder gar nicht möglich. Man kann deswegen bei den Infarktpatienten geradezu von "*Verleugnungspersönlichkeiten*" sprechen. Die Verleugnung bezieht sich sowohl auf die Ausblendung der äußeren Realität, vor allen Dingen auf das eingetretene Infarktereignis selbst, als auch auf begleitende Faktoren: Die Hilflosigkeit, die Lebensbedrohung und die Angst, verkrüppelt oder dauernd behindert zu sein. Eine weitere Richtung der Verleugnung bezieht sich auf die individuelle Einzigartigkeit und Lebendigkeit menschlicher Wesen, als eine Form der Deindividualisierung, der Verleugnung der individuellen menschlichen Kondition bei anderen und bei sich selbst.

Schließlich - das bezieht sich auf die einem Infarktereignis direkt vorausgehenden Bedingungen und Erlebnisse - finden wir eine Verleugnung von Erfahrungen bezüglich Trennung und Abschied. Das bedeutet einmal eine Verleugnung des Todes, vor allen Dingen aber der *eigenen* Sterblichkeit. Unsterblichkeit wird phantasiert als das höchste Ziel: Einer unendlich andauernden Fähigkeit zu funktionieren. Es handelt sich ebenfalls um ein Äquivalent von Dehumanisierung, von Entmenschlichung, von Funktionalisierung, und stellt auch eine Größenphantasie dar, die oft dazu führt, daß das Menschliche entwertet und die menschliche Leistung auf die Ebene einer funktionalen Maschinerie verlegt wird.

3. Jetzt komme ich zu den *HIV-Positiven* bzw. zu den Aids-Kranken. Ich möchte aber einige Bemerkungen über die Krebserkrankungen einschieben. Es liegen zahlreiche Untersuchungen vor, die uns zeigen, daß in Situationen der Hilflosigkeit und der Hoffnungslosigkeit (wichtige Inhalte einer Depression) nicht eine psychische, sondern eine körperliche "Lösung" gefunden wird: Eben in Gestalt einer Krebserkrankung. Hier wird es vielleicht besonders deutlich, daß, fast reflexartig, nicht nur die betroffenen Patienten, sondern wir alle an rein körperliche Maßnahmen der Behandlung, auch in der Diagnostik denken. Es wird dabei übersehen, ja ausgeblendet, daß nach mittlerweile zahlreichen neueren Untersuchungen durch Psychotherapie nicht nur die Lebensqualität, sondern auch die Lebensdauer von zunächst als infaust prognostizierten Patienten positiv beeinflußt wird. Die therapeutische Hinführung auf psychische Faktoren in der Genese der Krebserkrankung garantiert offenbar - vermutlich

über die positive Beeinflussung des Immunstatus - eine wesentlich bessere Überlebenschance.

Ich komme zu den HIV-Positiven und berichte über ein Forschungsprojekt, das wir am Frankfurter Sigmund Freud-Institut durchgeführt haben, und das durch das Bundesgesundheitsministerium gefördert wurde. Ich deutete schon an, daß in der heutigen Zeit Fördermittel für psychologische Studien über derartige Patientengruppen immer schwerer zu beschaffen sind, was auch eine Aussage bedeutet für den Zustand des öffentlichen Bewußtseins. Eine weitere Frage wäre natürlich, ob, wenn es sich nicht um ein *Forschungs*projekt handelte, die Behandlung von körperlich Schwerkranken durch Psychoanalytiker und Psychotherapeuten überhaupt zustande käme. Es sind die gängigen Arten des Denkens und der Überweisungsmodi, die diese Gruppe oder diese Möglichkeit der Behandlung vielleicht völlig ausschließen würde, aber genauso ist die Frage durchaus berechtigt, inwieweit nicht die Psychoanalytiker selbst eine Scheu haben, mit solchen Patientengruppen zu arbeiten, sich zwar im Rahmen eines Forschungsprojektes vielleicht "trauen", aber in der gängigen Praxis die Arbeit mit diesen Patienten eher scheuen.

Im Rahmen dieses Forschungsprojektes über "Die Veränderung unbewußter Prozesse durch das psychische Trauma, der Konfrontation mit Aids" wurde eine kleine Zahl, nämlich neun männliche homosexuelle HIV-Infizierte, in einem gruppenpsychoanalytischen Prozeß über die Dauer von zwei Jahren behandelt.

Über die Reaktivierung und Durcharbeitung frühkindlicher Traumatisierungen der Patienten im Verlaufe der Therapie möchte ich in diesem Rahmen einiges anführen.

Besondere Beachtung sollte auch die Besonderheit der Gegenübertragung, also der Empfindungen und Phantasien auf seiten der Therapeuten in der Arbeit mit diesen Patienten, finden, insbesondere in der Auseinandersetzung mit Sterben und Tod. Es sollte auch deutlich werden, daß aufgrund der dargestellten psychoanalytischen Erfahrungen der Einsatz der Gruppenpsychotherapie zu einem umfassenden Behandlungskonzept HIV-positiver Patienten unbedingt dazugehört und es nicht bei rein somatischen körperlichen Maßnahmen bleiben darf.

Die Gewinnung geeigneter Patienten brachte von vornherein ein Problem mit sich. Es konnte nämlich nicht davon ausgegangen werden, die HIV-Infektion als solche sei ein ausreichendes Motiv, um eine psychoanalytische Therapie aufzusuchen. Die Sichtweise, oder besser gesagt: Das Empfinden der Infektion als eines Traumas oder doch zumindest als eines schwerwiegenden psychischen Problems setzt bei den potentiellen Patienten einen besonderen Grad an persönlicher Differenziertheit und Reflexionsfähigkeit voraus. Allerdings wissen wir, und darauf hatte ich Sie schon aufmerksam gemacht, daß es sich nicht nur um *individuelle* Reflexionsfähigkeit (das klingt fast wie eine Benotung) handeln kann, sondern daß es das öffentliche Bewußtsein ist, an dem sowohl die Patienten als auch die Therapeuten teilhaben, das auf dem Gebiete körperlicher Erkrankung die Reflexionsfähigkeit gleichsam außer Kraft setzt. Die Formulierung erscheint nicht als unzulässig, daß im Grunde nur solche Personen für die von uns angebotene Therapiegruppe in Frage zu kommen schienen, bei denen ein "psychologisches Verständnis", ich möchte sagen, eine Psychisierung ihrer Lebens- und Krankheitssituation vorliegt; also Personen, welche die Infektion und die Konfrontation mit dem Infiziertsein als einen Teil ihrer ohnehin als konflikthaft erlebten Lebensgeschichte verstehen können. Die Grundvoraussetzung der Therapierbarkeit versuchten wir in ausführlichen analytischen Erstinterviews mit den einzelnen prospektiven Teilnehmern herauszufinden. Als Kriterien für die Annahme zur Gruppentherapie galten hierbei: Die Abschätzung eines gewissen Reflexionsniveaus, die Zugänglichkeit unbewußter Prozesse in der Persönlichkeit, die grundsätzliche Fähigkeit zur Entwicklung von Übertragungen; außerdem die Abwesenheit grober Verhaltensauffälligkeiten, in erster Linie manifestes Suchtverhalten und psychotische Desintegration. (In der Tat waren es zwei oder drei Patienten, die wir deswegen nicht in eine solche Gruppe nahmen, sondern in einer Einzeltherapie behandelten.)

Es erwies sich außerdem als notwendig, vor Beginn der eigentlichen therapeutischen Arbeit eine spezifische Vorbereitung der Therapeuten zu versuchen. Über deren professionelle Ausbildung in der Methode der analytischen Gruppentherapie bestand kein Zweifel. Die Vorbereitungsarbeit mußte darüber hinausgehen und bezog sich auf andere Probleme: nämlich in erster Linie emotionaler Art, wie die Auseinandersetzung mit und die persönliche Erlebensweise von Homosexualität, aber auch mit der Todesthematik und mit der Verarbeitung von Infektionsängsten. Es konnte hier nur darum gehen, vordergründige und bewußt zugängliche Meinungen und eventuelle Vorurteile bei den Therapeuten zu benennen und zu vergegenwärtigen, auf die wir auch bei einem Personenkreis stoßen, der aufgrund der eigenen persönlichen Analyse eigentlich gewohnt ist, sich mit diesen Aspekten der menschlichen Persönlichkeit vorurteilsfrei auseinanderzusetzen. So bedurfte es vor Therapiebeginn der Diskussion und Reflexion möglicher Schwierigkeiten angesichts manifester Homosexualität und der Aktualisierung einer Auseinandersetzung mit der Wahrnehmung, ja Anerkennung eigener latent homosexueller Anteile in der Persönlichkeit der Therapeuten. Ein besonderes Problem stellte die Schwierigkeit, die sich in Gefühlen der Hemmung und Angst äußerte, des Umgangs mit dem potentiell jederzeit möglichen Sterben oder doch der zumindest stark verschlechterten gesundheitlichen Situation der Patienten dar. Es handelt sich um ein Problem, das in der üblichen psychoanalytischen Arbeit mit nicht Körperkranken ja selten entsteht. Todesangst und abwehrbedingte Omnipotenzphantasien galt es schon im Vorfeld der Therapie für die Therapeuten zu beachten. Schließlich beanspruchten die Infektionsängste, speziell im Umgang mit HIV-Infizierten, unsere Aufmerksamkeit. Trotz aller medizinischer Einsicht und Kenntnis über die Infektionswege des HIV-Virus stießen wir bei uns selbst auf tief verwurzelte emotionale Ängste, durch die Patienten infiziert werden zu können.

Ohne eine Vorbereitung bezüglich der genannten Problemfelder hätte die therapeutische Arbeit erst gar nicht begonnen werden können. Nicht nur bei den Ärzten allgemein, sondern auch unter Psychoanalytikern fällt vielfach eine Scheu, die bis zur Angst und Vermeidung sich steigern kann, im Umgang mit Sterbenden oder auch nur bezüglich der Lebenserwartung als "infaust" prognostizierter Patienten auf. Das ist um so bemerkenswerter, als Analytiker sich ja zugute halten, in der Erforschung und Behandlung besonders der unbewußten seelischen Prozesse keiner bitteren Wahrheit, keiner psychischen oder äußeren Realität durch Verleugnung auszuweichen und dabei ständig ihre eigenen Gegenübertragungsreaktionen sorgfältig zur Kenntnis zu nehmen. Sollte das Thema des Sterbens und des Todes hier eine Ausnahme machen? Das Thema, von dem doch anzunehmen ist, daß es den gleichen Stellenwert wie zum Beispiel Probleme der Sexualität hat, oder nach Freuds später Formulierung, der

Todestrieb als Antagonist des Lebenstriebes ebenso bedeutsam sei wie der Lebens- oder Sexualtrieb. Ja noch mehr: Wir haben die Frage zu ventilieren, ob die ja im Zusammenhang mit der Sexualität bzw. sexuellen Triebwünschen formulierten Abwehrmechanismen ebenso oder mit eher noch größerem psychischen Nachdruck, auf die Vorstellung des Todes und des Sterbens zu beziehen sind. Das betrifft Verdrängung, Verleugnung, Rationalisierung, Technifizierung des Sterbens, bis hin zu der Projektion, daß das Sterben eigentlich immer das Sterben des anderen sei. Unser Unbewußtes, so begann uns klarzuwerden, unsere automatisch-unbewußte Selbsteinschätzung umfaßt nur allzusehr die geheime Überzeugung, im Grunde selbst unsterblich zu sein, und sei es als "Einzige" im Gegensatz zu den anderen, deren Sterblichkeit wir ohne größere Schwierigkeiten anerkennen. Es handelt sich dabei um eine narzißtische Größenvorstellung, eine narzißtische Versteifung des eigenen Ichs: nämlich, solange es existiert, Unsterblichkeit für sich in Anspruch zu nehmen, jenseits aller rationalen Einsicht. Vielleicht kam uns in Todesgefahr (manche von uns hatten derartige Erinnerungen und Auseinandersetzungen mit bestimmten Phasen ihrer eigenen Lebensgeschichte und Extremsituationen, die mit Todesgefahr verbunden waren) diese Überzeugung, selber unsterblich zu sein, vorübergehend abhanden. Aber wir machen das Wiedererstarken der Phantasie von der eigenen Unsterblichkeit dann geradezu zum Kriterium der Genesung, der "wiedererlangten Zuversicht", wie wir es auch nennen.

Noch einmal zum Rahmen der analytischen Gruppentherapie für unsere Patienten. Es wurden zwei Gruppentherapeuten eingesetzt, die Gruppe wurde also in Co-Therapie behandelt. Auch hierzu erscheint eine Begründung notwendig und interessant. Es handelt sich bei dem Einsatz von zwei Therapeuten erstens um eine behandlungstechnische Korrekturmöglichkeit. Gerade bei schwierigen, in psychische Grenzbereiche vorstoßenden Behandlungsproblemen könnte es wichtig sein, eine gegenseitige Korrekturmöglichkeit in der Einschätzung von Übertragungs- und Gegenübertragungsproblemen zu haben und sich auch interventionstechnisch, in kritischen Phasen des Gruppenprozesses, miteinander beraten und absprechen zu können. Zweitens: Es besteht bei Co-Therapie die Möglichkeit, auch bei unumgänglicher Abwesenheit eines Therapeuten die Therapiesitzung auf jeden Fall stattfinden lassen zu können. So wurde auch erreicht, daß keine Therapiesitzung, etwa wegen Unabkömmlichkeit oder Krankheit eines Therapeuten, ausfallen mußte. Gerade bei unserem Patientenkreis mit seinen zu erwartenden tiefen Regressionen und der traumabedingten Rat- und Hilflosigkeit erschien es uns unumgänglich, das regelmäßige Stattfinden der Therapiesitzungen auf jeden Fall zu gewährleisten, auch wenn in Einzelfällen nur einer der Therapeuten zur Verfügung stehen konnte. Wir versprachen uns außerdem durch die Co-Therapie die Möglichkeit einer emotionalen Stützung der Therapeuten durch den jeweils anderen, weil wir erwarteten, daß erhebliche Belastungen, vor allem durch Angst und Hoffnungslosigkeit in der Gegenübertragung, bei uns auftreten würden.

Jetzt fasse ich einige wichtige Ergebnisse der analytischen Therapiegruppe zusammen und führe Sie direkt hinein in die psychische Dynamik von HIV-Positiven, die seit Jahren infiziert sind, auch entsprechende Symptome entwikkelt haben, also verschiedenste Körpersymptome, und bei denen wir davon ausgingen, daß die Diagnosemitteilung traumatisch von ihnen erlebt worden ist. Ich sage hier nichts Näheres über die Methode der psychoanalytischen Gruppentherapie, setze entsprechende Kenntnisse voraus, und komme zu den hauptsächlichen Ergebnissen und Inhalten des therapeutischen Prozesses, die ich zusammenzufassen versuche.

Als einer der Kernpunkte im Übertragungsgeschehen tritt *eine idealisierende Vatersehnsucht* hervor. Therapeut und Co-Therapeut werden mit hohen Idealisierungen besetzt, bis hin zu der Phantasie, sie könnten, wie lebendige Medikamente, das Leben der Patienten retten oder doch zumindest für lange, ja für immer, garantieren. Die von Anfang an feststehende Tatsache der zeitlichen Limitierung der Gruppentherapie wurde deswegen im schnellen Wechsel entweder verleugnet oder als eine massive Drohung ("das schwebt wie ein Damoklesschwert über uns", sagten die Patienten) erlebt. Der phantasierte "ideale große Vater" wird in verschiedenen Phasen des Gruppenprozesses geradezu mit einem Gott-Vater gleichgesetzt, der nicht nur Schutz gegen Aids bieten soll, sondern auch Recht und Gesetz garantiert. Das bedeutet aber auch, daß die psychischen Forderungen der Patienten, insbesondere an den Älteren der beiden Therapeuten, ein Übermaß an emotionaler Wucht und Intensität erlangten, wie es uns in der psychoanalytischen Behandlungssituation, aber auch im therapeutischen und ärztlichen Handeln allgemein, in dieser Weise sonst nicht oder jedenfalls nicht häufig begegnet. An dieser Übertragungskonstellation fällt also eine archaische Komponente auf insofern, als der sogenannte "ideale große Vater" Grenzen garantieren, traumatisierende Grenzüberschreitungen und -durchbrechungen verhindern soll. Auf der anderen Seite trägt dieses in der Übertragung gewünschte Objekt aber auch Züge einer allmächtigen Mutter, die absolute Geborgenheit vermitteln soll, in Form einer Verschmelzung, einer Entgrenzung.

Ähnliches trafen wir übrigens bei den Herzinfarkt-Patienten an: eine Auflösung der geschlechtlichen Zuordnung. Das nenne ich *archaisch:* also die Phantasievorstellung eines androgynen und doch entsexualisierten übermächtigen Wesens, das in die Therapeuten projiziert wird.

Auf der anderen Seite: Diese idealisierte Vaterübertragung bezeichnen wir auch als eine *Mißbrauchsübertragung*. Zugrunde liegt die biographische Tatsache - und dies erschien uns als ein sehr wichtiger Befund zur Lebensgeschichte unserer Patienten -, daß, wenn auch in unterschiedlichen Formen und Ausprägungen, die Mehrzahl der Gruppenteilnehmer Objekte sexuellen und/oder aggressiv-sadistischen Mißbrauchs von seiten ihrer Väter bzw. von Vaterfiguren, wie Lehrern, Onkeln, Freunden, gewesen sind. In der Übertragungsphantasie in der Gruppe wird der Vater als ein mißbrauchendes Ungeheuer erlebt, das penetriert wie ein Krebs (so sagten die Patienten) und ihre inneren Organe zerstöre. Verschiedene Träume, die von den Patienten berichtet werden, unterstreichen diese zunächst tief unbewußte und stark angsterregende Phantasie.

Ich habe die Konfrontation mit der Diagnose Aids bzw. HIV-positiv als traumatisch bezeichnet. In der Tat bestätigen uns unsere Patienten dies durchgehend. Sie fühlen sich nach Mitteilung der Diagnose schockartig aus ihrer Lebensbahn geworfen. Aber die Traumatisierung erscheint uns nicht als die erste, die ursprüngliche. Aus der Kenntnis traumatischer Neurosen ist uns geläufig, daß eine frühe Traumatisierung (also eine frühe Durchbrechung der Abwehrformation und eine partielle Zerstörung der Ich-Struktur) in einer letztlich frustranen, also nicht zu einem befriedigenden Erfolg führenden Art, unbewußt dadurch zu "bewältigen" versucht wird, daß immer neue traumatische Situationen herbeigeführt werden. So kann ein sexuell mißbrauchter Mensch in immer wieder neue sexuelle Mißbrauchssituationen hineingeraten.

Bei unseren Patienten stellte sich die Traumatisierung durch die Infektion mit Aids, aber auch durch die Diagnosemitteilung, als eine *Wiederholung* dar, eine unbewußte Wiederholung früher Traumatisierungen sexueller und sadistisch-aggressiver Art.

In Umkehrung der schweren Ängste vor dem Mißbrauchtwerden und Geschädigtwerden zeigt sich in der Gruppe ein sehr aggressives, mörderisches Potential. Die Gruppe erlebt sich "wie eine Waffe", welche die beiden Therapeuten in Schach hält und sie jederzeit, z.B. "durch tödliche Bisse", infizieren und töten könne. Die Umkehrung des Mißbrauchpotentials, eine phantasierte Geiselnahme, die auch eine Identifizierung mit der aggressiv-sadistischen Vaterimago darstellt, wird von uns als eine Reinszenierung und Wiederherstellung der frühen Traumatisierung in der Lebensgeschichte der Patienten, aber auch als eine Reinszenierung und als ein frustraner Bewältigungsversuch der Traumatisierung durch die Diagnoseermittlung bzw. die Konfrontation mit dem Infiziertsein verstanden.

Die Verleugnung der eigenen Sterblichkeit, die Verdrängung selbsterlebter lebensbedrohlicher Situationen wurde bei den Therapeuten zeitweise aufgehoben. Hier finden wir einen Ansatzpunkt zur Erklärung des so weit verbreiteten Widerstandes gegen die therapeutische Arbeit mit Todkranken und Sterbenden.

Nachdenklichkeit und Schweigen werden insbesondere in den Anfangssituationen der Gruppe von den Teilnehmern als bedrohlich empfunden. Die Gruppe fürchtet regressive Prozesse; eine regressive Verfassung wurde von den Teilnehmern mit einem Überwältigtwerden gleichgesetzt. Es handelt sich um eine Regressionsabwehr aus Angst vor einer erneuten und aktualisierten Überwältigungs- und Mißbrauchssituation im Hier und Jetzt der Therapie. Im Laufe des Gruppenprozesses zeichnete sich noch ein weiterer Angstfaktor ab, der durch die angesprochenen Abwehrmechanismen beherrscht, in Schach gehalten werden soll. Es handelt sich um eine *persekutorische Schuldangst,* die auf der bewußtseinsfähigen Ebene mit der Infizierung von Freunden und Partnern der Patienten zusammenhängt. Die Gruppe war sich plötzlich einig darüber, dadurch zu Mördern geworden zu sein. Es zeigte sich aber auch, bei zunehmendem Fortschreiten des Gruppenprozesses, daß der Impuls zur Infizierung anderer, durch ungeschützten Geschlechtsverkehr, aus dem Gefühl von Einsamkeit und dem Gefühl des Ausgesetztseins resultiert. Das Gefühl des Alleinseins kann, wie die Patienten es sagten, bekämpft werden, zum Verschwinden gebracht werden durch das Bewußtsein, die sogenannte "Gemeinschaft der Infizierten" vergrößert zu haben und insofern ein Gefühl der Zugehörigkeit zu erleben. Die Patienten bezahlen diese in einigen Fällen real agierte Phantasie mit der erwähnten Verfolgungsangst.

Die Tatsache des Infiziertseins stellt, wie aus dem bisher Gesagten auch hervorgeht, nicht nur in der realen heutigen Situation für die Patienten eine Ebene des engen Kontaktes dar, sondern ermöglicht auch einen solchen zu den frühen Objekten, zu den primären Beziehungsobjekten im Leben jedes einzelnen Teilnehmers. Hier handelt es sich um entwicklungspsychologisch sehr archaische Mechanismen, bei welchen der früheste Kontakt zur Mutter, der über die Ernährung des Säuglings als eine Inkorporation zu definieren wäre, in Form einer Infektion erlebt wird. Ein hohes Ausmaß an physischer und psychischer Nähe ist auf dem Wege der Infektion, die also in einer psychischen Reihe von Introjektion, Inkorporation bis hin zu Infektion steht, hergestellt, wobei gleichzeitig die traumatische Erfahrung reproduziert wird, daß eine solche archaische Nähe ebenfalls Tod und Sterben bedeutet. Die Infektion kann als ein somatisches Korrelat der psychischen Grenzauflösung oder Durchbrechung (wir sprechen ja auch von "psychischer Infektion") angesehen, zumindest aber erlebt werden. Entgrenzte Nähe und Traumatisierung liegen psychologisch nahe beieinander.

Während des gesamten Gruppenprozesses spielt die sorgfältige Beobachtung und Analyse der Gegenübertragungsreaktionen und -phantasien bei den Therapeuten selbst eine besondere Rolle. Das zeitweilig starke Gefühl von Angst und Belastung angesichts der aggressiv-sadistischen Phantasien der Patienten, aber auch das Gefühl der Ohnmacht angesichts der eigenen Rettungsphantasien ("wir werden dafür sorgen, daß Sie nicht sterben") erscheinen relativ leicht erkennbar. Bemerkenswert war die besonders zu Beginn des Gruppenprozesses aufkommende Therapeutenphantasie, eigentlich selbst *infiziert* sein zu müssen, um sich mit den Patienten *identifizieren* zu können. Mit dieser "Infizierungsphantasie" spiegelt sich in der Gegenübertragung die mörderisch sadistische, aber auch die ausgesprochen archaische Nähephantasie der Patienten wider. Auch wenn man auf rationaler Ebene keine Furcht vor einer Infektion bei den Therapeuten findet, spielt dieses Thema auf der emotionalen, auf der irrationalen Ebene doch eine ganz erhebliche Rolle und hat angstauslösende Wirkung gezeitigt. Ebenfalls ist bei den Therapeuten ein Schuldgefühl, das gleichsam als vorausgenommene Überlebensschuld zu kennzeichnen ist, hervorzuheben. Wir können deswegen nur bestätigen, daß das Übertragungs- und Gegenübertragungsfeld in der Therapie mit HIV-Infizierten, wie es der britische Psychoanalytiker Hildebrand (1992) ausgedrückt hat, einem "Minenfeld" gleichkommt oder doch eine enorme psychische Herausforderung für Therapeuten darstellt.

4. Will man einige Schlußfolgerungen aus dieser therapeutischen Arbeit versuchen, muß man sich wohl bewußt sein, daß nahezu alle Punkte, die jetzt zu benennen sind, an emotionale und soziale Tabus rühren und, zum guten Teil aus Abwehrgründen, oft als skandalös oder doch zumindest als unseriös abgelehnt werden.

Ist die intrapsychische Abscheu vieler Psychoanalytiker vor Sterbenden durch eine unbewußt gehaltene Größenvorstellung zu erklären? In der Tat kann ja ein psychoanalytischer Prozeß wie ein Zeugungs- und Geburtsakt erlebt werden, in dem dann Sterben und Tod ausgeklammert wären. Aber es verhält sich wohl viel einfacher und vordergründiger. Psychoanalytiker unterliegen wie alle Menschen, jedenfalls unserer Kultur und Gesellschaft, der Neigung, "den Tod aus der Lebensrechnung auszuschließen" (Freud, 1915), und das hätte "so viele Verzichte und Ausschließungen zur Folge". Auch das Unbewußte der Psychoanalytiker ist für die Vorstellung des eigenen Todes unzugänglich. "Unser Unbewußtes glaubt nicht an den eigenen Tod; es gebärdet sich unsterblich" und "Im Unbewußten ist jeder von uns von seiner Unsterblichkeit überzeugt" (Freud, 1915). Diese "Unaufrichtigkeit" wird auch durch die im psychoanalytischen Prozeß entstehende und notwendige identifizierende Einfühlung in die Patienten und damit die Konfrontation mit der eigenen Sterblichkeit, welche die unbewußte Abwehr verstärkt, erklärbar.

Zweitens: Die Vorstellung von "Liebestod", d.h. der unbewußte, manchmal auch bewußtseinsfähige Wunsch nach Infiziertwerden, "um damit zu einer Gruppe der Todgeweihten" (Zitat der Patienten) zu gehören, ist im Zusammenhang mit Aids wenig beliebt, ja, wird von vielen Patienten, aber auch von Ärzten und Laien als skandalös empfunden. Und doch wissen wir, daß viele Infektionen sehenden Auges erworben oder doch billigend in Kauf genommen werden. Hier stoßen wir auf eines der Grundthemen der Menschen, wie es vor allem in Dichtung und Mythologie seine Darstellung findet und in Form künstlerischer Gestaltung und Überhöhung wohl eher akzeptabel ist. Die Phantasie der Wiedervereinigung mit der Mutter, der Aufhebung der persönlichen und körperlichen Grenzen, läßt sich als der Wunsch nach einer Rückgängigmachung der Geburt verstehen bzw. als die Vorstellung erkennen, mit dem Tode einen vorgeburtlichen Zustand der Einheit mit der Mutter wieder erreicht zu haben. Bei den Aids-Patienten ist eine solche Todesphantasie häufig anzutreffen; sie stellt vordergründig die Geborgenheit in einer Gruppe, in einer Gemeinschaft Gleichbetroffener dar und verheißt das Ende der Isolation. Auf einer anderen Ebene wird sie geradezu als existentieller Höhepunkt erlebt bzw. phantasiert. Der französische Philosoph Michel Foucault etwa hat sich in diesem Sinne geäußert, im Zusammenhang mit seiner eigenen Aids-Erkrankung als einer Grenzerfahrung, die allerdings eher Entgrenzung zum Inhalt hat: Nämlich die Verschmelzung mit dem Liebesobjekt, die auch Sicherheit gegenüber dem traumatisierenden, destruktiven Einbruch der gefürchteten Väter und der durch sie verursachten Trennungsvorgänge verheißt.

Nahezu ebenso tabuiert erscheint die Vorstellung, jedenfalls wenn sie ausgesprochen oder sogar zu einem Befund erhoben wird, mit Hilfe der psychoanalytischen Therapie könne das Sterben dieser Kranken verhindert werden. Es mutet wie das Postiv, ja wie die manische Seite jener depressiven Kleinmütigkeit an, die wir für die Arbeit mit körperlich Schwerkranken bei Analytikern vermutet haben. Einen positiven Einfluß auf den Immunstatus dürfen wir, dafür sprechen zahlreiche neuere psycho-immunologische Forschungen, annehmen. Das gibt uns aber nicht schon die Berechtigung, einer psychoanalytischen Therapie somit von vornherein lebenserhaltende Wirkungen zuzuschreiben. Vielmehr liegt es nahe, hier eine Gegenreaktion oder Reaktionsbildung gegen die Ohnmacht, die omnipotenzkränkende Einsicht in die Begrenztheit analytischer Aktivität als Ursache anzusehen. Psychoanalyse ist eben keine Zauberei, sondern eher das Gegenteil: die nüchterne Einsicht in die Begrenztheit der Möglichkeiten.

Bei aller gebotenen Zurückhaltung kommen wir zu dem Ergebnis, daß die Methode der analytischen Gruppentherapie für ein umfassendes Behandlungskonzept bei HIV-Positiven nicht nur als grundsätzlich anwendbar erscheint, sondern spezifische Hilfestellungen bei der Bewältigung von Hilflosigkeit und Hoffnungslosigkeit, insofern vergleichbar den Krebspatienten, anläßlich der traumatischen Auseinandersetzung mit dem Sterben und mit der psychosozialen Außenseiter- und Isolierungssituation bereitstellt. Die therapeutische Arbeit an den intrapsychischen Prozessen scheint uns auch ein besonderes Ausmaß an Schonung und Gründlichkeit zu gewährleisten. Kränkende und unter Umständen als brachial empfundene direkte Aufforderungen zur Verhaltensänderung werden bei der angewendeten Methode ja völlig vermieden. Die theoretischen Befunde aus dem Therapieprozeß ergeben, nach unserer Meinung, tiefreichende Einsichten in die psychische Verarbeitung des Infektionstraumas, wie sie mit einer anderen, nicht-analytischen Methode kaum zu erhalten wären. Schließlich sind wir der Auffassung, daß der von uns durchgeführte und beobachete Therapieprozeß einen Modellcharakter hat, insofern, als er zur Orientierung und behandlungstechnischen Vorbereitung für zukünftige psychotherapeutische Aktivitäten in diesem Krisenbereich dienen kann.

5. Ich möchte abschließend noch einmal betonen, daß natürlich keine Rede davon sein kann, somatische Diagnostik und Therapie bei schweren Körperkrankheiten in Frage stellen zu wollen. Das Problem ist vielmehr, warum auf diesem Gebiet die psychoanalytisch-psychologische Persönlichkeits- und Situationsdiagnostik, ebenso wie die psychische Therapie, vielfach nicht nur unterschätzt, sondern geradezu mit einem Verleugungswiderstand belegt wird: so daß die psychischen Verursachungsfaktoren gemeinhin (in Medizin und allgemeiner Öffentlichkeit) nicht zu den "Risiko-" und Entstehungsfaktoren von Körperkrankheiten gezählt, die psychotherapeutischen Behandlungsverfahren nicht unbedingt zu einem umfassenden Therapiekonzept gerechnet werden. Handelt es sich hier um eine kollektive Abwehr durch Verleugnung, die - eine Wiederkehr des Verleugneten - in der fast ausschließlichen, wenn auch unbefriedigenden Betonung des Nur-Körperlichen agiert wird?

Die psychischen "Hintergründe" schwerer Körperkrankheiten, die uns mittlerweile zugänglich geworden sind - Funktionalisierung, Entindividualisierung, Hilf- und Hoffnungslosigkeit, fremd- und selbstzerstörerische Reinszenierung erlittener Traumatisierungen etc., wovon in diesem Beitrag die Rede war -, ermöglichen uns einen bedrückenden, aber nichtsdestoweniger spezifischen Einblick in die Konditionen unseres heutigen allgemeinen Bewußtseins und vor allem des kollektiv verdrängten Unbewußten.

Literatur

Freud, S. (1915): Zeitgemäßes über Krieg und Tod, GW X, 324-355.

Freud, S. (1927): Nachwort zur Frage der Laienanalyse. GW SIV, 287-296.

Hildebrand, R. (1992): A patient dying with Aids. Int. Rev. Psychoanal. 19. 457-469.

Moersch, E. et. al. (1980): Zur Psychopathologie von Herzinfarktpatienten. Psyche 34, 493-587.

Ohlmeier, D. (1985): Gruppentherapie und Persönlichkeitsstruktur von Herzinfarktkranken. In: W. Langosch (Hg.): Psychische Bewältigung der chronischen Herzerkrankung. Berlin (Springer).

Ohlmeier, D. (1989): Denial in Patients with Myocardial Infarction. In: E.L. Edelstein, D.L. Nathanson, A. M. Stone (eds.): Denial. A Clarification of Concepts an Research. New York and London.

Ohlmeier, D. (1993): Psychoanalytische Gruppentherapie mit HIV-positiven homosexuellen Männern. In: C. Lange (Hg.): Aids - Eine Forschungsbilanz. Berlin: Edition Sigma, S. 155-160.

Ohlmeier, D./C. Alt/B. Bardé/W. Bohleber/M. Dornes/A. Krovoza/M. Muck (1994): Die Veränderung unbewußter Prozesse durch das psychische Trauma der Konfrontation mit Aids. Forschungsbericht (als Manuskript gedruckt). Frankfurt/M. (Sigmund Freud-Institut).

Ohlmeier, D., M. Dornes, Chr. Beier (Hg.) (1995): Trauma Aids. Eine psychoanalytische Studie über die Folgen der HIV-Infektion. Opladen (Westdeutscher Verlag).

Abschließende Bemerkungen

Ralf Zwiebel

Die in diesem Band vorliegenden Arbeiten weisen auf die klinischen, entwicklungspsychologischen und kulturtheoretischen Schwerpunkte der Psychoanalyse hin, ohne damit den Anspruch auf eine vollständige Darstellung erwecken oder gar erfüllen zu wollen. M. Leuzinger-Bohleber hat in der Einleitung einige grundlegende Bemerkungen über die aktuelle Kontroverse um die Psychoanalyse gemacht und damit eines der Motive berührt, das uns zur Durchführung der Ringvorlesung an der GhK im Jahre 1995 ermutigtc. Die gute Resonanz und die lebhaften Diskussionen aller Beiträge zeigten uns, daß die Psychoanalyse bei den Studenten und in der Öffentlichkeit nach wie vor auf großes Interesse stößt, also trotz massiver Angriffe von unterschiedlichen Seiten im Grunde nichts von ihrer Aktualität verloren hat. Gleichzeitig werden wir als Psychoanalytiker bei der Darstellung psychoanalytischer Gedanken in der Öffentlichkeit auch immer wieder mit unserem eigenen Selbstverständnis sowohl als Theoretiker als auch als Praktiker konfrontiert. Gerade diese Diskussion in und mit der Öffentlichkeit der Hochschule und eines interessierten Laienpublikums zwingt uns Psychoanalytiker, unsere wissenschaftlichen Erkenntnisse, Überzeugungen, aber auch Widersprüche und ungeklärten Fragen aufzuzeigen und zu reflektieren. Im Grunde entspricht dies dem dialogischen Prinzip der Psychoanalyse, also Einsicht in die unbewußte Wirklichkeit des Menschen durch das Miteinander-Sprechen zu gewinnen. Die Öffnung nach außen hat dabei die äußerst wichtige Funktion, Tendenzen zur Entwicklung einer "esoterischen" Geheimwissenschaft zu verringern.

Die Bedeutsamkeit der Öffnung nach außen und die Etablierung des dialogischen Prinzips im außeranalytischen Feld läßt sich besonders klar in der Tätigkeit des Psychoanalytikers an der Hochschule zeigen. Ohne hier jetzt auf die gesamte Problematik eingehen zu können, möchte ich abschließend auf einen Punkt zu sprechen kommen, der in den Beiträgen interessanterweise nicht zur Sprache kam, der dennoch für die Zukunft der Psychoanalyse wahrscheinlich eine wichtige Rolle spielen wird. Es handelt sich um die Frage, wie denn psychoanalytische Inhalte und psychoanalytisches Denken in der Hochschule vermittelt werden sollte, mit welchen Zielen und welche Schwierigkeiten dabei auftreten. Daß dieser didaktische Aspekt in den vorliegenden Beiträgen nicht berührt wird, spiegelt wohl auch das geringe Interesse an diesen Fragen, die übrigens auch im Rahmen der psychoanalytischen Ausbildung eher peripher abgehandelt werden.

Betrachten wir einmal unter inhaltlichen und strukturellen Gesichtspunkten die psychoanalytische Ausbildung, so lassen sich folgende zentrale Merkmale identifizieren:

- eine klar umrissene Zielvorstellung (die Ausbildung zum klinischen Psychoanalytiker);

- eine ausreichend zur Verfügung stehende Zeit, die im Durchschnitt etwa 7 Jahre beträgt;
- eine Ausbildung von großer Intensität, wie sie sich in der Dichte der Lehranalyse, der Supervision, aber auch der theoretischen Seminare zeigt;
- die Bedeutung der Lehrer-Kandidaten-Beziehung, die für die komplexen Lernprozesse von überragender Wichtigkeit ist;
- als zentrale Basis der Ausbildung die Arbeit an der eigenen Persönlichkeit im Sinne von Selbsterkenntnis und Selbstkonfrontation als Voraussetzung für die Fähigkeit, die unbewußte Wirklichkeit bei anderen und bei sich selbst zu erkennen und zu verstehen;
- und schließlich die Beschreibung der inhaltlichen Kriterien der analytischen Professionalität, die als analytische Haltung oder analytische Kompetenz formuliert worden sind.

Die Fähigkeit, eine Position der teilnehmenden Beobachtung in der analytischen Situation einzunehmen, beschreibt für den einzelnen praktizierenden Analytiker das, was in der Diskussion um den wissenschaftlichen Status der Psychoanalyse als die Position zwischen Natur- und Geisteswissenschaft formuliert worden ist, wie dies M. Leuzinger-Bohleber in der Einleitung näher ausgeführt hat. Die Fähigkeit zur teilnehmenden Beobachtung, die ein Oszillieren zwischen empathischer Identifizierung und beobachtender, objektivierender Distanzierung impliziert, kann als Entwicklungspotential in jedem Menschen angenommen werden, bedarf aber einer Reihe fördernder Elemente, um sich wirklich in einem reifen Sinn entfalten zu können. Dabei muß auch davon ausgegangen werden, daß die Möglichkeit zur Einfühlung in die unbewußte Wirklichkeit des Menschen auch zur Anlage des Menschen gehört, aber oft durch bestimmte Sozialisationserfahrungen verkümmert bleibt. Die Psychoanalyse beschreibt hier vor allem die Entstehung unbewußter, verinnerlichter Konflikte, die die Fähigkeit zur Einfühlung in die eigene und fremde unbewußte Wirklichkeit erschweren. Das lange psychoanalytische Training findet vor allem dadurch seine Rechtfertigung, daß die Entwicklung der Haltung der teilnehmenden Beobachtung durch verinnerlichte Konflikte erschwert ist und sich nur in einem langen Lernprozeß als grundlegende professionelle Haltung dauerhaft herausbilden kann.

Man kann wohl feststellen, daß sich diese Ausbildungsstruktur im großen und ganzen bewährt hat, obwohl einige Aspekte natürlich immer wieder kontrovers diskutiert werden, beispielsweise die Intensität und Länge der Lehranalyse.

Vergleicht man diese strukturellen Besonderheiten der analytischen Ausbildung mit den Gegebenheiten an der Hochschule, so werden einige der didaktischen Probleme unmittelbar erkennbar: Die Zielvorstellungen für den Erwerb psychoanalytischen Wissens und Verstehens für Lehrerstudenten, angehende Sozialarbeiter, Psychologen und Mediziner sind keineswegs so klar umschrieben oder beschreibbar, wie dies für den Psychoanalytiker der Fall ist; die zeitlichen Möglichkeiten sind oft sehr begrenzt oder werden gar nicht ausgeschöpft; das gleiche gilt für die Intensität der Ausbildung; eine persönliche Schüler-Lehrer-Beziehung ist eher die Ausnahme, und die Einbeziehung oder die Form und der Umfang von Selbsterfahrung wird insgesamt kontrovers diskutiert.

Selbstkritisch ist auch zu konstatieren, daß die meisten Psychoanalytiker an der Hochschule sich nur wenig um diese strukturellen und didaktischen Fragen der Lehre kümmern oder die Erfahrungen mit der analytischen Ausbildung unmodifiziert auf die Hochschule übertragen; eine Folge davon ist, daß sich viele Psychoanalytiker an der Hochschule vorwiegend ihren speziellen Interessen und ihren wissenschaftlichen Forschungen widmen und dabei die Bedürfnisse der Studenten, vor allem auch deren Möglichkeiten und Grenzen, nicht selten aus den Augen verlieren. Man könnte sich auch fragen, ob diese Einstellung nicht mitverantwortlich dafür ist, daß es der Psychoanalyse in den letzten 30 Jahren nicht gelungen ist, sich einen festen Platz an der Hochschule zu erobern, und daß man im Gegenteil befürchten muß, daß schon erworbene Positionen wieder verlorengehen. Aus dieser Perspektive könnte man auch selbstkritisch die hier vorgelegten Beiträge betrachten und untersuchen, ob sie dem durchschnittlichen Kenntnisstand und den Verstehensmöglichkeiten der Studenten angemessen sind oder ob sie sich nicht auch teilweise über die Köpfe der Studenten hinweg an andere Zuhörer oder Leser richten.

Wie könnte also der Unterricht an der Hochschule aussehen, der sowohl den spezifischen Gegenstand der Psychoanalyse - die unbewußte Wirklichkeit des Menschen - , das Forschungsinstrument der Psychoanalyse - die teilnehmende Beobachtung - als auch die speziellen Anforderungen des Berufszieles der Studenten - Arzt, Psychologe, Sozialarbeiter, Lehrer - berücksichtigt? Die folgenden ganz knappen Überlegungen können nur einige Hinweise geben, die einige meiner persönlichen Erfahrungen in der Ausbildung von Sozialarbeiter- und Lehrerstudenten reflektieren.

1. Die Ziele des Unterrichts in Psychoanalyse müssen sich primär auf das zukünftige Berufsfeld des Studenten richten und dürfen sich nicht an den Standards der psychoanalytischen Ausbildung orientieren. So könnte man etwa formulieren: Welche Einsichten und Erkenntnisse der Psychoanalyse über die unbewußte Wirklichkeit des Menschen sind für die konkrete Berufspraxis der Studenten relevant, und welche spezifische Handlungspraxis läßt sich daraus ableiten? So lassen sich etwa für die Praxis des Sozialarbeiters einige Ziele formulieren: Rahmen und Grenzen setzende Funktionen erkennen und lernen, Zuhören lernen, Beziehung zulassen, unbewußte Motivationen erkennen, die eigene Subjektivität erspüren, theoretische Konstrukte in ihrer Rückbezogenheit auf den Beobachter verstehen lernen, die dialogische Funktion von Interventionen erkennen. Die Lernfortschritte der Studenten lassen sich in praxisorientierter Fallarbeit nachvollziehen, und spezielle Hindernisse in dem Erwerb dieser Kompetenzen können konkret untersucht und verändert werden.

2. Der Zeitrahmen für diese Lernziele muß von vornherein großzügig geplant werden. Es hat sich als sinnvoll erwiesen, Seminare über mehrere Semester durchzuführen und auch die Zeitdauer einzelner Sitzungen zu verlängern, damit genügend Zeit für Diskussionen und Übungselemente verbleiben. Es bieten sich auch Kompakt-Seminare über ein oder zwei Wochen an, die eine ausreichende Intensität des Lernens ermöglichen. Die Fallarbeit im Bereich der Sozialarbeit zeigt in der Regel erst nach einer kontinuierlichen Gruppenarbeit von 1 - 1/2 Jahren bei den teilnehmenden Studenten die ersten entscheidenden Lernerfolge. Vor allem Fortschritte in einer begrenzten Haltung der teilnehmenden Beobachtung sind äußerst störanfällig, vor allem durch eigene unbewußte Konflikte. Bekannt sind die Tendenzen übergroßer Identifizierung mit den Klienten unter Vernachlässigung distanzierender, beschreibender Ansätze.

Als besonders schwierig erweist sich oft die Einfühlung in unbewußte Aspekte des Klienten, die mit der eigenen Abwehr unbewußter Tendenzen korrespondiert: Also etwa das Einfühlen in destruktive Impulse oder Inhalte.

3. Die Einbeziehung von Selbsterfahrungs- und Selbsterkenntnis-Methoden zur dosierten Förderung der teilnehmenden Beobachtung kann unter Umgehung von der Arbeit mit Übertragung und Widerstand - hier ergeben sich meiner Meinung nach Rollenkonfusionen zwischen Hochschullehrer und Studenten - mit verschiedenen didaktischen Mitteln und Medien ermöglicht werden: Kleingruppenarbeit im Seminar, Rollenspielübungen zu speziellen Fragen (z.B. bei der Darstellung der Methode der freien Assoziation oder der gleichschwebenden Aufmerksamkeit), Analyse von literarischen Texten und von Filmen, die nach psychoanalytischen Gesichtspunkten bearbeitet werden, oder Arbeit an konkretem klinischen Material. Hier kann vor allem eine Kompetenz erworben werden, die die Kluft zwischen Theorie und praxisnaher Erfahrung zu überbrücken hilft. Was in diesem Bereich vor allem erlernt werden kann, ist die Notwendigkeit zu genauen Beobachtungen, präzisen Beschreibungen und vor allem die Beachtung der Gesamtheit des zu untersuchenden Feldes. Genaue Beschreibung und Beobachtung etwa eines literarischen Textes und die subjektive Reaktion darauf, öffnet in einem sicherlich nur begrenzten Ausmaß das Spannungsfeld von Einfühlung und Beobachtung. Einige Studenten neigen wegen ihrer oft zu theoretischen Ausrichtung sehr schnell zu abstrahierten, begrifflichen Schlußfolgerungen und verkennen dann leicht unbewußte Zusammenhänge, die man nur bei Würdigung aller Details zu erkennen vermag. Andere Studenten versuchen alles mit dem "Bauch" zu erfassen und müssen eine neutrale, präzise Beobachtung erst gründlich lernen, um dann ihren emotionalen Zugang zur Wirklichkeit integrieren zu können. Eine wirklich genaue Textanalyse ist hier ein sehr hilfreiches didaktisches Mittel, um diese Fähigkeit zu entwickeln. Dieser Teil der Ausbildung fördert die Fähigkeit zur teilnehmenden Beobachtung, sicherlich nicht in dem für die analytische Ausbildung notwendigen Umfang, jedoch in einem Ausmaß, das die Arbeit mit Menschen überhaupt erst in einen menschlichen Rahmen stellt.

4. Schließlich kommt die als so wichtig erkannte Lehrer-Schüler-Beziehung notwendigerweise in einer zeitintensiven, praxisorientierten Ausbildung zum Tragen, wird doch der Lehrer hier durch das Wahrnehmen seiner praktischen Fähigkeiten durch die Studenten zu einer wichtigen Identifikationsfigur. Diese Identifikation mit dem Lehrer wird sicherlich erleichtert, wenn die Studenten eine Kongruenz zwischen den vermittelten Lehrinhalten und seiner Haltung den Inhalten, aber auch dem Seminar und den einzelnen Studenten gegenüber erleben können.

Ich betrachte die Psychoanalyse als einen zentralen Teil der Humanwissenschaften, der für die konkrete Arbeit mit Menschen in den verschiedensten pädagogischen, medizinischen und psychosozialen Bereichen von überragender Bedeutung ist und bleiben wird. Als Psychoanalytiker an der Hochschule sollten wir unsere Anstrengungen verstärken, dieses Potential nicht nur verbal zu belegen, sondern durch unsere praktische, pädagogische Arbeit unmittelbarer zu demonstrieren.

Die Autorinnen und Autoren

BOHLEBER, Werner, Dr. phil., Dipl.-Psych., Psychoanalytiker, in eigener Praxis in Frankfurt tätig. Lehranalytiker der Deutschen Psychoanalytischen Vereinigung (DPV). Mitherausgeber der Zeitschrift PSYCHE. Veröffentlichungen zu Adoleszenz und Identität; psychoanalytische Erforschung der nationalsozialistischen Vergangenheit; Fremdenhaß und Antisemitismus; Traumaforschung.
Herausgeber folgender Bücher: Spätadoleszente Konflikte (zusammen mit E. Krejci), Göttingen 1982; "Gift, das du unbewußt eintrinkst..." Der Nationalsozialismus und die deutsche Sprache (zusammen mit J. Drews), Bielefeld, 1991; Antisemitismus (zusammen mit J. Kafka), Bielefeld, 1992; Adoleszenz und Identität, Stuttgart, 1996.

ERDHEIM, Mario, PD Dr. phil., Psychoanalytiker und Ethnopsychoanalytiker.
Hauptarbeitsgebiete: Ethnopsychoanalyse, psychoanalytische Kulturtheorie, Adoleszenz. Publikationen: Die gesellschaftliche Produktion von Unbewußtheit. Eine Einführung in den ethnopsychoanalytischen Prozeß. Frankfurt/M.: Suhrkamp, 1982; Die Psychoanalyse und das Unbewußte in der Kultur. Frankfurt /M.: Suhrkamp.

LAHME-GRONOSTAJ, Hildegard, Dr. phil., Studium der Psychologie in Göttingen, nach beruflicher Tätigkeit in Sozialtherapie und Psychiatrie langjährige wissenschaftliche Mitarbeiterin/Assistentin im Fachbereich Erziehungswissenschaft/Humanwissenschaften an der Universität Gesamthochschule Kassel; daneben Psychoanalytikerin (DPV) in freier Praxis (Ausbildung am Alexander Mitscherlich-Institut in Kassel).
Buchveröffentlichung: Einbildung und Erkenntnis bei Robert Musil und im Verständnis der "Nachbarmacht Psychoanalyse", Würzburg, 1989.
Arbeitsschwerpunkte: Psychoanalytische Entwicklungspsychologie; Psychoanalyse und Literatur; psychoanalytische Erkenntnistheorie.

LEUZINGER-BOHLEBER, Marianne, Dr. phil., Professorin für Psychoanalyse an der Universität Gesamthochschule Kassel.,
Ord. Mitglied der Schweizerischen Psychoanalytischen Gesellschaft und der Deutschen Psychoanalytischen Vereinigung.
Arbeitsgebiete: Klinische und empirische Forschung in der Psychoanalyse, Indikationsforschung, Adoleszenz, psychoanalytische Entwicklungspsychologie.
Letzte Publikationen: (zus. mit H. Schneider und R. Pfeifer): "Two Butterflies on My Head....". Psychoanalysis in the Interdisciplinary Dialogue, New York: Springer, 1992; (zus. mit E. Mahler): Phantasie und Realität in der Spätadoleszenz. Opladen: Westdeutscher Verlag, 1993; (zus. mit A. Garlichs): Früherziehung West-Ost. Weinheim: Juventa, 1993.

MAHLER-BUNGERS, Annegret, Dr. phil., Studium der Literaturwissenschaft und Philosophie. Ausbildung zur Psychoanalytikerin (DPV) und Gruppenanalytikerin (DAGG). Mitbegründerin des Alexander Mitscherlich-Instituts Kassel, an dem sie als Lehranalytikerin tätig ist. Sie arbeitet in freier Praxis und veröffentlichte zahlreiche Arbeiten, vor allem auf dem Gebiet psychoanalytischer Literaturinterpretation.

OHLMEIER, Dieter, Dr. med. Dipl.-Psych., seit 1975 Professor für Psychoanalyse und Psychotherapie am Fachbereich 04 der Universität Gesamthochschule Kassel. Von 1981 - 1985 Vorsitzender der Deutschen Psychoanalytischen Vereinigung, von 1985 - 1992 Direktor des Sigmund Freud-Instituts Frankfurt/M.
Arbeitsgebiete: Psychoanalytische Theorie und Therapie von Gruppen, psychoanalytische Gesellschafts- und Literaturforschung, psychosomatische Forschung.

PLASSMANN, Reinhard, Prof. Dr. med. habil., Nervenarzt, Facharzt für Psychotherapeutische Medizin und Psychoanalytiker (DPV).
1991 bis 1996 Professor für Klinische Psychologie an der Universität Kassel, langjähriger Vorsitzender und Vizevorsitzender des Kasseler Psychoanalytischen Instituts, seit 1992 Chefarzt der Psychosomatischen Klinik Stadtlengsfeld.
Arbeitsschwerpunkte: Psychosomatische Medizin, analytische Körperpsychologie und psychoanalytische Behandlungstechniken bei psychosomatischen Erkrankungen, klinisch-psychosomatische Rehabilitation und psychosoziale Folgen der Wiedervereinigung.

RADEBOLD, Hartmut, Prof. Dr. med., Arzt für Nervenheilkunde, Lehranalytiker der DPV am Alexander Mitscherlich-Institut in Kassel, Lehrstuhl für Klinische Psychologie am Fachbereich 04 und langjähriger Sprecher der Interdisziplinären Arbeitsgruppe für Angewandte Soziale Gerontologie (ASG), Universität Gesamthochschule Kassel.
Langjährige Forschungen im Bereich der Entwicklungspsychologie und Psychodynamik sowie der Psychotherapie/Psychoanalyse und Psychosomatik des höheren und hohen Alters sowie der rehabilitativen, psychiatrischen und pflegerischen Versorgung über 60jähriger.

SCHLESINGER-KIPP, Gertraud, Dipl.-Psychologin und Psychoanalytikerin.
Wissenschaftliche Mitarbeiterin an der Arbeitsgruppe Soziale Gerontologie von 1978-1985, seitdem in eigener Praxis tätig.
Neuere Veröffentlichung: Psychotherapie mit älteren Patientinnen im Lichte der weiblichen Entwicklung in und nach der Menopause, in: Jovic, N.I. und A. Uchtenhagen (Hg.): Psychotherapie und Altern. Fachverlag Zürich, 1995.

SCHNEIDER, Christian, Dr. phil., Soziologe und Forschungsanalytiker, arbeitet auf dem Gebiet "Psychoanalyse und Gesellschaft" am Frankfurter Sigmund Freud-Institut.
Schwerpunkte: Wissenschafts- und generationengeschichtliche Forschung; psychoanalytische Kulturtheorie; Folgen des Nationalsozialismus. Mitglied des Boards of the "International Study Group of Trauma, Violence and Genocide". Privatdozent am Fachbereich 01 an der Universität Gesamthochschule Kassel.
Neuere Publikation (zus. mit C. Stillke und B. Leineweber): Das Erbe der Napola. Versuch einer Generationengeschichte des Nationalsozialismus. Hamburg: Hamburger Ed., 1996.

STILLKE, Cordelia, Sozialwissenschaftlerin und Psychoanalytikerin in Ausbildung. Sie lebt und arbeitet in Frankfurt. Letzte Veröffentlichung (zus. mit Chr. Schneider und B. Leineweber): Das Erbe der Napola. Versuch einer Generationengeschichte des Nationalsozialismus. Hamburg: Hamburger Ed., 1996.

PROKOP, Ulrike, Professorin am Fachbereich Erziehungswissenschaften der Philipps-Universität Marburg.
Publikationen: Soziologie der Olympischen Spiele, München, 1972; Weiblicher Lebenszusammenhang. Von der Beschränktheit der Strategien und der Unangemessenheit der Wünsche, Frankfurt, 1978; (zus. mit H.D. König et al., Kultur-Analysen, Frankfurt, 1988; Die Illusion vom Großen Paar. Bd. 1 und Bd. 2, Frankfurt/M, Fischer, 1992.

WITTENBERGER, Gerhard, Dr. phil., Dipl.-Supervisor, Trainer für Gruppendynamik, Psychoanalytiker und Balint-Gruppen-Leiter in freier Praxis, arbeitet an einer Edition der "Rundbriefe des 'Geheimen Komitees'".

ZWIEBEL, Ralf, Prof. Dr. med., Arzt für Neurologie und Psychiatrie, Psychoanalytiker (DPV), Lehranalytiker am Alexander Mitscherlich-Institut in Kassel, Professor für Psychoanalyse an der Universität Gesamthochschule Kassel.
Arbeitsschwerpunkte: Behandlungstechnische Fragen der Psychoanalyse, Psychoanalyse an der Hochschule, Psychoanalyse und östliche Traditionen. Letzte Veröffentlichungen zur Müdigkeitsreaktion des Analytikers (1992) und zum Anfänger-Geist in der analytischen Situation (1995).

GPSR Compliance

The European Union's (EU) General Product Safety Regulation (GPSR) is a set of rules that requires consumer products to be safe and our obligations to ensure this.

If you have any concerns about our products, you can contact us on ProductSafety@springernature.com

In case Publisher is established outside the EU, the EU authorized representative is:

Springer Nature Customer Service Center GmbH
Europaplatz 3
69115 Heidelberg, Germany

Batch number: 10809468

Printed by Printforce, the Netherlands